MARIE-THÉRÈSE SCHINS, Autorin und Malerin, siebtes von zehn Kindern, Niederländerin. Abitur und Ausbildung zur Kinderbibliothekarin. Leitung der Zentralen Kinder- und Jugendbibliotheken in Nijmegen und Hannover. Seit 1974 freie Autorin, Journalistin (u.a. „Die Zeit", „Brigitte", „Buchmarkt", „Eselsohr", „1000 & 1 Buch", a-tempo) und Malerin in Hamburg, mit Lehraufträgen für Kreatives Schreiben im Fach Sprache und Kommunikation, Kinder- und Jugendliteratur am LI Landesinstitut für Lehrerfortbildung und der Hochschule HAW Hamburg. Weiterbildung Freie Malerei in Nijmegen sowie in Poesie- und Schreibtherapie am Frederick Perls Institut Düsseldorf. Mitbegründerin des ITA Institut für Trauerarbeit e.V. in Hamburg. Lesungen, Schreib- und Malwerkstätten rund um den Globus mit Kindern, Jugendlichen und Erwachsenen. Mehr als 30 Bücher u. a. zu Themen wie Interkulturalität, Abschied nehmen, Tod und Trauer, Clinic-Clowns, Alt und Jung, Strafvollzug.
www.marie-therese-schins.de

BRITTA HEILS, Studienrätin. Abitur, Ausbildung im Hotelfach, Studium (Deutsch mit der pädagogischen Spezialqualifikation Deutsch als Zweitsprache, Geschichte, Erziehungs- und Gesellschaftswissenschaften), Dozentin der Bremer Volkshochschule, Dozentin am akademischen Auslandsamt, Forschungsarbeit an der Universität Bremen mit Aufenthalt am Ontario Institute for Studies in Education in Toronto, Lehraufträge an den Universitäten Bremen, Oldenburg und Rostock, Referendariat in Bremen, Lehrerin in Bremen und Hamburg, Konrektorin in Hamburg, Schulleiterin der Schule Bahrenfelder Straße in Hamburg/Ottensen ab Februar 2016

Marie-Thérèse Schins und Britta Heils

Werden Elefanten so steinalt wie du, Frau Meyer?

Anregungen und Methodik zum generationenübergreifenden Literaturprojekt ‚Jung trifft Alt'

INHALT

Ein kurzer Projektüberblick   5

1. Und so fing alles an mit Robert und Frau Meyer   11

2. Werden Elefanten so steinalt wie du, Frau Meyer?   18

3. Wieso hast du so viele Falten?   27

4. Heute bist du jung und ich alt!   33

5. Wir dürfen die Senioren und Seniorinnen ausfragen, wie das so ist und sich anfühlt mit dem Altsein   44

6. Frau Meyer, wo ist denn dein Herr Meyer?   46

7. Können sich alte Menschen noch verlieben?   58

8. Bin ich seit meinem ersten Schultag älter geworden?   62

9. Methodische Schritte und Tipps   64

10. Literaturliste zum Weiterlesen   69

Ein kurzer Projektüberblick

Im Schuljahr 2013/14 findet sich der Beginn unseres Klassenprojektes ´Jung trifft Alt´. Gestartet haben wir in der damaligen 2c mit der Schriftstellerin und Malerin Marie-Thérèse Schins aus Blankenese. Zu Beginn schrieb die Klasse über alte Gegenstände und malte dazu mit Pastellkreiden. Die Werke präsentierten die Kinder in Form einer Kunstausstellung mit kleinen mündlichen Vorträgen vor einem großen Publikum.

Im darauffolgenden Schuljahr begann die gezielte Begegnung junger und älterer Menschen an drei Terminen in der Bücherhalle Elbvororte, gemeinsam mit der Bücherhallenleiterin Corinna Benthack. Kinder der 3c gingen in den inhaltlichen Austausch mit Großeltern und Fördermentorinnen unserer Schule. Im Mittelpunkt stand das Buch ´Robert und Frau Meyer´ von Frau Schins. Im Austausch zwischen jungen und alten Menschen lautete eine der zentralen Fragen: Was können unsere Hände?

Meine Hände sind die Alles-könner am Körper. Sie können: boxen, greifen, tippen, falten, fühlen, zittern und und und sie können eben alles.

Aber sie können auch nützliche Sachen tun wie z.B. schreiben. Ohne Hände könnten wir nicht so tolle Sachen machen.

Im nächsten Schritt wurden beschriftete Zeichnungen angefertigt. Unsere Schüler und Schülerinnen stellten sich vor, alt zu sein und alte Menschen wurden gedanklich wieder jung. Die gegenseitige Präsentation der Arbeiten ermöglichte den Kindern Einblicke in historisches Erleben.

Es schlossen sich Interviews mit zuvor im Unterricht entwickelten Interviewfragen zur Kindheit der Erwachsenen an.

Der Begegnungsort wechselte nun von der Bücherhalle Elbvororte zurück in den Klassenraum der Kinder. ´Jung trifft Alt´ beinhaltet ebenfalls den Bereich des Abschieds. Hierzu führten wir eine vierstündige Aktion mit Frau Schins und eine zweistündige Folgeveranstaltung durch. Großeltern brachten sich auch an dieser Stelle interessiert und engagiert ein und verfolgten voller Begeisterung das Entstehen eines Gesamtkunstwerkes:

Es folgten eine Liebesgeschichte im Alter und ein Rückblick auf das Älterwerden der Kinder.

Neben dem inhaltlichen Arbeiten zu ´Jung trifft Alt´ umfasst dieser Bereich die regelmäßige Begegnung zwischen Kindern und Fördermentorinnen an der Grundschule Marschweg. Zum Ende des Schuljahres 2014/15 ließen wir die frühere schulische Kooperation mit der benachbarten Hartwig Hesse Stiftung aufleben. Während der Projektwoche in diesem Schuljahr liehen sich zwei Kolleginnen unserer Schule Rollstühle und Rollatoren dieser Stiftung und veranstalteten den Kurs ´Wir rollen´. Die Kinder erfuhren sich mit den Rollstühlen und Rollatoren ihren Stadtteil. In einem anderen Kurs der Projektwoche trafen sich Kinder unserer Schule mit älteren Menschen aus Rissen und führten gemeinsame Aktionen durch: einen Spielevormittag, gymnastische Übungen im Klassenraum, ein gemeinsames Frühstück mit Gesprächen, eine Stadtteilführung. Seit dem Schuljahr 2015/16 bietet der Kollege des zuletzt genannten Kurses am Schulvormittag einen Philosophiekurs für junge und ältere Menschen an. In Vorbereitung sind zudem Briefkontakte mit Seniorinnen und Senioren aus Rissen.
Ein Klassenprojekt kann schulische Aktion anregen!

1

Und so fing alles an mit Robert und Frau Meyer

Es war an dem Abend in letzter Minute. Am nächsten Tag sollte der Fotograf Joachim M. Huber, mit dem ich schon ein Buch gemacht hatte, aus Alzey bei Mainz nach Hamburg kommen, um für mein neues Text-Projekt zu fotografieren. Ich rief ihn an, und erkundigte mich, ob alles soweit in Ordnung sei und wann er am nächsten Tag anreisen wollte.

Er meinte: ‚Ich komme, aber dein Text ist eigentlich nicht so geeignet für meinen Arbeitsteil.' Das war heftig. Später stellte sich heraus, dass er absolut Recht hatte.

Schriftsteller haben zum Glück meistens ein sogenanntes Schubfach, in dem sie Geschriebenes aufheben, das noch nicht ganz ausgereift ist, aber die Idee bereits da ist. So auch bei mir. Im Schubfach lag eine noch nicht ganz ausgereifte Kurzgeschichte, eine Kindheitserinnerung von meinem Mann, in dem es sich um ein Geschenk für seine Mutter dreht. Einen Porzelanelefanten, der immer noch in seinem Zimmer steht.

Aber ich musste umgehend zwei Fotomodelle aus dem Hut zaubern: einen kleinen Jungen und eine alte Dame.

An dem Abend wagte ich es mit klopfendem Herzen in den Häusern unserer kleinen Straße in Hamburg-Blankenese nach einer alten Dame und einem Jungen als Fotomodelle zu fragen. Und das Wunder geschah: Frau Änne Mayr, damals 92 Jahre und direkte Nachbarin, sowie Noel, 7 Jahre und 3 Häuser weiter, wollten mir helfen und standen mehrere Tage für Joachim M. Huber und mich zur Verfügung. In aller Eile schrieb ich ein Zeit- und Idee-Drehbuch und war riesig gespannt. Es wurde ein großartiges Mit-Einander-Arbeiten, die Sonne schien, beste Bedingungen für Bilder und Geschichten über Alt und Jung.

Hunderte von Fotografien entstanden hier im alten Haus und

im Garten, im Hirschpark nebenan, unten am Elbstrand, in der kleinen Straße. Daraus entwickelte ich später mehrere Geschichten für die abendliche Rundfunksendung für Kinder, Ohrenbär' (NDR, WDR, RBB).
Noch später entstand daraus das Lese- und Vorlesebuch ‚Robert und Frau Meyer. Für alle von 4 bis mindestens 94 Jahre'.

Als ich mit diesem kleinen Buch für eine Lesung 2013 in der zweiten Klasse von Britta Heils der Schule Marschweg (Hamburg-Rissen) zu Besuch war, funkte es sofort zwischen den Kindern, der Lehrerin und mir. Aus unserer Begeisterung entwickelten Britta Heils und ich einen verwegenen Plan. Wie wäre es, wenn wir daraus ein Projekt machten? Wenn wir mit diesen Geschichten über Robert und Frau Meyer als Basis Seniorinnen und Senioren zusammen mit den 24 Kindern in Kontakt bringen könnten?

Und mit ihnen malen, zeichnen, lesen, vorlesen und miteinander diskutieren, allein und gemeinsam neue Texte schreiben? Wie lange könnte dieses Projekt dauern? Und die Finanzierung für Material und für mich, als freischaffende Autorin, wie würde sie gelingen? In welchen Zeitabständen wollten wir an verschiedenen Themen arbeiten und wo?
Schritt für Schritt schafften wir es, mit Hilfe des Hamburger Literaturhauses e.V., mit Unterstützung der Schule Marschweg, des Schulvereins der Schule Marschweg und der Eltern der Klasse, zudem mit einer erfolgreichen Versteigerung von selbst gestalteten Lesestühlen durch die Kinder.

Unterstützend war ebenfalls die Zusammenarbeit mit der Leiterin Corinna Benthack der Bücherhalle Elbvororte. Wichtig bei all dem war die ansteckende Begeisterung von allen, die mit dabei waren und riesigen Spaß an dem hatten, was wir zusammen schaffen wollten.
Marie-Thérèse Schins

Literarisches Lernen in der Schule erscheint mir aufgrund meiner Erfahrungen als Lehrerin besonders effektiv, wenn es in einen sinnhaften Kontext eingebunden ist, wenn es die Schüler und Schülerinnen berührt und sie interessiert. Dies gelingt durch ein ansprechendes Thema, einen gelungenen Zugang mittels passender Literatur, durch fortbestehende Schreibmotivation und Kenntnisse, wie es glückt, Texte zu verstehen und entstehen zu lassen.

An der Schule Marschweg sind Seniorinnen als ehrenamtliche Fördermentorinnen aktiv. Die Schule liegt in einem Stadtteil, in dem überwiegend ältere Menschen und Familien leben. In dem Stadtteil befinden sich diverse Seniorenheime. Der schulische Standort ist geprägt durch gezielte und zufällige Begegnungen junger und älterer Menschen.

Das Leseerlebnis ′Robert und Frau Meyer′ mit der Schriftstellerin und Künstlerin Marie-Thérèse Schins in meiner damaligen zweiten Klasse berührte mich, begeisterte die Kinder und inspirierte uns zu einer Zusammenarbeit. Die Gespräche und Erlebnisse zwischen einem alten und einem jungen Menschen wurden zu unserem Thema, zu dem Thema ′Jung trifft Alt′. Es entwickelte sich zu einem zweijährigen Projekt, das allen Beteiligten neue Begegnungen eröffnete und neue Erfahrungen ermöglichte.

Die Kinder erzählten von der Zusammenarbeit mit unseren Fördermentorinnen während der Unterrichtszeit, von Erlebnissen mit älteren Menschen im Stadtteil und von ihren Großeltern. ′Jung trifft Alt′ berührte und interessierte sie. Das Buch ′Robert und Frau Meyer′ ermöglichte uns diesen Zugang und begleitete uns fortan. Frau Schins las aus diesem Werk, nahm die Kinder gedanklich mit und transportierte durch mitgebrachte Objekte und Fotos den Inhalt greifbar in den Klassenraum. Fragen der Schüler und Schülerinnen zum Buch beantwortete Frau Schins vor Ort. Einige Fragen bezogen sich auch auf das schriftstellerische Arbeiten. Sie lauteten wie folgt: „Wie kommen Sie auf die Idee für ein Buch?", „Wissen Sie zu Beginn bereits, was alles in der Geschichte passieren wird?", „Schreiben Sie immer an einem Ort und ohne größere Pausen?".

Gelingt die Zusammenarbeit mit jemandem vom Fach, der begeistert von der eigenen Arbeit berichtet und sich auf Schulklassen einstellt, ist es optimal. In unserem Fall brachten sowohl Frau Schins als Schriftstellerin und Künstlerin als auch ich als Deutschlehrerin Fachkompetenz mit. Wir wussten, wie wir die Schreibmotivation bei den Kindern erhalten können und Textproduktionen evozieren.

Frau Schins berichtete kindgemäß von ihren beruflichen Erfahrungen. Sie gab den Kindern persönliche Hinweise, um ins Schreiben zu kommen, und ließ sie an ihren Schreibprozesserfahrungen gedanklich teilhaben. Fortwährend begleitete Frau Schins die entstehenden schriftstellerischen und künstlerischen Werke der Kinder und reflektierte diese mit ihnen. Ermunternde und lobende Worte von ihr wirkten auf die Schüler und Schülerinnen nachhaltig und wurden als hohe Wertschätzung dankbar angenommen.

Die Welt kam durch Frau Schins in unseren Klassenraum.

Als Lehrerin steuerte und begleitete ich den gesamten Prozess durch mein pädagogisches und didaktisches Wissen und meine Berufserfahrungen. Da mir die Klasse vertraut war, wusste ich um die soziale Struktur der Klassengemeinschaft, um die Individualität der Kinder und kannte die Rituale und Vorgehensweisen, die das Arbeiten in der Klasse erfolgreich werden ließen. Zusätzlich kümmerte ich mich um die Organisation in der Schule und die Bereitstellung der Materialien, um die Einladungen für die Senioren und Seniorinnen, um die Fahrten in die Bücherhalle Elbvororte und um die Finanzierung des Projektes.

Wir durften Kinder erleben, die mit Empathie und Spaß am Schreiben dabei waren, die es sich während des Schreibens gemütlich machten, sich sprachlich mit dem Thema ´Jung trifft Alt´ auseinandersetzten und das Ziel verfolgten, Textbotschaften zu verfassen. Alle Kinder schrieben Texte eigener Art und unterschiedlichen Umfangs. Alle Kinder bekamen ihren individuellen Zugang zur Schriftsprache, drückten das aus, was ihnen wichtig war und wählten die dafür von ihnen als zutreffend erachteten Worte und auch Farben. Zudem wurde die Lust am Lesen erneut geweckt. Den Kindern wurde deutlich, was Bücher alles vermitteln und wie sie ihre eigene Welt bereichern.

Wenn Lehrende auf diese Weise mit Schülerinnen und Schülern arbeiten, erfüllen Sie Anforderungen des Hamburger Bildungsplanes im Unterrichtsfach Deutsch zur fachlichen Kompetenz ´Texte schreiben´ in besonderem Maße. Sie lassen Texte planen, schreiben und überarbeiten. Die Schüler und Schülerinnen lernen Verfahren der Ideenfindung kennen (z.B. Gedanken über einen längeren Zeitraum in einem kleinen Notizblock zu notieren). Ihnen kann bewusst werden, dass Lesende ihre Texte möglicherweise anders verstehen und dass sie mit ihrer Textgestaltung Einfluss auf die Lesenden nehmen. Schüler und Schülerinnen verfassen für sich und andere kreative Texte verständlich und verstärken die inhaltlichen Aussagen künstlerisch durch Farben, Formen, Bilder und Zeichnungen.

Es lässt sich in sinnvoller Weise ein fächerübergreifender Bezug zu den Unterrichtsfächern Kunst (Hamburger Bildungsplan: Kompetenzbereich ´Produktion´: z.B. ´mischen und kombinieren Farben zunehmend absichtsvoll´; Kompetenzbereich ´Präsentation´: z.B. ´erkennen und erleben bewusst die Wirkung eigener Werke in der Öffentlichkeit´) und Sachunterricht (Hamburger Bildungsplan: z.B. ´Zeit und Geschichte´: ´vergleichen Lebensbedingungen von Menschen vergangener Zeiten mit den eigenen Lebensbedingungen´, ´entwickeln Zukunftsvorstellungen für das eigene Leben…´ und ´Zusammenleben gestalten´: ´bereiten einfache … Interviews vor und führen diese durch´) herstellen. Das gemeinsame Arbeiten an einem langfristigen Projekt (hier ´Jung trifft Alt´), das Erschaffen eines gemeinschaftlichen Produktes (großflächiges Kunstwerk zum Thema ´Abschied´) und das Organisieren und Durchführen einer Aktion, um ein solches

Vorgehen zu finanzieren (Versteigerung eigens gestalteter Lesestühle zu den Lieblingsbüchern der Kinder), wirken stärkend auf eine Klassengemeinschaft. Eine abschließende Präsentation der Werke vor allen Beteiligten (Eltern, Großeltern, Fördermentorinnen), z.B. als Vernissage, rundet ein solches Projekt gelungen ab und wird in Gedanken bleiben. Eine Dokumentation, ein gemeinsam erstelltes Buch, wäre eine sichtbare Erinnerung für alle!

´Jung trifft Alt´ führt zum Thema ´Abschied nehmen´. Diesen Bereich bearbeiteten wir mit ausreichend Zeit und der Erfahrung von Frau Schins aus der Arbeit mit trauernden Kindern. Die Eltern waren informiert. Die Stunden verflogen mit Leichtigkeit und Freude an der Thematik. Die meisten Kinder wirkten befreit, dass sie sich endlich mit diesem Thema, das häufig tabuisiert wird, auseinandersetzen durften und nehmen sicher Stärkung und individuelle Vorgehensweisen für zukünftige Abschiede mit.

Das gemeinsame Arbeiten der Schüler und Schülerinnen mit Senioren und Seniorinnen ermöglichte generationenübergreifendes Lernen. Die jüngeren und die älteren Menschen begegneten sich, tauschten sich aus und lernten dabei von- und miteinander. Die Arbeit in einem solchen Projekt ist zukunftsweisend. Es befasst sich mit der Gestaltung unserer zukünftigen Gesellschaft mit zunehmend mehr älteren Menschen, die auf die Pflege und Hilfe durch jüngere Menschen angewiesen sein werden. Kinder erfahren immer dann historisches Lernen, wenn ältere Menschen aus ihrer Kindheit berichten (durch Interviews) oder an ihr teilhaben lassen (durch das Betrachten von Zeichnungen älterer Menschen, die wieder jung waren und von jüngeren Menschen, die alt wurden) und entstehende Fragen der Kinder persönlich beantworten. Dieses Vorgehen ist wertvoll, denn es ermöglicht Kindern ein Verständnis für Sicht- und Verhaltensweisen anderer Generationen. Am Ende dieses literarischen Projektes konnten wir in lächelnde Gesichter der verschiedenen Generationen schauen und erkennen, dass wir eine Brücke zwischen den Generationen erschaffen konnten.

Britta Heils

2

Werden Elefanten so steinalt wie du, Frau Meyer?

*Startphase des Projektes am 19.06.2014:
Schreib- und Malwerkstatt*

➜ MATERIAL: *alte Gegenstände, Tuch für Mittelpunkt, passende Musik, Pastellkreiden, Spray zum Fixieren, verschiedene Stifte zum Malen und Schreiben, verschiedene Papiere und Tonpapier und Karton in unterschiedlichen Farbtönen, auch Schreibpapier, Klebestifte, Scheren, Kittel zum Schutz der Kleidung, Buch ´Robert und Frau Meyer´, Flipchart*

Wir hatten einen Raum zum Schreiben und einen zum Malen.

Protokoll der Arbeitsschritte:

1. Namensschilder / Ankommen. Erklären, wo wir was machen. Materaltisch erklären, auch, dass jedes Kind ganz für sich arbeiten sollte. Spielregeln und Pausen erklären.

2. Gegenstände. Mit den Kindern wird der Mittelpunkt gestaltet, bei leiser Musik.

3. Was fällt dir zu ‚alt' ein?
Stichworte auf Flipchart.
Suche dir ein Wort aus, was dir sehr gut gefällt.
Es braucht nicht dein eigenes Wort zu sein. Beiseite legen.

4. Auf die Decke in der Mitte werden die Gegenstände hingelegt, die für die Kinder ‚alt' sind. Dazu brauchen sie noch nichts

zu sagen, sondern sollen sich zunächst einen Platz suchen. Papier und Stifte mitnehmen.

5. Warum ist dieser Gegenstand für dich ‚alt': Kleinen Text dazu schreiben.

6. Welche Farben sind jetzt in dir? Kleines Blatt, Technik mit der Pastellkreide erklären.

7. Kartonfarbe aussuchen lassen: Triptychon falten.

8. Auf der ersten Seite vom Triptychon innen schreiben, Gegenstand nehmen:
Das ist alt für mich, weil:….

9. Dazu malen lassen, also Text und Bild können gemischt verarbeitet werden.
Pause, Frühstück.

10. Kenne ich jemanden, der alt ist? Warum ist der für mich alt? Was mag ich ganz besonders an dieser Person?
Dazu schreiben, danach Seite zwei vom Triptychon malen lassen.

11. Was würde ich mit dieser Person mal richtig gern machen?
Text und malen (Seite drei vom Triptychon).

12. Zum Schluss die Begriffe von dem Flipchart ansehen, fünf Wörter aussuchen lassen, daraus einen Titel (vorne bei gefaltetem Triptychon) für das Triptychon gestalten.
Name und Datum auf die Vorderseite des Triptychons.

13. Ein Kapitel aus ‚Robert und Frau Meyer' von Marie-Thérèse Schins vorlesen ‚Werden Elefanten so steinalt wie du, Frau Meyer?':

Werden Elefanten so steinalt wie du, Frau Meyer?

Heute möchte Robert Frau Meyers Elefanten mal wieder anfassen.
Robert mag Elefanten. Große, kleine, dicke, dünne, bunte.
Frau Meyer sammelt Elefanten. Es sind ihre Lieblinge. Ganz furchtbar viele hat sie schon. Große, kleine, dicke, dünne, bunte und sogar welche aus Silber und Gold und Bronze und Holz und Stein und…
An den Wänden hängen Elefantenbilder. In den Regalen stehen Elefantenbücher.

Frau Meyer sammelt alles, was mit Elefanten zu tun hat, auch Postkarten und Holzstempel und Briefpapier, Kissen, ja, sie hat sogar eine Elefantenschachtel.
Und eine selbst gehäkelte Elefantentasche für das Handy.
Robert darf alles anfassen. Immer.
Jeden Tag mindestens ein Mal.

Die Elefanten stehen im Kühlschrank und passen auf, dass Frau Meyer Butter, Milch, Marmelade und vor allem Schokoriegel und Salatköpfe nicht ausgehen.
Oder sie stehen im Bücherregal und lesen Elefantenbücher.
Oder sie dürfen auf die Balkonblumen aufpassen.
Oder sie sitzen auf der Papierrolle im Klo und sagen Frau Meyer, wann sie neues Klopapier braucht.
Oder sie liegen bei Frau Meyer auf oder auch im Bett, weil die Elefanten und sie es meistens gern ein bisschen warm und gemütlich haben. Und nicht allein sein möchten.
Oder sie sitzen mit ihr auf den vielen Sofakissen einfach irgendwo nur so herum.
Oder sie gehen mit Frau Meyer einkaufen, um ihr dann ins Ohr zu flüstern, dass sie mindestens 30 Salatköpfe kaufen soll, fürs Abendessen.

Oder sie gucken Frau Meyer beim Kochen zu und hoffen auf viele, viele grüne Salatblätter.

„Robert", sagt Frau Meyer, als er gerade den Elefanten auf Rädern anfassen möchte, „irgendwann fahre ich zu den echten Elefanten."

„Aber du hast doch schon so viele echte Elefanten, Frau Meyer. Die sehen alle sehr echt aus, finde ich."

„Echte Elefanten gibt es vor allem in Afrika und Indien. Ich habe noch nie einen echten Elefanten gestreichelt."

„Du kannst doch in Hamburg echte Elefanten streicheln Frau Meyer."

„Ich weiß, das kann ich in Hagenbecks Tierpark tun, wenn ich den Wärter darum bitte. Aber ich möchte sie dort streicheln, wo sie eigentlich leben. Nur in ihrer Heimat Afrika oder in Indien."

„Das ist aber sehr weit weg von Hamburg!"

„Ja, das ist furchtbar weit weg."

„Und warum bist du zum Streicheln noch nie so ganz weit weggefahren, Frau Meyer?"

„Weil ich vorher im Lotto gewinnen muss."

„Warum?"

„Weil ich dann die lange Reise zu den Elefanten bezahlen kann."

„Kostet die Reise echt so viel Geld?"

„Taschen voll mit Geldscheinen, und die habe ich nicht."

„Frau Meyer, bist du nur alt oder schon steinalt?"

„Ich bin steinalt, so ähnlich wie viele Elefanten. Guck mal meine Finger. Und mein Gesicht. Überall Falten und Huckel und braune Flecken."

„Sind echte, alte Elefanten so ähnlich wie du?"

„Ich denke schon. Die haben keine braunen Flecken, aber Runzeln und Falten und Huckel, so wie ich. Nur viel größer."

„Werden Elefanten so steinalt wie du, Frau Meyer?"

„Manche schon. Manche sogar noch älter."

„Warum möchtest du die Elefanten in Afrika und Indien anfassen?"

„Weil ich wissen möchte, ob meine Haut sich so anfühlt wie

die von den Elefanten."
„Ich habe dich noch nie gefühlt."
„Dann fühle mal."
„Oh!"
„Wie oh?"
„Mag ich. Du hast überall kleine Huckel und auch kleine Haare. Da, am Kinn. Haben Elefanten auch Haare am Kinn?"
„Das kann gut sein. Aber die haben mehr einen Rüssel und nicht so ein Kinn wie ich."
„Wenn du nach Afrika und Indien fährst, dann bist du aber lange und weit weg, Frau Meyer."
„Ja, das bin ich."
„Bist du dann viele Tage nicht hier?"
„Ja, das bin ich."
„Und wer passt dann auf deine Elefanten auf, Frau Meyer?"
„Du, Robert."
Robert ist ganz still geworden. Frau Meyer soll nicht nach Afrika oder Indien fahren.
Sie soll hierbleiben. Sie ist seine aller-, allerbeste Elefantenfreundin.

Als er mindestens drei Mal geschlafen hat, weiß er, wie er es schaffen kann, dass Frau Meyer nicht wegzufahren braucht.
Robert hat ein Sparschwein. Es ist rosa und sieht lustig aus. Papa hat es ihm geschenkt, als er eine supergute Note für Rechnen hatte. Im Schweinebauch klimperte es schon. Das Schwein hat keinen Schlüssel oder einen Stöpsel um das Geld rauszuholen.
„Irgendwann wirst du das gesparte Geld brauchen, Robert, dann musst du es kaputt schlagen." Das hat Papa gesagt, als er Robert das rosa Sparschwein geschenkt hat.

Aus Papas Werkzeugkiste holt Robert jetzt den größten Hammer und schlägt rums sein Sparschwein in tausend Stücke.
Mit dem Geld geht er zu einem Geschäft um die Ecke. Dort hat er einen Elefanten aus Porzellan gesehen. Im Schaufenster. Er ist na-

türlich viel kleiner als die Elefanten im Zoo, aber seine graue Haut sieht richtig echt aus. Und er guckt so, als würde er gleich spazieren gehen.

Der ist bestimmt mindestens so echt wie die Elefanten in Afrika und Indien. Den will er Frau Meyer schenken. Die Falten und Huckel sehen ungefähr so alt aus wie die von Frau Meyer.
Den Faltenelefant kann Frau Meyer jeden Morgen, jeden Mittag und jeden Abend streicheln.
Außerdem ist der viel größer als die anderen Elefanten von Frau Meyer.

Dann braucht sie gar nicht wegzufahren und im Lotto gewinnen. Das ist doch viel einfacher. Im Geschäft legt Robert sein lange alle Münzen aus dem rosa Sparschwein auf den Tresen.
„Ich möchte bitte den echten Elefanten aus dem Schaufenster", sagt er. „Ist das genug Geld?"
Die Verkäuferin zählt die Münzen zusammen und meint "Ein bisschen fehlt noch, aber du darfst den Elefanten mitnehmen."
Was für ein Glück! Robert seufzt vor Erleichterung. Nicht auszudenken, wenn das Geld nicht gereicht hätte. Dann hätte sein Plan nicht geklappt...

„Den brauchen Sie nicht einzupacken", sagt er schnell zur Verkäuferin, „den bekommt meine liebste Freundin, gleich."
„Das ist aber nett, wie heißt denn deine Freundin?"
„Frau Meyer, uns sie hat so eine Runzelhaut wie der Elefant hier. Aber das macht nichts. Ich mag Falten und Huckel. Fühlen sich ganz toll an."
Die Verkäuferin steht immer noch mit offenem Mund da, als Robert bei Frau Meyer klingelt. Vom Rennen ist er ziemlich aus der Puste. Den Elefanten hat er schnell unter seinem Pullover versteckt.
„Ich habe ein Geschenk für dich, Frau Meyer."
„Komm rein Robert, gerade habe ich frische Haferflockenkekse ge-

backen, eine neue Sorte. Du kannst sie gleich probieren."
Sie setzen sich auf Frau Meyers Sofa mit den Häkel- und Elefantenkissen. Robert hat den Elefanten immer noch nicht gezeigt.
"So, du sagst mir, wie die Haferkekse schmecken und danach zeigst du mir dein Geschenk, abgemacht?"
Robert vergisst aber die neuen Kekse zu essen, weil er unbedingt wissen möchte, wie Frau Meyer guckt, wenn sie sein Geschenk sieht.
"Trara!" ruft er und stellt vorsichtig den Elefanten mitten auf Frau Meyers Tisch.
"Oh, Robert, wunderbar! So einen besonderen Elefanten habe ich noch nicht."
"Der ist nur für dich, Frau Meyer, den darfst nur du anfassen."
"Warum?", fragt Frau Meyer
"Fühle mal."
"Oh", sagt Frau Meyer, "mag ich gerne leiden. Der fühlt sich so an, wie… Mal tief nachdenken, vielleicht wie …"
Robert lässt Frau Meyer gar nicht ausreden.
"So fühlen sich Elefanten aus Afrika und Indien an", sagt er schnell.
"Ehrlich und nicht gelogen. Darum kannst du ruhig hier bleiben. Und brauchst keine Tasche voller Geldscheine mehr."

Da muss Frau Meyer ein bisschen weinen und Robert auch.

14. Anfangswort sagen lassen, aufschreiben, noch ein Wort dazu, einen passenden Kurztext.

15. Vorbereiten für den nächsten Tag. Pinnwände/Stellwände bzw. Wand, alles aufhängen, dazu Fotos von ´Robert und Frau Meyer´.

16. Vernissage am 20.6.2014:

Alle Kinder präsentierten vor ihren Geschwistern, Eltern und Großeltern, vor den Fördermentorinnen, vor der Schulleiterin Frau Hastedt, vor Frau Schins und Frau Heils ihre Triptychen und zeigten dabei die alten Gegenstände, die sie für den Workshop mitgebracht hatten. Es gab tosenden Applaus und hinterher viel Interesse, die Werke aus der Nähe zu betrachten und in den Büchern von Frau Schins zu blättern und zu lesen. Gespräche zwischen jungen und älteren Menschen waren überall zu hören. Kulinarisch wurden alle durch ein leckeres, großes Buffet, vorbereitet von den Eltern der Klasse, verwöhnt.

3

Wieso hast du so viele Falten?

Fühlen und gefühlt werden, was können meine Hände?

> ### EINLADUNG
> ### Jung trifft Alt
>
> Kinder der Schule Marschweg (Rissen) möchten sich gern mit älteren Menschen unterhalten, mit ihnen lesen, schreiben und malen
>
> **Wann?** Donnerstag, den 4. Dezember 2014 ab 9.30 bis 11.30 Uhr, und am 15. und 29. Januar 2015
>
> **Wo?** Bücherhalle Elbvororte in Blankenese (S-Bhf Blankenese)
>
> **Was genau?** Einstieg jeweils mit einer Lesung aus dem Buch ´Robert und Frau Meyer´, danach kreativer Austausch in Kleingruppen mit Interviews, Malaktionen, Vorlesen und Schreiben
>
> **Und dann?**
> Könnte dieses Projekt 2015 noch weiter vertieft werden, indem Kontakte mit Senioren und Seniorinnen im Einzugsbereich der Bücherhalle aufgebaut und vertieft werden.
> Es freuen sich über die Teilnahme an diesem neuen, spannenden und generationenübergreifenden Projekt:
> * Corinna Benthack, Leiterin der Bücherhalle Elbvororte, Blankenese
> * Britta Heils, stellvertretende Schulleiterin der Schule Marschweg, Rissen
> * Marie-Thérèse Schins, freischaffende Schriftstellerin, Blankenese

→ **MATERIAL:** *Kopien mit Abbildung von Händen (s. nächste Seite), Papier, Stifte, Foto einer Berührung einer jungen und einer älteren Hand (s. Seite 28), Buch ´Robert und Frau Meyer´*

Protokoll der Arbeitsschritte:

1. Begrüßung und Vorstellung in der Bücherhalle, die Kinder saßen den Senioren und Seniorinnen gegenüber.

2. Frau Schins las das Kapitel 3 ´Frau Meyers Geheimnis´ aus ´Robert und Frau Meyer´ vor. Hier ein Auszug:
„*Ich mag mich nicht mehr nur im Badeanzug zeigen, Robert. Ich bin 92 Jahre. Mit Falten und braunen Punkten überall. Mir ist meine Haut zu weit geworden und ich sehe ohne Kleider ganz fürchterlich aus. Nur mein Quietsche-Entchen kennt mich ohne Kleider. Wenn die Badegäste mich altes Mädchen so sehen, dann rennen sie bestimmt kreischend und erschrocken davon. Ich würde höchstens in einem Taucheranzug zum Schwimmen gehen.*"

3. Arbeit in Gruppen mit Kindern und Senioren / Seniorinnen: eigene Hände genau betrachten, Hände gegenseitig betrachten und fühlen, auf freien Rand um das Blatt mit zwei Händen gemeinsam Stichworte notieren, was die eigenen Hände können.

4. Texte zu Händen verfassen.

5. Präsentation.

6. Feedback.

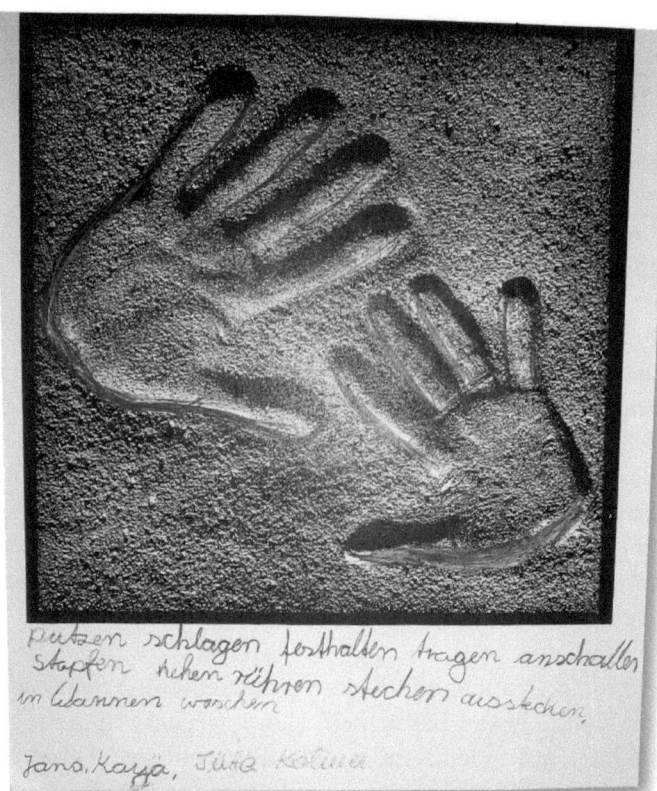

putzen schlagen festhalten tragen anschnallen
stopfen rühren stechen ausstechen
in Wannen waschen.

Jana, Kaya, Jule Kolwer

Meine Hände können:
fühlen, malen, greifen, zeigen, bohren, anziehen
und ausziehen. Sie klatschen, lenken, heben.
Sie können Sachen machen,
die meine Beine nicht können.
Und Hände sind total schön!

Was können meine Hände?

Meine Hände können zur Musik klatschen und sie können leider auch andere schlagen, aber sie können auch Gutes tun, z.B. streicheln. Sie können anfassen und manchmal machen sie auch was, was ich gar nicht will. Hände sind sehr nützlich. Wenn man keine Hände hätte, könnte man keine solchen Sachen machen. Und sie sind Alleskönner.

Meine Hände können halten, bewegen, greifen, schreiben, tippen, schlagen, kneifen, ziehen. Ich finde Hände einfach toll! Sie können bestimmt noch viel mehr als hier steht. Ohne Hände könnte man nichts machen. Ohne Hände wäre das Leben langweilig. Überall braucht der Mensch Hilfe von den Händen.

Meine Hände können Sachen machen, die meine Beine nicht können. Und Hände sind total schön und sie sind nützlich und beweglich!
Die Hand ist etwas Besonderes. Mit Händen kann man sehr viel. Ich finde es sehr schön, darüber nachzudenken, was unsere Körperteile, die Hände, können. Sie können so viel. Ich kann es gar nicht aufzählen.

Ich finde Hände kann man immer gut gebrauchen. Ich kann Luft fühlen, aber nicht sehen. Man kann alles berühren. Meine Hände sind sehr nützlich und sie sind nicht fehl am Platz.
Große Hände können was Großes greifen, dafür mit den dicken Fingern nicht in dünne Ritzen fassen, kleine und dünne Finger können das aber schon.
Hände von alten Leuten fühlen sich hubbelig, faltig und weich an. Sie sind gepunktet, streifig und fleckig.

Liebe Anna-Lena, Britta und Corinna,

was für ein wunderbarer Vormittag in der Bücherhalle mit fühlen, gefühlt werden, mit vorsichtigen Schritten aufeinander zugehen. Und als ein Großvater beim Schreiben sagte: ‚Das tut gut, auch mal gestreichelt zu werden', als die Kinder seine Hände von beiden Seiten berührten, nachdem sie das schöne Foto von Roberts und Frau Meyers Händen gesehen hatten, da wusste ich: Das Projekt geht in die richtige Richtung, wir packen es, ein Pilotprojekt daraus zu gestalten, denn die Kinder und Großeltern sind toll, und wir 3 sind auch gut (Anna-Lena wird auch in den Club aufgenommen, wenn sie etwas Schönes daraus macht im Klönschnack ... :-)))
Marie-Thérèse
(erste Reaktion nach dem Einstieg in der Bücherhalle Elbvororte)

4

Heute bist du jung und ich alt!
Paul Klees Bild hilft uns dabei.

15.01.2015 in der Bücherhalle Elbvororte

→ MATERIAL: *Kopien der vereinfachten Darstellung in schwarz-weiß von Paul Klees ´Kopf eines Mannes´, Senecio - Baltgreis´, 1922; Papier, verschiedene Stifte zum Malen und Schreiben, ein altes Buch und eine alte Bluse (oder andere alte Gegenstände), Fotos zum Thema, das Buch ´Robert und Frau Meyer´*

Protokoll der Arbeitsschritte:

1. Abfragen, wie es nach dem letzten Treffen am 4. Dezember war?

2. Einige Texte von den Kindern vorlesen lassen zu: ´Fühlen und Hände´.

3. Kapitel 4 aus ´Robert und Frau Meyer´ vorlesen ‚Schreiten und hüpfen' (Dazu ein altes Buch, eine alte Bluse und Fotos zeigen).

4. Kurzer gemeinsamer Austausch: Was wissen die Kinder schon über Alt-Sein? Was haben die Senioren als schöne Erinnerung behalten und was war nicht so gut?

5. Blätter mit der Abbildung von Paul Klee verteilen (für jeden ein Blatt): Kopf von Paul Klee verändern:

· **Alt verändert sich in Jung:** *Mit kleinen Texten, Wörtern, Symbolen etc. Dazu Überschrift: Das bin ich, ………………………(Name), ganz jung,…………Jahre (Ich bin wieder Kind!).*

· **Jung verändert sich in Alt:** *Mit kleinen Texten, Wörtern, Symbolen etc. Dazu Überschrift: Das bin ich, ………………………(Name), ganz alt, und………Jahre*

(Wie kann man hieraus ‚alt' machen? / Kinder können sich auch mit einer Sonnenbrille, mit einer über die Ohren gezogenen Mütze und mit schwerer Kleidung etc. verkleiden, um sich in eine körperliche Veränderung besser einzufühlen).

6. Eine 5-Sätze-Geschichte über sich selbst schreiben (z.B. mit den Satzanfängen: ´Ich...´, ´Wenn ich ...´).

7. Sich Bilder gegenseitig in kleinen Gruppen zeigen.

8. Blitzlicht.

Ich darf jung sein:

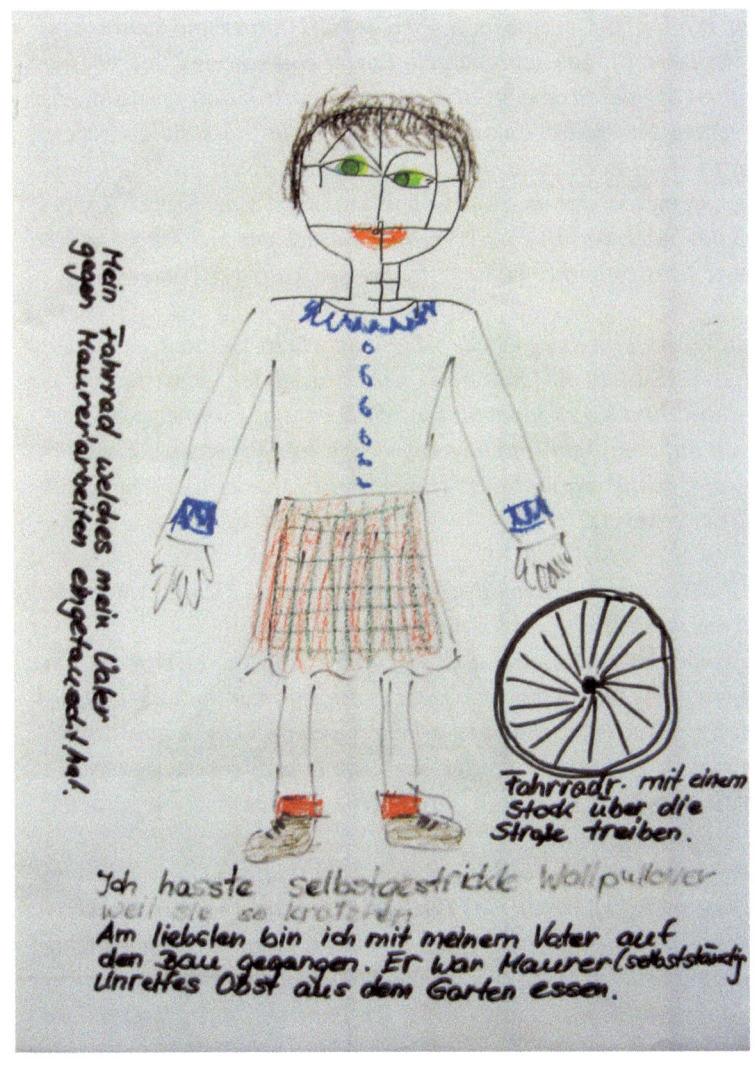

Ich bin wieder Kind!

Ich bin in Hamburg aufgewachsen, im Krieg sind wir nach Sasel gezogen. Mit meiner Mutter wohnte ich in einem Wochenendhäuschen. Wir hatten Gemüse im Garten, es gab Hühner und Kaninchen. Wir konnten für uns selber sorgen. Es war eine schöne Kindheit, wir konnten auf der Straße spielen. Aber ich hatte kaum Spielzeug. Es gab einen Fahrradreifen, den wir mit einem Stock rollen ließen. Dann gab es noch zwei andere Holzstöcke: einen größeren, und einen kleineren, der an zwei Seiten angespitzt war. Kippel-Kappel hieß das Spiel. Was mir noch einfällt, was ich gar nicht mochte: Ich musste selbstgestrickte Pullover tragen aus kratziger Wolle…

Mein Vater ist im Krieg gefallen. Deshalb wuchs ich mit acht Frauen auf: sechs Tanten, die Oma und meine Mutter. Ich wurde furchtbar verwöhnt und bis zu meinem fünften Lebensjahr immer herumgetragen auf dem Arm und angezogen wie eine Prinzessin. Erstaunlich, dass ich überhaupt das Laufen lernte. Aber es war schön, mir ging es richtig gut!

Ich durfte damals kurze Hosen tragen, auch als kleines Mädchen, und das war nicht selbstverständlich.
Ich wohnte in Berlin, und dort war Krieg. Trotzdem wollte ich am liebsten draußen spielen, jetzt zieht es mich immer noch nach draußen. Ich brauche frische Luft, arbeite dann im Garten oder so. Ich war immer zu Streichen aufgelegt, habe eine ältere Schwester, mit der ich mich jetzt auch noch gut verstehe. Sie hat mich nie verpetzt!
Ich lief gern Rollschuh.
Aber im Winter lief ich liebend gern Schlittschuh. Da war keiner, der uns sagte, wann wir das durften, wir gingen einfach aufs Eis, und ich bin jedes Jahr durchs Eis gesackt. Dann bekamen meine Schwester und ich beide eine Tracht Prügel, auch wenn sie gar nicht mit auf dem Eis war. Dann wollte ich Fahrrad fahren lernen. Das klappte auf dem Dorf. Dort stand ein Männerfahrrad gegen eine

Wand gelehnt, mit so einer Stange. Ich habe mich da irgendwie aufs Rad gesetzt, bin gefahren, und dann gegen das Scheunentor geknallt. Das Rad war kaputt.
Auf dem Hof gab es ganz viele Tiere. Und am Allerschönsten war es, ein kleines, frisch geborenes Ferkel drücken zu dürfen. So warm und weich…

Ich bin in Rissen geboren. Ich erinnere mich an die Zeit, in der ich zwischen sechs und acht Jahre war. Rissen war noch ein Dorf mit 2100 Einwohnern. Inzwischen sind es 15.000.
Es war wirklich wie auf dem Dorf. Es gab nur wenige Häuser, viele mit Strohdächern. Es gab Wiesen und Wald. Wir hatten sehr wenig Essen, hatten aber deshalb eigene Tiere im Garten, zum Beispiel Enten.
Wir mussten mitarbeiten im Garten, ernten und auch Erbsen pulen. Wir spielten auf der Kuhwiese Fußball.

Ich lernte Fahrrad fahren auf einem Erwachsenenrad. Und ich war auf dem Land, in einer Bäckerei, dort war mein Großvater. An dem Ort konnten wir wunderbar spielen. Als ich nach Hause geholt werden sollte, wollte ich nicht. Einer der Gesellen hat mich dann in einem Trog versteckt, in dem eigentlich der Teig für das Brot geknetet wurde.
Irgendwann ging es dann auf die Flucht. Und das war gar nicht schön.

Ich war neun Jahre alt. Und ich wollte unbedingt Zöpfe haben, das war mein großer Wunsch. Ich spielte gern, und sprang mit dem Springseil, lief Rollschuh. Dann fing aber der Krieg an, und es begann eine sorgenvolle Zeit. Mein Vater musste in den Krieg, und ich habe ihn sehr lange nicht gesehen.
Ich freute mich immer, wenn meine Mutter vorlas. Dann vergaß man die Sorgen. Durch dieses Vorlesen lernte ich das Lesen lieben und auch die Bücher.

Dann kam die Zeit der Nazis. Meine Eltern mochten die gar nicht, und das war damals nicht einfach, weil viele in der Schule aus Familien kamen, in denen Erwachsene Nazi waren. Das war für mich bis zum Ende des Krieges eine große Unsicherheit, ein Problem, wie ich mich verhalten sollte.
Aber Kinder können auch viel vergessen und fröhlich sein!

Es sollte ein Foto von mir gemacht werden. Ich muss zwischen fünf und sieben Jahren alt gewesen sein. Ich habe bei der Oma gelebt. Eine Mutter gab es nicht.
Wir hatten fast gar nichts. Ich hatte als kleines Mädchen wenig Kleidung. Das was ich hatte, war alles selbst genäht, gestrickt, gehäkelt.
Eines Tages sollte ich fotografiert werden.
Für das Foto sollte ich einen Rock von meiner Oma anziehen, der mir viel zu groß war. Sie hat ihn dann gefaltet und mit einem Gummiband versucht, den großen Rock für mich passend zu machen. Er sollte kürzer werden, um mir nicht runterzurutschen. Ich fand es ganz furchtbar, dass Oma aus einem großen Rock ein Röckchen für mich machte! Das sah aus wie ein komisches Glockenröckchen.
Und dann die Bluse erst! Auch die war geliehen für das Foto.
Die Händchen sollte ich auf die Taille legen.
Ich fand das alles schrecklich, und dann setzte Oma mir auch noch einen Hut von ihr auf.
Nun war ich so traurig über mein Aussehen, dass ich den Rock auf jeder Seite zusammenraffend in die Hände klammerte. Und so mit Tränen im Gesicht wurde ich auf dem Foto verewigt. Nein, das war nicht schön!

Ich wollte unbedingt Zöpfe haben, aber die durfte ich nicht haben. *Dann habe ich mir welche aus Zeitungspapier geflochten und die irgendwie festgemacht.*
Rollerfahren war für mich das Allerschönste. Und dann gab es einen Roller! Ich bin ganz viel damit gefahren.

Was ich gar nicht mochte: Ich musste die alten Sachen von meinem Bruder auftragen, denn die waren noch gut. Schrecklich!
In der Schule wurde ich damit aufgezogen, und man nannte mich Dietrich, wie meinen Bruder...
Ich spielte auch gern mit Matsch. Mit Scherben konnte man Türmchen bauen.
Ganz toll war es, draußen die Brote essen zu dürfen und nicht in der Wohnung.
Ich war sehr gern Kind und jetzt bin ich gern Oma!

Ich war acht Jahre, als der Krieg vorbei war. Irgendwann gab es auch Jeans, toll! Aber die waren viel zu teuer für uns. Ich trug geänderte, kratzige Pullover von meiner Mutter und einen Glockenrock. Das war damals anders mit den Kleidern als heute, aber es gab ja nichts!

Ich darf alt sein:

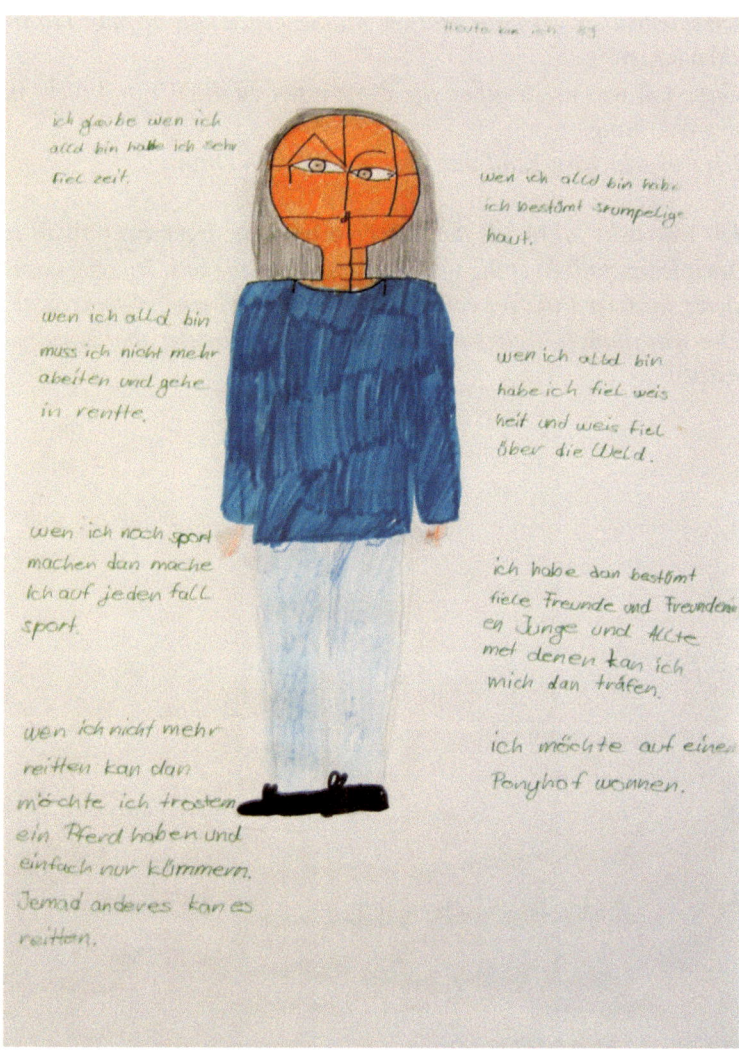

Ich bin ein alter Mensch!

Lina ist 64 Jahre alt:
Ich glaube, dass ich viel Zeit habe. Ich kann nicht mehr springen. Ich kann dann alles in meinem eigenen Tempo machen. Ich kriege Hilfe von anderen. Ich bin dann in Rente. Ich kann Geschichten erzählen. Ich habe Zeit zum Kochen. Ich bin nicht mehr so schnell. Keiner sagt mir, was ich tun soll.

Maya ist 60 Jahre alt:
Wenn ich alt bin, kann ich meinen Enkelkindern sagen, was ich erlebt habe. Wenn ich alt bin, habe ich faltige Haut. Wenn ich alt bin, habe ich graue Haare. Wenn ich alt bin, kann ich nicht mehr gut laufen. Wenn ich alt bin, kann ich nicht mehr gut sehen. Wenn ich alt bin, kann ich nicht mehr reiten.

Lia ist 88 Jahre alt:
Wenn ich 88 bin, sehe ich wahrscheinlich nicht so aus. Ich habe aber bestimmt lange, dunkelbraune Haare. Wenn ich in Rente bin, dann kann ich mich zurücklehnen. Ich kann dann nicht mehr richtig rennen. Und hüpfen kann ich auch nicht mehr.

Jana ist 66 Jahre alt:
Ich muss nichts mehr machen und wenn ich sterbe, bin ich stolz, was ich in meinem Leben erlebt habe.

Feeline ist 86 Jahre alt:
1. Es ist anders, alt zu sein. 2. Es ist manchmal gut, alt zu sein, manchmal nicht. 3. Ich bin um 5 cm geschrumpft. 4. Man kann seinen Kindern und Enkelkindern seine alten Geschichten erzählen. 5. Ich kann faulenzen. 6. Ich bin 1,76 cm groß. 7. Ich bin 86 Jahre alt. 8. Ich kann nicht mehr richtig gehen. 9. Ich kann nicht mehr sehen. 10. Wenn ich alt bin, schrumpfe ich. 11. Ich treffe mich in meiner Freizeit mit meinen Freunden und esse Kuchen. 12. Ich kann keinen Sport mehr machen.

Ben ist 89 Jahre alt:
Positiv: Ich muss mich nicht anstrengen.
Negativ: So fühle ich mich: Ich kann mich nicht mehr so schnell bewegen. Ich kann nicht mehr so gut sehen. Steckbrief: Alter 89 Jahre, Größe: 2,40 Meter, Gewicht: 70 kg

Frederik ist so alt wie seine Uroma, 102 Jahre
Ich kann zwar nicht mehr turnen und Sport machen, aber ich kann stolz sein, was ich alles erlebt habe und dass ich so alt geworden bin. Meine Uroma war eine ganz tolle Turnerin.

Jacob ist 74 Jahre alt:
Wenn ich alt bin, glaube ich, dass ich gute Geschichten erzählen kann. Ich kann nicht so gut hören. Man kann nicht mehr so gut gehen. Man kriegt Hilfe von jüngeren Menschen. Ich werde 74 Jahre alt und 1,65 m groß sein.

Marlene ist 89 Jahre alt:
Heute bin ich 89 Jahre alt. Ich glaube, wenn ich alt bin, habe ich sehr viel Zeit. Wenn ich alt bin, muss ich nicht mehr arbeiten und gehe in Rente. Wenn ich noch Sport machen kann, dann mache ich auf jeden Fall Sport. Wenn ich nicht mehr reiten kann, dann möchte ich trotzdem ein Pferd haben und mich einfach nur um es kümmern. Jemand anderes kann es reiten. Wenn ich alt bin, habe ich bestimmt schrumpelige Haut. Wenn ich alt bin, habe ich viel Weisheit über die Welt. Ich habe dann bestimmt viele Freunde und Freundinnen, junge und alte, mit denen kann ich mich treffen. Ich möchte auf einem Ponyhof wohnen.

Tess ist 85 Jahre alt:
Ich bin 85 Jahre alt. Schwimmen werde ich probieren. Wenn ich alt bin, möchte ich noch probieren zu reiten. Viel basteln werde ich. Ich würde Bücher lesen. Ich würde spazieren gehen, ins Altersheim gehen und viele Bilder malen. Man kann Kindern Geschichten erzählen, was man erlebt hat.

Natalia ist 91 Jahre alt:
Heute bin ich 91 Jahre alt. Wenn ich alt bin, kann ich nicht mehr laufen. Ich kann dann schwimmen gehen. Ich habe Freundinnen und esse mit ihnen Kuchen. Ich lese viele Bücher.

Lara ist 60 Jahre alt:
Wenn ich alt bin, kann ich eine Oma sein. Wenn ich alt bin, habe ich Kinder. Wenn ich alt bin, habe ich Falten. Wenn ich alt bin, kann ich nicht mehr so gut rennen. Wenn ich alt bin, kann ich Geschichten erzählen. Wenn ich alt bin, habe ich graue Haare. Wenn ich alt bin, habe ich richtig lange Haare.

Nelly ist 69 Jahre alt:
Ich gehe einkaufen. Ich bin langsam. Ich habe Freundinnen. Ich kann faulenzen.

Max ist 83 Jahre alt:
Man kann nicht mehr Hockey spielen. Man kann nicht mehr Auto fahren. Man ist in Rente. Man kann nicht mehr richtig gehen. Man hat Enkelkinder.

Jan Pravit ist 52 Jahre alt:
Wenn ich 52 Jahre alt bin, bin ich vielleicht gestresst. Ich habe eine Arbeit und ich habe Falten. Vielleicht kann ich dann immer noch schnell laufen und vielleicht auch noch Fußball spielen.

Kilian ist 80 Jahre alt:
1. Das bin ich in 72 Jahren Das bin ich also mit 80 Jahren. (zeigt Zeichnung) 2. Ich werde graue Haare haben. 3. Und ich werde total komisch aussehen. 4. Ich werde immer noch blau mögen. 5. Und einen Gürtel werde ich tragen. 6. Das ist mein aktueller Fingerabdruck. 7. Und das ist mein Fingerabdruck in 72 Jahren. (zeigt Abbildungen)

5

Wir dürfen die Senioren und Seniorinnen ausfragen, wie das so ist und sich anfühlt mit dem Altsein

→ MATERIAL: *Fotos mit Personen aus früheren Zeiten, Papier und Stifte*

Zusammenfassung der Arbeitsschritte:

Als Vorbereitung für den dritten Besuch am 29.01.2015 in der Bücherhalle übten die Kinder die Durchführung eines Interviews, indem sie sich Fotos mit Personen aus früheren Zeiten anschauten und sich dann für eine Person entschieden, der sie Fragen stellen wollten. Diese Fragen notierten sie gemeinsam in Kleingruppen. Hinterher sammelten wir alle Fragen und es ergab sich ein Fragenkatalog für die Interviews mit den Senioren und Seniorinnen. Wir führten noch fiktive Interviews vor der Klasse durch, um dann zu besprechen, was alles bei einer Interviewdurchführung beachtet werden muss (Fragen klar und deutlich stellen; bei kurzen Antworten noch einmal nachfragen; darauf achten, möglichst viele Informationen zu bekommen; alles aufnehmen oder aufschreiben; fragen, ob die Antworten weiter verwendet werden dürfen; sich bedanken).
Die Kinder sind durch die Interviews in historisches Lernen eingetaucht.

Es folgt eine Auswahl des Fragenkataloges von 48 Fragen:

FRAGEN:

1. Wie heißen Sie?
2. Wie alt sind Sie?
3. Wo wurden Sie geboren und hatten Sie Geschwister?
4. Wurden Sie vor, im oder nach dem Krieg geboren?
5. Und haben Sie den Krieg miterlebt, wie?
6. Wie war Ihre Kindheit?
7. Hatten Sie Geschwister und haben Sie mit denen gelebt?
8. Wie waren Ihre Schule, der Schulhof und Ihr Schulweg?
9. Wie waren Ihre Schulbücher?
10. Wurden Sie in der Schule vom Lehrer / der Lehrerin geschlagen? Waren sie streng?
11. Wie viele Kinder waren in Ihrer Klasse?
12. Wie war Ihre Kleidung? Was hatten Sie zum Anziehen?
13. Durften Sie lange Haare haben oder eine Frisur, wie Sie das wollten?
14. Was hatten Sie für Spielzeug? Hatten Sie ein Lieblingsspielzeug?
15. Wo wohnten Sie, in einem Haus, in einer Wohnung?
16. Hatten Sie ein eigenes Zimmer?
17. Sind Sie als Kind umgezogen?
18. Haben Sie auf der Straße gespielt? Und falls ja, was?
19. Was hatten Sie für Wünsche als Kind? Welche besonders?
20. Was hatten Sie zu essen? War das so wie heute?
21. Was war das Schönste für Sie, als Sie Kind waren?
22. Mussten Sie als Kind auch arbeiten?
23. Hatten Sie als Kind auch Tiere?
24. Waren Sie als Kind frech?

6

Frau Meyer, wo ist denn dein Herr Meyer?

*Planeten, wo alle, die wir liebhaben,
schon sind oder hinfliegen dürfen*

➜ MATERIAL für den Workshop ´Abschied nehmen´ am 1.4.2015 in der Schule

Bücher zum Thema als Ansichtsmaterial (z.B. ´Zuckerguss für Isabel´, ´Eine Kiste für Opa´, ´Ich übe für den Himmel´ von Marie-Thérèse Schins); ausreichend Briefumschläge; bunte, kleine Zettel; Scheren; Klebe; Tesakrepp; Buntstifte; Filzstifte; Bleistifte; Pastellkreiden; Spray zum Fixieren; saubere Tafel zum Anschreiben; vorbereitete Fragen; Musik; Zeitungspapier zum Unterlegen; Tapetenrolle für das gemeinsame Bild; für die Kinder Kittel zum Schutz der Kleidung; Kissen für die Kinder, auf denen sie sitzen und liegen können beim Schreiben; die bereits aus Streichholzschachteln vorbereiteten Kistchen der Kinder:

Gefäß und Streichhölzer/Feuerzeug für die Verbrennung der Umschläge mit Inhalt; Ort absprechen, an dem Abschied von all dem genommen werden kann, was die Kinder loswerden möchten (Schulleitung und Hausmeister ansprechen).
Möglich wären ein Elternabend und auch eine Fortbildung für das Lehrerkollegium zum Thema ´Abschied´.

Protokoll der Arbeitsschritte:

Wir starten:
Die Kinder haben ihre Kistchen vor sich und auch alles weitere Material zum Schreiben, Kleben, etc.
Kistchen und Kästen sind dafür da, um Dinge aufzuheben und sie sich auch mal anzusehen, sie wieder weg- und umzuräumen, und manchmal auch, um sie ganz verschwinden zu lassen.

Einführung: *(eventuell passende Zeichnung an der Tafel)*
Die Kinder neugierig machen. Auf unser Projekt hinweisen: ‚Jung trifft Alt' und darauf, dass wir schon so gut zusammenarbeiten, dass wir schon tolle Themen hatten, z.B. mit ‚Händen und fühlen', ´alt sein dürfen, jung sein dürfen´, mit ‚Was ist alt für mich?', die Ausstellung (Vernissage) und die aktionsreiche Lese-Stuhlaktion.
Betonen, dass wir uns über ganz viel ganz viele Gedanken gemacht haben. Und weil wir inzwischen beinahe Profis sind im Schreiben und einfach in den Bauch und den Kopf eingetaucht sind, ist da viel, viel passiert. Wir durften einfach in uns hineingehen, wenn wir das wollten. Und wenn wir das nicht wollten, dann war das auch gut. Manche haben da drinnen ganz viel Platz dafür, andere weniger. Da sind dann gerade andere Dinge und Gedanken unterwegs. Das ist eben bei jedem unterschiedlich, und das ist auch gut so. Sonst wäre das ganz schön langweilig, wenn wir alle gleich aussehen, denken und fühlen würden. Aber vielleicht ist da doch noch ein bisschen Platz für dies und das, was wir heute machen.
Jetzt habt ihr da ein Kistchen. Einige haben es so gebastelt, andere so. Wieder Unterschiede. Toll ist, dass ihr euch viel Mühe gegeben habt, obwohl ihr noch gar nicht wusstet, wofür ihr das gemacht habt. Das Geheimnis lüfte ich heute und nachher. Erst mal vielen Dank, dass ihr so viel Vertrauen zu mir habt und immer, meistens zusammen mit den Großeltern, auch mit Groß-

tanten- und onkels, und überhaupt mit älteren Menschen (bin ich ja auch), so gut mitgemacht habt bei unserem Projekt.

ERSTER SCHRITT:

Heute habe ich Fragen an euch. Ihr habt ja schon mal Fragen gestellt, erinnert ihr euch? An die Interviews mit den Senioren und Seniorinnen, und habt dies vorher mit mir geübt, mit Fotos von früher.
Heute frage ich euch. Und die Antworten dazu könnt ihr auf kleine Zettelchen schreiben. Die Antworten sind für euch und dürfen auch euer Geheimnis sein und wenn ihr wollt auch bleiben; die sind nur für euch. Und ihr braucht sie auch nicht vorzulesen. Ihr überlegt genau, was ihr schreibt, und dann faltet ihr den Zettel zusammen und legt ihn in euer Kästchen. Also möglichst kleine Zettel und klein schreiben. Sucht beim Papier immer eine Farbe aus, die zu eurer Antwort passt. Schreibt eure Worte auf und dann schneidet ihr das Stückchen mit den Worten aus und legt es, wie ich schon sagte, in euer Kistchen. Kistchen und Kästen sind dazu da, Dinge rein zu tun.
Ich möchte euch bitten, und das gilt für alle: Bleibt bitte ganz für euch, lasst die, die neben euch sind, in Ruhe arbeiten, dann könnt ihr es auch für euch!
Frau Heils, Frau Schmitt (Lehramtsstudentin und Unterstützerin von Frau Schins) und ich sind hier vorne, und wenn etwas gar nicht verstanden wird, dann kommt ihr leise zu uns und könnt leise fragen.
Heute haben wir also vier Schritte, die wir zusammen gehen werden. Ein fünfter Schritt kommt an einem anderen Tag noch hinzu. Und das hier ist der erste Schritt. Und nun fangen wir an mit den Fragen, die ich euch stelle, und die ihr beantwortet auf den bunten, kleinen Papierstreifen. Ihr könnt nur ein Wort schreiben, oder auch zwei, vielleicht sogar einen kurzen Satz. Ihr schreibt dann die Zahl dazu, die ich euch nenne:

1. Was wünsche ich mir gerade ganz doll?
2. Worüber freue ich mich heute am meisten?
3. Wo lese ich am liebsten?
4. Was wünsche ich mir, wenn ich mit Mama, Papa oder meinem Bruder oder meiner Schwester allein bin, was wir dann zusammen machen können?
5. Was soll so bleiben in meinem Leben?
6. Welche Blume habe ich am liebsten?
7. Welchen Duft mag ich gerne?
8. Was gefällt mir hier in der Klasse ganz besonders?
9. Mit wem kann ich über alles reden?
10. Magst Du die Sonne und das Licht und wenn ja, warum?
11. Was finde ich bei mir selber gut? Zum Beispiel meine Haare, meine Augen…
12. Was macht mich richtig glücklich?
13. Wenn ich einen Planet aussuchen dürfte, wie heißt dann mein Planet?

- PAUSE -

ZWEITER SCHRITT:

Jetzt bekommt ihr einen Briefumschlag. Und in diesen Briefumschlag könnt ihr die Antworten stecken, von denen ihr meint: weg damit! Die sollen verschwinden, die mag ich gerade gar nicht!
Wenn ihr meint, die dürfen trotzdem ins Kistchen, darüber will ich nochmal nachdenken, oder mit Mama oder Papa oder mit jemandem, den ich gern habe, darüber reden, dann hebt ihr die Antwort auf und legt sie ins Kistchen, das ist auch in Ordnung. Also gut überlegen, ehe ihr entscheidet, was ihr schreibt und wo es hin soll.
Denn wir möchten im vierten Schritt die Antworten, also das, was ihr loswerden möchtet, verschwinden lassen. Wie wir das

machen, möchte ich jetzt noch nicht verraten, denn das wäre schon der vierte Schritt.
Und noch einmal, damit ihr es nicht vergesst: Die Antworten sind nur für euch, ihr müsst sie hier in der Klasse jetzt keinem zeigen oder vorlesen.

1. Was mag ich gerade überhaupt nicht?
2. Was darf bitte gerade nicht passieren?
3. Wovon möchte ich mich gerne trennen?
4. Wen kann ich nicht ausstehen?
5. Habe ich mal etwas verloren, was mich traurig machte?
6. Was mag ich im Fernsehen gerade gar nicht gucken?
7. Was hat mich in den letzten Tagen wütend gemacht?
8. Worüber möchte ich böse werden?
9. Möchte ich über Dinge sprechen, die nicht einfach sind? Welche sind das und mit wem möchte ich das gerne tun?
10. Ist schon mal jemand weggezogen und du wolltest, dass dieser Mensch bleiben sollte?
11. Gibt es Menschen, die du kanntest, und die für immer weg sind und nicht mehr zurückkommen können?
10. Bist Du manchmal eifersüchtig und weißt du auch warum?
11. Was wünsche ich mir, was für immer verschwinden soll?
12. Magst Du gern die Sonne? Und Licht? Und warum?

<u>DRITTER SCHRITT:</u>

In der Pause (mit Hilfe) das Papier/ die ausgerollte Tapetenrolle für das gemeinsame Bild auf dem Fußboden festkleben mit Klebestreifen (Tesakrepp), Malstifte etc. bereitlegen. Musikanlage vorbereiten.
Jedes Kind zieht einen Kittel an, nimmt sein Kissen und sucht sich einen Platz an der Papierfläche.
Ihr könnt jetzt einen Planeten malen. Auf diesem Planeten dürfen alle einen Platz finden, von denen ihr findet, dass sie dort

wohnen dürfen. Das können Schmetterlinge, Vögel, Glückskäfer, Bienen sein, die gerade dorthin fliegen und landen dürfen. Oder ein Mensch, der Flügel bekommen hat und auch unterwegs ist zu deinem Planeten. Aber dort können auch schon Blumen und Bäume wohnen.
Und wenn wir den Planeten fertig haben, dann werden wir den Platz, der dazwischen ist, mit Wolken, Sternen, Sonnen und all dem ausfüllen, was da oben unterwegs ist.
Das, was vielleicht nicht mehr da ist, ist vielleicht als Schmetterling, als Vogel, als Biene, als Glückskäfer, als Blume, als Baum, als Sonne, als Mond, als bunte Wolke, als schöner Stein, als kleiner Bach, als Stern, als Planet, als Mensch mit Flügeln, den ich gern da oben fliegen lassen möchte, auf dem Weg. Und das möchte ich malen, und auch ein paar Wörter dazu schreiben, als Gruß, als Wunsch, als Abschied.

Jeder von euch hat einen Platz an der großen Papierfläche, und wir werden versuchen, beim Malen und Schreiben aufeinander zu achten und das Bild ganz auszufüllen.
Ich schalte schöne Musik ein.

VIERTER SCHRITT:

Verbrennung der Briefumschläge und der Zettel, die die Kinder (aus den Kistchen) unbedingt loswerden möchten.

Großeltern und Fördermentorinnen haben uns an diesem Tag begleitet und mitgewirkt.

FÜNFTER SCHRITT:

Texte schreiben am 13.04.2015 zum Gruppenbild

➜ MATERIAL: *das gemeinsame Planetenbild, Kissen, Schreibstifte und Schreibpapier, vorbereitete Fragen*
Protokoll der Arbeitsschritte:

1. Mit Frau Heils die Bilder langsam ausrollen und auf den Boden auslegen.

2. Die Kinder nehmen Kissen und setzen sich dorthin, wo ihr Bild ist.

3. Mit der schönen Musik vom letzten Mal ihr eigenes Bild betrachten.

4. Unterlagen zum Schreiben holen, Papier und Stift.

5. Wie heißt mein Planet? Wer wohnt dort schon? Wer ist noch unterwegs? Wo sind diese Lebewesen auf meinem Bild? Warum habe ich genau diese ausgewählt, auf meinem eigenen Planeten wohnen zu können / zu dürfen? Warum habe ich diese Form des Planeten ausgesucht? Und die Farben?

6. Wie sind die Menschen / die Wesen zu meinem Planeten gekommen?

7. Möchte ich dort selber auch mal wohnen und warum?

8. Als ich das Bild malen sollte, war das schwirig für mich?

9. Wenn ich jetzt jemandem, den ich gar nicht kenne, meinen Planeten zeigen würde, was kann ich ihm dann dazu erzählen? (Dieser Text soll geschrieben werden.)

10. Ist mir eigentlich noch jemand eingefallen, der auf dem Planeten wohnen darf?

11. Zum Schluss können sich die Kinder zu dritt ihre Texte und Bilder gegenseitig vorstellen.
Wenn der Bedarf da ist, können Bilder und Texte im Plenum vorgestellt werden.

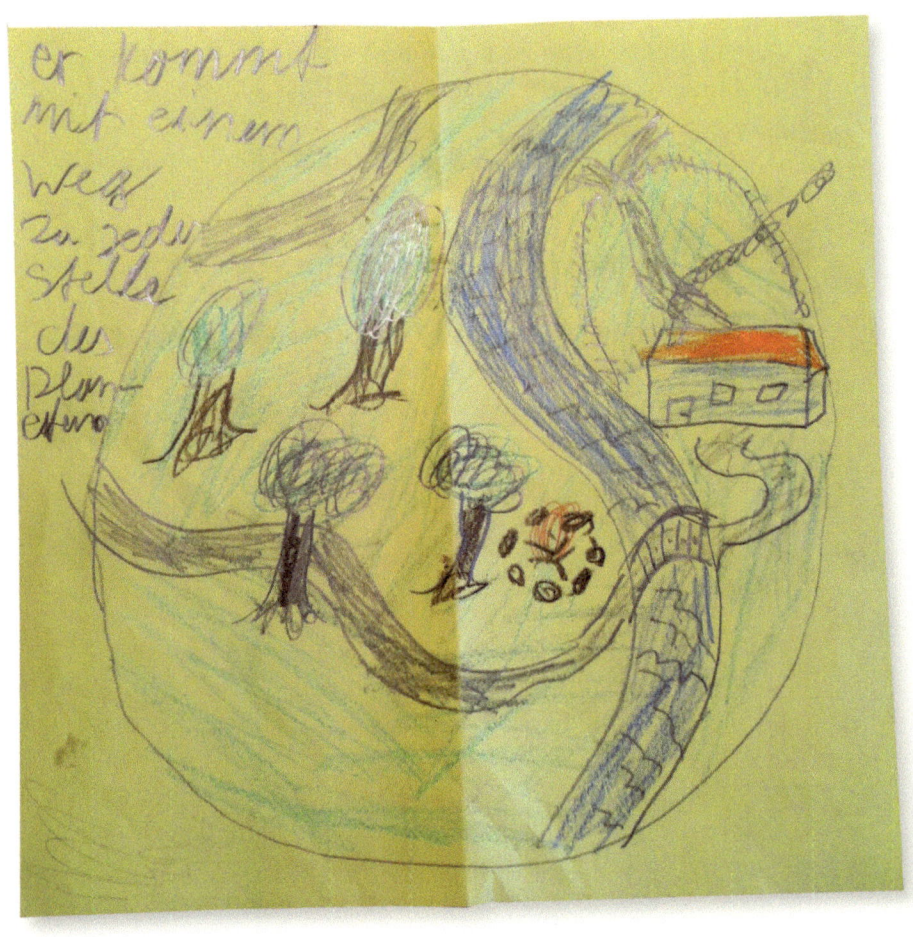

Texte der Kinder zu ihren Planeten:

Das ist ein Planet mit Namen Atom. Da ist eine Nachbarin drauf. Alle, die da drauf können, sind hoffentlich nett. Meine Nachbarin hat sich glaube ich schon eingerichtet. Sie war sehr nett zu mir!!! Der Buchstabe A war ihr Lieblingsbuchstabe.

Das ist ein Wasserplanet, wo Bekannte, die verstorben sind hinreisen. Mein Opa Max und meine Katze Sams sind gerade auf dem Weg dorthin. In der Mitte des Planets ist ein schwarzes Loch, aus dem Wasser rauskommt und in den geht.

Ich erzähle dir jetzt mal, was ich gemalt habe. Das ist der Planet Elefantogalos. Auf diesem Planeten leben Elefantengalos, und diese Elefantengalos sind Tiere, die aus allen Tieren bestehen. Die Katze Mia ist gestorben und jetzt ist sie mit einer Rakete zu meinem Planet geflogen. Gerade als sie gelandet ist, kam ein Elefantengalo auf sie zu und hat Mia begrüßt. Und jetzt wohnt sie dort in einem der Elefantengalohäusern. Den Planeten habe ich mir ausgedacht, als ich auf dem Trampolin lag und in den Himmel geguckt habe. Die Elefantengalos wohnen in wunderschönen Häusern, die ganz bunt sind.

Ich habe Plante Buntus gemalt. Das Haus ist bewohnt. In dem Haus wohnt Opa Reinhard. Er bei Philips gearbeitet. Ich habe ihn leider nie kennen gelernt. … Er hat an der Orgel gespielt und war oft in der Zeitung.

Ich habe meinen Opa dorthin geschickt, weil er dorthin passt. Ich habe probiert es ihm schön zu machen und er sollte mit dem Flugzeug dorthin fliegen. Als ich malen sollte, habe ich gar nicht lange nachgedacht … Der Planet heißt Opi. Was ich am tollsten finde sind die Farben. Er hat sogar ein Haus und einen Diener. Der Planet hat einen Fluss und einen Baum.

Ich habe diesen Planeten für meinen Opa gemalt, weil er mir fehlt. Ich habe ein Haus darauf gemalt, Bäume und einen Fluss und eine Wiese. Ich habe den Planet Opa genannt, weil mein Opa darauf wohnt! Von … für meinen allerliebsten Opa. Er kommt mit einem Weg zu jeder Stelle des Planeten.

7

Können sich alte Menschen noch verlieben?

Schreibwerkstatt in der Klasse 3c, zusammen mit Marie-Thérèse Schins und Britta Heils

➜ MATERIAL: *vorbereitete Schreibaufträge, Schreibpapier und Schreibstifte*

Protokoll der Arbeitsschritte:

Die Klasse schrieb drei Schulstunden in sechs Kleingruppen (mit vier Kindern) nach einer kurzen Einführung und mit kleinen Textaufträgen (1. Wo wohnt die Frau? 2. Wo wohnt der Mann? 3. Was unternimmt die Frau? 4. Was unternimmt der Mann? 5. Wie begegnen sich die beiden? 6. Was unternehmen sie gemeinsam?) je einen Textabschnitt. Danach lasen die Gruppen in der Reihenfolge 1.-6. ihre Kurztexte vor. Gemeinsam wurden die Kurztexte mündlich aufeinander abgestimmt und der Schluss der Liebesgeschichte wurde erstellt. Die Liebesgeschichte über alte Menschen wurde von der Schriftstellerin aus den Originalen der Kinder zusammengefügt und ‚leicht' lektoriert bzw. korrigiert, Doppelungen wurden entfernt.

Eine alte Liebe

Trude Müller lebt in einer Halbvilla. Sie steht um halb zehn mit ihrem Pudel Schips auf. Sie geht zum Bäcker und kauft sich frische Brötchen und frisches Hundefutter. Zu Hause brüht sie sich einen Kaffee auf. Das hat sie immer schon so gemacht, auch als ihr Freund Horst noch lebte. Horst hatte Alzheimer, und als in der Stadt unterwegs war, konnte er sich nicht mehr erinnern, dass er mit Trude zusammenlebte. Seitdem wohnt Trude wieder allein. Deshalb hat sich Trude den Pudel Schips angeschafft.

Rolf Kleber wacht morgens auf, weil sein Dackel Fips sehr laut bellt.
Er sagte: „Fips, was machst du für einen Krach?"
„Wuff, Wuff!"
„Ach soooo, du hast Hunger. Dann gehen wir in die Küche und danach spazieren. Aber vorher muss ich mich noch umziehen! Da passiert es. Er zieht sich mal wieder die Hose auf den Kopf und das T-Shirt um die Beine.
Fips bellt.
„Ach soooo, ich war mal wieder so dusselig!"
Nachdem er sich richtig angezogen hat, gehen sie in die Küche.
Schade, denkt er, ich bin schon so alt, warum habe ich nie eine Frau gehabt?
„Ich habe ja dich, Fips!" Nachdem er mit Fips gefrühstückt hat, gehen sie zusammen spazieren.

Trude Müller geht mit ihrem Pudel Schips ins Café.
Sie sehnt sich nach Glück.
Das Glück wäre ein Mann.

Rolf Kleber geht mit seinem Dackel Fips spazieren.
Er sehnt sich nach Glück.
Das Glück wäre eine Frau.
Er geht mit seinem Hund ins Café.
Dort sieht er Frau Müller.
Oh, denkt er. Wie kann ich diese Frau ansprechen?
Auf einmal zieht sein Hund an der Leine und bellt.
Der Hund geht zu Frau Müllers Hund.
„Hör auf", sagt er zu Fips, aber der hört nicht auf ihn.
So begegnen sich die beiden Hunde und Frau Müller und Herr Kleber ebenfalls.

Einige Tage später.
Trude geht mit ihrem Hund, Pudel Schips, durch den Park.
Nach einer Weile fängt der Hund plötzlich an zu ziehen.
Dann sieht sie einen alten Mann. Ist das nicht Herr Kleber?
Pudel Schips zieht sie zum Dackel Fips.
Die Hunde beschnüffeln sich.
Trude fragt: „Wie heißt denn Ihr Dackel?"
Der Mann, den sie schon mal im Café gesehen hat, antwortet: „Fips."
„Und wie heißt Ihr Hund?"
„Schips."
Da müssen sie lachen, weil die Namen so ähnlich klingen und setzen sich auf eine Bank.

„Und ich heiße Rolf Kleber, und Sie?"
Trude antwortet: „Ich bin Trude Müller. Wir können ja noch ein bisschen durch den Park gehen.
Rolf antwortet: „Gerne. Die Hunde mögen sich."

Wieder treffen sie sich im Park.
Trude wartet schon auf der Bank, da kommt Rolf und setzt sich zu ihr.
Sie erzählen sich lange von früher.
Danach gehen sie ins Café, wo sie einen Tee trinken und sich für ein Essen im Restaurant verabreden.

Rolf Kleber betritt das Restaurant mit dem Namen Bubbi Tubli. Trude Müller ist schon da.
Beide sind hübsch gekleidet und mögen sich immer mehr.
Ihre Hunde Schips und Fips sind mit dabei. Trude und Rolf streicheln sie und dabei berühren sich ihre Hände.
Irgendwann fragt Trude:
„Darf ich du sagen?"
„Klar doch. Ich heiße Rolf."
„Wo wohnst du eigentlich?" fragt Trude Rolf Kleber.
„Ich wohne im Wilmerskamp 4."

Trude meint: „Seltsam, ich habe dich glaube ich noch nie so richtig gesehen. Oder vielleicht doch: neulich, das erste Mal in dem Café. Ich wohne im Wilmerskamp 5. Darf ich mal zu dir kommen?"
„Gerne", antwortet Rolf.

Trude steht vor der Villa von Rolf.
Sie klingelt das erste Mal und trippelt aufgeregt mit den Füßen auf den Stufen herum.
Dann klingelt sie ein zweites Mal. Erst beim dritten Läuten öffnet Rolf.
„Entschuldigung, ich hatte mein Hörgerät nicht eingeschaltet."
„Hallo Rolf, das macht gar nichts. Das vergesse ich auch manchmal."
Sie müssen lachen.
„Komm doch rein. Ich habe den Kaffeetisch schon gedeckt und einen Kuchen gebacken. Macht es dir etwas aus, wenn der Kuchen etwas zu salzig geworden ist?"
„Aber nein."
„Guck mal, die Hunde mögen sich inzwischen richtig gerne." Rolf lächelt.
„Ich dich auch." Da wird Rolf rot.
„Wollen wir zusammen im Garten tanzen?" fragt Trude.
„Warte, ich habe Schallplatten von den Beatles."
„Hast du ‚Yesterday' da?" fragt Trude.

Plötzlich sind sie eng umschlungen.
Rolf gibt Trude einen Hauch von einem Kuss.
„Huch, du bist ja stürmisch."

Trude träumt jetzt davon, auf einem Boot mit Rolf um die Welt zu segeln.

Rolf träumt jetzt davon, sich auf einer Hochzeitsreise das Ja-Wort zu geben.

Und die Hunde dürfen überall mit dabei sein.

8

Bin ich seit meinem ersten Schultag älter geworden?

→ MATERIAL: *DIN A4-Papier und große Tonpappen in verschiedenen Farbtönen; unterschiedliche Stifte zum Schreiben, Malen und Zeichnen; ein Beispiel für die Gedichtform ´Elfchen´; von jedem Kind ein Foto*

Protokoll der Arbeitsschritte:

Die Kinder haben im vierten Schuljahr in einem eigenen kleinen Büchlein (zwei gefaltete und ineinander geschobene DIN A4-Seiten) unser Projekt ´Jung trifft Alt´ für sich selber zusammengefasst: Sie haben einen Text zu einem alten Gegenstand und einem alten Lebewesen verfasst, eine Seite zu den Händen gestaltet und geschrieben, Fragen zu ´Jung trifft Alt´ notiert, ihren Lesestuhl gezeichnet und etwas über die Stuhlversteigerung aufgeschrieben, ihren Planeten noch einmal in klein gemalt und beschriftet, Zukunftsfragen und –wünsche formuliert. Das Büchlein beginnt mit einem Titelbild zum Thema und es folgt ein ´Elfchen´ über den ersten Schultag:

Ich bin aufgeregt auf die Schule und freue mich sehr: 1c!

Ich gehe los in meine Klasse und folge meiner Lehrerin.

Zum Abschluss ihrer Grundschulzeit hat jedes Kind einen Steckbrief von sich auf einer großen Tonpappe verfasst mit einem Foto aus unserem Besuch im vierten Schuljahr im Hamburgischen Schulmuseum ´Schule im Wilhelminischen Kaiserreich´ und mit Antworten auf vielfältige Fragen, die wiederum in Kleingruppenarbeit entwickelt worden sind. Die Fragestellungen bezogen sich auf die Bereiche: eigene Veränderungen im Laufe der Grundschulzeit, wie ich mich jetzt sehe, was ich denke und fühle, Zukunftsvorstellungen und – wünsche.

Es gab ein Abschiedsfest mit einer umfassenden Ausstellung und der Übergabe dieses Buches an alle Beteiligten unseres Projektes „Jung trifft Alt".

9

Methodische Schritte und Tipps

von Marie-Thérèse Schins

Nun kommen einige methodische Anleitung für alle, die mit Kindern, Jugendlichen und Erwachsenen Schreib- und Malwerkstätten durchführen möchten, und einige Tipps, die dabei helfen können, erfolgreich zu arbeiten.

MEHR RAUM FÜR DIE EIGENE KREATIVITÄT

In unserer rational gesteuerten Welt haben viele von uns vergessen, auf die eigene Intuition zu achten. Intuition und Kreativität sind eng miteinander verbunden. Außerdem ist die Intuition die Sprache des Unbewussten.

Meine Workshops sind eine Einführung zum Verständnis ´der nicht-gesprochenen Sprache´ von Spontanzeichnungen und selbst geschriebenen Texten. Sie sollen zeigen, dass Spontanzeichnungen und eigene Texte mehr sind als bedeutungslose Spielereien oder bloße Phantasieprodukte.
Spontanes Malen und das Schreiben eigener Texte sind ein wertvolles Instrument zur Kommunikation mit dem Unbewussten und tragen zu einem besseren Verständnis der eigenen Person bei, sowohl körperlich als auch seelisch.

Die Workshops wollen versuchen, mehr Kontakt zu dem eigenen Unbewussten und damit zur eigenen Intuition zu bekommen, mit dem Ziel, dieses in eine kreative Lebensgestaltung umzusetzen. Es geht dabei nicht um das Vermitteln richtiger oder falscher Werte, sondern darum, jedem einzelnen Teilnehmer Hilfen zu geben, herauszufinden, welches kreatives Potential er in sich trägt, wie er es für sich nutzen will und wie viel Spaß dies machen kann.
Diese Methode bietet außerdem einen anderen Zugang zur Sprache und Literatur.

Arbeitsphasen nach Frederick S. Perls in der Poesie- und Schreibtherapie:

1. Initialphase:
In dieser Phase wird der Gruppen- und Selbstkontakt hergestellt, Selbstsicherheit gefördert, Phantasien aber auch Realitäten vertieft.

Schwerpunkte sind Ausdruck, Sprache, Bewegung und Verhalten in der Gruppe.

2. Aktionsphase:
Erlebnisorientierte, kreative Arbeit: Schreiben, Theater, Rollenspiel, Tanz, Musik, Pantomime, Malen etc.

3. Integrationsphase:
Feedback, Sharing Assoziation zu 1. und 2.

4. Neuorientierung:
Was kann mit dem Erfahrenen und Erlernten angefangen werden? Wie geht es weiter?

ZUSÄTZLICHE INFORMATIONEN:

In der Poesie- und Schreibtherapie wird mit eigenen und fremden Texten gearbeitet. Gelegentlich wird Meditation eingesetzt. In meinen Workshops arbeite ich abwechselnd mit Schreiben und Lesen von Texten, Malen, Entspannungsübungen, Malen nach Musik, und Austausch sowie Mindmapping und Clustering. In Selbsterfahrungsgruppen wird thematisch in Kleingruppen und im Plenum gearbeitet.

➜ MATERIAL: *Als Material benötigen die Teilnehmer weiche Pastellkreide (keine Ölkreide), Tonpapier (nur kein kalkweißes) Format DIN A2, Bleistift oder Füller zum Schreiben und DIN A4-Papier, Buntstifte, Spray zum Fixieren der Bilder. Bequeme Kleidung wird empfohlen.*

In meinen Workshops, die ich nach der Gestalttherapie von Frederick S. Perls (Poesie und Bibliotherapie) durchführe, ist es wichtig, einen Mittelpunkt im Raum zu haben, zu dem die

Teilnehmenden immer wieder hingehen können. Alles, was dort liegt, kann angefasst und angesehen werden. Gemeinsam wird dieser Mittelpunkt ganz am Anfang entworfen.
Das Konzept für das Vorgehen und für eine mögliche Präsentation steht zu Beginn eines Workshops und kann und sollte bei Bedarf situativ angepasst werden.
Auf die einzelnen Punkte der Planung möchte ich hier eingehen:

1. Jede Gruppe muss zu Beginn ihrer Arbeit einen Konsens bilden. (Absprache über Themen, Texte sowie Regeln für den Umgang miteinander bei Konflikten).

2. Bevor die eigentliche Arbeit anfangen kann, sollten sich die Teilnehmenden vorstellen (Hoffnung, Ängste, Erwartungen, was passiert heute, beim Schreiben, Malen, was ist anders als sonst?).

3. Die Gruppendynamik kann zur Vertiefung des Miteinanders genutzt werden, thematisch bedingt; das Gruppen-Überich kann die Kräfte des eigenen Ichs stärken.

4. Das Gruppenpotential beim Schreiben und Malen und beim eigenen Deuten und Erzählen der Arbeiten unterstützt die Selbstanalyse. Schwierigkeiten beim Einsatz der Schreibmethoden, wie etwa freie Assoziation, aktive Imagination, können in der Gruppe gemeinsam überwunden werden.

5. Je nach dem Niveau der Gruppenteilnehmer ist abwechselnd zwischen geschlossener und offener Gruppenarbeit zu entscheiden.

6. Die Workshops nach der Gestalttherapie von Frederick S. Perls sollten möglichst von einer Person unterstützt werden, die poesietherapeutische Grundkurse absolviert hat. Außerdem ist es in manchen Workshops wichtig, thematisch bedingt, wie beim Thema ‚Abschied nehmen / Sterben, Tod und Trauer', dass Hilfe von professionell ausgebildeten Personen in Anspruch genommen wird (Psychologen, Therapeuten, je nachdem).

7. Bei der Zusammenstellung der Gruppen ist auf die Interessenhomogenität oder Interessendifferenz der Teilnehmer zu achten.

10

Literaturliste zum Weiterlesen

Eine persönliche Auswahl von Marie-Thérèse Schins

(Einige Bücher wird es nicht mehr in der Buchhandlung geben, aber können dort bestellt oder in öffentlichen Bibliotheken ausgeliehen werden).

BILDERBÜCHER:

Aertssen, Kristien: Als Oma ein Vogel wurde (Gerstenberg)
Damm, Antje: Der Besuch (Moritz)
Dros, Imme und Harrie Geelen: Das O von Opa (Middelhauve)
Feth, Monika und Isabel Pin: Eigentlich ist Tante Lyn Prinzessin (Sauerländer)
Feth, Monika und Isabel Pin: Opa, ich kann Hummeln zählen (Sauerländer)
Harranth, Wolf und Christina Oppermann-Dimow: Mein Opa ist alt und ich hab ihn sehr lieb (Jungbrunnen)
Hout, Mies van: Heute bin ich…Buch und Postkarten (Aracari)
Kirchberg, Ursula: Käpt'n Hein und der Klabautermann (Ellermann)
Lionni, Leo: Der Buchstabenbaum (Beltz und Gelberg)
Lobe, Mira. Die Omama im Apfelbaum (Jungbrunnen)
Lööf, Jan: Großvater ist Seeräuber (Reinbeker Kinderbücher)
Lööf, Jan: Das Beste von Jan Lööf (Carlsen)
Lööf, Margareta: Robert und der lustige Alte (Reinbeker Kinderbücher)
Schins, Marie-Thérèse und Birte Müller: Eine Kiste für Opa (Aufbau Verlag)
Schins, Marie-Thérèse und Birte Müller: Zuckerguss für Isabel (Peter Hammer)
Stark, Ulf und Anna Höglund: Kannst du pfeifen, Johanna (Carlsen)
Verroen, Dolf und Wolf Erlbruch: Ein Himmel für den kleinen Bären (Hanser)

Suzhen, Fang und Sonja Danowski: Oma trinkt im Himmel Tee (Nord Süd)
Ungerer, Tomi: Otto (Diogenes)
Werner, Brigitte (Text) und Claudia Burmeister (Ills.): Kleiner Fuchs – Großer Himmel (Freies Geistesleben)

KINDERBÜCHER:

Bröger, Achim: Oma und ich (Nagel & Kimche)
Daele, Henri van: Der widerspenstige Großvater (Benziger)
Damm, Antje: Hasenbrote (Moritz)
Dierks, Martina: Das Oma-Komplott (Altberliner)
Donnelly, Elfie: Servus Opa, sagte ich leise (Dressler)
Feth, Monika: Die blauen und die grauen Tage (ctb Bertelsmann)
Härtling, Peter: Alter John (Beltz & Gelberg)
Härtling, Peter: Hallo Opa, Liebe Mirjam (Beltz & Gelberg)
Härtling, Peter: Oma (Beltz & Gelberg)
Krauß, Irma: Arabella oder die Bienenkönigin (Beltz & Gelberg)
Kuijer, Guus: Erzähl mir von Oma (Oetinger)
Lembcke, Marjaleena: Mein finnischer Großvater (Nagel & Kimche)
Mebs, Gudrun: Oma! schreit der Frieder (Sauerländer)
Nanetti, Angela: Mein Großvater war ein Kirschbaum (Patmos)
Piumini, Roberto und Quint Buchholz: Matti und der Großvater (Hanser)
Rahlens, Holly-Jane: Stella Menzel und der goldene Faden (Rowohlt)
Schins, Marie-Thérèse: Hallo Charlie, Tag Miakind! (Rotfuchs)
Schins, Marie-Thérèse: Ich übe für den Himmel (Sauerländer / Patmos)
Schins, Marie-Thérèse: Robert und Frau Meyer (Schatzkiste Allitera)

WEITERFÜHRENDE FACH-/SEKUNDÄRLITERATUR:

Boetius, Henning und Christa Hein: Die ganze Welt in einem Satz. Sprach- und Schreibwerkstatt für junge Dichter (Beltz & Gelberg)
Brunner, Reinhard: Hörst Du die Stille? Hinführung zur Meditation mit Kindern (Kösel)
Buchholz, Quint: BuchBilderBuch. Geschichten zu Bildern (Sanssouci)

Doubrawa, Erhard und Stefan Blankert: Einladung zur Gestalttherapie (Peter Hammer)
Furth, Gregg M.: Heilen durch Malen. Die geheimnisvolle Welt der Bilder (Walter und BoD)
Gärtner, Hans: Für Kinder schreiben – mit Kindern lesen. Literaturpädagogische Anleitungen und Anregungen (Verlag St. Michaelisbund)
Harman, Robert L.: Werkstattgespräche Gestalttherapie (Peter Hammer)
Henzler, Christa und Ingrid Riedel: Maltherapie (Kreuz Verlag)
Jordan, Andreas: Das Eismeer in mir (Hamburger Kinderbuch)
Leis, Marion: Kreatives Schreiben. 111 Übungen (Reclam)
Perls, Frederick S.: Was ist Gestalttherapie? (Peter Hammer)
Rabkin, Gabriele: Schreiben Malen Lesen (Klett Verlag)
Rabkin, Gabriele, Helga Arntzen, Antje Zingel und Katharina Wolgast: Fantasien von Kindern aus aller Welt (Klett)
Rico, Gabriele L.: Garantiert schreiben lernen. Sprachliche Kreativität methodisch entwickeln (Rowohlt)
Rico, Gabriele L: Von der Seele schreiben. Im Prozess des Schreibens den Zugang zu tiefverborgenen Gefühlen finden (Jungfermann)
Scheidt, Jürgen von: Kurzgeschichten schreiben (Allitera)
Scherzer, Gabi: 5 Minuten Kreativität (Don Bosco)
Schins, Marie-Thérèse: Und wenn ich falle? Vom Mit, traurig zu sein (Dtv pocket reader, ab 2016 in neuer Ausgabe)
Snunit, Michal und Naama Golomb: Der Seelenvogel (Carlsen)
Stern, Arno: Wie man Kinderbilder nicht betrachten sollte (Zabert Sandmann)
Studer, Christina: Kinderwerkstatt Malen. Mit Kindern auf dem Weg der eigenen Bilder (AT Verlag)
Vahle, Fredrik: Bewegliche Lieder, oder Musik macht Beine (rororo)
Werder, Lutz von: Lehrbuch des kreativen Schreibens (Schribri Verlag)
Werder, Lutz von: Schreiben von Tag zu Tag. Wie das Tagebuch zum kreativen Begleiter wird (Patmos)
Werder, Lutz von: …triffst Du nur das Zauberwort (Urban & Schwarzenberg)

DANKSAGUNG

Wir danken der Klasse 4c (2015/2016)der Schule Marschweg in Hamburg-Rissen, den Eltern und Großeltern und allen anderen beteiligten Verwandten der Klasse 4c, den Fördermentorinnen der Schule Marschweg, der Leiterin der Bücherhalle Elbvororte Corinna Benthack, dem Hamburger Literaturhaus e.V., der Hildegard-Sattelmacher-Stiftung, Änne Mayr (1919 - 2014), und Noel, sowie dem Fotografen Joachim M. Huber für die Fotografien aus dem Buch ´Robert und Frau Meyer´ (Allitera Verlag).

Vermittlung von Lesungen:
Leseagentur Freies Lektorat Autorencoaching
Herthastr. 12
13189 Berlin
Heike Brillmann-Ede
Tel (030) 91744899
brillmann-ede@web.de

Bibliografische Information der Deutschen Nationalbibliothek:
Die Deutsche Nationalbibliothek verzeichnet diese Publikation in der Deutschen Nationalbibliografie; detaillierte bibliografische Daten sind im Internet über http://dnb.dnb.de abrufbar.
© 2016 Marie-Thérèse Schins, Britta Heils und Joachim M. Huber

Illustrationen: Klasse 4c, Grundschule Marschweg, Hamburg-Rissen
Fotos: ©Marie-Thérèse Schins und
©Joachim M. Huber, Alzey (Robert und Frau Meyer)
Umschlaggestaltung: Marie-Thérèse Schins, Britta Heils und Ulrike Link
Layout: www.link-hamburg.de
Herstellung und Verlag: BoD – Books on Demand, Norderstedt

ISBN: 9783739228532

Dolly Alderton

Alles, was ich weiß über die Liebe

Aus dem Englischen
von Friederike Achilles

Kiepenheuer & Witsch

Für Florence Kleiner

Alles, was ich weiß über die Liebe nahm in den frühen 2010ern in Gestalt einer Wand voller Post-it-Notizzettel seinen Anfang. Die Wand befand sich in einem Haus, das ich mir mit zwei meiner besten Freundinnen teilte; es war ein baufälliger, von Mäusen befallener Haufen gelber Ziegelsteine in Camden. Der Großteil der Geschichten in diesem Buch spielte sich dort ab. Dieser Haufen Ziegelsteine entpuppte sich als das beste Fundament meiner Zukunft, denn all die Post-its an der Wand sollten mein Leben für immer verändern. Aus heutiger Sicht kann ich es kaum glauben, aber ich bin sicher: Könnte ich ins Jahr 2012 zurückreisen, an jene Haustür klopfen und der 24-jährigen Dolly erzählen, dass diese Phase ihres Lebens zu einem Buch werden würde, das über ein Jahr lang auf der *New-York-Times*-Bestsellerliste stehen und als Grundlage für eine Fernsehserie dienen würde – die Dolly von damals würde sehr wahrscheinlich einfach nur antworten: »Ich wusste es«, und zu ihren Mitbewohnerinnen, dem *Perfekten Dinner* und ihrem Kateressen (Mac and Cheese) zurückkehren.

Mir war damals schon bewusst, dass die Zeit, die ich gerade erlebte, eine ganz besondere war. Selbst an Tagen, die mir langweilig und banal vorkamen. Ich wusste, dass es eine Zeit des Wachsens und Wandels war, dass sie dazu da war, Fehler zu machen und Lektionen zu lernen – und dass sie, und das ist entscheidend, vorübergehen würde. Als ich *Alles, was ich weiß über die Liebe* an Verlage in Großbritannien und in den USA schickte, kam ab und zu die Frage auf, ob die Story *relatable* sei. Der Identifikationsfaktor eines Memoirs ist naturgegeben begrenzt – eine Autorin, die über ihr eigenes Leben schreibt, kann nicht die Erfahrungen aller potenziellen Leser*innen widerspiegeln. Ich wusste aber, dass Teile meiner Geschichte sich für sie alle gleich anfühlen würden, wer auch immer sie sein mochten. Ich wusste, dass Verlust und Herzschmerz sich für jeden gleich anfühlen. Der Versuch, herauszufinden, wer man als erwachsener Mensch sein möchte, und das Gefühl, es einfach nicht richtig hinzukriegen – ich wusste, das ist eine universelle Erfahrung. Vor allem aber wusste ich, dass jedes 24-jährige Mädchen mit einer besten Freundin in eine der romantischsten, schwierigsten und erfüllendsten Liebesgeschichten seines Lebens verstrickt ist.

Es brauchte ein paar Jahre, dieses Buch zu schreiben (ich schrieb und lebte es gleichzeitig), und als es 2018 veröffentlicht wurde, war ich gerade dreißig geworden und bereit, mich von dieser Phase meines Lebens zu verabschieden. Inzwischen bin ich fast sechsunddreißig. Hinter mir liegt mehr als die Hälfte einer weiteren Dekade. Ich habe mittlerweile länger allein gelebt als in einer WG, ich habe mehr Romane als Sachbücher geschrieben, ich hatte mehr Beziehungen, über die ich nicht geschrieben habe, als solche, die ich dokumentiert habe. Ich bin nur noch dann in Camden, wenn ich einen Zahnarzttermin habe (warum wird es einem so schwer gemacht, den Zahnarzt zu wechseln, wenn man in einen anderen Stadtteil zieht?), und manchmal mache ich einen Umweg, um vor dem gelben Ziegelsteinhaus stehen zu bleiben oder vor der kleinen Wohnung, die ich dank dieses Buchs alleine mieten konnte – die Wohnung, von der ich im letzten Kapitel erzähle. Es fühlt sich alles sehr weit weg an.

Und doch ist das die Zeit, nach der ich am meisten gefragt werde. Bei Begegnungen, auf Partys, in Flugzeugen, Zügen und Bussen erzählen mir Frauen häufig davon, dass auch sie eine Haus-WG und katastrophale Dates hatten und auf schrecklichen

Partys waren, dass sie ihre eigenen Freundschaften in den Seiten meines Buchs wiedererkannt haben. Jeden Sommer werde ich auf Instagram in Hochzeitsvideos und auf Fotos von Gottesdienst-Liedblättern getaggt, weil Paare sich dafür entschieden haben, eine Passage aus *Alles, was ich weiß über die Liebe* als Lesung für ihre Hochzeitszeremonie zu verwenden. Jedes Mal, wenn ich irgendwo Bücher signiere, bitten Frauen mich um eine Widmung für ihre beste Freundin. »Sie ist meine Farly«, sagen sie dann. Es macht mich immer wieder glücklich. Ich werde niemals genug davon haben, das zu hören.

Was als ein paar Ideen auf Post-it-Zetteln begann, wurde zu etwas vollkommen anderem. Ich hätte nie vorhersagen können, wie viele Menschen meine Geschichte lesen würden – Gott sei Dank, denn sonst wäre ich beim Schreiben nicht so offenherzig gewesen, wie ich es war. Dieses Buch erzählt von meinen Freundschaften, aber genauso auch von deinen Freundschaften. Dieses Buch erzählt von den Menschen, die mich in einer sehr banalen, sehr besonderen Lebensphase begleitet haben. Dieses Buch ist ein Liebesbrief.

Dolly Alderton, 2024

Alles, was ich als Teenager über die Liebe wusste

Eine Beziehung zu haben, ist das Wichtigste und Aufregendste überhaupt.

Hast du als Erwachsener keine, dann hast du versagt, wie so viele meiner Kunstlehrerinnen, die ein »Miss« statt einem »Mrs« vor dem Namen tragen und Ethnoschmuck und krauses Haar.

Es ist wichtig, viel Sex mit vielen Menschen zu haben, aber vermutlich am besten nicht mit mehr als zehn.

Wenn ich später als erwachsene Singlefrau in London lebe, werde ich wahnsinnig elegant und schlank sein und immer ein schwarzes Kleid tragen und Martinis trinken, und Männer lerne ich ausschließlich auf Buchpremieren oder Vernissagen kennen.

Der Beweis für wahre Liebe ist, wenn zwei Jungs sich um dich prügeln. Optimal ist es, wenn Blut fließt, aber keiner ins Krankenhaus muss. Eines Tages wird das auch mir passieren, falls es das Glück gut mir meint.

Es ist wichtig, seine Jungfräulichkeit nach dem siebzehnten, aber vor dem achtzehnten Geburtstag zu verlieren. Und zwar wortwörtlich – selbst am Tag davor ist es noch ausreichend, aber wenn man an seinem achtzehnten Geburtstag noch Jungfrau ist, wird man niemals Sex haben.

Man kann mit so vielen Leuten rumknutschen, wie man will, das hat nichts zu bedeuten, es ist einfach Training.

Die coolsten Jungs sind immer groß und jüdisch und haben ein Auto.

Am besten sind ältere Jungs, denn sie sind reifer und gebildeter, außerdem haben sie nicht ganz so hohe Ansprüche.

Sobald Freundinnen einen Freund haben, werden sie langweilig. Mit einer Freundin mit Freund hat man nur noch Spaß, wenn man selbst auch einen Freund hat.

Wenn man seine Freundin wirklich *kein einziges Mal* nach ihrem Freund fragt, kapiert sie irgendwann, dass das Thema einen anödet, und fängt nicht mehr von ihm an.

Es ist ratsam, erst etwas später zu heiraten, wenn man schon ein bisschen gelebt hat. Sagen wir, mit siebenundzwanzig.

Farly und ich werden nie in denselben Typen verknallt sein, denn sie steht auf kleine freche Jungs wie Nigel Harman und ich auf unnahbare Machos wie Charlie Simpson von Busted. Deshalb wird unsere Freundschaft ewig halten.

In meinem ganzen Leben wird es nie mehr einen romantischeren Moment geben als den, als Lauren und ich am Valentinstag in diesem seltsamen Pub in St. Albans auftraten und ich »Lover, You Should've Come Over« sang und ganz vorne Joe Sawyer saß und seine Augen schloss, weil wir davor über Jeff Buckley gesprochen hatten und er von allen Jungs, die ich kannte, im Prinzip der einzige war, der mich ganz und gar verstand und meine Ansichten teilte.

In meinem ganzen Leben wird es nie mehr einen peinlicheren Moment geben als den, als ich Sam Leeman küssen wollte, er mir auswich und ich vornüberfiel.

In meinem ganzen Leben wird es nie mehr einen schmerzhafteren Moment geben als den, als Will Young sein Coming-out hatte und ich so tun musste, als fände ich das gut, aber dann heulend das ledergebundene Buch verbrannte, das ich zur Konfirmation bekommen und mit Texten über unser gemeinsames Leben gefüllt hatte.

Jungs stehen total darauf, wenn man derbe Sachen zu ihnen

sagt, und sie finden es kindisch und uncool, wenn man zu brav ist.

Wenn ich endlich einen Freund habe, wird so gut wie nichts anderes mehr wichtig sein.

Jungs

Für manche ist das Geräusch, das sie mit ihrer Jugend verbinden, das fröhliche Geschrei der im Garten spielenden Geschwister. Für andere ist es das Surren der Kette ihres geliebten Fahrrads, mit dem sie über Hügel und durch Täler jagten. Wieder andere werden an das Vogelzwitschern auf ihrem Schulweg oder an das Lachen und Gebolze auf dem Fußballplatz denken. Für mich ist es das Geräusch, mit dem sich das AOL-Modem ins Internet einwählte.

Ich weiß immer noch genau, wie sich das anhörte, Ton für Ton. Zuerst die blechernen Pieptöne wie von Telefontasten, dann die kreischenden, abbrechenden Soundschnörkel, die eine halb aufgebaute Verbindung anzeigten, der hohe Ton, der bedeutete, dass es gleich weiterginge, gefolgt von zwei tiefen, schnarrenden Schlägen und einem Rauschen. Die dann eintretende Stille signalisierte, dass man das Schlimmste überstanden hatte. »Willkommen bei AOL«, sagte eine sanfte Stimme, und dann: »Sie haben Post.« Um die quälende Wartezeit zu verkürzen, tanzte ich zur Melodie des AOL-Einwählprozesses im Zimmer herum. Ich kreierte eine Choreografie aus Figuren, die ich im Ballett gelernt hatte: *Pliés* zu den Tastenpieptönen, *Pas de chats* zu den Schlägen. Ich tanzte sie jeden Abend, wenn ich aus der Schule kam. Das war der Soundtrack meines Lebens. Denn ich verbrachte meine Jugend im Internet.

Eine kurze Erklärung: Ich bin in einem Vorort aufgewachsen. Das war's; das ist die Erklärung. Als ich acht Jahre alt war, trafen meine Eltern die grausame Entscheidung, aus unserer Souterrainwohnung in Islington aus- und in ein größeres Haus nach Stanmore zu ziehen. Stanmore – die letzte Haltestelle der Jubilee Line am äußersten Rand Nordlondons; weiter entfernt vom Stadtzentrum ging nicht. Es war, als würde man den ganzen Spaß von Weitem beobachten, statt die Party zu crashen.

Stanmore ist weder urban noch ländlich. Ich wohnte zu weit außerhalb, um zu den coolen Kids zu gehören, die ins Ministry of Sound gingen und Slang sprachen und hippe Secondhandklamotten trugen, die sie in erstaunlich guten Oxfam-Shops in Peckham Rye kauften. Gleichzeitig wohnte ich aber zu weit von den Chiltern Hills entfernt, um eines dieser rotwangigen, wilden Landkinder zu werden, die alte Seemannspullis trugen und mit dreizehn lernten, den Citroën ihres Vaters zu fahren, die Wanderungen machten und mit ihren Cousinen und Cousins in einem Wald LSD nahmen. Die Vororte im Londoner Norden erzeugten ein Identitätsvakuum. Es war genauso beigefarben wie die Plüschteppiche, die dort jedes einzelne Haus schmückten. Es gab keine Kunst, keine Kultur, keine historischen Gebäude, Parks, unabhängige Läden oder Restaurants. Stattdessen Golfclubs und Filialen einer italienischen Restaurantkette und Privatschulen und Auffahrten und Verkehrskreisel und Fachmärkte und glasüberdachte Einkaufszentren. Die Frauen sahen alle gleich aus, die Häuser waren alle gleich gebaut, alle fuhren das gleiche Auto. Die einzige Form individuellen Ausdrucks bestand darin, Geld für die immergleichen Dinge auszugeben – Gewächshäuser, Küchenausbauten, Autos mit eingebautem Navi, All-inclusive-Urlaube auf Mallorca. Wenn man nicht gerade Golf spielen, sich Strähnchen machen lassen oder Volkswagen-Autohäuser durchforsten wollte, gab es absolut nichts zu tun.

Das galt insbesondere dann, wenn man Teenager und darauf angewiesen war, dass seine Mutter einen in besagtem Golf GTI herumkutschierte. Gott sei Dank hatte ich Farly, meine Freundin, die fünfeinhalb Kilometer Radstrecke von unserer Sackgasse entfernt wohnte.

Farly war, und ist nach wie vor, anders als jeder andere Mensch in meinem Leben. Wir lernten uns mit elf in der Schule kennen. Sie war und ist das komplette Gegenteil von mir. Sie ist dunkelhaarig, ich bin blond. Sie ist ein bisschen zu klein, ich bin ein bisschen zu groß. Sie erledigt alles nach Plan, ich in letzter Minute. Sie liebt Ordnung, ich tendiere zum Chaos. Sie liebt Regeln, ich hasse Regeln. Sie hat null Ego, ich bin davon überzeugt, dass mein Morgentoast wichtig genug ist, um ihn in den sozialen Netzwerken zu teilen (auf drei Kanälen). Sie ist sehr gegenwärtig und auf anstehende Aufgaben fokussiert, ich befinde mich immer halb im Leben, halb in einer Fantasieversion davon in meinem Kopf. Aber irgendwie funktioniert das mit uns. Dass Farly sich an jenem Tag 1999 in Mathe neben mich setzte, war das Beste, was mir je passiert ist.

Ein Tag mit Farly lief stets nach demselben Schema ab: Wir hingen vor dem Fernseher, aßen Berge von Bagels und Chips (allerdings nur, wenn unsere Eltern nicht da waren – die vorstädtische Mittelschicht zeichnet sich auch dadurch aus, dass das Sofa heilig ist und im Wohnzimmer striktes Essverbot herrscht) und glotzten amerikanische Teeniesitcoms auf Nickelodeon. Wenn wir alle Folgen von *Sister, Sister* und *Ein Zwilling kommt selten allein* und *Sabrina – Total Verhext!* durchhatten, schalteten wir zu den Musiksendern um und starrten mit offenem Mund auf die Mattscheibe, während wir auf der Suche nach einem bestimmten Video von Usher alle zehn Sekunden zwischen MTV, MTV Base und VH1 hin und her zappten. Sobald uns das zu langweilig wurde, schauten wir auf Nickelodeon +1 all die Episoden der amerikanischen Teeniesitcoms, die wir eine Stunde zuvor gesehen hatten, in der Wiederholung.

Morrissey hat mal gesagt, seine Jugend habe sich angefühlt, als würde er auf einen Bus warten, der nie kommt. Diese Empfindung verstärkt sich noch, wenn man an einem Ort aufwächst, der einem vorkommt wie ein komplett beigefarbenes Wartezimmer. Ich war gelangweilt, traurig und einsam und wünschte mir fieberhaft, endlich kein Kind mehr sein zu müssen. Da tauchte – wie der edle Retter in der Not – auf dem Desktop unseres riesigen Familiencomputers der AOL-Button auf. Und dann erschien der MSN-Messengerdienst.

Als ich den MSN-Messenger herunterlud und anfing, E-Mail-Adressen zu sammeln – von Schulfreundinnen, Freunden von Freundinnen, Freunden auf benachbarten Schulen, die ich nie kennenlernte –, war es, als hätte ich gegen die Wand meiner Gefängniszelle geklopft und ein antwortendes Klopfen vernommen. Es war, als hätte ich auf dem Mars Grashalme entdeckt. Wie wenn man am Regler eines Radios dreht und aus dem Knistern endlich eine menschliche Stimme wird. Es war eine Flucht aus meiner Vorstadttrübsal, hinein ins pralle Leben.

MSN war für mich mehr als nur die Möglichkeit, mit meinen Freunden zu kommunizieren. Es war ein Ort. So habe ich es in Erinnerung; buchstäblich als einen Raum, in dem ich saß, jeden Abend und jedes Wochenende, stundenlang, bis meine Augen vom vielen Starren auf den Bildschirm blutunterlaufen waren. Selbst wenn wir die Vorstadt mal verließen und meine Eltern mich und meinen Bruder netterweise mit in den Urlaub nach Frankreich nahmen, blieb es noch immer das Zimmer, das ich täglich besetzte. Sobald wir in einem neuen Bed and Breakfast ankamen, erkundete ich als Erstes, ob es einen Computer mit Internetanschluss gab – meistens waren es schrottige Desktoprechner in dunklen Kellerräumen –, loggte mich in den MSN-Messenger ein und chattete ungeniert stundenlang, während hinter mir ein schlechtgelaunter französischer Teenie in einem Sessel saß und darauf wartete, an die Reihe zu kommen. Draußen brannte die provenzalische Sonne vom Himmel, der Rest meiner Familie lag lesend am Pool, aber meine Eltern wussten, dass es sinnlos war, das Thema MSN-Messenger mit mir zu diskutieren. Er war das Epizentrum all meiner Freundschaften. Er war mein eigener, privater Raum. Er war das Einzige, das mir ganz allein gehörte. Wie ich schon sagte – er war ein Ort.

Meine erste E-Mail-Adresse lautete munchkin_1_4@hotmail.com. Ich richtete sie mir mit zwölf im IT-Raum unserer Schule ein. Die Zahl 14 wählte ich, weil ich annahm, dass ich nur zwei Jahre lang Mails schreiben würde, weil es ab dann zu kindisch wäre. Ich gestattete mir diese neue exzentrische Modeerscheinung mitzumachen, bis meine Mailadresse sich an meinem vierzehnten Geburtstag in irgendetwas Bedeutsames verwandeln würde.

Bevor ich mit vierzehn zum MSN-Messenger wechselte, versuchte ich es auch noch mit der Adresse willyoungisyum@hotmail.com, um meiner frisch entfachten Schwärmerei für den Gewinner der *Pop-Idol*-Staffel von 2002 Ausdruck zu verleihen, sowie mit thespian_me@hotmail.com, nachdem ich mit meiner Performance als Mister Snow in der Schulaufführung des Musicals *Carousel* die Leute von den Stühlen gerissen hatte.

Als ich den MSN-Messenger herunterlud, reaktivierte ich munchkin_1_4 und freute mich über mein überquellendes Adressbuch voller Kontakte von Schulfreundinnen, die sich angesammelt hatten, seitdem ich die Adresse installiert hatte. Wirklich entscheidend aber war die Begegnung mit Jungs. Zu diesem Zeitpunkt kannte ich keine männlichen Wesen – abgesehen von meinem Bruder, meinem kleinen Cousin, meinem Dad und ein paar seiner Cricket-Freunde. Tatsächlich hatte ich im ganzen Leben noch nie Zeit mit einem Jungen verbracht. Doch MSN lieferte mir die Mailadressen und Avatare dieser neuen umherschwebenden Phantomjungs; sie wurden großzügig unters Volk gebracht von einigen Mitschülerinnen, die an den Wochenenden mit Jungen herumhingen und deren Mailadressen selbstlos an uns alle spendeten. Diese Jungs machten in MSN die Runde – jedes Mädchen auf meiner Schule fügte sie zu seinen Kontakten hinzu, und wir alle kamen in den Genuss unserer fünfzehn Minuten Ruhm, in denen wir mit ihnen sprechen durften.

Es existierten drei Kategorien von Jungs, abhängig von deren Rekrutierung. Die erste: Patensohn der Mutter eines Mädchens oder irgendein entfernter Freund der Familie, mit dem das Mädchen aufgewachsen war. Diese Jungen waren normalerweise ein oder zwei Jahre älter als wir, sehr groß und schlaksig und hatten eine tiefe Stimme. In diese Gruppe fielen auch Nachbarsjungen. Die zweite Kategorie bestand aus Cousins oder Großcousins. Und schließlich, und das waren die exotischsten, gab es noch die Jungs, die irgendjemand im Familienurlaub kennengelernt hatte. Sie waren das Nonplusultra, ernsthaft, denn diese Jungen konnten überall leben, unerreichbar fern wie zum Beispiel in Bromley oder Maidenhead, und doch unterhielten wir uns per MSN-Messenger mit ihnen, als befänden wir uns im selben Zimmer. Der totale Wahnsinn, ein einziges Abenteuer.

Von diesen Vagabunden hatte ich schnell eine eigene Adressliste in meinen Kontakten zusammengetragen; ich nannte die Liste »JUNGS«. Ich unterhielt mich wochenlang mit ihnen – über unsere Wahlfächer für die Abschlussprüfung der Mittelstufe, über unsere Lieblingsbands, darüber, wie viel wir rauchten und tranken und »wie weit« wir schon mit dem anderen Geschlecht gekommen waren (was jedes Mal eine imponierende, ausgefeilte Geschichte erforderte). Natürlich hatten wir alle so gut wie keine Ahnung, wie die Jungs aussahen – es war die Zeit vor Handykameras und Social-Media-Profilen, und uns blieben nur ihre winzigen MSN-Profilfotos und Selbstbeschreibungen. Manchmal machte ich mir die Mühe, mit dem Scanner meiner Mum ein Foto von mir bei irgendeinem Familienessen oder im Urlaub hochzuladen, auf dem ich gut aussah, um dann in Paint mit dem Zuschneiden-Werkzeug vorsichtig meine Tante oder meinen Opa aus dem Bild zu entfernen. Aber meistens war mir das zu anstrengend.

Das Auftauchen virtueller Jungs in der Welt von uns Schulfreundinnen führte zu einer ganzen Menge neuer Konflikte und Dramen. Die Gerüchteküche, wer gerade mit wem chattete, stand nie still, und Mädchen bewiesen Jungen, denen sie nie begegnet waren, ihre Treue, indem sie deren Vornamen mit Sternchen und Herzchen und beidseitigen Unterstrichen in ihre eigenen Nutzernamen einfügten. So manches Mädchen, das glaubte, einen exklusiven Online-Dialog mit einem Jungen zu führen, wurde durch diese aufpoppenden Usernamen eines Besseren belehrt. Es kam vor, dass fremde Mädchen von benachbarten Schulen einen zu ihren Kontakten hinzufügten, um dann direkt zu fragen, ob man etwa mit demselben Jungen chattete wie sie. Ab und zu – und diese Fälle dienten der Gemeinschaft als abschreckende Beispiele – gab irgendein Mädchen seine MSN-Beziehung zu einem Jungen versehentlich preis, indem es eine Nachricht an ihn ins falsche Fenster tippte und einem anderen Kontakt schickte. Tragödien shakespearesken Ausmaßes folgten.

Mit MSN gingen komplizierte Verhaltensregeln einher. War der Junge, auf den man stand, gleichzeitig mit einem selbst eingeloggt, beachtete einen jedoch nicht, dann konnte man seine Aufmerksamkeit todsicher durch Aus- und erneutes Einloggen für sich gewinnen: Durch die Information über deinen Wiedereintritt wurde er an deine Anwesenheit erinnert, was – so hoffte man – in ein Gespräch mündete. Außerdem gab es noch den Trick, seinen Onlinestatus zu verbergen, wenn man mit niemandem außer einer bestimmten Person sprechen wollte – was man dann heimlich tun konnte. Es war wie ein komplizierter höfischer Balztanz, und ich machte bereitwillig und begeistert mit.

Diese langen Korrespondenzen führten nur selten zu einem Treffen im wirklichen Leben, und wenn, dann war es meistens eine herbe Enttäuschung. Da war Max mit dem Doppelnachnamen – ein notorischer MSN-Casanova, der bekannt dafür war, dass er Mädchen Baby-G-Uhren schickte –, mit dem Farly nach einem Monat Chatten an einem Samstagnachmittag vor einem Zeitschriftenladen in Bushey verabredet war. Sie kam dort an, sah ihn, bekam Panik und ging hinter einem Mülleimer in Deckung. Sie beobachtete, wie er von einer Telefonzelle aus immer wieder auf ihrem Handy anrief, doch sie konnte sich der Realität eines persönlichen Treffens nicht stellen und haute ab. Die beiden unterhielten sich weiterhin jeden Abend stundenlang auf MSN.

Ich hatte zwei Treffen – das erste war ein katastrophales Blind Date in einem Einkaufszentrum und dauerte nicht mal fünfzehn Minuten. Das zweite war mit einem Typen von einem nahegelegenen Internat, mit dem ich fast ein Jahr lang gechattet hatte, bevor wir im Pizza Express in Stanmore endlich unser erstes Date hatten. Im darauffolgenden Jahr führten wir eine Art On-Off-Beziehung; meistens im Off, da er in der Schule eingesperrt war, aber hin und wieder besuchte ich ihn – mit Lippenstift und einer Tasche voller Kippenpäckchen, die ich ihm gekauft hatte. Als wäre ich Marilyn Monroe, die im Zweiten Weltkrieg zur Unterhaltung der Truppen entsandt wurde. Es gab dort im Schlafraum keinen Internetzugang, sodass MSN für uns nicht mehr infrage kam, aber das glichen wir mit wöchentlichen Briefen und langen Telefonaten wieder aus. Mein Vater verzweifelte angesichts der monatlichen dreistelligen Telefonrechnung regelmäßig.

Mit fünfzehn begann ich eine Liebesaffäre, die überwältigender war als alles, was jemals in den Fenstern des MSN-Messengers geschehen war. Ich traf ein Mädchen mit ungebändigtem Haar und Sommersprossen und kajalumrandeten braunen Augen; ihr

Name war Lauren. Wir hatten uns, seit wir Kinder waren, immer mal wieder auf der abstrusen Hollywood-Bowl-Geburtstagsparty gesehen, aber so richtig lernten wir uns erst durch unsere gemeinsame Freundin Jess bei einem Essen in einer der vielen italienischen Restaurantketten in Stanmore kennen. Die Verbindung zwischen uns war genauso, wie ich es in all den romantischen Filmen auf ITV2 kennengelernt hatte. Wir redeten uns den Mund fusselig, wir beendeten die Sätze der anderen, wir lachten uns so kaputt, dass die Leute an den anderen Tischen sich nach uns umdrehten, Jess ging irgendwann nach Hause, und als wir beide aus dem Restaurant geworfen wurden, setzten wir uns in der Eiseskälte noch auf eine Bank, um uns weiter zu unterhalten.

Sie war Gitarristin und suchte nach einer Sängerin, um eine Band zu gründen; ich hatte mal auf einer spärlich besuchten Open-Mic-Nacht in Hoxton gesungen und brauchte einen Gitarristen. Am nächsten Tag fingen wir im Schuppen ihrer Mutter damit an, Bossa-Nova-Cover der Songs von Dead Kennedy zu proben; die erste Idee für unseren Bandnamen lautete Raging Pankhurst. Wir änderten ihn später – noch abwegiger – zu Sophie Can't Fly. Unseren ersten Auftritt hatten wir in einem türkischen Restaurant in Pinner; in der wogenden Menge befand sich nur ein einziger Gast, der nicht zu unseren Familien oder Schulfreunden gehörte. Wir grasten weiterhin alle wichtigen Locations ab – ein Theaterfoyer in Rickmansworth, ein baufälliges Nebengebäude in einem Biergarten in Mill Hill, ein Cricket-Pavillon außerhalb von Cheltenham. Wir improvisierten auf jeder Straße, auf der kein Polizist zu sehen war. Wir sangen vor jeder Bar-Mizwa-Gesellschaft, die uns hören wollte.

Ein weiteres Hobby, das uns verband, war das Kreieren einer neuartigen Methode, mit der wir unsere MSN-Chats auf verschiedene Plattformen verlagerten. Schon früh in unserer Freundschaft hatten wir festgestellt, dass wir beide seit der Einführung des Messengers unsere Unterhaltungen mit Jungs in ein Microsoft-Word-Dokument kopiert, dieses ausgedruckt und die Seiten dann in einen Ringordner geheftet hatten, um sie vor dem Schlafengehen wie einen Erotikroman zu lesen. Wir betrachteten uns selbst als eine Art Zweimannversion der Bloomsbury Group zu Zeiten des MSN-Messengers der frühen Nullerjahre.

Doch gerade als meine Freundschaft zu Lauren aufkeimte, verließ ich *Suburbia*, um hundertzwanzig Kilometer nördlich von Stanmore auf ein gemischtes Internat zu gehen. MSN konnte meine Neugier auf das andere Geschlecht nicht mehr länger stillen; ich musste wissen, wie Jungs im echten Leben waren. Der sich verflüchtigende Duft von Ralph Lauren Polo Blue auf einem Brief befriedigte mich nicht mehr, genauso wenig wie das »Ping« und das Rattern von neuen Nachrichten auf MSN. Ich wollte aufs Internat, um mich an Jungen zu gewöhnen.

(Und nebenbei bemerkt: Gott sei Dank tat ich das. Farly blieb in der Oberstufe auf unserer reinen Mädchenschule, und als sie auf die Universität kam – ohne jemals Zeit mit Jungs verbracht zu haben –, verhielt sie sich wie ein Elefant im Porzellanladen. Am ersten Abend der Orientierungswoche fand eine »Ampelparty« statt, auf der Singles etwas Grünes und diejenigen mit einer Beziehung etwas Rotes tragen sollten. Die meisten von uns begnügten sich einfach mit einem grünen T-Shirt, doch als Farly die Bar in unserem Wohnheim betrat, trug sie ein grünes Kleid, eine grüne Strumpfhose, grüne Schuhe, und im Haar hatte sie außer einer riesigen grünen Schleife auch noch grünes Haarspray. Genauso gut hätte sie sich »ICH WAR AUF EINER REINEN MÄDCHENSCHULE« auf die Stirn tätowieren lassen können. Ich werde bis in alle Ewigkeit dankbar sein, dass ich auf dem Internat einen zweijährigen Grundkurs in gemischter Interaktion absolvieren durfte; ansonsten, fürchte ich, wäre auch ich in der

Orientierungswoche wohl mit einer Dose grünen Haarsprays kollidiert.)

Wie sich herausstellen sollte, hatte ich absolut nichts mit Jungen gemeinsam, und sie interessierten mich so gut wie gar nicht, außer wenn ich sie küssen wollte. Allerdings wollte keiner der Jungs, die ich küssen wollte, mich küssen – und so hätte ich genauso gut in Stanmore bleiben und weiterhin all die Fantasieromanzen genießen können, die sich auf dem fruchtbaren Boden meiner Vorstellungskraft abspielten.

Für meine hohen Erwartungen an die Liebe mache ich zwei Dinge verantwortlich: Zum einen bin ich das Kind von Eltern, die so sehr ineinander verknallt sind, dass es fast schon peinlich ist. Zum anderen sind da die Filme, die ich in meinen prägenden Jahren sah. Als Kind hatte ich eine ziemlich ungewöhnliche Leidenschaft für alte Musicals, und nachdem ich in absoluter Besessenheit von Filmen mit Gene Kelly und Rock Hudson aufgewachsen war, erwartete ich immer, dass Jungen sich ähnlich elegant und charmant geben würden. Eine Vorstellung, die auf der gemischten Schule sehr schnell zunichtegemacht wurde. Da war zum Beispiel meine erste Politikstunde. Ich war eines von nur zwei Mädchen in einem zwölfköpfigen Kurs und hatte nie in meinem Leben mit so vielen Jungs zusammen in einem Raum gesessen. Der bestaussehende Junge, über den man mir bereits erzählt hatte, dass er ein berüchtigter Mädchenschwarm sei (sein großer Bruder, der im Jahr zuvor seinen Abschluss gemacht hatte, wurde von allen »Zeus« genannt) – dieser Junge also reichte mir unter dem Tisch einen Zettel, während unser Lehrer das Verhältniswahlrecht erläuterte. Auf den zusammengefalteten Zettel war ein Herz gezeichnet, sodass ich mit einem Liebesbrief rechnete. Schüchtern lächelnd öffnete ich ihn. Doch als ich den Zettel aufgefaltet hatte, stieß ich nur auf die Zeichnung einer Kreatur – hilfreicherweise mit einer Anmerkung versehen, die mich darüber informierte, dass es sich um einen Ork aus *Herr der Ringe* handelte –, unter der geschrieben stand: »SO SIEHST DU AUS.«

An den Wochenenden kam Farly zu Besuch und begaffte die Hunderte von Jungs in allen Formen und Größen, die mit über die Schulter geworfenen Sporttaschen und Hockeyschlägern durch die Straßen liefen. Sie konnte mein Glück nicht fassen, dass ich jeden Morgen in den Bankreihen der Kapelle in greifbarer Nähe zu ihnen saß. Doch ich empfand das Leben mit Jungen als ziemlich enttäuschend. Weder waren sie so witzig wie die Mädchen, die ich auf dem Internat kennenlernte, noch auch nur annähernd so interessant oder nett. Und irgendwie konnte ich in ihrer Gegenwart nie richtig entspannen.

Als ich die Schule abschloss, verabschiedete ich mich vom MSN-Messenger – und zwar genauso inbrünstig, wie ich ihn einst benutzt hatte. Mit meinem ersten Semester auf der University of Exeter kündigte sich das Aufkommen von Facebook an. Facebook war die reinste Fundgrube für Jungs – und, besser noch, diesmal wurden alle wichtigen Informationen über sie übersichtlich auf einer Seite erfasst. Ich durchstöberte regelmäßig die Fotos meiner Kommilitonen und schickte jedem, der mir optisch gefiel, eine Freundschaftsanfrage. Das artete schnell in ein Hin und Her an Nachrichten aus und dann in Verabredungen auf einer der vielen Wodka-Shark-Clubnächte oder Schaumpartys, die in dieser Woche stattfanden. Ich ging auf eine Campus-Universität in einer Domstadt in Devon – es war nicht sehr kompliziert, sich gegenseitig zu finden. War MSN noch eine leere Leinwand gewesen, auf die ich lebhafte Fantasien malen konnte, so war Facebook ein rein funktionales Kennenlernwerkzeug. Es war für uns Studentinnen und Studenten die Methode, unsere nächste Eroberung auszumachen, den nächsten Donnerstagabend zu planen.

Nachdem ich die Uni abgeschlossen hatte und wieder nach

London gezogen war, gab ich meine Gewohnheit der Facebook-Kaltakquise möglicher Traummänner (die ich mit der aggressiven Überredungskunst einer Kosmetikvertreterin betrieben hatte) auf. Stattdessen bildete sich ein neues Muster heraus: Jetzt lernte ich Männer durch Freundinnen oder beim Ausgehen kennen, bekam ihre Namen und Nummern, und dann entwickelte sich eine wochenlange Brieffreundschaft per SMS oder E-Mail, bis ich einem zweiten persönlichen Treffen zustimmte. Vielleicht lief es so, weil ich nur diesen Weg des Kennenlernens kannte – mit einer Distanz zwischen uns, mit genügend Raum für mich, um die bestmögliche Version meiner selbst zu präsentieren. Mit all den gelungenen Scherzen, den richtigen Sätzen und den Songs, von denen er beeindruckt war, dass ich sie kannte – die mir in der Regel von Lauren geschickt wurden und für die ich ihr im Gegenzug Songs für ihren Brieffreund schickte. Sie sagte einmal, wir würden einander gute neue Musik zum Großhandelspreis schicken und sie dann mit einem »emotionalen Preisaufschlag« als unsere eigene an unseren Schwarm weiterverkaufen.

Diese Form des Austauschs endete so gut wie immer in einer Enttäuschung. Mir wurde allmählich klar, dass es für ein erstes Date am besten war, wenn es persönlich und nicht in schriftlicher Form stattfand. Andernfalls wurde die Diskrepanz zwischen dem, wie man sich den anderen vorstellte, und dem, wie er wirklich war, immer größer. Oft genug hatte ich in meinem Kopf eine Person erfunden und eine Chemie zwischen uns heraufbeschworen – so als hätte ich ein Filmdrehbuch geschrieben – und wurde dann bei unserem ersten persönlichen Treffen bitter enttäuscht. Wenn sich die Dinge nicht genauso entwickelten, wie ich sie mir vorgestellt hatte, fühlte es sich an, als hätte der andere eigentlich einen Ausdruck meines Drehbuchs zum Auswendiglernen bekommen sollen, aber sein Agent offensichtlich vergessen, es ihm zu schicken.

Jede Frau, die in ihrer Kindheit und Jugend nur von anderen Mädchen umgeben war, wird das bestätigen: Man kann sich nie ganz von der Vorstellung lösen, dass Jungs die faszinierendsten, verführerischsten, abstoßendsten, bizarrsten Wesen der Welt sind; so gefährlich und mythisch aufgeladen wie der Yeti. Und dann wird einem nur immer wieder klargemacht, dass man auf Lebenszeit eine Träumerin bleiben wird. Denn wie könnte man das nicht sein? Jahrelang hatte ich nichts anderes getan, als mit Farly auf einer Mauer zu sitzen, mit meinen Gummisohlen gegen die Ziegelsteine zu treten, in den Himmel zu starren und Stoff zu erträumen, der uns von dem nicht enden wollenden Anblick Hunderter Mädchen in den gleichen Uniformen ablenkte. Wenn man auf eine reine Mädchenschule geht, absolviert die Vorstellungskraft das tägliche Trainingspensum eines Olympiateilnehmers. Es ist verblüffend, wie sehr man sich an die intensive Hitze von Fantasien gewöhnt, wenn man sich so oft in sie flüchtet.

Ich hatte immer angenommen, dass sich meine Faszination und Obsession für das andere Geschlecht legen würde, sobald die Schule vorbei wäre und das richtige Leben begänne; nie hätte ich gedacht, dass ich in meinen späten Zwanzigern noch genauso planlos in Bezug auf Männer sein würde wie damals, als ich mich zum ersten Mal in den MSN-Messenger einloggte.

Jungs waren ein Problem. Ein Problem, für dessen Lösung ich fünfzehn Jahre brauchen sollte.

DIE BAD-DATE-TAGEBÜCHER

Zwölf Minuten

Wir schreiben das Jahr 2002. Ich bin vierzehn Jahre alt, trage schwarze Dr. Martens, einen karierten Rock von Miss Selfridge und ein bauchfreies Top in Neonorange.

Der Junge, Betzalel, ist ein Bekannter meiner Schulfreundin Natalie. Sie haben sich in einem jüdischen Ferienlager kennengelernt und seitdem per MSN gechattet und einander »Ratschläge in Beziehungs- und Lebensfragen« erteilt. Natalie ist auf der Suche nach neuen Freunden, denn ihre bisherigen hat sie vergrault, indem sie über ein Mädchen das Gerücht verbreitete, es würde sich selbst verletzen, obwohl es nur ein schlimmes Ekzem hat. Ich gehöre zu Natalies anvisierten Zielpersonen.

Sie weiß, dass ich gerne einen Freund hätte, also schlägt sie vor, mich und Betz per MSN-Messenger zusammenzubringen. Ich bin mit unserer stillschweigenden Übereinkunft, dass sie mir einen Jungen spendiert, mit dem ich chatten kann, wenn ich im Gegenzug ab und zu mit ihr Mittag esse, völlig einverstanden.

Betz und ich verabreden uns für ein Date, nachdem wir uns einen Monat lang jeden Abend auf MSN unterhalten haben. Er findet alle anderen in seinem Alter unreif – ich auch –, und außerdem ist er für sein Alter recht groß – ich auch. Immer wieder haben wir uns genüsslich in diesen gemeinsamen Erfahrungen gesuhlt.

Wir wollen uns bei Costa im Brent-Cross-Einkaufszentrum treffen. Ich bitte Farly, mitzukommen, damit ich nicht alleine hinmuss.

Dann kommt Betz, und er sieht kein bisschen so aus wie auf dem Foto, das er mir geschickt hat – er hat seine Locken abrasiert und seit dem Camp ordentlich zugelegt. Wir winken uns über den Tisch hinweg zu. Betz bestellt nichts.

Farly sorgt für die Unterhaltung, während Betz und ich zu Boden starren; peinlich berührt, schweigend. Betz hat eine Tüte dabei – er erzählt uns, dass er sich gerade *Toy Story 2* auf Video gekauft hat. Ich sage ihm, dass das kindisch sei. Er sagt, mit meinem Rock sähe ich aus wie ein schottischer Mann.

Ich sage, dass wir gehen müssten, damit wir den 142er nach Stanmore kriegen. Das Date dauert zwölf Minuten.

Als ich wieder zu Hause bin und mich bei MSN einlogge, schickt Betz mir sofort eine lange Nachricht. Mir ist klar, dass er sie – in der für ihn typischen, kursiven lilafarbenen Comic Sans – in Microsoft Word vorgeschrieben und dann ins Chatfenster hineinkopiert hat. Er sagt, ich sei ein nettes Mädchen, aber er habe keine Gefühle für mich. Ich antworte, es sei nicht fair von ihm – der so nahe bei Brent Cross wohnt, während mein Bus fünfundzwanzig Minuten nach Hause braucht –, eine Rede zu schreiben und dazusitzen und darauf zu warten, dass ich mich einlogge, bloß weil er weiß, dass ich ihn viel weniger gut finde als er mich, und er nicht will, dass ich ihm zuvorkomme.

Einen ganzen Monat lang blockiert Betz mich auf MSN, aber schließlich vergibt er mir. Wir haben nie ein zweites Date, aber bis ich siebzehn bin, weihen wir einander in unsere Beziehungsangelegenheiten ein.

Da ich meiner vertraglichen Pflichten enthoben bin, gehe ich nie wieder mit Natalie Mittag essen.

DIE CHRONIKEN DER SCHLECHTEN PARTYS

UCL-Studentenwohnheim, Silvester 2006

Seit dem Beginn meines Studiums sind dies die ersten Ferien, die ich zu Hause verbringe. Lauren, die ebenfalls über Weihnachten nach Hause gekommen ist, schlägt vor, auf die Silvesterparty in einem Wohnheim des University College London zu gehen. Sie wurde von ihrer Schulfreundin Hayley eingeladen; die beiden haben sich seit ihrer Abschlussfeier nicht mehr gesehen.

Die Party findet in einer großen Studenten-WG in einem schäbigen Gebäude in irgendeiner Seitengasse zwischen Euston und Warren Street statt. Die Gäste setzen sich aus kiffenden UCL-Studenten, Laurens Schulfreunden und zufällig vorbeikommenden Leuten zusammen, die die Tür offen stehen sehen. Den Großteil des Abends läuft »Ignition« von R. Kelly in Dauerschleife. Lauren und ich haben je eine Flasche Rotwein dabei (den Shiraz von Jacob's Creek, denn es ist ein besonderer Anlass), den wir aus Plastikbechern trinken (nicht aus der Flasche, denn es ist ein besonderer Anlass).

Ich suche den Raum nach Jungs mit intakten Gliedmaßen und fühlbarem Puls ab. Ich bin zu diesem Zeitpunkt achtzehn, habe seit sechs Monaten ein aktives Sexualleben und befinde mich in einer einzigartig intensiven Phase der Sexualität; eine kurze Episode, in der Sex mein größtes Abenteuer und meine spannendste Entdeckung ist; eine Zeit, in der Vögeln für mich in etwa denselben Stellenwert hat wie Kartoffeln und Tabak für Sir Walter Raleigh. Ich kann nicht verstehen, wie es sein kann, dass es nicht alle andauernd treiben. All die Bücher und Filme und Songs, die darüber geschrieben wurden, machen nicht annähernd begreiflich, wie fantastisch es ist. Wie kann es sein, dass nicht jeder jeden einzelnen Abend als Möglichkeit betrachtet, Sex zu haben oder jemanden zu finden, mit dem er Sex haben könnte? (Dieses Gefühl sollte sich zum Zeitpunkt meines neunzehnten Geburtstags heimtückisch wieder aus dem Staub gemacht haben.)

Ich entdecke das vertraute und freundliche Gesicht eines großen, breitschultrigen Typen und identifiziere ihn schnell als den Set-Runner einer Sitcom, bei der ich nach der Mittelstufe ein Praktikum gemacht habe. Wir haben miteinander geflirtet und bei heimlich hinter dem Studio gerauchten Zigaretten über die arroganten Schauspieler gelästert. Jetzt gehen wir mit ausgebreiteten Armen aufeinander zu, umarmen uns und fangen quasi sofort an zu knutschen. So ging ich damals mit meinen Hormonen um, wenn sie dickflüssig und heftig durch meine Blutbahn pumpten – Küssen war jetzt wie ein Händeschütteln, Rummachen wie eine Umarmung. Die gesellschaftlich akzeptierten Kriterien für Intimität kletterten alle ein paar Stufen nach oben.

Nachdem wir ein paar Stunden lang den Shiraz miteinander geteilt und uns aneinander gerieben haben, schließen wir uns im Badezimmer ein, um Nägel mit Köpfen zu machen. Wir fangen gerade an, gegenseitig an Jeans beziehungsweise Rock herumzufummeln – betrunkene Teenager, die versuchen, eine rausgeflogene Sicherung wieder instand zu setzen –, als es an der Tür klopft.

»DAS KLO IST KAPUTT!«, schreie ich, während der Runner an meinem Hals knabbert.

»Doll«, höre ich Lauren zischen, »ich bin's, lass mich rein!«

Ich knöpfe meinen Rock wieder zu, gehe zur Tür, öffne sie einen Spaltbreit und stecke meinen Kopf hinaus.

»Was ist?«, frage ich. Sie zwängt sich durch den Spalt.

»Also, ich hab was mit Finn angefangen.« Sie bemerkt meinen

Freund in der Ecke des Badezimmers, der gerade verlegen den Reißverschluss seiner Jeans hochzieht. »Oh, hallo«, haucht sie. »Also, ich mache gerade mit Finn rum, aber ich hab Angst, dass er meine Unterhose berührt.«

»Wieso?«

»Es ist so eine Shape-Unterhose«, sagt sie und hebt ihren Rock, um mir eine fleischfarbene Miederhose zu zeigen. »Die quetscht den Bauch und den Hintern zusammen.«

»Na ja, dann zieh sie einfach aus. Tu so, als würdest du gar keine Unterwäsche tragen.« Ich schiebe sie zur Tür.

»Wo soll ich sie denn hintun? Ich war schon überall, in jedem einzelnen Zimmer sind Leute.«

»Steck sie da hin«, sage ich und zeige hinter den schäbigen Spülkasten der Toilette. »Da wird sie niemand finden.« Ich helfe ihr, die Unterhose über ihre Beine zu zerren, wir stopfen sie hinters Klo, und ich dränge Lauren aus dem Bad.

Leider kriegt der Runner – wegen der immensen Menge von Alkohol, die wir zusammen getrunken, und des Joints, den wir zusammen geraucht haben – keinen hoch. Wir starten mehrere Versuche, die Situation zu retten, von denen einer so heftig ist, dass wir versehentlich die Duschvorrichtung aus der Wand reißen, aber es ist zwecklos. Also bereiten wir der Sache ein Ende und gehen einvernehmlich getrennter Wege – er will zu einer anderen Party, und wir umarmen uns zum Abschied. Gerade ist es Mitternacht geworden.

Lauren und ich treffen uns in dem Zimmer wieder, wo das meiste Marihuana geraucht wird, und bringen uns gegenseitig über unsere Jagderfolge auf den neuesten Stand. Finn ist ebenfalls gegangen, um in den tiefschwarzen ersten Stunden des neuen Jahres nach einer besseren Party zu suchen. Wir trinken auf die Macht der Freundschaft und auf die nicht enden wollenden Enttäuschungen mit Jungs, und dann entdecken wir eine Emo-Band, die wir auf dem Whetstone Open Mic Circuit kennengelernt haben. Schnell freunden wir uns an, und Lauren kümmert sich um den Sänger mit der Robert-Smith-Frisur und ich mich um den Bassisten mit den Pausbacken. Wir fläzen uns vor einen Schrank, reichen Silk Cuts und Joints in unserer Viererkette hin und her und stöpseln abwechselnd unsere iPods in die Box, um einen ausgewogenen Mix aus John Mayer und Panic! At The Disco zu spielen. Da verstummt die Musik plötzlich.

»Irgendjemand hat die Dusche kaputtgemacht«, verkündet Hayley gebieterisch. »Wir müssen denjenigen finden, und er muss dafür zahlen. Wir kriegen sonst riesigen Ärger mit dem Heimleiter.«

»Ja, wir müssen ihn finden«, stimme ich lallend zu. »Ich glaube, es war dieser kleine langhaarige Typ.«

»Wer?«

»Vor Kurzem war er noch hier«, sage ich. »Er war's garantiert, er kam mit einem Mädchen aus dem Badezimmer, und sie haben sich kaputtgelacht. Ich glaube, er wollte draußen eine rauchen gehen.«

Ich führe ein Inquisitionskommando des Studentenwohnheims auf die Straße, um meinen erfundenen Mann zu suchen, verliere aber schnell das Interesse an dem Schauspiel, als ich Joel erblicke, der anscheinend gerade auf die Party will. Joel ist im gesamten Londoner Norden als Weiberheld bekannt, ein jüdischer Warren Beatty mit gegelter Igelfrisur und Aknenarben, der Danny Zuko der Vorstadt. Ich biete ihm eine Zigarette an, und sofort knutschen wir miteinander, einfach so, als würden wir über das U-Bahn-Chaos plaudern. Wir gehen wieder rein, und ich genieße es, öffentlich mit Joel rumzuknutschen – das sind einige Prestigepunkte mehr als der Runner von vorhin. Allerdings finde ich es schade, dass ich das Badezimmer nicht noch mal besetzen kann, denn das wird jetzt von Hayley und ihrem kindischen

Silent-Witness-Team von Spaßbremsen-Forensikern okkupiert, die herauszufinden versuchen, wer die Dusche zerstört hat und wie. Ich suche gerade nach einem neuen Versteck, als Christine, eine wunderschöne Blondine (die Sandy zu Joels Danny), fragt, ob sie kurz mit Joel reden könne. Ich überlasse ihn ihr großzügig – denn wie lautet das alte Sprichwort: Wenn du jemanden vögeln willst, gib ihn frei.

Lauren und ich finden uns für eine Kippe zusammen, inzwischen sind wir auf Mayfairs umgestiegen.

»Sie waren in der Schule ein Paar«, erklärt sie mir. »Mit vielen Aufs und Abs, sehr intensiv.«

»Oh.«

Ich schaue mich im Zimmer um und sehe, wie Christine und Joel händchenhaltend die Wohnung verlassen.

Er winkt mir entschuldigend zu.

»Ciao«, formt er mit den Lippen.

Lauren ist wieder mit dem Emo-Sänger beschäftigt, sie unterhalten sich über Akkordfolgen, ein sicheres Zeichen, dass Lauren sich auf das Vorhaben Sex eingeschossen hat. Es ist fast vier Uhr, und ich muss in zwei Stunden wieder aufstehen, um meinen Job als Verkaufsassistentin in einem eleganten Schuhgeschäft auf der Bond Street anzutreten. Ich arbeite für ein Prozent Kommission und kann es mir nicht leisten, darauf zu verzichten. Als ich mich auf die Suche nach einem Fleckchen Teppich in einem dunklen Raum mache, auf dem ich schlafen kann, finde ich zu meiner Freude ein Bett und stelle meinen Wecker auf sechs Uhr.

Zwei Stunden später wache ich mit dem schlimmsten Kater meines Lebens wieder auf. Mein Hirn fühlt sich an, als wäre es auf links gedreht worden, meine Augen sind mit Mascara verklebt, und mein Atem riecht, als wäre nachts eine Sauvignon saufende Ratte in meinen Mund gekrochen, dort gestorben und verwest. Ich blicke an meinem braunen Minirock von Topshop, meinen bloßen Beinen und den Piratenstiefeln hinunter, und mir fällt ein, dass ich meine Arbeitsuniform nicht mitgebracht habe.

»Hayley«, flüstere ich und schubse ihren leblosen Körper, der neben mir auf dem Fußboden in einem Stapel von Pullovern liegt, mit dem großen Zeh an. »Hayley! Ich muss mir was Schwarzes zum Anziehen ausleihen. Einfach irgendwas schlichtes Schwarzes. Ich bringe es später wieder vorbei.«

»Du liegst in meinem Bett«, sagt sie matt. »Du warst vorhin nicht rauszukriegen.«

»Sorry«, sage ich.

»Und Lauren hat mir gesagt, dass *du* die Dusche kaputtgemacht hast«, murmelt sie in die Pullover.

Ich antworte nicht, verlasse leise die Wohnung und bereue meinen Altruismus von vor ein paar Stunden, als ich unter Hayleys Kopfkissen ein Notizbuch mit ihren kleinen traurigen Gedichten gefunden, es aber nicht von vorne bis hinten durchgelesen habe.

»Du siehst aus wie eine Pennerin«, schnauzt mich meine Chefin Mary mit dem Hexengesicht an, als ich in den Laden komme. »Du riechst auch wie eine. Geh runter ins Lager.« Sie wedelt mich weg wie eine Fliege. »Heute hältst du dich von den Kunden fern.«

Als ich nach dem längsten Arbeitstag meines Lebens abends nach Hause komme, logge ich mich bei Facebook ein, um den fotografisch festgehaltenen Schaden der letzten Nacht zu begutachten. Und da, ganz oben in meiner Timeline, prangt eine Nahaufnahme von Laurens enormem Miederschlüpfer. Sie befindet sich in einem Album namens »Fundsachen«, das Hayley erstellt und zu dem sie alle Partygäste hinzugefügt hat. Die Bildunterschrift lautet nur: »WESSEN UNTERHOSE IST DAS?«

Eine Krawallschwester auf dem Weg nach Leamington Spa

Mit zehn war ich zum ersten Mal betrunken. Zusammen mit vier weiteren Mädchen meines Jahrgangs gehörte ich zu den glücklichen Auserwählten, die zu Natasha Bratts Bar-Mizwa eingeladen waren. Im sonnendurchfluteten Partyzelt im Garten ihres Elternhauses in Mill Hill reichte man geräucherten Lachs, der Wein floss, die Haare der Frauen waren in irrsinnigen Föhnwellen aufgebauscht und ihre Lippen ausnahmslos in mattem Beige angemalt. Aus Gründen, die ich niemals begreifen werde, schenkten die Kellner uns Mädchen – mit unseren schulterfreien Kleidchen und Schmetterlingshaarspangen eindeutig als präpubertär erkennbar – ein Glas Champagner nach dem anderen ein.

Zuerst spürte ich nur, wie eine warme Woge meinen Körper erfasste, wie mein Blut raste, meine Haut bitzelte. Dann fühlte es sich an, als wären alle Schrauben in meinen Gelenken gelockert worden, und mein Körper wurde so elastisch und luftig wie frischer Teig. Und dann begann das große Geschnatter – lustige Geschichten, das Nachahmen von Lehrern und Eltern, dreckige Witze, die besten Schimpfwörter. (Bis heute durchlebe ich beim Trinken diese dreistufige Abfolge.)

Der Tanz von Vater und Tochter zu Van Morrisons »Brown Eyed Girl« wurde jäh vorzeitig unterbrochen, als sich ein Mädchen, das noch ein bisschen mehr gehabt hatte als wir, mit einem Bauchplatscher auf die Tanzfläche warf und wie ein Fisch auf dem Trockenen manisch zwischen den Beinen der beiden Tänzer herumzappelte. Sofort folgte ich ihrem Beispiel, bis uns ein beleidigter Onkel wegzerrte und zurechtwies. Doch da hatte die Nacht gerade erst angefangen.

Voll neu entdecktem Selbstvertrauen beschloss ich, dass es an der Zeit für meinen ersten Kuss war, gefolgt von meinem zweiten (vom besten Freund des ersten Jungen), gefolgt von meinem dritten (vom Bruder des ersten). Alle machten mit, und wir tauschten Partner und Küsse aus, als würden wir einen Nachtisch teilen. Schließlich wurde diese Vorstadtkinder-Orgie beendet. Wir wurden ins Wohnzimmer gebracht, bekamen schwarzen Kaffee eingeflößt, die Tür wurde abgeschlossen, und unsere Eltern wurden telefonisch darum gebeten, uns abzuholen. Unser Fehlverhalten war so unerhört, dass wir am darauffolgenden Montag ein weiteres Mal gerügt wurden, diesmal von unserer Schuldirektorin. Sie schalt uns dafür, »unsere Schule in einem schlechten Licht dargestellt« zu haben (ein Vorwurf, den ich mir in meiner Schullaufbahn noch öfter anhören musste und der mich jedes Mal ziemlich umwarf, vor allem, weil ich mich nie dafür entschieden hatte, die Schule zu repräsentieren; vielmehr hatten meine Eltern sich für eine Schule entschieden, die mich repräsentieren sollte).

Nach dieser Nacht, deren Erlebnisse bis in meine Teeniezeit genug Material für die Seiten meiner Tagebücher boten, war ich nicht mehr dieselbe. Ich hatte in viel zu jungem Alter Geschmack am Alkohol gefunden. Auf jeder Familienfeier bettelte ich um ein kleines Glas verdünnten Weins. An Weihnachten schlürfte ich in der Hoffnung auf die Folgen den süßen, zähflüssigen Sirup aus den gefüllten Schokoladenglöckchen. Mit vierzehn fand ich endlich heraus, wo Mum und Dad den Schlüssel für den Barschrank versteckten. Wenn sie nicht zu Hause waren, kippte ich deckelweise billigen französischen Brandy und genoss den warmen schummrigen Nebel, der sich auf die dräuende Pflicht der Hausaufgaben senkte. Manchmal zog ich Farly mit in meine heimlichen Saufgelage hinein – wir nahmen einen großen Schluck vom Beefeater Gin ihrer Eltern und füllten ihn mit Wasser wieder auf, dann hockten wir uns im Schneidersitz auf den Plüschteppich, schauten *Wer wird Millionär?* und stritten beschwipst über die richtigen Antworten.

Nie habe ich etwas mehr gehasst, als Teenager zu sein. Ich hätte nicht weniger für den Zustand einer Heranwachsenden geeignet sein können. Ich sehnte mich danach, erwachsen zu sein, danach, ernst genommen zu werden. Ständig auf andere angewiesen zu sein, war mir ein Gräuel. Eher wollte ich den Fußboden schrubben, als Taschengeld anzunehmen, und lieber lief ich fünf Kilometer im Regen nach Hause, als mich von meinen Eltern abholen zu lassen. Mit fünfzehn informierte ich mich über die Mietpreise von Einzimmerwohnungen in Camden, sodass ich schon mal wusste, wie viel meines Lohns fürs Babysitten ich sparen musste. Im selben Alter missbrauchte ich die Rezepte meiner Mutter und ihren Esstisch für »Dinnerpartys« und zwang meine Freundinnen zu Rosmarinbrathühnchen mit Tagliatelle und Himbeerbaiser, untermalt von Frank Sinatra, während sie am liebsten einfach nur Burger essen und zum Bowling gehen wollten. Ich wünschte mir eigene Freunde, eigene Pläne, ein eigenes Zuhause, eigenes Geld und ein eigenes Leben. Meine Teenagerzeit empfand ich als eine einzige große, frustrierende, demütigende, bloßstellende, von anderen abhängige Peinlichkeit, die gar nicht schnell genug enden konnte.

Ich glaube, Alkohol war meine eigene kleine Unabhängigkeitserklärung. Er war die Möglichkeit, mich wie eine Erwachsene zu fühlen. All die Dinge, die mit dem Trinken einhergingen – das Knutschen, Kreischen, Einweihen in Geheimnisse, das Rauchen und Tanzen –, waren schön und gut, aber am meisten liebte ich am Alkohol das Gefühl von Erwachsensein, das ich mit ihm verband. Ich lebte die vermeintlich perfekte Kopie eines erwachsenen Lebensstils. Selbstsicher ging ich zum Spirituosenladen und überflog die Etiketten von Flaschen, während ich so tat, als unterhielte ich mich an meinem Nokia 3310 mit jemandem über »eine gediegene Party am Samstagabend« oder »einen Horrortag im Büro« oder darüber, »wo ich das Auto stehen gelassen« hätte. Wenn freitagnachmittags um vier alle aus der Schule stürmten, postierte ich mich – eine Ausgabe von *Der weibliche Eunuch* in den Händen, die voller Eselsohren war (ironischerweise fast nur dekorativer Natur) – mitten im Korridor und brüllte Farly zu: »ES BLEIBT BEIM DINNER HEUTE ABEND, ODER? ICH FÄNDE EINEN VOLLMUNDIGEN ROTEN TOLL!« Ich genoss den verdutzten Ausdruck auf den Gesichtern der Lehrer, wenn sie an mir vorbeikamen. *Ja, glotz du nur*, dachte ich. *Ich mache etwas, das du auch machst. Ich trinke. Ich bin erwachsen. Nimm mich verdammt noch mal ernst.*

Erst als ich mit sechzehn aufs Internat wechselte, kultivierte ich den Brauch des harten Saufens. Meine Schule hatte als letzte in England noch eine Bar für die Oberstufenschüler auf dem Campus. Donnerstags und samstags verschwanden Hunderte von Sechzehn- bis Achtzehnjährigen in einem kleinen Kellerraum, wo sie ihre Wertmarken für zwei Dosen Bier einlösten und sich auf der dunklen, stickigen Tanzfläche zum Sound von Beenie Man und anderen Legenden des Dancehall aneinander rieben. Mein Wohnheim lag zum Glück direkt gegenüber der Bar, sodass ich bis elf Uhr bleiben und dann schnell nach Hause taumeln konnte, wo unsere Hausmutter uns schachtelweise Pizza hingestellt hatte, die wir betrunken mampften. Außerdem fungierte unser Wohnheimgarten als hedonistische Afterhour-Spielwiese, und eine halbe Stunde nach Barschluss stülpte sich unsere Hausmutter ihren Tropenhelm über und drang auf der Suche nach halbnackten fummelnden Schülern ins Dickicht vor. Nachdem sie alle Mädchen, die sie entdeckt hatte, ohne Pizza ins Bett und die Jungs in deren Wohnheim geschickt hatte, gab es jedes Mal diesen wunderbaren Moment, in dem sie aus ihrem Arbeitszimmer den Hausvorsteher der Jungen anrief und wir sie belauschten.

»Ihr James lag hinter meinem Rhododendron, mit meiner Emily und offener Hose«, sagte sie in ihrem breiten Yorkshire-Akzent. »Ich habe ihn nach Hause geschickt, er müsste in zehn Minuten bei Ihnen sein.«

Alle Lehrer wussten, dass wir schon mit dem Trinken anfingen, bevor wir in die Bar gingen. In unseren Koffern schmuggelten wir Wodka ein, den wir in leere, ausgespülte Shampooflaschen gefüllt hatten. Unter unseren Matratzen horteten wir einen nie endenden Vorrat an Marlboro Lights. Die Ausdünstungen unserer Spuren überdeckten wir mit billigem Parfum und Mentholkaugummi; wenn ich einen Joint geraucht hatte und meine Augen gerötet waren, machte ich mir die Haare nass, als hätte ich gerade geduscht, und schob es aufs Shampoo. Die unausgesprochene Grundsatzregel lautete: Wir vertrauen darauf, dass ihr eure Grenzen kennt, also versaut es nicht. Trinkt und raucht, aber benehmt euch nicht daneben und tut es nicht offensichtlich. Im Großen und Ganzen funktionierte das System. Es gab immer eine, die es zu weit trieb und einen Stuhl zerschmetterte oder den jungen Mathelehrer anmachte, der gerade Aufsicht hatte, aber die meisten von uns schafften es, sich zusammenzureißen. Überhaupt respektierten die Lehrer uns Schüler sehr; sie behandelten uns eher als junge Erwachsene denn als Kinder. Die einzigen Jahre meiner Adoleszenz, die ich genoss, waren die beiden, die ich im Internat verbrachte.

Für jemanden mit einer schwierigen Beziehung zu Alkohol ist eine Universität nie ein guter Ort, aber: An jenem Tag, als ich die Bewerbungsunterlagen für Exeter ausfüllte, entschied ich mich für den denkbar schlechtesten. Exeter, eingebettet in die sanften grünen Hügel von Devon, gilt schon lange als Universität für unterbelichtete, halbgebildete, großmäulige Schnösel.

Wenn man einen Mann mittleren Alters kennenlernt, der noch Lacrosse spielt, die gesamten Regeln aller Trinkspiele auswendig kennt und besoffen besser auf Latein als auf Englisch singt, dann stehen die Chancen gut, dass er auf der Exeter-Universität war. Ich bewarb mich dort nur, weil Farly sich auch dort beworben hatte. Farly bewarb sich, weil man in Exeter gut Altphilologie studieren konnte und weil sie gerne an der Küste leben wollte. Ich ging nur dorthin, weil ich in Bristol für den einzigen Studiengang, den ich wirklich gerne gemacht hätte, abgelehnt worden war und meine Eltern von mir verlangten, dass ich studiere.

Bis zum heutigen Tag bin ich davon überzeugt, dass mich diese drei Jahre in Exeter dümmer gemacht haben, als ich vorher war. Ich tat so gut wie nichts fürs Studium; war ich zuvor noch ein unersättlicher Bücherwurm, las ich dort keine einzige Seite mehr außer den Pflichttexten (und ich glaube, auch davon habe ich keinen einzigen ganz gelesen). Von September 2006 bis Juli 2009 machte ich nichts anderes als saufen und vögeln. Niemand machte etwas anderes als saufen und vögeln, mit nur kurzen Unterbrechungen, um einen Kebab zu essen, eine Folge von *Die Doppelgänger* zu gucken oder ein cooles Kostüm für die Kneipentour mit dem Motto »Vom Sommerwein gegeißelt« zu kaufen.

Statt eines Zentrums des radikalen Denkens und leidenschaftlichen Aktivismus, auf das ich gehofft hatte, war Exeter ganz im Gegenteil der politisch apathischste Ort, an dem ich mich je befunden hatte. Soweit ich mich erinnern kann, gab es in meiner gesamten Zeit dort nur zweimal politischen Protest: Zum einen wehrte sich die Studentenschaft dagegen, dass der Pub der Studentenvereinigung die Spiralpommes von der Speisekarte nehmen wollte; und dann reichte eine Studentin eine Petition für einen öffentlichen Reitweg ein, weil sie per Pony zu den Vorlesungen kommen wollte.

Ich würde meine verschwendeten Lebensjahre in Exeter zutiefst bereuen, wäre da nicht etwas, das alles Traurige daran wettmacht: die Frauen, die ich dort kennenlernte. Innerhalb der ersten Woche fanden Farly und ich eine Gruppe von Mädchen, die zu unseren engsten Freundinnen werden sollten. Da war Lacey, eine großmäulige und wunderschöne Schauspielstudentin mit goldenem Haar, AJ mit ihren leuchtend brünetten Haaren, die von einer reinen Mädchenschule kam und Kirchenlieder schmetterte, wenn sie betrunken war, die charmante Blondine Sabrina, voller Lebensfreude und begeistertem Enthusiasmus. Da war Sophie aus Südlondon, rothaarig, witzig und burschikos, die immer zur Stelle war, wenn in unseren Wohnungen etwas repariert werden musste. Und dann gab es noch Hicks.

Hicks war unsere Rädelsführerin – ein rüpelhaftes Mädchen aus Suffolk mit wasserstoffblondem Bob und wilden Augen inmitten einer Ladung glitzernden türkisfarbenen Lidschattens, mit langen, staksigen, fohlenhaften Beinen und Möpsen, die sie so oft entblößte, dass ich sie unter etlichen anderen wiedererkennen konnte. Ich hatte noch nie jemanden wie sie kennengelernt; sie war draufgängerisch und gefährlich, blitzgescheit und kühn. Wenn man mit Hicks zusammen war, schien niemals irgendetwas Konsequenzen nach sich zu ziehen. Es war, als regierte sie wie eine Kaiserin über ihr eigenes Kaiserreich mit seinen eigenen Gesetzen, wo eine Nacht um ein Uhr mittags endete und die nächste am Nachmittag wieder anfing; wo ein alter Mann, den man im Pub kennenlernte, als vorübergehender Mieter in deiner Wohnung landen konnte. Sie hatte eine absolute, vollkommene Präsenz, unerreichbaren Glamour und beneidenswerten Rock'n'Roll. Ihre verwegene, grenzenlose Gier nach Spaß bestimmte unsere folgenden drei Jahre.

Die Atmosphäre in Exeter war so offensiv machomäßig und männlich geprägt, dass ich mich oft frage, ob darin die Erklärung für unser Benehmen als Studentinnen liegt; ob mein ausschließlich weiblicher Freundeskreis und ich mit unserem Verhalten versuchten, dieser Energie zu entsprechen. Es war die endlose Fortsetzung jener amerikanischen Studentenverbindungskultur, die wir aus den Filmen unserer Jugend kannten – gepaart mit dem derben hierarchischen System öffentlicher Schulen. Wir fanden es superlustig, gruppenweise zusammenhockend hinter Büsche zu urinieren (Farly und ich wurden einmal erwischt und gemaßregelt, als wir am Rande eines Friedhofs hockten, unsere entblößten Hintern gut sichtbar für vorbeikommende Autos – von denen eines dummerweise ein Polizeiwagen war). Wir ließen Verkehrshütchen mitgehen, die wir in unserem Wohnzimmer aufreihten. Auf der Tanzfläche im Club hoben wir uns gegenseitig hoch und schleuderten einander herum. Wir redeten über Sex, als wäre es ein Mannschaftssport. Wir platzten vor Angeberei und Prahlerei, wir waren schonungslos ehrlich zueinander und bar jeden Konkurrenzdenkens. Oft laberten wir in betrunkenem Zustand einen Typen, auf den eine von uns ein Auge geworfen hatte, bis zur Besinnungslosigkeit damit voll, wie fantastisch unsere Freundin war.

In dem heruntergekommenen Wohnheim mit seiner roten Haustür, in dem AJ, Farly, Lacey und ich wohnten, gab es ein »Besucherbuch« für »Übernachtungsgäste«, wo diese sich eintragen und am nächsten Morgen wieder austragen mussten. Im Garten stand – bei Regen und bei Sonnenschein – ein defekter Fernseher aus den Achtzigerjahren. Die Diele war von Schnecken bevölkert, die ich nach einer Party einmal retten wollte, indem ich jede einzelne nach draußen trug und in eine kleine grasbewachsene Ecke unseres Gartens setzte. (Viel später gestand Lacey mir, dass sie und die anderen ihnen heimlich Giftköder hingelegt und mir das verschwiegen hatten.) Es war eine Zeit der maßlosen, exzentrischen Ausschweifungen. Eine Welt, in der zwei meiner Freundinnen die ganze Nacht durchtanzten und am Sonntagmorgen in ihren goldenen Lycraklamotten direkt zum Gottesdienst in die Kathedrale gingen, um Kirchenlieder zu trällern. Eine Welt, in der Farly einmal für ihre Neun-Uhr-Vorlesung aufstand und im Wohnzimmer auf mich und Hicks traf, wo wir mit einem Taxifahrer mittleren Alters, den wir nachts zu uns eingeladen hatten, immer noch Baileys tranken. Wir waren die schlimmsten Studentinnen, die man sich vorstellen kann. Unverantwortlich und selbstsüchtig und kindisch und erschreckend unbekümmert. Wir waren »Broken Britain«, so politisch unkorrekt wie nur möglich – manchmal brüllten wir den Claim sogar, wenn wir in den Pub zogen. Heutzutage wechsele ich die Straßenseite oder steige eine Haltestelle früher aus der U-Bahn, um exakt dieselben lärmenden, dummen, selbstverliebten Exhibitionisten zu meiden, wie wir sie damals waren.

Hätte ich jemals das Ausmaß der Kampfsaufkultur meines Freundeskreises an der Uni ermessen wollen, hätte ich uns nur mit den Augen meiner Gäste betrachten müssen. Als mein kleiner Bruder Ben mich für ein paar Tage besuchte, war er gerade siebzehn und sehr »erschüttert« vom Anblick all der halbnackten, mehr oder weniger komatösen Gestalten in den Clubs, in die ich ihn mitnahm. Besonderen Anstoß nahm er in einer Bar an der Ecke, die den Beinamen Legend's Corner hatte, weil dort nur Mitglieder des Rugby-Teams sitzen durften. Meinen Eltern sagte er später, dass dieser dreitägige Besuch in Exeter einer der Hauptgründe war, warum er sich nicht für eine Uni beworben hatte, sondern lieber auf die Schauspielschule wollte.

Lauren studierte Anglistik in Oxford, und ab und zu machten wir eine Art Uni-Austauschprogramm. Sie nahm den Fernbus nach Exeter und ballerte sich ein paar Tage lang mit mir die Hirnzellen aus dem Schädel; ich begleitete sie zurück nach Oxford, wandelte durch den Magdalen-Wildpark und stellte mir ein Alternativleben vor, in dem ich Bücher las und jede Woche zwei Essays schrieb und in einem Haus mit einem Eckürmchen, aber ohne Fernseher wohnte.

Bei Laurens allererstem Besuch kam es mir so vor, als würde ich ihr beibringen, wie man eine Studentin ist. Als wir einmal ausgingen, bestellte ich an der Bar eine Flasche Fünf-Pfund-Rosé.

»Wow«, sagte sie, »ist der nur für uns beide?«

»Nein, der ist für mich«, erklärte ich, während Lauren sich umschaute und beobachtete, wie all meine diversen Freundinnen die gleichen Weinflaschen und einen Plastikbecher von der Bar wegtrugen. »Wir holen jede eine.«

Als wir am folgenden Tag auf dem Sofa hingen und übertreuerte, süße, teigige Pizza aßen, sah Lauren zum ersten Mal eine Folge von *America's Next Top Model*. Am selben Nachmittag lernte sie diesen Lacrosse-Spieler kennen, über den herumerzählt wurde, dass er um zwei Uhr nachts im Pub angefangen hatte, seine Dissertation in Humangeografie zu schreiben, die er am folgenden Tag abgeben musste. Lauren sagte, dass sie nach diesen dringend nötigen Pausen von ihrem eigenen anstrengenden Studentenleben voller intellektueller Hochstapelei jedes Mal ganz erfrischt und entspannt nach Oxford zurückkehrte. Wenn ich umgekehrt nach ein paar Tagen in Oxford wieder nach Exeter kam, war ich völlig depressiv und wollte am liebsten alles hinschmeißen.

Um diese Blase von ungestraftem schlechtem Benehmen zu veranschaulichen, in der ich an der Universität lebte, erzähle ich oft eine bestimmte Anekdote von Sophie – die inzwischen eine erfolgreiche und angesehene Journalistin mit dem Spezialgebiet LGBTQ- und Frauenrechte ist. Sie ruft mir in Erinnerung, wie weit wir es geschafft haben. Eines Nachts, als Sophie von einer Thai-Fullmoon-Party in einem Club am Flussufer kam, lag sie – als thailändischer Fischer verkleidet – am Wasser; neben ihr pisste gerade eine Kommilitonin. Wegen des Kübels von acht Wodka-Sharks, den sie gerade erworben und konsumiert hatte, glaubte sie, sich übergeben zu müssen. Außerdem war da noch die halbkomatöse Freundin einer Freundin, die wie ein Seestern auf dem Rücken lag. Sophie erkannte die Möglichkeit, sowohl eine junge Frau zu retten als auch möglicherweise flachgelegt zu werden. Doch sobald sie im Wohnheim des Mädchens ankamen, war klar, dass daraus nichts würde, und Sophie fuhr mit einem Taxi wieder zurück zum Club, wo sie einen weiteren Kübel Wodka-Shark bestellte. Dann traf sie einen Typen, der zu einem kleinen indischen Imbiss wollte, der noch geöffnet hatte, um sich einen Snack zu holen. Sophie ging mit und grölte »PASANDA, PASANDA«, während sie auf die Ladentheke eindrosch. Sie bestellten ihr Essen, gingen damit ins Wohnheim des Typen und aßen tonnenweise Curry. In seinem Zimmer kotzte Sophie in eine Plexiglasschüssel und ließ sie einfach da stehen. In seinem Bett verlor sie das Bewusstsein, erwachte am nächsten Morgen in ihrem Fischerkostüm, erblickte die Kotzschüssel, räumte sie aber nicht weg, sondern klaute den Tretroller des Studenten und düste fröhlich den ganzen Weg nach Hause.

»Wir haben einfach nur Geschichten füreinander gesammelt«, sagt Sophie heute, wenn ich hinterfrage, wie wir alle nur so eine infantile Gier nach Leichtsinn haben und so unreflektiert sein konnten. »Das war unsere Handelsware. Nur darum ging es – ums Angeben, und zwar vor niemandem sonst als vor uns Mädels.«

Alle hatten großen Spaß am Trinken, aber es war nicht abzustreiten, dass ich es wirklich liebte. Mit einem Wahnsinnstempo schüttete ich den Fusel in mich hinein. Das lag vor allem daran, dass ich den Geschmack und die Wirkung von Alkohol mochte, aber darüber hinaus trank ich als Studentin noch aus denselben Gründen wie als Vierzehnjährige: Alkohol in mein Gehirn zu kippen, war wie Wasser in Fruchtsaft zu gießen. Alles wirkte milder und gedämpft. War das nüchterne Mädchen von Ängsten geplagt, überzeugt davon, dass jeder, den es liebte, sterben würde, und zermarterte es sich den Kopf darüber, was alle anderen über es dachten, so rauchte das betrunkene Mädchen zur reinen Belustigung der anderen Zigaretten mit den Fußzehen und schlug Räder auf der Tanzfläche.

Einen Monat vor meinem einundzwanzigsten Geburtstag machte ich meinen Abschluss in Exeter, und im September war ich schon Masterstudentin für Journalismus in London. Man mag es glauben oder nicht, aber in diesem Jahr sollte sich mein Partyleben noch steigern. Ich war sehr plötzlich und brutal sitzengelassen worden; um meinen Herzschmerz auszutricksen, stürzte ich mich in eine Hungerkur, und zur Ablenkung davon rauchte und trank ich. Ich hatte noch immer nicht den Spaß daran verloren. Mit einundzwanzig war es noch genauso aufregend wie elf Jahre zuvor auf Natasha Bratts Bar-Mizwa. Ich erinnere mich, wie ich all die Samstagabende in diesem Jahr mit der U-Bahn von meinem Londoner Vorort ins Zentrum fuhr und auf die glitzernde Stadt blickte, während die Metropolitan Line über die Gleise ratterte wie ein galoppierendes Pferd. *Ganz London gehört mir*, dachte ich. *Alles ist möglich.*

Meine hedonistische Phase gipfelte in etwas, das rein gar nichts mit Rock'n'Roll zu tun hat: einer langen Reise in einem Minicab. Zu meiner Verteidigung muss ich sagen, dass Hicks damit angefangen hat. Ihr Name war unter den Studenten in Exeter in aller Munde, nachdem sie in unserem dritten Jahr dort nach einer Party in irgendeiner Bar auf der High Street in ein Taxi gestiegen war und vom Fahrer verlangt hatte, sie nach Brighton zu bringen. Die Fahrt kostete sie ihr gesamtes Geld, bis auf den letzten Penny. In Brighton angekommen, verbrachte sie die Nacht auf dem Fußboden der Hotelsuite eines befreundeten verheirateten Paares, das sich eine romantische Auszeit gönnen wollte. Eine Woche später kehrte sie nach Exeter zurück, um diese Legende zu verbreiten.

Der Abend begann damit, dass ich mit Helen, meiner neuen lockenköpfigen Freundin aus dem Journalismus-Studium, auf ein Glas Wein zu unserer Kommilitonin Moya ging. Wir wollten den Stoff für unsere anstehende Masterprüfung durchsprechen. Wir saßen in der Sonne, und Helen und ich leerten eine Flasche Wein nach der anderen, bis wir irgendwann völlig blau waren. Um Mitternacht brachen wir wieder auf.

Ich beschloss, dass die Nacht noch nicht vorbei sein konnte, und ich wollte feiern, also nahmen wir einen Bus von West Hampstead zum Oxford Circus. Allerdings knallte bei mir während der Fahrt – die wegen eines Verkehrsunfalls auch noch unglaublich lange dauerte – der Wein plötzlich richtig rein, und irgendwie schaffte ich es, mir selbst einzureden, dass wir uns nicht in einem Bus zum Oxford Circus befanden, sondern in einem Fernbus nach Oxford. Helen, die genauso durch war wie ich, ließ sich von meiner überzeugenden Theorie mitreißen. Da Lauren zu jener Zeit schon ihren Abschluss in Oxford gemacht hatte, rief ich nicht sie an, sondern schickte eine SMS an zwei ihrer Freundinnen, die ich bei meinen Besuchen dort kennengelernt hatte und von denen ich wusste, dass sie in ihrem letzten Uni-Jahr waren. Die Nachrichten waren kaum verständlich, aber sie lauteten ungefähr: »Meine Freundin Helen und ich sind aus Versehen in einen Bus nach Oxford gestiegen. Wir sind fast da – wo kann man heute gut feiern, und habt ihr Lust, mitzukommen?«

Wir stiegen in der Nähe des Topshop-Flagshipstore aus, und ich hatte das Gefühl, dass der Laden größer war, als ich ihn von meinem letzten Besuch in Oxford in Erinnerung hatte. Wir lungerten vor dem Laden rum, während ich pausenlos alle möglichen Leute von der Oxford University anrief, die ich jemals kennengelernt hatte – ich kapierte *immer noch* nicht, dass ich mich in

London befand –, blieb aber erfolglos. Irgendwann sahen Helen und ich ein, dass wir die Partynacht abschreiben konnten, und fuhren nach Finsbury Park, wo Helen mit ihrem Freund wohnte. Sie bot mir an, auf dem Sofa zu schlafen.

Ich weigerte mich, von meiner beduselten Halluzination abzulassen, und als wir in die Wohnung kamen, war ich überzeugt, dass es sich um das Wohnheim der Uni von Oxford handelte und dass wohl eine Freundin von Helen hier studierte und wohnte. Helen ging ins Bett, und ich durchforstete mein Telefon-Adressbuch, um noch irgendjemanden zu finden, der Lust auf Feiern haben könnte. Ich rief Will an – einen großen, wilden, drahtigen Kanadier mit langem, gelocktem Haar, die Augen so hell wie Opale. Ich war schon immer unglaublich verknallt in ihn.

»Hallo Süße«, nuschelte er mit wodkavernebelter Stimme.

»Ich will feiern«, verkündete ich.

»Dann komm her.«

»Wo bist du denn?«, fragte ich. »Noch an der Uni in Birmingham?«

»Warwick. Ich wohne in Leamington Spa. Ich schick dir die Adresse.«

Ich verließ Helens Wohnung und irrte auf der Suche nach einem Taxi in der Gegend umher. Nachdem ich zehn Minuten durch die Straßen gezogen war und der Alkohol sich langsam aus meinem System verflüchtigte, sodass ich endlich schnallte, dass ich in London und nicht in Oxford war, fand ich eine kleine holzverkleidete Taxizentrale. Ich erklärte, dass ich einen Wagen nach Leamington Spa wolle und Geld absolut keine Rolle spiele – solange der Preis hundert Pfund nicht übersteige, denn das sei alles, was ich auf dem Konto hätte, und mein Überziehungslimit sei schon erreicht. Einer der drei belustigten Männer ging hinter die Glasabtrennung und holte eine verstaubte Straßenkarte von England aus der Schublade. Er entfaltete sie und breitete sie zur

Erheiterung seiner Kollegen theatralisch auf zwei zusammengeschobenen Tischen aus. Sie beugten sich alle darüber, und einer von ihnen zeichnete – als wäre er der Kapitän eines Schiffes, der einen Angriff auf Piraten plante – mit Rotstift die Route auf der Karte ein. Selbst in meinem betrunkenen Zustand fand ich das alles etwas übertrieben.

»Zweihundertfünfzig Pfund«, sagte er schließlich.

»Das ist LÄCHERLICH«, erwiderte ich mit der schockierten Empörung einer wohlhabenden Kundin, die ihre Rechte kennt; als wäre er derjenige von uns beiden, der eine völlig absurde Forderung gestellt hätte.

»Lady – Sie wollen um drei Uhr morgens an einen Ort, der drei Grafschaften entfernt liegt. Zweihundertfünfzig Pfund sind ein sehr fairer Preis.«

Ich handelte ihn auf zweihundert herunter. Will meinte, er würde die restlichen hundert Pfund übernehmen.

Gegen vier Uhr morgens auf der M1 nüchterte ich allmählich aus (dies ist ein Satz, von dem ich hoffe, dass ihn niemand, der das hier liest, jemals sagen oder schreiben muss). Aber zum Umkehren war es zu spät – ein Gefühl, das mich inmitten meiner kleinen nächtlichen Abenteuer häufig überkam. Doch ich redete mir ein, dass ich eben voll und ganz meine Jugend auskostete. Über dieser Periode meines Lebens hing ein Zitat von Margaret Atwood wie ein Lampenschirm von der Decke:

> Wenn man sich mitten in einer Geschichte befindet, ist es keine Geschichte, sondern nur eine große Verwirrung; ein dunkles Brüllen, eine Blindheit, ein Durcheinander aus zerbrochenem Glas und zersplittertem Holz, wie ein Haus in einem Wirbelsturm oder wie ein Schiff, das von Eisbergen zerdrückt oder von Stromschnellen mitgerissen wird, und alle an Bord sind machtlos, etwas

dagegen zu tun. Erst hinterher wird daraus so etwas wie eine Geschichte. Wenn man sie erzählt – sich selbst oder jemand anderem.

Am Ende wird sich alles auszahlen, dachte ich, während ich meinen Kopf aus dem Fenster streckte und am Himmel die Morgenröte aufzog. *Der anekdotische Wert wird unermesslich sein.*
Um halb sechs war ich da. Will empfing mich an der Tür mit fünf Zwanzig-Pfund-Scheinen. Ich war siegestrunken, weil ich es geschafft hatte, dort hinzugelangen. Die Reise und das Ziel waren die Story; was letztlich daraus würde, war irrelevant. Wir blieben noch auf, tranken weiter, redeten, lagen halbnackt im Bett, rauchten Gras und hörten The-Smiths-Alben, nur kurz unterbrochen von ein bisschen ermattetem Rumgeknutsche. Um elf schliefen wir ein.

Ich wachte um drei Uhr nachmittags wieder auf – mit grauenhaften Kopfschmerzen und dem schrecklichen Gedanken, dass die Pointe des Ganzen doch nicht so lustig war, wie ich nachts noch gedacht hatte. Ich checkte meinen Kontostand: null. Ich checkte mein Handy: Dutzende besorgter Nachrichten von meinen Freundinnen. Ich hatte vergessen, dass ich Farly morgens um vier ein Selfie von mir geschickt hatte, auf dem ich grinsend im Taxi sitze, das über die Autobahn rast – zusammen mit der Nachricht: »KURZTRIP IN DIE WEST MIDLANDS!!«

Ich machte einen Plan. Mein Exfreund aus Teeniezeiten, mit dem ich nach wie vor eine lose Freundschaft pflegte, war Doktorand an der Uni Warwick. Ich könnte ein paar Tage bei ihm bleiben, bis das überfällige Honorar für meinen Wochenend-Promotion-Job eintraf, und dann pünktlich zu meiner Journalismus-Masterprüfung am Dienstag mit dem Zug nach Hause fahren. Doch als ich meinem Freund schrieb, antwortete er, dass er im Urlaub sei. Da klingelte mein Handy – Sophie.

»Stimmt es, dass du in Leamington Spa bist?«

»Ja.«

»Wieso?«

»Weil ich noch weiterfeiern wollte, und mein Kumpel Will hatte auch Bock, aber er wohnt in Leamington Spa.« Will, noch im Halbschlaf, lächelte mit geschlossenen Augen und reckte den Daumen in die Höhe: schuldig im Sinne der Anklage.

»Okay, das war eine ziemliche Scheißidee«, sagte sie. »Wie kommst du wieder nach Hause?«

»Ich weiß es nicht. Ich wollte bei einem alten Freund bleiben, aber er ist nicht da, und ich hab kein Geld für den Zug.« Eine lange Pause entstand, in der ich spüren konnte, wie sich Sophies Sorge um mich in Genervtheit verwandelte.

»Also gut, dann buche ich dir einen Zug nach Hause. Ist dein Handy aufgeladen?«

»Ja.«

»Ich schick dir dann die Infos.«

»Danke, danke, danke«, sagte ich. »Ich zahle es dir zurück.«

Sophie buchte mir ein Ticket für die längste Zugverbindung, die sie finden konnte – ihr Plan war, dass ich im nüchternen Zustand einige Zeit über die Folgen meines Handelns nachdenken sollte. Zu ihrem großen Ärger landete ich im selben Wagen wie eine lärmende Mädelsgruppe auf dem Weg zu einem Junggesellinnenabschied in London. Wir kippten Tequila-Shots, und sie setzten mir einen Sombrero auf. Als ich Sophie am nächsten Tag anrief, um mich bei ihr für meine Rettung zu bedanken, fragte ich, ob sie sauer auf mich sei.

»Dolly«, sagte sie, »ich bin nicht sauer, ich mache mir Sorgen um dich.«

»Warum?«, fragte ich.

»Weil du so hinüber warst, dass du dachtest, du seist in Oxford, obwohl du vor dem Topshop am Oxford Circus standest. Weißt du, wie angreifbar so was einen macht? So besoffen durch London zu torkeln?«

»Tut mir leid«, meinte ich gereizt, »ich hatte eben Spaß.«

»Wie viele unserer Freundinnen braucht es eigentlich noch, die ihr gesamtes Geld auf den Kopf hauen, um mit einem Taxi quer durch England zu fahren, bis dieser Irrsinn aufhört?«

(Es sollte nur noch eine weitere brauchen – Farly, ein paar Monate später, von Südwestlondon nach Devon. Sie saß gerade im Taxi von einem Club nach Hause, als sie eine Nachricht von einem Typen kriegte, auf den sie stand und der noch an der Exeter University war. Also bat sie den Fahrer, zu wenden und stattdessen nach Devon zu fahren. Bis heute reagiert sie auf alle Vorwürfe nur mit einem Schulterzucken und sagt, die gesamte Fahrt habe sie »neunzig Pfund und ein Päckchen Kippen« gekostet. Der Betrag ist sukzessive angestiegen, je öfter wir nachgebohrt haben.)

Doch das waren alles gute Geschichten, und darum ging's. In meinen frühen Zwanzigern war das mein ganzer Lebensinhalt, die *raison d'être*. Ich war ein über eins achtzig großer menschlicher Detektor für Fragmente potenzieller Anekdoten, der, die Nase im Gras, auf dem Boden meiner Existenz herumkroch in der Hoffnung, auf etwas zu stoßen, wonach zu graben sich lohnte.

Dann war da auch noch jener Abend, an dem Hicks und ich mit nur zwanzig Pfund zu einem erstklassigen Londoner Hotel fuhren, von dem Hicks behauptete, es sei ein Tummelplatz für »gelangweilte Millionäre mit Eimern von Alkohol, die Zeit mit unterhaltsamen jungen Menschen verbringen wollen«. Und tatsächlich stießen wir auf zwei Männer mittleren Alters aus Dubai, von denen einer ein indisches Restaurant auf der Edgware Road besaß und der andere eine dieser Sprachkurs-»Universitäten« über einem der Handyläden in der Tottenham Court Road. Hicks und ich spulten unser routiniertes Programm ab, in dem wir eindrucksvoll unsere guterprobte Fantasiegeschichte darüber zum

Besten gaben, wie wir uns auf einer Kreuzfahrt kennengelernt hätten. Angeblich hatte ich in der Band gesungen, ihr Ehemann hatte sich über Bord gestürzt, und als wir beide eines Tages allein auf dem Oberdeck saßen, rauchend und über die See blickend, hatten wir uns zum ersten Mal unterhalten.

Sie fragten, ob wir mit zu ihrem Freund Rodney kommen wollten, der, wie sie versicherten, ein »Partytier« sei – der universelle Euphemismus für »freigiebig mit Alkohol und Drogen«. Wir kletterten in ihren vor der Tür wartenden Wagen, und ihr Fahrer brachte uns an den Ort, an dem wir den Studio-54-würdigen Exzess und Glamour erwarteten, der uns versprochen worden war. Hicks und ich hielten uns auf dem Weg zum Eingang an den Händen, und im Aufzug schickte ich Farly eine Nachricht mit der Adresse, falls mir in der Nacht irgendetwas passieren sollte – ein ziemlich morbides Ritual, an das sie sich mehr oder weniger gewöhnt hatte.

Die Tür wurde von einem etwa Mitte siebzigjährigen Zyprioten in einem gestreiften Pyjama geöffnet.

»Mein Gott!«, rief er aus, als er uns sah. »Is sich zu spät!« Er warf verzweifelt die Hände in die Höhe. »Bin ich zu alt für das!«

Unsere beiden neuen Freunde versicherten ihm, dass wir nur auf ein paar Drinks bleiben wollten und es nicht ausarten würde. Netterweise ließ Rodney uns herein und fragte, was wir trinken wollten. Er sagte, seine Spezialität seien Cocktails, und gestikulierte in Richtung eines gut ausgestatteten Barschranks aus den Siebzigern. Ich bestellte einen Dry Martini.

Rodney faszinierte mich sehr; besonders wegen der vielen gerahmten Fotos seiner Enkelkinder, die auf allen vorhandenen freien Flächen herumstanden. Wir schlenderten mit unseren Martinis umher, und er – immer noch im Pyjama – nannte mir all ihre Namen, ihr Alter und erklärte mir ihren jeweiligen Charakter. Währenddessen tat Hicks das, was sie in solchen Nächten immer tat: Sie sprach mit einem der Dubaier Millionäre ernsthaft über Philosophie und untermalte ihren Monolog über die französischen Existentialisten mit dramatischen Gesten; die Augen sprangen ihr fast aus dem Kopf, wie Vergissmeinnicht-Blüten, die durch Asphalt brechen.

Rodney und ich saßen auf dem Sofa, und er erzählte mir von seinem Leben: den schiefgegangenen Firmengründungen, der Bar, die er besessen hatte und die jetzt ein Supermarkt war, den Models, die sein Herz gebrochen hatten. Irgendwann unterbrach er seine Geschichten, rollte einen Fünf-Pfund-Schein zusammen, um eine Line von dem auf dem Couchtisch ausgelegten Koks zu ziehen, lehnte sich zurück und sah mich an.

»Weißt du, is sich lustig, du erinnerst mich so sehr an eine Frau, die ich in Siebzigerjahre ein paarmal getroffen habe. Lange blonde Haare, Augen wie deine. War sie eine Weile mit einem Freund von mir zusammen.«

»Ach ja?«, fragte ich und zündete mir eine Zigarette an. »Wie hieß sie?«

»Barby. Ich glaube, hieß sie Barby.«

Ich schluckte, denn mir schoss durch den Kopf, was meine Mum mir einmal erzählt hatte – dass sie mit Anfang zwanzig einen witzigen, aber verhassten Spitznamen gehabt hatte.

»Barbara«, antwortete ich. »Barbara Levey.«

»Ja!«, quiekte er. »Kennst du diese Frau?«

»Das ist meine Mum«, gab ich zurück. Ich stellte mir vor, wie sie gerade in ihrem Bett in der Vorstadt lag und was sie davon halten würde, dass ihre Tochter mit einem fünfundsiebzigjährigen Zyprioten einen draufmachte, den sie selbst in den Siebzigerjahren des letzten Jahrhunderts kennengelernt hatte. Ich ging ins andere Zimmer, unterbrach Hicks' Literarischen Salon mit dem gleichermaßen entzückten wie desinteressierten Publikum und sagte, wir müssten sofort gehen. Sie meinte, es gebe eine gute

Afterhour-Party in dem indischen Restaurant des einen Mannes. Ich entgegnete, wir seien bereits auf der Afterhour. Ich fragte mich, ob ich vielleicht aus Versehen in ein düsteres Hinterland der After-Afterhours gefallen war und jetzt für immer dort festhängen würde. Ich fragte mich, ob ich ohne Leiter jemals wieder da rauskommen würde.

Aber ich kann nicht behaupten, dass damals alles nur furchtbar gewesen wäre, denn das war es nicht. Meine Freundinnen und ich glaubten weiterhin, dass alles, was wir taten, ein wichtiger Akt von Empowerment und Emanzipation sei. Meine Mum sagte oft, das sei falsch verstandener Feminismus; dass es kein Merkmal für Gleichheit sei, wenn man einfach nur das schlechteste Benehmen der Männer kopiert (»Diese Zoë Ball hat dem ganzen Prozess so sehr geschadet«, meinte sie einmal). Aber ich bin nach wie vor der Meinung, dass es in diesen Jahren Momente gab, die unsere Amüsierwut zu einem aufmüpfigen, feierlichen, machtvollen Akt machten; es war die Weigerung, unsere Körper so zu benutzen, wie es von uns erwartet wurde. Meistens hatten wir einfach eine Menge Spaß zu unseren eigenen Bedingungen – viele meiner Erinnerungen kreisen darum, wie eine meiner Freundinnen und ich eine Party verließen, die uns langweilte oder die wir nicht mochten, nur um Zeit miteinander zu verbringen. Ich starb fast vor Hunger nach Erlebnissen, und ich befriedigte diese Gelüste zusammen mit gleichgesinnten Gefährtinnen. Das erzeugte eine Gang-Mentalität, die keine von uns jemals ganz abschütteln konnte.

Einige Erinnerungen sind fröhlich, einige traurig, und genauso war die Realität. Manchmal tanzte ich bis zum Morgengrauen strahlend im Kreis meiner engsten Freundinnen, manchmal fiel ich mitten auf der Straße hin, als ich im Regen dem Nachtbus hinterherrannte, und blieb viel länger auf dem nassen Pflaster liegen, als es gut war. Manchmal schlug ich mich selber k. o., indem ich gegen einen Laternenpfahl lief, was mir Veilchen bescherte, die ich tagelang spazieren führte. Aber manchmal wachte ich inmitten eines liebenswerten Knäuels von verkaterten Mädchen auf, von nichts anderem erfüllt als von Geborgenheit und Glück. Ab und zu treffe ich heute auf Leute aus diesen relativ verschwommenen Zeiten, die behaupten, dass wir mal in irgendeiner Ecke einer WG-Party miteinander getrunken haben, und sofort gerate ich in Panik, weil ich mich nicht daran erinnern kann. Vor einem Jahr oder so erschauderte ich vor Scham, als mich der Fahrer eines Black Cabs fragte, ob ich »Donny« heiße; er behauptete steif und fest, dass er mich 2009 einmal aufgegabelt hatte, als ich »ganz schön hinüber« mitten in London ohne Schuhe auf der Straße herumlief.

Doch ein großer Teil von alldem war einfach nur herrlicher, sorgloser Spaß. Es war ein großes Abenteuer, das mich quer durch Städte und Grafschaften führte, voller Geschichten und Menschen, mit einer Gang von Eroberern in neonfarbenen Strumpfhosen und mit zu viel schwarzem Kajal an meiner Seite.

Und zumindest, dachte ich, hatte ich endlich jedem bewiesen, dass ich erwachsen war. Wenigstens musste man mich endlich ernst nehmen.

REZEPT

Kater-Käsemakkaroni
(4 Portionen)

Für den vollen Genuss im Pyjama essen und dabei *Manhattan Love Story* oder eine Serienmörder-Doku glotzen.

350 g	Pasta *(Makkaroni oder Penne sind gut geeignet)*
35 g	Butter
35 g	Mehl
500 ml	Vollmilch
200 g	geriebener Cheddar
100 g	geriebener Red Leicester
100 g	geriebener Parmesan
1 EL	Englischer Senf
1 Bd.	Frühlingszwiebeln *(kleingeschnitten)*
1 Spritzer	Worcestershire-Soße
1	kleiner Mozzarella *(in Stückchen)*
	Salz und schwarzer Pfeffer zum Abschmecken
	Olivenöl zum Beträufeln

Die Pasta in einem großen, mit Wasser gefüllten Topf acht Minuten kochen, sodass sie nicht ganz gar wird – sie gart später beim Überbacken weiter. Abgießen, Olivenöl untermischen, damit die Nudeln nicht verkleben, und beiseitestellen.

Die Butter in einem separaten großen Topf zum Schmelzen bringen. Das Mehl einrühren und unter Rühren ein paar Minuten andünsten, bis man eine Mehlschwitze erhält. Nach und nach die Milch zugeben und bei kleiner Hitze zehn bis fünfzehn Minuten köcheln lassen. Immer wieder umrühren, bis alles zu einer geschmeidigen, glatten Soße wird. Langsam andicken lassen, von der Platte nehmen, etwa drei Viertel des Cheddar, Red Leicester und Parmesan hinzufügen, ebenso den Senf, etwas Salz und Pfeffer, die Zwiebelringe und einen Spritzer Worcestershire-Soße. Weiterrühren, bis der Käse geschmolzen ist.

Den Backofen auf höchster Stufe vorheizen. Die Pasta in die Soße geben und alles in einer Auflaufform vermischen. Den Mozzarella unterrühren und den restlichen Cheddar, Red Leicester und Parmesan darüberstreuen. Bei 200 °C fünfzehn Minuten überbacken, bis die Mischung blubbert, eine goldene Farbe hat und eine knusprige Kruste bildet.

DIE BAD-DATE-TAGEBÜCHER

Ein Hotel an einer Hauptverkehrsstraße in Ealing

Es sind die ersten Weihnachtsferien nach meinem Uni-Abschluss, und ich jobbe bei L.K.Bennett auf der Bond Street. Meine Kollegin Debbie, eine glamouröse Modestudentin, die immer die meiste Kommission absahnt, malt mir im Umkleideraum die Lippen mit Vivien-Leigh-Rot an – Vorbereitung für das große Date.

Er heißt Graysen, und ich habe ihn vor einem Monat an der Uni in York kennengelernt, als ich dort eine alte Schulfreundin besuchte. Ich stand gerade an der Bar im Pub der Studentenvereinigung und wollte zwei Wodka-Cola kaufen, als jemand nach meiner Hand griff. Graysen – schlaksig, blass, interessante kajalverschmierte Elvis-Augen – drehte meine Handfläche nach oben.

»Drei Kinder. Du wirst neunzig Jahre alt.« Er sah mich an. »Du warst schon einmal hier«, flüsterte er dramatisch.

Von allen Menschen in meinem Alter, die ich kenne, ist er der einzige, der nicht bei Facebook ist. Ich glaube, er ist Sartre.

Wir treffen uns an einem gigantischen Weihnachtsbaum, und er führt mich zu einer Martinibar, da er noch weiß, dass ich behauptet habe, das sei mein Lieblingsdrink. (Zu diesem Zeitpunkt befinde ich mich noch in der »Mir selbst beibringen, Martinis zu mögen«-Phase, und ich habe Angst, dass er mein Schaudern nach dem ersten Schluck bemerken könnte, aber ich schaffe es, mich zusammenzureißen.) Danach gehen wir in Londons ältesten Pub, wo ich Erdbeerbier trinke. Er präsentiert mir einen Schlüsselbund – sein Chef hat ihm für die Nacht ein Hotelzimmer spendiert. Er wird mir nie sagen, warum.

Drei Busfahrten später – die Zeitspanne, die er benötigt, um mir zu erklären, warum »London für mich mehr Elternteil ist, als meine Eltern es je waren« – kommen wir an einem schäbigen Hotel in einem umfunktionierten Wohnhaus auf einer Hauptverkehrsstraße in Ealing an.

Ich will nicht mit ihm schlafen, weil ich ihn gerne noch besser kennenlernen möchte, also verbringen wir die ganze Nacht im Bett liegend, starren an die schmutzig weiße Decke und tauschen uns über unsere bisherigen achtzehn Jahre aus. Er ist der Sohn eines sehr alten, sehr eleganten, sehr reichen Mannes, der »einer der letzten Kolonisten« war und auf seinen Reisen eine seltene Fischgattung entdeckte, ein Buch über sie schrieb und seither von dem Geld lebt, das er damit verdient hat. Mir steht vor Staunen der Mund offen. Um fünf Uhr schlafen wir ein.

Am nächsten Morgen muss Graysen früh zur Arbeit. Er gibt mir einen Kuss, verabschiedet sich und lässt mir ein Pfirsichplunderteilchen auf dem Nachttisch da. Es ist das letzte Mal, dass wir uns sehen.

In den folgenden fünf Jahren sollte ich mich immer wieder fragen, ob Graysen einfach ein Schauspieler auf der Suche nach einer naiven Zuschauerin war, der für eine Nacht vor sich selbst fliehen wollte. Ob das alles nur gespielt war: das Handlesen, das Hotel, der Fisch, der Kajal.

Dann verliebte ich mich Jahre später in einen Biologie-Doktoranden, der die große Liebe meines Lebens wurde. Eines Sonntagabends lag ich in seinem Pulli auf seinem Bett, und er suchte ein Buch heraus, in dem wir vor dem Einschlafen lesen könnten – es handelte von einem Mann, der einen Fisch entdeckt hatte. Ich riss ihm das Buch aus der Hand, schlug es auf und erblickte das Foto eines Mannes mit dem gleichen Gesicht und Nachnamen wie Graysen. Mein Freund fragte, warum ich so lachen würde. »Weil alles wahr war«, sagte ich. »Und dabei war es so absurd.«

DIE CHRONIKEN DER SCHLECHTEN PARTYS

Cobham, Silvester 2007

»Irgendwo *muss* doch was los sein«, sage ich zu Farly, als wir nachmittags um fünf im Haus meiner Mum auf dem Sofa hängen und die dreizehnte Folge *Friends* gucken. »Wir sind neunzehn, wir *müssen* einfach irgendwo irgendeine Party klarmachen.«

Ich verschicke eine scheinbar persönliche Nachricht an alle Kontakte meines Telefonbuchs. Unser Freund Dan schlägt einen Rave in einem Lagerhaus in Hackney vor, aber Farly hat Angst vor Menschenmengen auf Drogen und war nie weiter im Londoner Osten als Liverpool Street.

Gerade als wir die Hoffnung aufgeben, beißt jemand an. Felix – ein Schulfreund aus dem Jahrgang unter mir, auf den ich unglaublich stehe. Er spricht von einem »krassen Rave in Cobham«, den ich auf keinen Fall verpassen dürfe, und fragt, ob ich ein paar Freundinnen mitbringen könne. Da es unsere einzige Option ist und Farly weiß, wie toll ich Felix finde, stimmt sie zu. Das macht sie nur fürs Team, sie ist mein Flügelspieler – sie geht meiner Vagina zuliebe auf diese Party. Dieses einvernehmliche, faire und erfolgreiche wechselseitige System nutzen wir schon lange, da wir beide immer Single sind. Ich opfere meine Nacht dafür, ihr zu helfen, einen Typen rumzukriegen, verbuche diesen Akt des guten Willens als Plus auf meinem Konto und kann es jederzeit ausspielen, wenn sie dasselbe für mich tun soll. Das ist Vögeldemokratie. Jede hat gleich viele Vor- und Nachteile.

Als wir die große Doppelhaushälfte in der reichen Gegend in Surrey betreten, finden wir dort nicht wirklich einen Rave vor. Stattdessen eine Art Ofenpizza-Sitzparty, bestehend aus zehn umschlungenen Paaren und einem stämmigen Typen in einem Rugbyshirt, der mit dem Familienlabrador spielt.

»Hallo«, sage ich zögerlich. »Ist Felix auch hier?«

»Er ist Wodka holen gegangen«, antwortet der Rugbyspieler monoton, ohne seinen Blick von dem Hund abzuwenden.

»Warst du nicht auf der Schule im Jahrgang über uns?«, fragt mich ein Mädchen mit Korkenzieherlocken und Pferdegesicht.

»Yeah«, sage ich und nehme mir mit spitzen Fingern ein Stück Peperonipizza.

»Hatte heute keiner von euren Freunden Zeit?«

Da kommt Felix mit einer klirrenden Einkaufstüte.

»Hey!«, ruft er und breitet die Arme aus.

»Hi!«, antworte ich und umarme ihn. »Das ist Farly. Sind hier nur Pärchen?«, murmele ich leise.

»Ja«, sagt Felix. »Wir hatten noch viel mehr Leute erwartet, aber von denen, die zugesagt hatten, sind doch nicht alle gekommen.«

»Ach.«

»Wir werden trotzdem Spaß haben!«, ruft er und legt die Arme um Farly und mich. »Wir drei Musketiere.«

Die nächsten Stunden verstreichen in vollgefutterter, angedüselter Schwerelosigkeit; für mich reicht es, um mir einzureden, dass sich der weite Weg nach Cobham gelohnt haben könnte. Felix, Farly und ich spielen im Wintergarten Trinkspiele und reden und lachen; einmal legt er seine Arme um mich und Farly, und ich tausche ein winziges Lächeln und Zwinkern mit ihr aus. Das reicht aus, dass sie einen Anruf vortäuscht und nach oben verschwindet, um uns alleine zu lassen. Meine Liebe zu ihr könnte nicht größer sein.

»Kann ich mal in Ruhe mit dir reden?«, fragt er.

»Klar«, sage ich lächelnd. Er nimmt meine Hand und führt mich in den Garten.

»Das klingt bestimmt ziemlich seltsam«, sagt er, während ich mich auf einen Plastikstuhl setze und er von einem Fuß auf den anderen tritt.

»Warum? Sag einfach.«

»Ich finde deine Freundin Farly toll«, sagt er. »Ist sie Single?«

Eine Nanosekunde lang wäge ich ab, ob ich ein guter Mensch bin.

»Nein.« Mir bleibt noch genug Lebenszeit, um persönliche Reife zu entwickeln. »Nein, sie ist kein Single.«

»Fuck. Ist sie in einer Beziehung?«

»Ja, in einer ziemlich ernsthaften«, sage ich gravitätisch und nicke. »Mit einem Typen namens Dave.«

»Aber sie hörte sich eigentlich so an, als wäre sie Single?«

»Na ja, *offiziell* sind sie nicht mehr zusammen«, improvisiere ich. »Aber zwischen ihnen ist noch was, hundertprozentig. Er ist das auch gerade am Telefon. Du weißt ja, wie es an Silvester so sein kann. Man denkt über all die Dinge nach, die man bereut, über all das Ungesagte und so. Wie auch immer, sie ist definitiv noch nicht bereit für was Neues.«

Farly kommt torkelnd mit einer Flasche Wein in der Hand zu uns zurück. Ein ernüchterter Felix entschuldigt sich und verschwindet aufs Klo.

»Habt ihr geknutscht?«, fragt sie gespannt. »Hab ich euch gestört?«

»Nein, er steht auf dich und hat mich gefragt, ob du Single bist, und ich hab Nein gesagt, weil ich ein schlechter Mensch bin und nicht will, dass du was mit ihm anfängst, also habe ich behauptet, dass du in einer komplizierten On-Off-Beziehung mit einem Typen namens Dave steckst und alles sehr schwierig ist und du noch nicht bereit für was Neues bist.«

»Okay«, antwortet sie.

»Heißt das, das war okay?«

»Natürlich heißt es das«, sagt sie. »Er ist sowieso nicht mein Typ.« Wir hören Felix zurückkommen.

»Ich hab behauptet«, flüstere ich ihr schnell zu, »dass du gerade mit Dave telefoniert hast.«

»Yeah«, sagt sie laut, als Felix sich wieder setzt. »Tja, das war gerade Dave am Telefon«, erklärt sie roboterhaft, mit der subtilen Betonung irgendeiner Soap-Opera-Darstellerin. »Mal wieder.«

»Was hat er gesagt?«

»Ach, es ist immer dasselbe. Er will mich zurück, er glaubt, dass es diesmal funktionieren würde. Und ich so: ›Dave, wir hatten das alles schon.‹ Ich hab trotzdem noch Gefühle für ihn, auch wenn wir nicht mehr zusammen sind. Das alles macht mir einfach nur noch klarer, dass ich definitiv noch nicht bereit für was Neues bin«, plappert sie mir nach.

Felix beißt sich heftig auf die Lippe und kippt dann den ganzen Rest seines Weines auf einmal herunter. »Fast Mitternacht«, sagt er und steht auf, um ins Haus zu gehen.

Als wir den Countdown runterzählen, stehe ich mitten im bedrückend tristen, cremefarbenen Vorstadt-Wohnzimmer der Familie dieses Typen, den ich nie zuvor getroffen habe, und schwöre mir, niemals wieder einen Abend um eine potenzielle Eroberung herum zu planen. Wir starren auf den Flatscreen-Bildschirm, auf dem die BBC betrunkene, rotwangige, in Schals gehüllte Menschen am Südufer der Themse zeigt, und ich sehne mich danach, bei ihnen sein zu können. Um Mitternacht läutet Big Ben. Die Melodie von »Auld Lang Syne« ertönt. Und dann – ich glaube nicht, dass ich jemals begreifen werde, warum – fangen plötzlich alle an, Stehblues zu tanzen; so als liefe der letzte Song in einer Disco. Alle bis auf Felix, der auf der anderen Seite des Raums missgelaunt an seinem Handy herumspielt. Ich drehe den Messingknauf des antiken Getränkeschranks aus Mahagoni und verhelfe mir zu einer Flasche Whisky. Dann sehe ich mich nach Farly um. Sie hält die Vorderpfoten des schwarzen Labradors in den Händen, während er auf seinen Hinterläufen steht. Auch die beiden schwofen zum Beerdigungshit »Auld Lang Syne«.

Wir haben die letzte Bahn nach London verpasst. Also telefoniere ich vorm Haus die Taxiunternehmen durch, um Preise für die Rückfahrt zu erfragen, aber sie sind alle zu teuer. Wir sind für mindestens acht weitere Stunden in Surrey gefangen, in einem Haus voller Pärchen und meinem Traummann, der mich nicht will – allesamt aus dem Jahrgang unter mir. Als ich erneut in den Siebten Kreis der Vorstadthölle eintrete, erblicke ich Farly und den seltsamen Rugbyspieler, wie sie am Kühlschrank lehnend miteinander knutschen und sich schließlich in die Waschküche schleichen. Ich gehe in den Garten, um alleine den Rest meiner Zigaretten kettezurauchen.

»Wo ist denn Farly?«, fragt Felix, der dieselbe Idee hatte wie ich. Ich kann den Zirkus nicht mehr länger mitmachen.

»Sie steckt mit diesem Rugbytypen in der Waschküche«, sage ich tonlos und nehme einen großen Schluck aus der Whiskyflasche.

»Was?! Und was ist mit Dave?«

»Keine Ahnung«, sage ich, zünde mir eine Zigarette an und blase Rauch in die kalte, stille Nachtluft. »Sie und Dave sind sehr kompliziert, Felix, und je früher du das begreifst, desto besser. Mit ihnen geht es auf und ab, on und off.«

»Aber vor einer Stunde hat sie noch gesagt, sie wären *on*«, empört er sich.

»Ja, na ja, ich vermute, dass er wahrscheinlich noch mal angerufen hat, und wahrscheinlich haben sie wieder gestritten, und wahrscheinlich hat sie kapiert, dass es wirklich vorbei ist.«

»Großartig«, meint er, setzt sich neben mich auf einen Gartenstuhl und nimmt eine Zigarette. »Das ist das schlimmste Silvester aller Zeiten.«

»Yeah«, sage ich. Wir blicken schweigend auf die letzten Lichter des Feuerwerks von Surrey. »Das ist es.«

10. November

Liebe alle, die ich jemals kennengelernt habe, und auch die, die ich noch nicht persönlich kenne!

Verzeiht mir diese Massenmail, für die ich mich absolut gar nicht schäme. Sorry für meine dreiste Eigenwerbung, für die ich mich ebenso absolut gar nicht schäme. Ich schreibe euch diese Mail, weil ich seit vierzehn Tagen an einem Prestigeobjekt arbeite, das eure volle Aufmerksamkeit, eure Zeit und euer Geld verdient.

Ich veranstalte einen Abend mit Musik, Vorträgen und Filmen – der Event heißt Lanas Literatursalon und findet in einem leerstehenden Parkhaus in Leytonstone statt. Die Idee ist, die erhellende Tradition eines Debattierclubs wie der Oxford Union heraufzubeschwören, der in einer Atmosphäre wie bei *Noel's House Party* abgehalten wird.

Zu Beginn wird uns India Towler-Baggs einige ihrer Gedichte zum Besten geben, in denen sie Themen wie ihre neue lebensverändernde Frisur, die schwierige Wahl des richtigen Standard-Internetbrowsers und ihre Selbstfindung mithilfe Ayahuasca-Zeremonien und Zumba-Kursen aufarbeitet. Obwohl India das Cheltenham Ladies' College besucht, wird sie ihre Werke mit einem leichten jamaikanischen Akzent vortragen.

Wie die meisten von euch aufgrund der vielen Spam-Nachrichten auf Facebook schon mitbekommen haben, hat Ollie seine eigene politische Partei gegründet, die Young Clueless Liberals. Er wird sein Manifest verlesen, und darauf folgt eine Podiumsdiskussion mit der

Journalistin Foxy James (T4, MTV News) über die drei Grundsatzziele der Partei: einfacherer Erwerb von Eigenheimen für Erstkäufer, die Reduktion von Studiengebühren und die Wiedereröffnung des Nachtclubs Fabric. Ihr habt vor Ort die Möglichkeit, der Partei beizutreten.

Schließlich folgt die Hauptdarbietung: mein Kurzfilm. *Ulrika Jonsson ist Immigrantin und keinen interessiert's* erkundet Themenfelder wie kulturelle Identität, Staatsangehörigkeit und staatliche Souveränität in einem zukünftigen, dystopischen Umfeld. Nach dem dreiminütigen Film werde ich Foxy auf der Bühne zwei Stunden lang Rede und Antwort stehen – wir wollen dem Film und dem gesamten Team (hauptsächlich bestehend aus meiner Familie) genauso Respekt zollen, als wäre er ein international anerkanntes Werk. Gespickt mit promimäßigen Zwinker-zwinker-Insiderwitzen werde ich Klatsch und Tratsch von hinter den Kulissen ausplaudern, als wäre ich Martin Scorsese, der über *GoodFellas* spricht.

Es wird Craftbeer geben, das meine Mitbewohnerin auf unserem Neubau-Balkon in Penge gebraut hat. *The Death of Hackney* schmeckt ein bisschen wie vegetarischer Brotaufstrich mit Sprudel und riecht wie eine Harnwegsinfektion. Für 13 Pfund die Flasche seid ihr dabei. Prost.

Außerdem geht eine Spardose für eure wohltätigen Spenden – so klein oder groß ihr mögt – herum, die für einen wirklich sinnvollen Zweck eingesetzt werden: mich. Der Nachfolger von *Ulrika* befindet sich derzeit in der Vorproduktion, und ich will ihn möglichst schnell fertigstellen, habe aber keine Lust, so wie alle anderen irgendeinen doofen Job anzunehmen (genau wie Kerouac bin ich einfach kein Morgenmensch).

Habt vielen, vielen Dank für eure Unterstützung. Ich werde buchstäblich jeden Einzelnen von euch lieben, der auftaucht – außer Leute, die ich nicht so gut kenne. Diese werde ich oberflächlich begrüßen und dann zu meinen Freunden sagen: »Mein Gott, warum ist dieser Typ hier, den habe ich ja seit der Grundschule nicht mehr gesehen?! Er muss besessen von mir sein!«

Möge die Kunst mit euch sein –
Lana xxx

Ein bisschen zu dick,
ein bisschen zu dünn

»Liebst du mich nicht mehr?«, fragte ich.

»Nein«, antwortete er. »Nein, ich glaube, ich liebe dich nicht mehr.«

»Begehrst du mich wenigstens noch?«, fragte ich. Es folgte Stille.

»Ich glaube nicht.«

Ich legte auf.

(Seitdem habe ich immer allen gesagt, dass es, wenn man jemanden verlässt, am besten ist, auf diese Frage zu lügen. Das »Nicht mehr Lieben« ist schon schlimm. Das »Nicht mehr Begehren« macht einen fertig.)

Ich war gerade mal einundzwanzig, einen Monat zuvor hatte ich die Uni abgeschlossen. Und mein erster richtiger Freund hatte gerade per Telefon mit mir Schluss gemacht.

Harry und ich sind etwas länger als ein Jahr zusammen gewesen, obwohl wir vollkommen und zutiefst die Falschen füreinander waren. Er war konservativ, sportbesessen, machte jeden Abend vor dem Schlafengehen hundert Liegestütze, war der Privatsekretär des Exeter University Lacrosse Clubs und besaß ein ironiebefreites T-Shirt mit dem Aufdruck »Lash Gordon«. Er hasste excessive Gefühlsäußerungen und große Frauen, die High Heels trugen oder zu laut waren. Also eigentlich alles, was zu jener Zeit meine Persönlichkeit ausmachte. In seinen Augen war ich eine Katastrophe, und in meinen Augen war er ein Spießer.

Wir verbrachten unsere gesamte Beziehung mit Streiten, auch

deshalb, weil wir nie getrennt voneinander waren. Er lebte praktisch in der Wohnung, die Lacey, AJ, Farly und ich in unserem letzten Jahr an der Uni teilten, und zog während eines Praktikums im Sommer in mein Elternhaus.

Einen unserer Tiefpunkte erreichten wir gegen Ende dieses langen, heißen, aufgewühlten Augusts, in dem wir keinen Raum für uns gehabt hatten. Wir fuhren mit dem Zug nach Oxford, wo Lacey ihren einundzwanzigsten Geburtstag feierte. Nach dem Hauptgang stand ich vom Tisch auf und stieß auf einen einladenden Swimmingpool. Also zog ich meine Klamotten aus, sprang hinein, und als ein paar Freundinnen kamen, die mich gesucht hatten, überredete ich sie, es mir gleichzutun. Der Abend entwickelte sich zu einer Massen-Poolparty, und ich verwandelte mich in so was wie eine nackte Zeremonienmeisterin am Beckenrand. Harry drehte komplett durch. Am nächsten Morgen versteckten sich Farly und AJ hinter einem Baum und beobachteten unkontrolliert kichernd, wie er mir »DU WIRST MICH NIE WIEDER SO LÄCHERLICH MACHEN!« ins Gesicht brüllte. Die Tatsache, dass im Pool zu viel Chlor war und mein gebleichtes Haar jetzt flaschengrün schimmerte, unterstrich meine unermessliche Scham nur noch.

Wir hatten absolut nichts gemeinsam. Aber er wollte mein erster richtiger Freund sein, und mit neunzehn reichte mir das vollkommen als Grund, um mit jemandem zusammen sein zu wollen.

Ich hatte gerade mein Journalismus-Studium begonnen und wohnte auf unbestimmte Zeit bei einer Freundin im East End, um das lange Pendeln nach Stanmore zu vermeiden, als er mich an jenem Abend anrief. Farly erschien eine Stunde später um ein Uhr nachts; sie war den ganzen Weg vom Haus ihrer Mum aus zu mir gefahren und sagte, dass sie mich nach Hause holen würde.

Die ganze Fahrt über war ich untröstlich. Ich versuchte, Farly unser Gespräch nachzuerzählen, konnte mich aber kaum an Details erinnern. Mein Handy klingelte – es war Harry. Ich sagte Farly, dass ich nicht mit ihm sprechen könne. Sie fuhr an den Straßenrand, nahm das Telefon und presste es an ihr Ohr.

»Warum hast du das gemacht, Harry?«, schnauzte sie ihn an. Ich konnte nicht verstehen, was er daraufhin sagte. »Schön, aber warum musste das am Telefon sein? Warum konntest du sie nicht treffen und es ihr persönlich sagen?«, blaffte sie erneut. Am anderen Ende der Leitung ertönte wieder unverständliches Gemurmel. Farly hörte zu. Dann brüllte sie: »ACH JA? WEISST DU WAS, FICK DICH DOCH SELBST!«, legte auf und warf das Handy auf die Rückbank.

»Was hat er gesagt?«

»Im Grunde gar nichts.«

In dieser Nacht schlief Farly bei mir im Bett. Und in der Nacht darauf. Am Ende blieb sie ganze zwei Wochen; ich kehrte nicht mehr in die Wohnung meiner Kommilitonin zurück. Zum ersten Mal war mir das Herz gebrochen worden, und ich hatte nicht damit gerechnet, dass das überwiegende Gefühl eine so durchdringende Desorientiertheit sein würde. Ich glaubte, nie wieder irgendjemandem vertrauen zu können. Mir war nicht ganz klar, was genau passiert war oder warum. Ich wusste nur, dass ich nicht gut genug war.

Außerdem konnte ich nichts essen. Ich hatte mal davon gehört, dass das in der Folge einer Trennung passieren konnte, mir aber nie vorstellen können, dass so etwas mich erwischen würde. Ich hatte schon immer einen gesegneten Appetit. Vielleicht den größten von allen. Noch nie hatte ich eine Diät länger als zwei Tage durchgehalten. Meine ganze Familie liebte Essen, Farly und ich liebten Essen. Meine Mum, eine geborene Köchin, die bei ihren italienischen Großeltern aufgewachsen war, brachte mir das Kochen bei, als ich fünf war. Ich stand neben ihr auf einem Stuhl am Küchentresen, sodass ich helfen konnte, Teig zu kneten oder

Eischnee zu schlagen. Während meiner Teenagerjahre kochte ich für mich selbst, und an der Uni kochte ich für alle anderen. Mein allererster Tagebucheintrag, den ich als Sechsjährige geschrieben habe, ist eine begeisterte Aufzählung dessen, was ich an dem Tag alles gegessen hatte. Ich erinnere mich an einzelne Phasen meines Lebens anhand dessen, was zu jener Zeit auf den Tisch kam: die knusprigen gebackenen Kartoffeln in einem Urlaub am Meer in Devon, die schrecklich klebrigen Marmeladentörtchen an meinem zehnten Geburtstag, das Brathähnchen an jedem Sonntagabend, das das Grauen der bevorstehenden Schulwoche in Bratensoße ertränkte. Wie furchtbar das Leben auch war, wie brennend der Schmerz – ich konnte darauf vertrauen, dass ich noch genug Platz für einen Nachschlag haben würde.

Ich hatte mich selbst nie als übergewichtig empfunden, aber meine Figur wurde häufig vage als »kräftig« bezeichnet. Ich entstamme einer Familie von langen, großen Riesen. Mein Bruder war schon als Teenager zwei Meter groß und musste seine Klamotten in Läden namens »Magnus« oder »High and Mighty« kaufen, der Ärmste. Ich war mit vierzehn Jahren ungefähr eins fünfundfünfzig groß, und mit sechzehn maß ich einen Meter dreiundachtzig. Doch ich war nicht etwa eines dieser beneidenswert hochgewachsenen, schlaksigen Mädchen, halb Fohlen, halb Mensch – ich war breit, hatte große Brüste und ein ausladendes Becken. Ich war das Gegenteil jener Mädchen, deren Fotos man in der *Bliss* bewundern konnte oder die in den *The-Baby-Sitters-Club*-Büchern beschrieben wurden. Ganz so, wie ich geistig nie das richtige Rüstzeug hatte, Teenager zu sein, war ich auch körperlich nicht dafür gemacht.

Ich fand es schwierig, als Teenie groß zu sein. Nie wusste ich, wie viel ich wiegen sollte, denn alle anderen Mädchen waren nur halb so groß wie ich, und ihr »Übergewicht«, über das sie sprachen, betrug ungefähr so viel, wie ich zuletzt als Kind gewogen hatte – was große Schamgefühle in mir erzeugte. Kombiniert mit Essen aus Langeweile und Babyspeck führte dies dazu, dass ich mit noch nicht mal sechzehn Kleider in Größe L kaufen musste. Mir war klar, dass ich stämmiger als meine Freundinnen war und manchmal als dick bezeichnet wurde, aber ich vertraute darauf, dass meine Figur mehr Sinn ergeben würde, wenn ich erst mal erwachsen wäre. Das einzig wirklich demütigende Erlebnis hatte ich mit fünfzehn bei einem Barbecue, als Tilly, die extrem betrunkene und spektakulär übergewichtige Freundin meiner Eltern, meine Rettungsringe umfasste wie das Steuerrad eines Schiffes, bevor sie der Gartengesellschaft verkündete, dass »wir dicken Mädchen zusammenhalten« müssten, und mir unmissverständlich darlegte, dass Männer es mochten, »wenn sie was zum Anfassen« hätten – woraufhin mir ihr Mann verschwörerisch zuzwinkerte, der, nebenbei bemerkt, ebenfalls so breit war wie ein Opel Zafira.

Im Internat verlor ich langsam etwas Gewicht, und als ich an die Universität kam, war aus meiner Kleidergröße 42 eine 40 geworden – aber dass ich nicht vollkommen schlank war, störte mich wirklich nicht. Ich küsste trotzdem die Jungs, die ich küssen wollte. Ich konnte Klamotten bei Topshop kaufen. Und ich liebte Essen und Kochen. Ich sah ein, dass das eben der Tauschhandel war.

Und dennoch: Da war ich nun. Schließlich und endlich unfähig, irgendetwas zu essen. Ich war von Kopf bis Fuß von einem kränklichen, fahlen Gefühl erfüllt, und mein Appetit – mein imposantester Pluspunkt – war verschwunden. Meine Eingeweide fühlten sich an, als wären sie zugeschnürt. In meiner Kehle steckte ununterbrochen ein Kloß. Mum machte mir abends tellerweise Suppe und sagte, sie sei einfach hinunterzuschlucken, aber ich schaffte nur ein paar Löffel und goss den Rest in die Spüle, wenn Mum es nicht mitbekam.

Nach vierzehn Tagen stieg ich auf die Waage. Ich hatte über sechs Kilo verloren. Als ich nackt vor dem Spiegel stand, entdeckte ich zum ersten Mal im Leben die zarten Anfänge von etwas, das mir seit jeher als die Merkmale eines wahren weiblichen Wesens verkauft worden war. Eine schmalere Taille, Hüftknochen, Schlüsselbeine und Schulterblätter. Angesichts dieser neuen Landschaft, die ich nicht verstand – aus der der Mann, mit dem ich über ein Jahr lang mein Zuhause und mein Leben geteilt hatte, plötzlich ausgestoßen worden war –, spürte ich wie ein kurzes Aufflackern, dass endlich irgendetwas Sinn ergab. Ich hatte aufgehört zu essen, also veränderte sich mein Körper. Es funktionierte. In all dem Chaos hatte ich eine simple Formel gefunden, die ich beherrsche. Es gab etwas, das ich kontrollieren konnte und das mich irgendwohin führen würde, an einen Ort, wo ich jemand anders sein könnte. Mein Spiegelbild präsentierte mir die Lösung: Hör auf zu essen.

Ich machte es zu meinem Projekt, zu meiner neuen Mission; jeden Tag wog ich mich, zählte meine Schritte und Kalorien, jeden Morgen und Abend machte ich in meinem Zimmer Sit-ups, notierte jede Woche meine Maße. Ich lebte von Cola light und Karottensticks. Wenn ich das Bedürfnis verspürte, etwas zu essen, ging ich schlafen oder nahm ein heißes Bad. Ich verlor noch mehr Gewicht. Ich verlor es Tag für Tag, Kilo für Kilo; es schien sich nie auf einem Level einzupendeln. Das erfüllte mich mit einer Energie, die wie Nahrungsersatz wirkte; ich fühlte mich wie ein Hochgeschwindigkeitszug, der auf magische Weise ganz von alleine fuhr.

Ein weiterer Monat verging, ich verlor weitere sechs Kilo. Meine Periode blieb aus, was mich gleichermaßen ängstigte wie ermutigte. Immerhin bedeutete es, dass sich sowohl an meinem Äußeren wie auch in meinem Inneren irgendetwas veränderte; ich war meinem Ziel, ein neuer Mensch zu werden, näher gekommen.

Wenn ich in dieser Zeit nicht gerade bei Vorlesungen war, verbarrikadierte ich mich zu Hause. Ich litt immer noch unter unserer Trennung, und ich wollte nicht unter Leute. Die Erste, die mitbekam, dass irgendwas nicht stimmte, war Alex, Harrys Schwester. Wir hatten uns während Harrys und meiner Beziehung angefreundet, und netterweise hatte sie nach unserer Trennung zu mir gehalten. Sie war gerade nach New York gezogen, und wir skypten täglich. Eines Tages stand ich während eines unserer Gespräche auf, und zum ersten Mal seit Monaten sah sie meinen Körper in voller Länge.

»Wo sind denn deine Möpse hin?«, fragte sie, während sie sich mit großen Augen ihrer Kameralinse näherte und mich von oben bis unten betrachtete.

»Na, hier sind sie doch.«

»Nein, da sind keine. Und dein Bauch sieht aus wie ein Bügelbrett. Dolls, was ist los mit dir?«

»Nichts, ich hab nur ein bisschen abgenommen.«

»O Süße«, sagte sie stirnrunzelnd. »Du isst gar nichts mehr, oder?«

Andere waren weniger scharfsichtig. Ich ging wieder aus und traf Freunde von der Uni. Sie sagten, dass sie von Harry und mir gehört hätten und wie leid es ihnen tue. Sie erzählten, dass er eine neue Freundin habe. Sie sagten, wie fantastisch ich aussähe, immer und immer und immer wieder. Jedes Kompliment sättigte mich wie ein Mittagessen.

Ich feierte und trank ununterbrochen, um mich von meinem Schmerz und Hunger abzulenken. Meine Mum, die sich zunehmend größere Sorgen machte, ließ Teller mit Essen auf dem Küchentisch stehen, damit ich noch was aß, wenn ich nachts heimkam. Wie sie völlig zurecht annahm, war es dann wahrscheinlicher, dass ich etwas essen würde. Ich gewöhnte mir an, sofort ins Bett zu gehen.

Bis Dezember hatte ich fünfzehn Kilo abgenommen. Fünfzehn

Kilo in drei Monaten. Es fiel mir zunehmend schwerer, die Gedanken und strengen Rituale heraufzubeschwören, die mich bis dahin vom Essen abgehalten hatten. Ich war erschöpft, meine Haare wurden dünn, und unablässig fror ich bis auf die Knochen. In dem Versuch, mich aufzuwärmen, saß ich bei so heißem Wasser in der Dusche, dass es mir den Rücken verbrannte und dort Narben hinterließ. Ich belog andauernd meine besorgten Eltern darüber, wie viel ich tagsüber gegessen hatte oder wann ich das nächste Mal etwas essen wollte. Ich träumte, dass ich Berge über Berge von Essen in mich hineinstopfte, und wachte tränenüberströmt auf; frustriert darüber, wie ich nur so dumm sein konnte, den mir auferlegten Bann zu brechen.

Nachdem wir anderen schon unseren Abschluss in Exeter gemacht hatten, blieb Hicks noch für ein weiteres Jahr an der Uni. An einem Wochenende wollten Sophie, Farly und ich hinfahren, um Zeit mit Hicks zu verbringen und unsere alten Lieblingsorte abzuklappern. Das hieß auch, dass ich Harry sehen könnte, der jetzt in seinem letzten Jahr dort war. Ich dachte, vielleicht könnte das den Kreis schließen und mir zu irgendeiner Art Abschluss verhelfen. Ich schlug vor, dass wir einander unsere alten Sachen zurückgeben sollten; er stimmte einem Treffen zu.

Am frühen Samstagabend fuhren mich die Mädels zu ihm und parkten vor seinem Haus.

»WIR WARTEN GENAU HIER«, blökte Hicks hinter mir her, während sie ihre Füße und eine Kippe aus dem Fenster baumeln ließ.

Ich ging zur Haustür und klingelte.

»O mein Gott«, rief Harry, als er öffnete. »Du siehst –«

»Hi, Harry«, sagte ich und ging an ihm vorbei nach oben. Er kam mir nach. Wir standen jeder in einer Ecke seines Zimmers und starrten einander an.

»Du siehst toll aus.«

»Danke«, sagte ich. »Kann ich meine Sachen haben?«

»Ja, ja klar«, meinte er benommen. Er reichte mir eine Plastiktüte mit meinen Kleidern und Büchern. Ich holte seine zusammengerollten Pullis aus meiner Handtasche und warf sie auf sein Bett.

»Das ist alles von dir, was ich bei mir gefunden habe.«

»Okay, danke«, sagte er. »Wie lange bleibst du hier?«

»Nur das Wochenende. Farly, Soph und ich besuchen Hicks.«

»Oh, schön.« Er sprach ungewohnt leise. »Dann grüß sie alle von mir. Wobei sie wahrscheinlich gar nichts von mir hören wollen.« Ein kurzes Schweigen entstand, während wir uns weiterhin gegenseitig anstarrten. »Es tut mir leid, was ...«

»Muss es nicht«, unterbrach ich ihn.

»Tut es aber«, sagte er. »Es tut mir leid, wie ich mit dir umgesprungen bin.«

»Ehrlich, muss es nicht. Du hast mir einen riesigen Gefallen getan«, behauptete ich. »Guck, ich hab sogar lange Fingernägel, ich kaue nicht mehr an ihnen, ich hatte die erste Maniküre meines Lebens, und du wirst es nicht glauben, sie hat nur fünf Kröten gekostet«, faselte ich und streckte ihm herausfordernd meine Hände entgegen.

Das Auto draußen hupte. Ich wusste, dass Sophie und Hicks Dosenbier tranken und beide auf die Hupe hauten, während Farly panisch versuchte, sie davon abzuhalten.

»Ich muss los«, sagte ich.

»Klar.« Wir gingen schweigend die Treppe hinunter, und er öffnete die Tür.

»Geht es dir denn gut?«, fragte er. »Du wirkst echt ...«

»Dünn?«, fragte ich.

»Ja.«

»Mir geht's super, Harry«, sagte ich, bevor ich ihn flüchtig umarmte. »Mach's gut.«

Die Mädels luden mich zum Inder ein, um zu feiern, was sie als großes Finale der ganzen Mitleidstour ansahen; ich pickte in meinem Reis herum und trank ein Bier nach dem anderen. Ich war aufgewühlter, gekränkter, wütender und unbeherrschter als je zuvor. Was auch immer ich mit diesem Wiedersehen hatte erreichen wollen, es funktionierte nicht. Ich hatte versagt.

Also stürzte ich mich in das Vorhaben, noch mehr und noch schneller abzunehmen. Meine Wut war mein Antrieb. Als mein Gewicht zu stagnieren begann – ein Anzeichen, dass mein Stoffwechsel durcheinandergeraten war und schlechter funktionierte –, aß ich sogar noch weniger als zuvor. Meine Freundinnen konfrontierten mich damit; Farly meinte, sie habe das Gefühl, ich sei von einem Wahn befallen. Sie versuchte mir zu helfen, mich zu öffnen, doch ich blockte ihre Fragen mit Witzen ab. Überhaupt stellte ich fest, dass es eine gute Taktik war, mir die Leute mit ständigen Scherzen über mein Essverhalten vom Leib zu halten. Ich fing einfach mit dem Thema an, bevor es irgendjemand anders tat, und so hatten alle den Eindruck, dass es sich nicht um ein Problem, sondern um eine Diät handelte. Und außerdem trug ich, wie ich nicht müde wurde zu betonen, immer noch Größe 36. Ich war nicht untergewichtig, ich hatte bloß mit Übergewicht angefangen.

Ich machte damit weiter, weil es das Einzige war, worüber ich Kontrolle hatte. Ich machte weiter, weil ich einfach nur glücklich sein wollte – und wie jeder weiß, ist man umso glücklicher, je dünner man ist. Ich machte weiter, weil die Gesellschaft mich an jeder Ecke für meine selbst zugefügte Folter belohnte. Ich bekam Komplimente, ich bekam Angebote, ich fühlte mich von mir unbekannten Menschen stärker akzeptiert, fast alle Klamotten sahen fantastisch an mir aus. Ich hatte das Gefühl, endlich das Recht verdient zu haben, als Frau ernst genommen zu werden, dass alles davor wertlos war. Wie töricht von mir, jemals geglaubt zu haben, dass ich irgendjemandes Zuneigung verdient hätte! Ich ersetzte Liebe durch Dünnsein, und zu meinem Entsetzen wurde dieser Glaube überall bestärkt. Meine Gesundheit schwand, meine Reserven waren aufgebraucht.

Aber eine Frau kann nie dünn genug sein. Das ist das Problem. Kein Preis dafür wird als zu hoch angesehen – ständig Hunger zu haben oder eine gesamte Lebensmittelgruppe auszusparen oder vier Abende die Woche im Fitnessstudio zu verbringen. Um als Mann als attraktiv zu gelten, braucht es erfahrungsgemäß nur ein nettes Lächeln, eine durchschnittliche Figur (plus/minus fünf Kilo), ein paar Haare und einen akzeptablen Pullover. Um als Frau begehrenswert zu sein – dafür sind nach oben keine Grenzen gesetzt. Enthaare jede Stelle deines Körpers. Geh wöchentlich zur Maniküre. Trag jeden Tag High Heels. Sieh aus wie ein Victoria's Secret Angel, auch wenn du in einem Büro arbeitest. Es reicht nicht, eine durchschnittlich schlanke Frau mit ein paar Haaren und einem okayen Pullover zu sein. Das ist nicht genug. Uns wird eingetrichtert, dass wir genauso auszusehen haben wie die Frauen, die dafür bezahlt werden, dass sie so aussehen.

Je perfekter ich sein wollte, desto mehr Mängel fielen mir auf. Ich war mit Kleidergröße 40 viel selbstbewusster als mit vier Größen weniger. Sobald ich mich vor einem neuen Typen auszog, verspürte ich das Bedürfnis, mich für das zu entschuldigen, was ich zu bieten hatte, und eine Reihe von Dingen aufzuzählen, die ich verändern wollte – wie eine Gastgeberin aus der unteren Mittelschicht, die sagt: »Oh, achtet nicht auf den Teppich, der ist schrecklich, das wird sich hier alles noch ändern.« Allmählich kam zu der Sorge einiger meiner Freundinnen auch Ärger. Auf Partys erschien ich mehr oder weniger halbbekleidet und wandelte – nach Tagen ohne Essen – umher wie in Trance, kaum in der Lage, irgendetwas zu sagen. Als Sabrina und AJ auf Reisen gingen, kam ich zu spät zu ihrer Abschiedsparty, fühlte mich zu benommen, um mit irgendjemandem zu reden, erfand eine Ausrede und ging nach einer halben Stunde wieder. Ich spürte, wie ich mein Leben von mir wegstieß, und verbiss mich immer mehr in eine trügerische Kontrollsucht.

Und dann verliebte ich mich zum ersten Mal.

Ich schlenderte gerade über eine schmuddelige Hausparty in Elephant and Castle, als ich Leo zum ersten Mal sah. Noch nie hatte ich einen perfekteren Mann gesehen. Groß und schlank, dunkles, wuscheliges Haar, definierter Kiefer, funkelnde Augen, Stupsnase, Siebzigerjahre-Oberlippenbart – eine Mischung aus Josh Brolin und James Taylor. Und das Beste an ihm war: Er war sich seiner Schönheit absolut nicht bewusst. Er war ein Hippie-Doktorand, ein Monomane mit einer Monobraue.

Schon bald danach fingen wir an zu daten. Ich wusste, dass es was Ernstes war, denn ich ging ganze zwei Monate lang nicht mit ihm ins Bett; ich versuchte verzweifelt, alles richtig zu machen, wollte jeden Augenblick unserer gemeinsamen Zeit auskosten, nichts überstürzen. Er wohnte in Camden, und wenn das Ende unserer gemeinsamen Nächte gekommen war – meistens morgens gegen vier –, brachte er mich zur Bushaltestelle an der Chalk Farm, und ich wartete auf den N5, der mich sechzehn Kilometer in den Norden nach Edgware bringen würde. Von dort machte ich einen fünfundvierzigminütigen Spaziergang Richtung Westen bis Stanmore, streifte durch die verlassenen Straßen voller geparkter VWs, beobachtete den Sonnenaufgang über den rot geklinkerten Doppelhaushälften, und ich war glücklicher, als ich jemals gedacht hätte sein zu können.

Eines Nachts, als wir unseren vertrauten Spaziergang durch Camden machten, blieb er stehen, um mich zu küssen, fuhr dabei mit den Händen durch meine Haare und befühlte die Stellen, an denen ich meine Extensions festgesteckt hatte. Er schob mir das schwere Haar aus dem Gesicht und hielt es nach hinten.

»Kurze Haare würden dir richtig gut stehen«, sagte er.

»Auf keinen Fall«, erwiderte ich. »Als Teenie hatte ich einen Bob und sah aus wie ein Mönch.«

»Nein, ich meine, richtig kurz. Das solltest du machen.«

»Ach nein. Dafür hab ich nicht das richtige Gesicht.«

»Doch, das hast du!«, sagte er. »Sei nicht so ein Angsthase. Es sind bloß Haare.«

Er konnte nicht ahnen, dass »bloß Haare« ungefähr alles war, wofür ich in meinen Augen gut war. Bloß Haare, bloß Schlüsselbeine, bloß Sit-ups. »Bloß« war alles, wofür ich den Großteil des Jahres meine Energie aufgewendet hatte, und alles, von dem ich glaubte, es wert zu sein.

Einen Monat später ging ich mit einem Foto von Twiggy zum Friseur, kippte einen Wodka und ließ mir knapp vierzig Zentimeter Haare abschneiden. Mit ihnen verschwand ein Teil meiner Obsession bezüglich meines Aussehens. Er wurde abgeschnitten und fiel zu Boden.

Leo wusste noch nichts von meinem Geheimnis; ich wollte nicht, dass er mich für eine Irre hielt. Doch nachdem wir ein paar Monate zusammen waren, musste er nur eins und eins zusammenzählen. Ich hatte es geschafft, jede Situation zu vermeiden, in der es Essen geben könnte; wenn wir uns morgens voneinander verabschiedeten, sagte ich, dass ich später frühstücken würde. Und schließlich erzählte ihm eine Freundin, sie vermute, dass ich krank sei.

»Gibt es da ein Problem?«, fragte er mich.

»Alles gut«, sagte ich, gleichermaßen beschämt und voller Angst, dass ich den besten Menschen verlieren könnte, dem ich jemals begegnet war.

»Ich kann das nämlich mit dir zusammen angehen. Ich kann

dir helfen. Aber ich kann dich nicht lieben, wenn du nicht mit mir redest.«

»Okay, es war ein Problem«, gab ich zu. »Aber das wird sich ändern. Ich verspreche es.«

Ich hätte alles dafür getan, diesen Mann in meinem Leben zu behalten. Die Liebe, die ich für ihn fühlte, war überwältigend und aufreibend – ich liebte ihn voller Panik und Leidenschaft. Ich hatte nicht die Liebe gefunden; die Liebe hatte mich gefunden. Sie traf mich wie eine Tonne Ziegelsteine aus großer Höhe. Ich hatte keine andere Wahl, als eine Manie loszulassen, die auf dem besten Weg war, alles zu zerstören.

Also tat ich es. Ich las die richtigen Bücher, ich ging zum Arzt. Langsam nahm ich wieder fünf Kilo zu. Langsam gewöhnte ich mir an, normal zu essen. Mein Gesundheitszustand besserte sich. Ich probierte sogar Gruppentreffen in Bürgerzentren aus, wo sie – man mag es nicht glauben – als Erstes einen Teller mit Keksen in die Mitte stellten und darüber diskutierten, wer in der nächsten Woche an der Reihe war, Snacks mitzubringen. Das erschien mir ungefähr so hilfreich, als würde man bei einem Treffen der Anonymen Alkoholiker eine Flasche Jack Daniel's auf den Tisch stellen.

Ich verliebte mich wieder ins Kochen. Ich verliebte mich wieder ins Essen. Ich verbrachte jedes Wochenende damit, beides mit Leo zu machen. Meine Mum und ich schauten zusammen alte Folgen von *Fanny Cradock* und *Nigella*. Jedes Mal, wenn ich jemanden traf, sagte mir der- oder diejenige, wie »gesund« ich aussähe, und ich versuchte den Gedanken niederzukämpfen, dass das bedeutete, dass ich wieder fett war. Der Krieg war vorbei, der Wiederaufbau begann. Ich hatte mein Leben zurück.

Mein Hippie befreite mich von meinem Perfektionszwang. Als wir einmal betrunken waren, schnitten wir mein Haar sogar noch kürzer. Während ich am Tisch saß und Limonen ins Bier presste, schnippelte er mir mit der Küchenschere große Haarbüschel ab. Schließlich rasierte ich mir beide Seiten und trug fortan einen zerwuschelten Irokesenschnitt. Ich lebte in Turnschuhen und seinen Pullovern, und ich verbrachte ganze Tage mit Leo, ohne jemals mein Kosmetiktäschchen oder einen Rasierer anzufassen – zum ersten Mal in meinem erwachsenen Leben. An den Wochenenden fuhren wir an die Küste und wuschen unsere Gesichter und Körper und Teller im Meer. War uns sonntags langweilig, bauten wir ein Zelt in seinem Schlafzimmer auf. Alles war pur und frei und perfekt.

Doch tief in mir wusste ich, dass ich mich immer noch auf das Geheiß eines Mannes hin veränderte; ich war einfach nur ans andere Ende der Skala gesprungen. Leo hasste es, wenn ich zu viel Make-up trug, also schminkte ich mich im Bus ab, wenn ich nach einer Party zu ihm fuhr, und tauschte meine High Heels gegen Sneaker.

Dass ich wieder zunahm, war nichts, was ich von mir aus oder um meinetwillen wollte. Hätte ich Leo nicht getroffen, wäre ich wohl weiterhin immer dünner geworden, doch hatte ich das Glück, dass er mir zur kompletten Genesung verhalf. Als mir mit zunehmendem Alter Gott sei Dank klarer wurde, was für ein Geschenk ein gesunder, gut funktionierender Körper ist, war ich beschämt und fassungslos, wie ich meinen so schlecht hatte behandeln können. Aber zu behaupten, dass ich mich jemals völlig von allem befreien könnte, was in jener Zeit geschah, wäre gelogen. Und das ist etwas, das einem keiner sagt. Man kann sein physisches Dasein in einen gesunden Zustand zurückversetzen, man kann eine rationale, ausgewogene, achtsame Einstellung gegenüber seinem Gewicht finden, genauso wie gegenüber täglichen Gewohnheiten. Aber man wird nie vergessen, wie viele Kalorien ein gekochtes Ei hat oder wie viele Schritte wie viele Kalorien verbrennen. Man wird nie vergessen, wie viel man in jeder einzelnen Woche jedes Monats zu jener Zeit gewogen hat. Man kann noch so entschlossen versuchen, all das auszublenden – doch manchmal, an besonders schwierigen Tagen, fühlt es sich an, als könnte man nie wieder dasselbe Glück empfinden wie die Zehnjährige, die sich die leckere Marmelade von den Fingerspitzen leckt. Nie wieder.

Alles, was ich mit einundzwanzig über die Liebe wusste

Männer stehen auf wilde, versaute Frauen. Beim ersten Date Sex haben, ihn die ganze Nacht vom Schlafen abhalten, morgens in seinem Bett Gras rauchen, nie zurückrufen, ihm sagen, dass man ihn hasst, in einem Krankenschwesternkostüm von Ann Summers an seiner Tür klingeln, alles sein außer gewöhnlich. So macht man sich interessant.

Wenn du die Freunde deiner besten Freundinnen lange genug ignorierst, verschwinden sie irgendwann wieder. Am besten behandelt man sie so ähnlich wie eine Erkältung oder einen milden Pilzbefall.

Keine Trennung wird so schlimm sein wie die allererste. In den Monaten danach irrt man ziellos umher, so verloren und verlegen wie ein Kind, hinterfragt alles, was man für wahr gehalten hat, und grübelt darüber, was man alles von Neuem lernen muss.

Geh immer zum Mann mit nach Hause, dann kannst du morgens jederzeit abhauen.

Der perfekte Mann hat gebräunte Haut und braune oder grüne Augen, eine große, markante Nase, einen dichten Bart und dunkles Wuschelhaar. Er hat unpeinliche Tattoos und fünf Secondhand-Levi's-Jeans.

Wenn man gerade keinen Sex hat, sollte man einen Busch tragen wie ein wilder Kletterstrauch. Es gibt keinen Grund, so viel Zeit und das Geld für Haarentfernungscremes zu verschwenden (und deren Ausdünstungen einzuatmen), solange niemand das Ergebnis sieht.

Wenn man dünn genug ist, wird man mit sich selbst zufrieden sein, und dann ist man es wert, geliebt zu werden.

Man sollte nicht mit jemandem zusammen sein, der einen nicht trinken und mit anderen flirten lässt. Wenn das ein Teil der eigenen Persönlichkeit ist, sollte einen jeder so akzeptieren, wie man ist.

Man kann Orgasmen einfach vortäuschen und so dazu beitragen, dass sich beide Parteien besser fühlen. Jeden Tag eine gute Tat.

Wenn man sich in den richtigen Mann verliebt, fühlt man sich angekommen, ganz bei sich selbst und entspannt.

Verlassen zu werden, ist das schrecklichste Gefühl der Welt.

Männern darf man im Großen und Ganzen nie trauen.

Der beste Teil einer Beziehung sind die ersten drei Monate.

Eine gute Freundin wird dich immer einem Mann vorziehen.

Wenn du nicht einschlafen kannst, träum von all den Affären mit gebräunten, wuschelhaarigen Männern, die noch vor dir liegen.

Das hässliche Entlein:
Mein Leben als fünftes Rad am Wagen

Alles begann mit einer Zugfahrt. Ich habe immer fest daran geglaubt, dass mir eines Tages in einem Zug irgendetwas Fantastisches passieren würde. Das Übergangsstadium einer langen Reise erschien mir stets als die romantischste und magischste Situation, in der man sich befinden kann – umhüllt von der behaglichen Wolke seiner eigenen Gedanken, abgeschnitten von der Außenwelt, als reiste man durch einen Stapel schweigender, leerer Seiten zwischen zwei Kapiteln. Ein Ort, an dem Telefone zu Bewusstsein erwachen und wieder entschlafen und man gezwungen ist, Zeit mit seinen eigenen Gedanken zu verbringen; für sich herauszufinden, was man neu ordnen oder formen muss. Auf Zugfahrten hing ich den größten Träumen nach. Die klarsten Momente von Erleuchtung oder Dankbarkeit hatte ich, während ich durch unbekannte englische Landschaften raste, auf goldene Rapsfelder blickte und darüber nachdachte, was ich gerade hinter mir ließ oder was vor mir lag.

Als ich 2008 in der Paddington Station in einen Zug stieg, sollte das mein Leben unwiederbringlich verändern – aber nicht auf die Art und Weise, die ich mir ausgemalt hatte. Es war ganz und gar nicht so wie in *Before Sunrise* oder *Manche mögen's heiß* oder *Mord im Orient-Express*. Ich verliebte mich nicht, ich gab keine beschwipste, anzügliche Version von »Runnin' Wild« auf der Ukulele zum Besten, und ich wurde auch nicht in einen Mordfall verwickelt. Stattdessen setzte ich eine Kette von Ereignissen in Gang, die sich über die folgenden fünf Jahre hinweg langsam entfalteten, bis die ganze Geschichte letztendlich so frustrierend weit von mir entfernt war, dass ich sie nicht mehr zu fassen bekam – geschweige denn ungeschehen machen konnte, was ich angefangen hatte.

Ehrlich gesagt geht es in der Geschichte dieser Zugfahrt, die mein Leben für immer veränderte, noch nicht mal um mich.

Es war der kälteste Winter, an den ich mich erinnern konnte (was möglicherweise an meiner damaligen Begeisterung für hautenge Kleidchen lag), und als ich im letzten Sonntagabend-Zug von London zur Exeter University saß, begann es zu schneien. Der Zug blieb kurz vor Bristol liegen, und während die anderen Fahrgäste motzten und stöhnten und genervt im Zug auf und ab liefen, hätte ich das Ganze nicht romantischer finden können. Ich kaufte im Speisewagen eine Flasche billigen Rotwein, kehrte zu meinem Platz zurück und starrte in die tiefschwarze, stille Landschaft, die – als wäre es Zuckerguss auf einer Weihnachtstorte – dicht von Schnee überpudert war.

Auf dem Platz mir gegenüber saß ein Typ mit dem hübschesten Gesicht, das ich jemals gesehen hatte. Er versuchte, meinen Blick aufzufangen, während ich aus dem Fenster starrte und davon träumte, in diesem liegen gebliebenen Zug einen Mann zu treffen, der versuchen würde, meinen Blick aufzufangen. Schließlich gelang es ihm; er stellte sich als Hector vor und fragte, ob er mir auf ein Getränk Gesellschaft leisten dürfe.

Ihm war dieses spezielle unerschütterliche Selbstvertrauen zu eigen, das ganz offensichtlich auf einem Eliteinternat geformt worden war. Ein Selbstvertrauen, das man bekommt, wenn einem mit dreizehn Jahren eine Identität übergestreift wird wie ein altmodischer Blazer – ein Wappen in den Farben des Wohnheims, ein derber Spitzname und ein Motto, an das man sich selbst nach fünf großen Bier noch erinnern und es besingen kann. Es ist das schnoddrige Selbstvertrauen, das sich einstellt, wenn man schon mit dreizehn in einem Debattierclub ist, und das einen schließlich bis an die Spitze der Regierung bringt; diese Sorte Selbstsicherheit, die einen glauben macht, dass man zu Recht dort ist und etwas zu sagen hat. Glücklicherweise machte Hector diese Arroganz durch sein engelsgleiches Aussehen wett: leuchtende kornblumenblaue Augen und eine Stupsnase wie die eines Jungen auf einer Fünfzigerjahre-Werbung für Seife. Er hatte das gelockte, zerzauste Haar des jungen Hugh Grant und dieselbe tiefe, verführerisch flirtende Stimme. Wir unterhielten uns zwei Stunden lang, während der Zug stillstand; lachten und tranken und aßen die Mince Pies, die meine Mum mir mitgegeben hatte.

Ich weiß genau, was ihr jetzt denkt: Könnte diese Begegnung doch bloß *etwas* kitschiger sein! Tja, genau das ratterte auch durch mein neunzehnjähriges Hirn. Was soll ich sagen – inspiriert von den vielen Liebeskomödien, die sonntagabends im Antennenfernsehen liefen, hielt ich es für besonders romantisch, wenn wir keine Nummern austauschten, sondern darauf hofften, dass wir uns zufällig wiederbegegnen würden. Und so ging er davon, hinaus in die kalte Nacht von Bristol, und ließ mich mit genug Material für mindestens drei Einträge auf meinem ausufernden anonymen Blog über die Abenteuer einer Singlefrau zurück.

Auf den Monat genau zwei Jahre später – ein paar Monate nachdem Harry mich sitzen gelassen hatte – stand ich gerade in einem Pub auf der Portobello Road an der Bar, als er hereinkam. Sein engelhaftes Gesicht hatte in den zwei Jahren einen etwas arroganten, sexy Ausdruck bekommen, er trug einen Anzug, und sein Haar war weniger zerzaust.

»Ausgerechnet, von allen Pubs auf dieser Erde«, sagte er, kam auf mich zu und küsste mich auf beide Wangen. Wie es die Geschichte für uns vorgesehen hatte, verbrachten wir die Nacht mit billigem Rotwein, während es draußen heftig schneite, und als die letzte Runde eingeläutet wurde, waren wir erneut gefangen.

Der Schnee lag so hoch, dass kein Bus mehr zu mir fuhr, und ich war zu betrunken, um so zu tun, als würde ich alles versuchen, um irgendwie nach Hause zu kommen. Da ich nicht in der Lage war, in meinen wackeligen, billigen High Heels durch den Schnee zu staksen, warf Hector mich wie einen persischen Teppich über seine Schulter und nahm mich mit in seine Wohnung.

Morgens um vier waren wir immer noch wach, lagen nackt auf seinem Fußboden, rauchten American Spirits und schnippten die Asche in eine Tasse auf meinem Bauch. Er nahm meinen Kajal aus meiner Handtasche und schrieb damit drei Verse aus einem Gedicht von Ted Hughes an die Wand *(»Ihre Augen wollten nichts fortlassen / Ihre Blicke nagelten seine Hände fest seine Handgelenke / Seine Ellbogen«)*. Dort prangten sie, die verschmierten, verwischten Worte in Kajal – unmittelbar neben zahlreichen Kohlezeichnungen einer nackten Frau. (»Die habe ich gemalt. Das ist meine Ex«, prahlte er, während ich entblößt dalag wie sein aktuelles Projekt und auf eine Wand voller Artefakte vergangener Ficks starrte. »Tolle Frau, schade, dass sie verheiratet war.«) Neben seinem Bett lag ein schwarzes ledergebundenes Adressbuch, auf dem drei in Gold geprägte Worte standen. BLONDINEN, BRÜNETTE, ROTSCHÖPFE. Das musste man ihm lassen – er mochte ein Weiberheld sein, aber definitiv ein fantasievoller Weiberheld.

Hector war schelmisch, spitzbübisch, jungenhaft, verdorben, verwegen, verschmitzt; all die Adjektive, mit denen man eine männliche Figur in einem Stück von Noël Coward beschreiben würde. Ich hatte noch nie jemanden wie ihn kennengelernt. Alles an ihm war antiquiert: Seine Familie hatte einen Adelstitel, er trug einen bodenlagen Wolfspelzmantel aus Russland, der seinem Großvater gehört hatte, und in seine Hemden waren Schildchen seines Internats eingenäht. Alles in seinem Zimmer war abgewohnt oder geborgt. Selbst seine Karriere war geborgt; sein Chef war der ehemalige Toyboy-Lover seiner Mutter, die mal der Schickeria angehört hatte – aus Bewunderung für sie hatte er diesem miserablen Absolventen einen Job in der City angeboten. Wenn ich Hector morgens verließ, fragte ich mich immer, was zur Hölle er wohl so auf der Arbeit machte, wo er in meiner Unterwäsche herumstolzierte, die er unter seiner (ungebügelten) Hose trug, und mir den ganzen Tag über von seiner Jobadresse aus versaute Mails schickte.

Unsere Beziehung spielte sich komplett nachts ab, da er ein absoluter Nachtmensch war – wie eine mythische Kreatur, wie der umherwandelnde Wolf, der für seinen Mantel gehäutet worden war. Wir gingen aus und betranken uns in schummerigen Bars, unsere Dates begannen manchmal um Mitternacht. Einmal tauchte ich tatsächlich in einem Trenchcoat ohne was drunter vor seinem Haus auf. Ich war einundzwanzig und lebte einen Jackie-Collins-Roman, ich war die Antagonistin des wilden, sexgierigen Just William.

Er lernte nie meine Freunde kennen und ich nie seine – was uns beiden so gefiel. Ich wusste noch nicht mal, dass er einen Mitbewohner hatte, bis ich eines Morgens um sechs betrunken und vollkommen nackt in die Küche stolperte und auf einen Mann namens Scott stieß. Ich riss die Tür auf, machte das Licht an, und da saß er in seinem Anzug, aß Müsli und las die Zeitung, bevor er zur Arbeit aufbrach. Hector fand das lustig – mehr als lustig, ihn machte der Gedanke, dass sein Mitbewohner mich komplett nackt gesehen hatte, heiß. Wir hatten unseren ersten Streit.

Ein paar Tage später machte ich gerade Rührei in der Küche, als Scott wieder auftauchte, diesmal im Bademantel. Er lächelte mich entschuldigend an.

»Hallo«, sagte er mit einem verlegenen Winken.

»Hallo«, antwortete ich. »Es tut mir unglaublich leid wegen neulich. Hector hat mir nicht gesagt, dass noch jemand hier wohnt. Ich war total sauer auf ihn.«

»Ist schon gut. Wirklich, ist schon gut.«
»Nichts ist gut, es ist schrecklich. Es tut mir so leid«, faselte ich.
»Das ist wirklich das Letzte, was man vor der Arbeit sehen will.«
»Es war ... äh ... eine schöne Überraschung«, sagte er. Als Olivenzweig reichte ich ihm etwas Rührei und einen Toast.

Wir setzten uns und machten höfliche Konversation, die uns irgendwann zum Thema Dating brachte. Ob er mit jemandem zusammen sei? Nein. Ob ich nette Single-Freundinnen hätte, die er vielleicht treffen könnte? Ja, ich hätte da das perfekte Mädchen. Meine beste Freundin Farly.

»Aber sie sucht zurzeit keine feste Beziehung, sie ist gerade glücklich als Single, es wäre also eher was Lockeres«, warnte ich ihn.

»Das klingt perfekt.«

»Großartig! Ich gebe dir ihre Nummer. Das ist das Mindeste, was ich tun kann«, sagte ich. Ich tippte ihre Nummer in sein Telefon. Warum auch nicht? Er schien ein netter Kerl zu sein – attraktiv, höflich. Sie hätte sicher nichts gegen eine Affäre einzuwenden. Ich erzählte ihr nebenbei davon und dachte nicht mehr weiter daran.

Ich finde es wichtig, an dieser Stelle für ein paar Erläuterungen innezuhalten, damit man versteht, warum der Rest dieser Geschichte so klingt, als wäre ich neidisch auf Farly.

Unsere Freundschaft war nicht von jetzt auf gleich da. Im ersten Jahr der Mittelstufe gehörte sie fest zu einer Gruppe von Power Princesses, ein paar Nordlondoner Vorstadtgören, die die Schule beherrschten. Sie hatten blondierte Strähnchen, trugen Schmuck von Tiffany's und erzählten Anekdoten aus dem Langdon Brady Club, einem Geselligkeits- und Sportverein für jüdische Teenager in Edgware: Vorortleben in seiner reinsten Form. Ich hingegen trug an den Wochenenden sehr viel Schwarz und verbrachte meine Zeit in der Schule, wo ich im Raum der Theater-AG Stücke erarbeitete, indem ich versuchte, die traumatische Erfahrung eines Flugzeugabsturzes nur anhand eines Holzblocks darzustellen. Doch Farly und ich hatten zusammen Französisch und Mathe und stellten bald fest, dass wir denselben Humor und die gleiche Leidenschaft für *The Sound of Music* sowie Lippenbalsam mit Wassermelonengeschmack hatten.

Unsere verspätete Freundschaft entwickelte sich zögerlich, nachdem wir in der Schule ein paar Monate nebeneinandergesessen hatten. Ich lud sie als Erste zu mir nach Hause ein, und meine Mum machte Brathühnchen. Mein Dad tat dasselbe wie bei allen meinen Freundinnen: In seinem panischen Versuch, eine gemeinsame Sprache mit ihnen zu finden, beißt er sich immer an einem bestimmten Thema fest, das er mit ihnen in Verbindung bringt und das er dann in jedem einzelnen Satz wieder erwähnt. Bei Farly ist das alles, was mit Juden oder dem Judentum zu tun hat, und seit zehn Jahren sagt er Dinge wie »Hast du gehört, dass Sir Alan Sugar Amstrad downsizen musste? Was für eine Schande«, oder »Ich habe vor Kurzem eine Anzeige für günstige Flüge nach Tel Aviv gesehen. Muss gerade schön warm dort sein«. Doch nach dem holprigen Start waren wir beide unzertrennlich. Wir verbrachten in der Schule so viel Zeit wie möglich miteinander, und sobald wir nach Hause kamen, schlangen wir unser Abendessen hinunter, um uns dann gegenseitig anzurufen und all das zu besprechen, was wir bei unseren zahlreichen Treffen tagsüber vergessen hatten. Dieses Ritual war uns so in Fleisch und Blut übergegangen, dass mir sogar heute noch die Festnetznummer von Farlys Mum zwischen 2000 und 2006 schneller einfällt als die PIN meiner Kreditkarte.

Ich hasste die Schule und bekam oft Ärger. Als ich mit zwölf nach einem vorübergehenden Unterrichtsausschluss, einer Strafpredigt der Konrektorin und Nachsitzen wieder in den Unterricht zurückkehrte, erwartete mich in der Geografiestunde eine Lehrerin, die mich ausdrücklich nicht mochte. Wir sollten unsere Arbeitsbücher herausholen, doch ich hatte meines vergessen – so wie ich in diesem Alter immer alles vergaß. Ich war eine einzige Katastrophe. Jedes Jahr wurde auf der Weihnachtsfeier der »Dolly-Alderton-Preis für Unordnung« in Form eines Müllsacks verliehen. Die ausgewählte Schülerin musste damit durch die Schule laufen und all ihre Sachen zusammensammeln, die sie hatte herumliegen lassen. Ich hasste es.

»Wo ist dein Buch?«, fragte die Lehrerin und starrte auf meinen Tisch, ihr saurer Atem geronnen von Nescafé und Zigaretten.

»Ich hab's vergessen«, murmelte ich.

»Oh, welch Überraschung«, rief sie in der Lautstärke einer öffentlichen Bekanntmachung, während sie durchs Klassenzimmer stampfte. »Sie hat es vergessen. Gab es irgendeinen Tag in deinem Leben, an dem du *nicht* irgendwas vergessen hast? Es ist ein Buch, *ein* Buch, das ist doch nicht so schwierig!« Sie schleuderte den Tafelwischer auf ihr Pult.

Ich wurde rot, und vom Herunterschlucken meiner heißen Tränen stieg Übelkeit in mir auf. Unterm Tisch drückte Farly zweimal meine Hand, schnell und fest. Ich wusste, was das hieß. Der universelle, stille Morse-Code für *Ich bin hier, ich hab dich lieb*. In diesem Moment wurde mir bewusst, dass alles anders war: Wir hatten einen Wandel durchlebt. Wir hatten uns füreinander entschieden. Wir waren eine Familie.

Farly und ich waren immer die Plus-Eins der anderen, an jedem Tag unserer beiden Leben. Bei jedem Familienessen, in jedem Urlaub, auf jeder Party waren wir der Sidekick der anderen. Wir haben uns nie ernsthaft gestritten, bis auf einmal in einer Nacht, in der wir sturzbesoffen waren. Wir haben einander nie angelogen. In unseren gemeinsamen fünfzehn Jahren sind nie mehr als ein paar Stunden vergangen, in denen ich nicht an sie gedacht habe. Mein Leben ergibt nur Sinn, wenn sie da ist und als mein Gegenstück fungiert – und umgekehrt. Ohne Farlys Liebe bin ich nur ein Wust aus zerfaserten und halbfertigen Gedanken; aus Blut und Muskeln und Haut und Knochen und unerreichbaren Träumen und mit einem Stapel beschissener Teeniegedichte unter dem Bett. Mein Chaos nimmt nur geordnete Formen an, wenn dieser vertraute und liebste Teil meines Lebens bei mir ist.

Wir kennen die Namen all unserer Großeltern und der Kuscheltiere unserer Kindheit, und wir kennen genau die Worte, die, in einer bestimmten Anordnung vorgebracht, die andere zum Lachen oder Weinen oder Schreien bringen. Auf dem Strand meiner Vergangenheit gibt es kein Kieselsteinchen, das sie nicht umgedreht hätte. Sie weiß, wo sie alles in mir findet, und genauso weiß ich, wo sie ihre Geheimnisse versteckt. Kurz gesagt, sie ist meine beste Freundin.

Valentinstag 2010. Diesen Tag wählten Scott und Farly für ihr erstes Treffen. Ich meine – wer macht so was? Ich begriff noch nicht mal, warum sie sich überhaupt die Mühe machten, wirklich auszugehen; ich dachte, das Date wäre reine Formalität. Was sie wirklich taten, war doch, sich für einen One-Night-Stand zu verabreden.

»Ich weiß, dass das komisch klingt«, erklärte sie mir. »Aber wir haben eine Weile hin und her geschrieben, und es ist der einzige Tag, an dem wir beide Zeit haben.«

»Wo geht ihr hin?«

»Ich weiß nicht. Er will mich von der Arbeit abholen und meinte, in Notting Hill gebe es ein schönes Restaurant, da gehen wir essen.«

»IHR GEHT ESSEN?«, blaffte ich. »Warum zur Hölle geht ihr zusammen ESSEN? Ich dachte, es geht nur um Sex?«

»Na ja, ich kann ja nicht einfach zu ihm nach Hause gehen, Doll. Ich muss wenigstens erst mal mit ihm sprechen.«

»Ja, aber warum Essengehen, es ist ja nicht so, als wären wir ... vierzig. Was für eine Geldverschwendung. Und warum Valentinstag?«

»Ich hab doch gesagt, sonst müssten wir noch Ewigkeiten warten, wir sind beide total verplant.«

»›Wir sind beide total verplant‹«, äffte ich sie nach. »Du klingst, als wärst du verheiratet.«

»Ach, halt's Maul.«

»Glaubst du nicht, dass es seltsam wird, wenn er – ein Mann, den du noch NIE getroffen hast – dich von der Arbeit abholt und dich am VALENTINSTAG zum ESSEN ausführt, zwischen MASSEN VON PAAREN? Glaubst du nicht, dass das dein Urteil darüber beeinflusst, ob du ihn wirklich magst oder nicht?«

»Nein. Das wird alles ganz locker.«

Das Essen verlief gut. Das Essen war ganz und gar nicht locker. Scott holte Farly bei Harrod's ab, wo sie in der Schmuckabteilung arbeitete. Es regnete – es regnete, *Herrgott*, so viel zum Thema Drama –, also nahmen sie ein Taxi nach Notting Hill, gingen in dieses Restaurant und hatten das beste Date in Farlys Leben. Ich wusste, dass es das beste Date in Farlys Leben war, weil sie diesmal nicht in ihr übliches Geschwätz verfiel, dass dieses Date das beste ihres Lebens gewesen sei. Als ich sie über Scott ausfragte, wurde sie zurückhaltend. Verhalten. Sie klang sogar ein bisschen wie jemand Erwachsenes.

Dieses nervtötend Erwachsene in Farlys und Scotts Balztanz öffnete mir die Augen, was für ein Witz meine eigene Beziehung zu Hector geworden war. All die Adjektive, die Hector auszeichneten, wurden jetzt sauer wie abgestandene Milch – selbstbezogen, einfältig, furchterregend. Er war einfach schrecklich, und es machte keinen Spaß mehr; ich wollte keine Flasche Weißwein zum Frühstück oder ihm in einem gespielten Streit einen Pantoffel überbraten oder vorgeben, eine verruchte Elfe zu sein, um seine skurrilen, hochkomplizierten Sexfantasien zu bedienen. In einer Woche war er gleich zweimal so besoffen, dass er einschlief und ich die halbe Nacht vor seinem Haus im Regen herumstand und nicht reinkam. Zu seinem beneidenswerten Schulsprecher-Selbstbewusstsein kam etwas anderes – das Bedürfnis nach einer Herrin. Und das war keine Aufgabe für mich.

»Bitte, Dolly«, bettelte Farly, als wir eines Freitagabends unterwegs waren. »Bitte triff dich wenigstens noch einmal mit ihm, bitte.«

»Nein«, sagte ich bestimmt. »Ich will ihn nicht mehr.«

»Oh, aber Scott und ich sind noch nicht an einem Punkt, an dem ich einfach bei ihm vorbeischauen kann. Ich würde wirken wie eine Stalkerin.«

»Das hat dich doch noch nie gestört.« (Farly hatte einem Typen mal zwanzig Pfund für sein Handyguthaben gegeben und ihm das Versprechen abgerungen, ihr zu schreiben – was er nie tat.)

»Ja, aber ich will, dass alles ganz normal mit ihm ist«, sagte sie ernsthaft. »Es *ist* ganz normal mit ihm, es ist wirklich schön. Bitte melde dich bei Hector. Wir könnten zusammen weggehen, das wäre nicht peinlich.« Ich dachte darüber nach. »Komm schon, ich hab dasselbe schon für dich gemacht.«

Zur Hölle mit ihr, das hatte sie!

Ich schrieb Hector und kündigte an, dass ich Farly mitbringen würde. Wir stiegen in den Nachtbus nach Notting Hill.

Es lief, wie vorauszusehen war: Nachdem wir vier im Wohnzimmer ein bisschen getrunken hatten, Hector in seiner nervigen, besoffenen Nigel-Havers-Stimme über die Geschichte von Nippelklemmen schwadroniert und Farly ihr Bestes gegeben hatte, Scott schüchtern anzulächeln und dabei mit einer Haarsträhne zu spielen, verschwanden die beiden. Hector führte mich hoch in sein Schlafzimmer, weil er mir »was zeigen« wollte. Er war ungewöhnlich zugewandt und anlehnungsbedürftig, so wie Männer wie er eben werden, wenn sie spüren, dass man sich distanziert hat (ich hatte schon seit zwei Wochen nicht mehr auf seine E-Mails mit pornografischen Limericks reagiert). Ich setzte mich auf sein Bett und trank warmen Weißwein aus der Flasche.

»Was ist denn?«, fragte ich desinteressiert. Er nahm seine Gitarre. O nein. Nicht das – *alles*, aber nicht das. Das Schlafzimmer, von dem ich monatelang geträumt hatte, in das ich mich hineingesehnt hatte, wurde plötzlich zur Höhle meines persönlichen Albtraums. Auf einmal sah ich das Bohème-Chaos als das, was es war: überall auf dem Fußboden dreckige Socken, der schale Geruch nach Schimmel und Feuchtigkeit wie in einem alten Cricket-Pavillon an einem nasskalten Tag, die Bettdecke voller Löcher von komatösem Kettenrauchen. Die wunderschönen, mit Kreide gezeichneten nackten Frauen hatten sich in hässliche, wissende Wasserspeier-Fratzen verwandelt, die auf mich herabstarrten. *Wir mussten auch da durch, jetzt bist du dran*, zischten sie.

»Da gibt's was, von dem'ch will, dass du's hörst«, lallte er und schlug in dem Versuch, seine Gitarre zu stimmen, zwei harte Akkorde an.

»O Gott – nein, ist schon gut, das musst du nicht tun.«

»Dolly Alderton«, verkündete er, als wären wir auf einer Open-Mic-Nacht. »Ich bin total verßaubert. Dies's Lied is für dich.« Er begann, eine Abfolge aus drei Akkorden zu spielen, die er mir schon etliche Male vorgespielt hatte.

»I saw her on a train«, sang er mit einem Americana-artigen Krächzen. »Life would never be the same. After the first night we –«

»Hector«, sagte ich übellaunig, als der Wein mit voller Wucht reinknallte. »Ich glaube, wir sollten uns nicht mehr treffen.«

Am nächsten Morgen verließ ich zusammen mit Farly sein

Haus, und das war's; ich habe ihn nie mehr wiedergesehen. Farly und Scott versicherten mir, dass ich ihm *wirklich* das Herz gebrochen hatte, und anscheinend wurde erst ganze drei Wochen später die Mulberry-Bayswater-Handtasche eines Übernachtungsgasts auf dem Küchentisch gesichtet.

(Fußnote: Hector ist inzwischen ein sehr erfolgreicher Unternehmer und mit einer Hollywood-Schauspielerin verheiratet. Dies entnahm ich einem Artikel der *Mail Online*, während ich mir gerade im Pyjama einen kompletten Schokoladen-Julscheit einverleibte. Das muss man sich mal vorstellen!)

Dinge, vor denen ich Angst habe

- Sterben
- Dass Menschen, die ich liebe, sterben
- Dass Menschen, die ich hasse, sterben, sodass ich wegen all der fiesen Sachen, die ich über sie gesagt habe, ein schlechtes Gewissen habe
- Betrunkene Männer auf der Straße, die mir sagen, dass ich groß bin
- Betrunkene Männer auf der Straße, die mir sagen, dass ich fett bin
- Betrunkene Männer auf der Straße, die mir sagen, dass ich sexy bin
- Betrunkene Männer auf der Straße, die mir sagen, dass ich hässlich bin
- Betrunkene Männer auf der Straße, die mir sagen, dass ich lächeln soll
- Betrunkene Männer auf der Straße, die mir sagen, dass sie mich ficken wollen
- Betrunkene Männer auf der Straße, die mir sagen, dass sie mich niemals ficken würden
- Betrunkene Menschen, die auf Partys meinen Hut »anprobieren« (stehlen)
- Schmuck zu verlieren
- aus einem Fenster zu fallen
- aus Versehen ein Baby umzubringen
- Gesellschaftsspiele

- über die Geschichte der amerikanischen Politik zu reden
- überall Feuer zu legen
- die Waschmaschine nicht zu verstehen
- Krebs
- Geschlechtskrankheiten
- auf einen hölzernen Lolli-Stiel zu beißen
- Flugzeugabstürze
- Flugzeugessen
- in einem Büro zu arbeiten
- gefragt zu werden, ob ich an Gott glaube (ein bisschen)
- gefragt zu werden, ob ich an Horoskope glaube (ein bisschen)
- gefragt zu werden, warum ich an Obenstehendes glaube
- außerplanmäßig mein Konto zu überziehen
- niemals einen Hund zu haben

Björn Again

Als Hector und ich uns getrennt hatten, nahm ich an, dass es nur eine Frage der Zeit sein würde, bis es mit Farly und Scott auch vorbei wäre. Ich war der Kitt, der sie zusammengehalten hatte, und ich dachte, nachdem ich diesen abgeranzten Wohnblock in Notting Hill verlassen hatte, würde ihnen nicht viel Gemeinsames bleiben. Doch nur ein paar Wochen später ließ Farly nebenbei fallen, dass sie einen Kurztrip nach Cambridge machen wollten. Eifersucht pumpte durch meine Adern und ließ meinen ganzen Körper brennen, als bestünde sie aus Essig. Ich war diejenige, die immer einen Typen am Start hatte, und trotzdem hatte jetzt plötzlich sie einen richtigen, älteren Freund. Keinen, der bei der Arbeit ihre Slips trug, keinen, für den sie sich in einen Ganzkörper-Netzbody quetschte, keinen, der ihren Nachnamen nicht kannte oder ihr nur einmal pro Woche eine Nachricht schickte. Farly hatte einen Freund, der mehr Zeit nüchtern als nicht nüchtern mit ihr verbrachte, der mit ihr auf Kurztrips fuhr und sie anrief, statt ihr Nachrichten zu schreiben, und der sich tatsächlich mit ihr unterhalten wollte.

»Was soll an Cambridge schon so toll sein?«, lästerte ich AJ gegenüber gehässig. »Was erwarten sie da? So was wie *bella Italia*? Na dann, viel Spaß.«

»Wie ist er denn so?«, fragte AJ. Die Wahrheit war, dass ich das gar nicht richtig wusste.

»Schlechte Nachrichten«, sagte ich ernst. »Zu alt, zu seriös für sie.«

Und dann, fast genau auf den Tag drei Monate später, gestand er ihr seine Liebe. Sie erzählte es uns bei einem Essen. Wir stießen darauf an, quietschten vor Freude – und ich tippte später auf der Busfahrt nach Hause einen traurigen Monolog darüber in meine iPhone-Notizen.

Sosehr ich es auch gehasst hatte, jahrelang mitanzusehen, wie Farly von dummen Teenagerjungs schlecht behandelt wurde – wie sie verarscht, ignoriert, sitzengelassen wurde: Jetzt wurde mir klar, dass darin auch eine Sicherheit gelegen hatte. Solange Jungs nicht ernsthaft Notiz von ihr nahmen, hatte ich sie alle für mich allein. In dem Moment, als ein erwachsener Mann mit einem Gehirn Interesse an ihr bekundete, war ich völlig abgefuckt. Wie hätte er sich nicht in sie verlieben können? Sie war wunderschön und witzig. Die netteste Person, die ich kannte – jahrelang hatte sie mir Geld geliehen und mich um drei Uhr morgens irgendwo mit dem Auto abgeholt, wenn ich meinen Bus verpasst hatte. Sie war aus dem Stoff gemacht, wie man sich den perfekten Partner wünscht: Sie dachte zuerst an andere, sie hörte zu, sie erinnerte sich an Dinge. Sie steckte Botschaften in meine Lunchbox, bevor ich zur Arbeit ging, und schrieb mir Karten, nur um zu sagen, wie stolz sie auf mich war.

Meine Taktik, das Interesse von Jungs zu gewinnen, hatte immer aus Blendwerk, Aufgeblasenheit und Angeberei bestanden, aus zu viel Make-up und hartem Saufen. Was Farly anging, gab es keine Effekthascherei oder Lügen – wenn sich ein Kerl in sie verliebte, liebte er vom ersten Moment an jede Facette an ihr, ob er sie kannte oder nicht. Sie war mein bestgehütetes Geheimnis, und nun hatte ich es verloren.

Im folgenden Jahr hatten wir auf einer Weihnachtsparty bei unserer Freundin Diana den ersten Streit seit unserer Teenagerzeit. Ich war mit Leo dort; Farly und Scott kamen recht spät, und es war das erste Mal seit einem ganzen Monat, dass ich sie wiedersah. Ich unternahm keine großen Anstrengungen, sie zu begrüßen, sondern beobachtete die beiden aus dem Augenwinkel. Und machte es mir zur Aufgabe, sehr laut über sehr unlustige Dinge zu lachen, sodass sie merken würde, dass ich da war und wahnsinnig viel Spaß ohne sie hatte.

Als sie zu mir kam, verlief unser Gespräch gestelzt und knapp.

»Warum hast du mich heute Abend ignoriert?«, fragte sie schließlich.

»Warum hast du mich das ganze letzte Jahr ignoriert?«, gab ich zurück.

»Was redest du denn, ich hab dir doch gestern noch geschrieben.«

»Ach ja, du hast geschrieben. Schreiben, darin bist du toll. Schreiben ist deine Ausrede, dass wir uns monatelang nicht sehen und du jeden Abend bei Scott rumhängst. Wenn dich irgendjemand nach mir fragt, kannst du sagen: ›Oh, aber ich schreibe ihr. Ich schreibe ihr jeden Tag.‹«

»Können wir das vielleicht oben besprechen?«, zischte sie.

Ich füllte meinen Plastikbecher erneut mit Glen's Wodka und einem Spritzer Cola auf und stampfte in Dianas Zimmer. Zwei Stunden lang schrien wir uns gegenseitig an. Wir fingen sehr laut an und wurden allmählich ruhiger, bis wir am Ende zu genervt und erschöpft waren, um weiterzumachen, und uns versöhnten. Ich warf ihr vor, dass sie mich sitzengelassen hätte; ich kreierte eine komplizierte Metapher darüber, wie ich begriffen hätte, dass sie mich immer nur als Björn Again angesehen habe.

»WAS ZUR HÖLLE SOLL DAS ÜBERHAUPT HEISSEN?«, brüllte sie.

»Björn Again. Die Vorband bei diesem Spice-Girls-Konzert, wo wir mal waren. Sie waren beschissen, und wir konnten es kaum erwarten, dass sie endlich aufhören. Mir ist klargeworden, dass ich elf Jahre lang einfach nur die Vorband für dich war, bis dein

Headliner vorbeikam. Tja, für mich warst du NIE eine Vorband, für mich warst du IMMER die Spice Girls, und ich wünschte, das wäre mir schon früher klar gewesen, denn dann hätte ich es dir heimgezahlt und DICH zu Björn Again gemacht.«

Sie meinte, ich sei pathetisch, und sie habe das Recht, zum ersten Mal einen Freund zu haben. Ich sagte, sie habe zwar das Recht, zum ersten Mal einen Freund zu haben, aber dass mir nicht klar gewesen sei, dass sie ihn allem anderen vorziehen würde. Wir gingen mit verschmierten Gesichtern auseinander – als hätte Jackson Pollock ein paar Leinwände mit einem Eimer Mascara besprenkelt. Scott und Leo standen verlegen schweigend am Fuß der Treppe; offensichtlich war ihnen der Gesprächsstoff über Fußball und das aktuelle Tagesgeschehen ausgegangen. Wir krallten uns sie und unsere Mäntel und verließen getrennt die Party. Jahre später erzählte Diana mir, dass sie unten die Musik leiser gedreht hätten, sodass alle unserem Streit zuhören konnten.

»Er ist ihr Freund«, sagte mein schrecklich vernünftiger, gebildeter Freund, als wir den langen Weg zurück zu seiner Wohnung in Stockwell gingen und dabei Dosenbier tranken. »Sie sind verliebt, das hat sie verändert. Das ist in Ordnung so, es gehört zum Erwachsenwerden.«

»Du bist *mein* Freund«, blaffte ich. »Ich *bin* verliebt. Ich hab mich doch auch nicht verändert. Sie ist immer noch die wichtigste Person in meinem Leben. Sie ist immer noch die Person, die ich häufigsten sehen will. *Ich* ziehe ihr meine Beziehung *nicht* vor.«

Er nahm einen Schluck aus seiner Bierdose.

»Tja, vielleicht ist das ja nicht normal.«

Nach zwei gemeinsamen Jahren trennten Leo und ich uns. Ich hatte mit aller Macht versucht, es hinzukriegen, aber so viel hatte sich verändert, seit wir uns als Studenten auf der WG-Party in

Elephant and Castle kennengelernt hatten. Wir waren beide reifer geworden und hatten uns zu sehr unterschiedlichen Menschen entwickelt.

Nachdem ich mein Journalismus-Studium beendet hatte, war ich neun lange Monate unter dem Vorwand eines Praktikums als unbezahlte Stuhlwärmerin zwischen einem Magazin und einer Zeitung hin und her getingelt. Sowohl als Auszubildende bei *Tatler* als auch als Redaktionsassistentin beim *Weight-Watchers*-Magazin sowie als Bedienung beim örtlichen Pizza Express war ich abgelehnt worden. Um mich zu finanzieren, nahm ich meinen alten Job als Promo-Girl wieder auf, latschte mit einer Gruppe arbeitsloser West-End-Tänzerinnen und Flugbegleiterinnen die Old Brompton Road auf und ab und verteilte Flyer für ein Steak-Restaurant. Ich kündigte an dem Tag, als ich mich als Schwein verkleiden musste und vor Harrod's von Anti-Pelz-Demonstranten attackiert wurde.

Ich suchte verzweifelt nach einem Job. Von dem Moment, an dem ich morgens die Augen aufschlug, bis ich abends in meinem alten Kinderzimmer wieder schlafen ging, dachte ich an nichts anderes. In meinen frühen Zwanzigern sehnte ich mich genauso nach einem Job, wie ich mich als Teenie nach meinem ersten Freund gesehnt hatte – besessen von der Frage, wer einen Freund hatte und wen ich nach Informationen darüber ausquetschen konnte, wie man einen fand. Jeden Abend lag ich im Bett und fragte mich, wie viele Jahre noch so vergehen würden.

Als ich eines Tages gerade auf einem Bahnsteig stand, erhielt ich schließlich einen Anruf von einer unbekannten Nummer. Es war ein Storyliner der neu konzipierten E4-Reality-Show *Made in Chelsea*. Ich hatte ein paar Online-Rezensionen über die erste Staffel geschrieben (wieder mal nur in der Währung der Postgraduierten bezahlt, dem »Gesehenwerden« – doch diesmal hatte es tatsächlich geklappt); sie waren in der Produktionsfirma gelesen und für witzig befunden worden. Tim lud mich in ihr Büro im East End ein, um über einen möglichen Kreativjob bei der Serie zu sprechen.

Ich hatte das Bewerbungsgespräch mit Tim und Dilly, der Mitte dreißigjährigen, superdünnen, jugendlich frisch aussehenden, BAFTA-prämierten Produktionsleiterin. Sie erklärten, dass sie meine Kritik der letzten Folge gelesen hätten, in die ich ein paar versteckte Hinweise für die Produzenten eingestreut hatte, was man in der nächsten Staffel verbessern sollte. Der Firmenchef, Dan – der in den Neunzigerjahren als Produzent und Co-Star einer wahnsinnig erfolgreichen Late-Night-Show berühmt geworden war –, hatte das ganze Internet nach Rezensionen durchsucht. Als er meine entdeckte, druckte er sie für alle Produzenten aus, die sie auf dem Weg zu einem Treffen mit dem Sender lasen – und überraschenderweise war man dort mit all meinen Vorschlägen einverstanden.

Nach meinem ersten halbstündigen Bewerbungsgespräch mit Dilly und Tim ging ich in dem gelassenen Bewusstsein, dass ich höchstwahrscheinlich nie wieder von ihnen hören würde. Ich hatte absolut nicht kapiert, wonach sie genau suchten, und wir hatten den Großteil des Gesprächs damit verbracht, über die Gewohnheiten reicher Schnösel zu lästern und Psychoanalyse der Seriendarsteller zu betreiben. Über meine Arbeitserfahrung oder meine Qualifikationen für den Job sprachen wir überhaupt nicht. Ich hatte ja keine Ahnung, dass erfolgreiches Reality-Fernsehen zu neunzig Prozent aus treffsicherer Psychoanalyse besteht. All die Jahre, in denen ich diese *Rich Kids* beobachtet hatte, während ich selbst mich von ihrem Club ausgeschlossen fühlte – wie sie in der Internatskantine oder im Raucherbereich vor den Nachtclubs auf der King's Road herumstanden –, sollten ausnahmsweise einmal dafür sorgen, dass ich überqualifiziert für einen Job war.

Drei Tage später erhielt ich den zweiten Anruf der Serienproduzenten. Leo und ich waren auf einem Musikfestival und soeben zu den offiziellen Glitzerschmink-Beauftragten unserer Partyrunde ernannt worden – eine Rolle, die wir mit großem Ernst wahrnahmen. Als ein Typ auf Acid, der gerade vorbeilief, immer wieder Klingelgeräusche aus meinem Zelt hörte, war er davon überzeugt, dass Kraftwerk darin ein Überraschungskonzert geben würden. Tatsächlich aber war es Dilly. Sie sagte, ich hätte den Job als Storyliner, und dass ich am nächsten Tag zu meinem ersten Meeting kommen solle.

Ich fuhr vom Festival direkt ins Büro. Vier Tage lang hatte ich nicht geduscht, dafür Sonnenbrand auf der Nase, und mein weißblonder Pixie-Schnitt hatte sich in eine Irokesenmatte verwandelt. Leo wartete mit unseren Rucksäcken und dem Zelt am Empfang, während ich zu meinem allererten Story-Meeting ging. Da ich keine sauberen Klamotten mehr hatte, trug ich ein riesiges T-Shirt von Leo als Kleid und dazu seine Jeansjacke, eine zerfledderte Strumpfhose und Ballerinas. Das Outfit war eine angemessene Verabschiedung: Es markierte meinen letzten Tag als Mädchen und meinen ersten als erwachsene Frau.

Ich verliebte mich in die Kreativität, den Spaß und die Härte meines neuen Jobs, in meine neuen Kollegen und in meinen neuen Chef – beinahe so heftig, wie ich mich in Leo verliebt hatte. Wenn ich nicht gerade im Büro oder am Set war, bearbeitete ich Aufträge als freie Journalistin, sodass ich auch abends und an den Wochenenden schrieb und so gut wie gar keine Zeit mehr für irgendetwas anderes hatte. Sehr zu Leos Ärger. Er fühlte sich etwas betrogen: Verliebt hatte er sich in ein flatterhaftes Mädchen, das nichts anderes wollte, als Turnschuhe und Jeans in eine Tasche zu packen und sich in jedes Abenteuer zu stürzen, auf das er sie mitnahm; ein Mädchen, das Pullover mit seinen Initialen verschönerte und ganze Partys mit ihm in abgeschlossenen Badezimmern verbrachte, wo sie beide in der leeren Badewanne saßen und das

Mädchen, mit Augen so groß wie Untertassen, verzückt sein Gesicht betrachtete. Geendet war er mit einer Frau, die eine eigene Identität als Erwachsene hatte und sich voller Leidenschaft in ihre Arbeit stürzte.

Ich empfand unsere Beziehung als eine der bereicherndsten Erfahrungen meines Lebens, und mir war bewusst, dass Leo immer einen großen Teil derjenigen Person ausmachen würde, zu der ich geworden war. Doch wir hatten uns auseinandergelebt. Ich wusste, dass ich ihn gehenlassen musste, damit er eine Frau finden könnte, die ihm all die Liebe und Hingabe schenken würde, die er verdiente.

Farly, AJ und ich zogen endlich aus unseren Elternhäusern in den Vororten aus und in unsere erste gemeinsame Wohnung in London. AJ hatte sich ebenfalls vor Kurzem erst getrennt. Farly war nach wie vor mit Scott zusammen.

Ein Teil von mir hoffte, dass ihr durch das Zusammenleben mit zwei Single-Frauen aufgehen würde, was sie in ihren Zwanzigern verpasst hatte, und sie sich daraufhin von Scott trennen würde. Aber wenn das Zusammenleben mit AJ und mir zu überhaupt irgendetwas führte, dann dazu, dass sie Scott sogar noch mehr vergötterte. Einmal sah sie mir dabei zu, wie ich mich für ein erstes Date aufbrezelte; ich schnitt falsche Wimpern zurecht, klebte sie mir an, und dann entfuhr mir ein Schmerzensschrei – ich hatte die Küchenschere benutzt, mit der ich am Abend zuvor Chilis auf eine Pizza geschnippelt hatte. Farly fand eine Tüte tiefgekühlter Smiley-Kartoffeln und drückte sie mir auf die Augen, während ich dem Typen schrieb und das Date absagte. »Gott, so was fehlt mir echt gar nicht«, seufzte sie.

Eines Nachts, Scott war gerade auf einer Geschäftsreise, gingen Farly, AJ und ich in unsere Lieblingsspelunke in Camden tanzen. Als wir wieder zu Hause ankamen, öffneten wir eine Flasche abgelaufenen Tia Maria, und wie es so oft im Nachgang einer durchfeierten Nacht passiert, wurden unsere Gespräche sehr vertraulich.

»Ich vermisse Scott«, sagte Farly, nachdem sie den letzten Schluck ihres Tia Marias heruntergekippt hatte.

»Warum?«, jaulte ich auf. AJ starrte mich an. »Ich meine ... Er ist doch nur ein paar Tage weg.«

»Ich weiß, aber ich vermisse ihn trotzdem, wenn er nicht da ist. Und ich freue mich darauf, ihn wiederzusehen, jedes Mal. Sogar, wenn er nur zum Laden an der Ecke gegangen ist und zurückkommt, freue ich mich darauf, zu hören, wie er die Tür aufschließt.« Sie sah, wie ich die Stirn runzelte. »Ich weiß, es klingt kitschig, aber so ist es.«

»Ich glaube, sie liebt ihn wirklich«, sagte ich am nächsten Tag zu AJ, die auf dem Sofa lag und sich durch ein Schinken-Sandwich nagte.

»Natürlich liebt sie ihn«, erwiderte sie. »Warum, meinst du, sind sie seit drei Jahren zusammen?«

»Ich weiß auch nicht. Ich dachte, vielleicht wollte sie bloß wissen, wie es ist, einen Freund zu haben.«

AJ schüttelte ungläubig den Kopf. »Alter, also ehrlich.«

Als ich das erst mal kapiert hatte, fielen mir auch endlich die kleinen Anzeichen überall auf. Scotts Eltern lernten Farlys Eltern kennen. Farly verbrachte immer mehr Zeit mit seinen Erwachsenen-Freunden, mit denen sie Erwachsenen-Sachen machte wie dreißigste Geburtstage bei Wochenendausflügen in die Cotswolds feiern oder unter der Woche zu Weinverkostungen gehen. Scott war sehr oft bei uns, was ich hasste. Und genauso hasste ich es, wenn er nicht da war. Er konnte nicht gewinnen. Ich wollte nicht, dass er gewann.

Die schlimmsten Dinge, die Menschen so sagen

- »Ich brauche keine Vorspeise, du?«
- »Ich bin ja eher ein Jungsmädchen.«
- »Ich bin wohl einfach eine geborene Verkäuferin.«
- »Ich bin verlobt!«
- »Immer kommst du zu spät.«
- »Du warst gestern ganz schön betrunken.«
- »Die Geschichte hast du mir schon mal erzählt.«
- »Er sagt einfach nur, wie es ist.«
- »Sie sieht ziemlich gut aus.«
- »Ich glaube, du brauchst mal ein Glas Wasser.«
- »Ich hab echt heftige Zwangsstörungen.«
- »Unsere Beziehung ist ziemlich kompliziert.«
- »Willst du auf Alisons Geburtstagskarte unterschreiben?«
- »Lasst uns alle zusammen dorthin gehen!«
- »Lass uns mal wieder treffen und auf den neuesten Stand bringen!«
- »Hast du das hier im Griff?«
- »Marilyn Monroe trug Größe 40.«
- »Ihr nächster Zahnarzttermin ist fällig.«
- »Wann hast du zum letzten Mal ein Back-up gemacht?«
- »Wann findest du nur die Zeit für all diese Tweets?«
- »Sorry, aber heute war echt die Hölle los.«
- »Balkonien.«

Die uncoolen Mädels aus dem uncoolen Camden

Im ersten Jahr meiner Londoner WG mit Farly und AJ – ich war gerade vierundzwanzig – ging ich an einem Dienstagabend nach der Arbeit mit einer Freundin etwas trinken. Trotz all meiner Versuche, sie zu bewegen, bis zur letzten Runde zu bleiben, musste sie sich wegen eines frühen Meetings am nächsten Morgen schon um halb neun verabschieden. Ich schrieb all meinen Kontakten, von denen ich wusste, dass sie in der Nähe sein und Lust haben könnten, den Abend mit mir zu verbringen, aber sie waren alle beschäftigt oder schon im Bett oder müde. Beleidigt nahm ich den 24er-Bus nach Hause – mein Stahlross, das mich innerhalb von zwanzig Minuten vom Londoner Zentrum direkt vor meine Haustür brachte – und fühlte mich rastlos; ich war enttäuscht, dass ich nicht wenigstens für eine Stunde und ein Glas Wein mehr hatte bleiben können. Es war ein Gefühl, das ich irgendwann sehr gut kennen würde – panisch und zerrissen; getrieben von dem Gedanken, dass alle außer mir in London sich prächtig amüsierten; dass an jeder Straßenecke Schatztruhen voller Erlebnisse standen, die ich aber nicht fand; dass ich eines Tages tot sein würde und es Verschwendung wäre, einen potenziell perfekten und fantastischen Tag vorzeitig zu beenden, indem ich früh ins Bett ging.

Ich wurde aus meinen schmollenden Gedanken gerissen, als der Bus vor dem Pub am Ende meiner Straße hielt. Es war ein Schuppen, wie er typisch für Nordwestlondon war – ein ehemals berühmter Konzertclub, der zu einer düsteren Kneipe für Leute geworden war, die sich schon um neun Uhr morgens an ihrem Bier festhielten. Ich stieg aus dem Bus und ging hinein, das erste Mal seit dem Tag, als wir dort hingezogen waren. Damals sagte man uns in dem Pub, dass Farly Geschichte geschrieben habe – als erster Gast jemals hatte sie einen Kaffee bestellt. Der Wirt ging zum Eckladen auf der anderen Straßenseite, kaufte etwas Nescafé Gold Blend und Milch und berechnete Farly 26 Pence.

Ich bestellte ein Bier und unterhielt mich mit dem Barkeeper, der absolut gar nicht überrascht schien, einen weiteren Solotrinker zu bedienen. Ein Mann neben mir, der in seinen späten Sechzigern war und einen grauen Yeti-Bart zur Schau trug, erkundigte sich, wie mein Tag gewesen sei, und ich lamentierte darüber, dass mir ein Saufkumpan fehlte, mit dem ich den Abend verbringen konnte. Er erwiderte, er sei genau der Richtige für diesen Job. Während wir tranken, erzählte er mir alles über seine Jugend, die er in dieser Gegend verbracht hatte: wie er die Schule geschwänzt, sich alles verändert hatte, wie die Kneipen geschlossen wurden; von dem Konzert von John Martyn im Camden Palace, auf dem er war, bevor ich geboren wurde – dessen Livemitschnitt ich bis zum Abwinken gehört hatte. Als ich um Mitternacht aufbrach, kritzelte ich die Nummer des Mannes auf einen Bierdeckel und versprach, irgendwann mal nachmittags mit ihm Platten zu hören, wohl wissend, dass ich mich nie bei ihm melden würde. Er war bloß »eine Nacht«, von denen ich viele wollte. Ein Erlebnis, eine Anekdote, ein neues Gesicht, eine Erinnerung. Er war ein Ratschlag, eine Klatschgeschichte und eine interessante Begebenheit, die sich in meinem angeschickerten Unterbewusstsein festsetzte, nur um eines Tages als meine eigenen Gedanken hervorgeholt und ausgewürgt zu werden. *Wo hast du das denn gehört?*, sollte mich irgendwann jemand fragen. *Ich hab nicht den leisesten Schimmer*, gab ich zurück.

Als ich am nächsten Abend, immer noch verkatert, von der

Arbeit nach Hause kam und Farly und AJ zusammengerollt auf dem Sofa vorfand, erzählte ich ihnen, wie ich am Vorabend in dem schmuddeligen Pub am Ende unserer Straße abgestürzt war.

»Warum um Himmels willen hast du das gemacht?«, fragte AJ amüsiert.

»Weil Dienstagabend war«, sagte ich. »Und ich es konnte.«

Ich bin so dankbar, dass ich als Teenager meinen Fetisch eines möglichst spießigen Erwachsenenlebens dermaßen versessen ausgelebt habe, denn als es endlich so weit war, empfand ich kaum etwas daran als belastend. Ich fand es großartig, selber meine Miete zu zahlen. Ich liebte es, jeden Tag für mich zu kochen. Ich war sogar begeistert, wenn ich beim Arzt im Wartezimmer saß und mir klarmachte, dass ich ohne jede fremde Hilfe einen Termin gemacht und dorthin gelangt war. Im ersten Jahr, in dem ich meine Rechnungen selber zahlte, bekam ich buchstäblich weiche Knie, wenn ein Brief der Wasserwerke eintraf. Ich nahm all die bürokratische Last der Verantwortung, die mit dem Erwachsensein einhergeht, gerne dafür in Kauf, dass ich auf der anderen Seite die Freiheit hatte, an jedem beliebigen Wochentag alleine in einen Pub zu gehen und mich mit alten Männern anzufreunden.

Bis heute bin ich nie ganz darüber hinweggekommen, dass ich nie wieder Gin aus Shampooflaschen trinken muss, dass niemand mehr um elf das Licht ausmacht, dass ich mitten in der Woche bis vier Uhr morgens aufbleiben und Filme schauen oder schreiben kann, wenn ich Lust dazu habe. Es befreit und belebt mich und erfüllt mich mit Energie, dass ich abends Frühstückssachen essen, richtig laut Musik hören und eine Zigarette an meinem Fenster rauchen kann. Ich kann mein Glück immer noch nicht wirklich fassen. Meine gesamten frühen Zwanziger verbrachte ich so wie Macaulay Culkin in *Kevin – Allein in New York*, als er sich heimlich ins The Plaza einbucht und beim Zimmerservice Tonnen von Eiscreme bestellt und Gangsterfilme guckt. Ich schiebe das komplett auf meine strenge Erziehung. Fast alle Erwachsenen, die ich kenne, die auf einem Internat waren, können kaum glauben, dass sie in ihrem jetzigen Leben dienstagabends in einen Alte-Männer-Pub in Kentish Town gehen können, ohne Nachsitzen oder eine Suspendierung oder eine »einstweilige Herausnahme« (was auch immer das sein mag) aufgebrummt zu bekommen. War die Uni noch eine Spielwiese, auf der ich meine Erwachsenenfantasien ausleben konnte, so bedeuteten ein eigenes Gehalt und ein Haus in London das wahrhaftige Nirwana.

Wir suchten drei Monate, bis wir unser erstes Londoner Erwachsenendomizil fanden. Unser Budget war übersichtlich, und Wohnungen mit drei großen Zimmern waren schwer zu kriegen. Da war dieses Haus in Finsbury Park, das auf dem Foto ausgesehen hatte wie ein schönes Hinterhaus in Notting Hill – bei unserer Ankunft mussten wir allerdings feststellen, dass es doch eher einem Flügel des Pentonville-Gefängnisses glich. (»Wir würden hier nichts anderes unternehmen, als billige Nudeln von Sainsbury's zu essen und dabei *The X Factor* zu glotzen«, lautete AJs Kommentar.) Dann war da diese katastrophale Wohnungsbesichtigung in Brixton, für die Farly und AJ mit einem Riesenpulk hoffnungsvoller Millennials Schlange standen – als wären sie bei Madame Tussauds. Der Makler hatte den Schlüssel vergessen, also ließ er sie alle noch mal eine halbe Stunde warten, und als sie dann endlich die dreiminütige Begehung der Absteige hinter sich hatten und gehen wollten, mussten sich alle auf den Boden werfen, weil vor dem Haus gerade die Polizei einen bewaffneten Gangster verfolgte. Als wir schon fast die Hoffnung aufgegeben hatten, entdeckte Farly auf einer Online-Wohnbörse die Dreizimmerwohnung eines privaten Vermieters, die unserem Preisrahmen entsprach.

Sie befand sich in unmittelbarer Nähe einer berüchtigten zwielichtigen Straße, die von Chalk Farm bis Kentish Town einmal quer durch Camden Town führte. Zweimal in der Woche fand ein ganz guter, un-hipper Markt statt, auf dem man Schuhe für fünf Pfund und Comic-Bettwäsche kaufen konnte; täglich öffnete ein Obst- und Gemüsestand, und es gab einen kleinen Supermarkt, in dem man nur bar zahlen und am Sandwichtresen Marihuana kaufen konnte. Es war trist und prollig und hinreißend.

Das Haus war eine wunderschöne Bruchbude. Eines von mehreren zweistöckigen Häusern aus legogelben Ziegelsteinen, die in den Siebzigerjahren als Sozialwohnungen gebaut worden waren und deren bizarre Positionierung und Proportion der Türen und Fenster den Eindruck erweckten, als wären sie in aller Eile von einem Jugendlichen zusammengeschustert worden, der gerade eine Runde *Die Sims* spielte. Im Vorgarten standen zwei verwilderte Büsche, was bedeutete, dass man im Sommer nicht durch das vermoderte hölzerne Gartentor kam, ohne wild mit den Armen um sich zu schlagen. Die Fliesen in der Küche waren mit englischen Landschaftsszenen bemalt. Der Garten bestand aus einem Wald von Unkraut. Da waren diese seltsam feuchten, schlierigen Flecken an der Flurwand, von denen wir nach eingehender Prüfung nur annehmen konnten, dass es sich um Pisse handelte. Überall roch es total muffig. Die Wohnung über uns war von Hausbesetzern in Beschlag genommen.

Der Vermieter, Gordon, war ein gutaussehender Mann in den Vierzigern, trug eine kastenförmige Midlife-Crisis-Lederjacke und hatte verdächtig dunkles, dünnes Haar. Außerdem war er auch Nachrichtensprecher bei der BBC, was er gerne jeden wissen ließ: Seine Stimme war laut und arrogant, sein Auftreten merkwürdig barsch und hemdsärmelig.

»Das hier ist die Diele«, bellte Gordon. »Wie ihr sehen könnt, mit vielen Einbauschränken.« Wir öffneten eine der großen, verstaubten weißen Türen. In der Mitte der leeren Regalbretter lag ein schwarzer Kasten, auf dem in fetten gelben Buchstaben die Aufschrift »RATTENKÖDER!« prangte. »Oh, das müsst ihr nicht weiter beachten«, sagte er und grapschte danach. »Hat sich inzwischen erledigt.« Wir tauschten ein paar kurze Blicke. »Wisst ihr was?«, sagte er und kräuselte leicht die Nase. »Ich glaube, am besten guckt ihr euch einfach in Ruhe alleine um, und ich halte mich im Hintergrund. Sagt mir Bescheid, wenn ihr alles gesehen habt.«

Es war heruntergekommen, schief und sonderbar, aber wir wussten, dass es das perfekte erste Haus nicht nur für uns, sondern auch für unsere erweiterte Familie von Freunden sein würde, die wir jedes Wochenende zu uns einladen wollten. Wir gingen wieder hinunter, um Gordon mitzuteilen, dass wir es nehmen wollten – doch er war gerade mitten in einem Telefongespräch.

»Ja ... ja ... Okay. Das ist das Worst-Case-Szenario«, sagte er und bedeutete uns mit der Hand zu warten. »Ja. Also, lassen Sie uns für den Moment einfach versuchen, das außergerichtlich hinzukriegen. Ich will da nicht SCHON WIEDER landen.« Er schaute augenrollend zu uns herüber. »Großartig, also dann komme ich morgen um zehn, um mir dieses Dach anzuschauen. Okay. Yep. Ja, ja. Okay. Wiederhören.« Er schob das Telefon in die hintere Tasche seiner Jeans. »Verdammte Mieter«, brummte er. »Also, wollt ihr es nehmen oder nicht?«

Wir kratzten all unser Geld für die Kaution zusammen, und so verbrachten wir den ersten Monat in aufgekratzter, fieberhafter, frenetischer Sparsamkeit. Wir hatten so gut wie keine Einrichtung für das Haus, also kaufte Farly einen Post-it-Block und klebte an verschiedenste Stellen Zettel mit Texten wie »HIER FERNSEHER« oder »HIER TOASTER«. Unser Abendessen bestand aus Gurken-Sandwiches mit vegetarischer Würzpaste. Als ich an unserem zweiten Tag im neuen Haus abends von der

Arbeit kam, traf ich die beiden an, wie sie gerade in ihren Gummistiefeln durchs Wohnzimmer rannten – sie hatten eine Maus gesichtet und Angst, dass sie ihnen bei ihren Einfangversuchen über die nackten Füße laufen würde. Farly kaufte im Nisa ein Stück Pilgrims-Choice-Cheddar, legte es in ihren ausgeleerten Schminkkoffer und fuhr damit über den Teppich in dem Versuch, die Maus für eine sichere Rettung zu ködern.

Wir machten auch schnell Bekanntschaft mit Ivan, dem Besitzer des örtlichen Kiosks; einem Typen mittleren Alters von der Statur eines Marines. Als wir zum ersten Mal bei ihm einkauften, empfahl er uns unheilverheißend, sofort zu ihm zu kommen, sollten wir jemals »Ärger mit irgendwelchen Gangs« haben; er würde »das regeln«. Farly trug zu dieser Zeit eine Perlenkette – und sah wahrlich nicht aus, als würden wir was mit einer Gang zu tun haben! Mir gab es jedoch seltsamerweise ein sicheres Gefühl, zu wissen, dass Ivan immer nur zehn Sekunden Fußweg von unserem Haus entfernt war, und als das Mäusethema zum wiederkehrenden Problem wurde, kam er immer als Retter. Mehrmals rannte ich barfuß im Pyjama aus dem Haus und in seinen Laden, wo ich »SIE IST WIEDER DA, IVAN! SIE IST WIEDER DA!« schrie – ungefähr so hysterisch wie Blanche DuBois in *Endstation Sehnsucht*.

»Is ja gut, Kleine, is ja gut«, antwortete er dann. »Ich komm ja schon. Soll ich meine Knarre mitnehmen?« Das lehnte ich ab und bat ihn, stattdessen seine Taschenlampe mitzubringen, und er kroch unter jedes Bett, unter den Kühlschrank und das Sofa, um die Maus zu finden.

(Irgendwann organisierte Gordon endlich einen Kammerjäger, einen alten Knacker aus dem East End, der ironischerweise Mouser mit Nachnamen hieß. Als er seine Fallen aufstellte, fragte ich, ob es nicht einen humaneren Weg gebe, das Problem zu lösen.

»Nein«, sagte er mit abwehrend verschränkten Armen.

»Okay«, meinte ich. »Ich frage nur, weil ich Vegetarierin bin.«
»Sie müssen sie ja nicht essen«, antwortete er.)

Camden war für uns der perfekte Ort zum Leben: Es lag zentral und in der Nähe der schönsten Parks, und das Beste daran war, dass es hoffnungslos uncool war. Niemand von unseren Freunden wohnte dort; genauer gesagt, überhaupt niemand in unserem Alter. Gingen wir auf der Camden High Street aus, dann waren wir mit Horden von spanischen Teenies auf Klassenfahrt konfrontiert – oder mit Männern um die vierzig mit Paul-Weller-Frisur und Winklepicker-Schuhen, die auf die Wiederkehr von Camdens gloriosen Britpop-Zeiten warteten. »Trottelsichtung« war AJs Begriff dafür. Wenn wir samstagabends die High Street entlanggingen, zeigte sie auf entgegenkommende Typen und raunte mir »Trottel, Trottel, Trottel« ins Ohr. In den ersten Monaten, in denen wir dort lebten, war ich mit einem umwerfenden, aber letztlich ruinös selbstverliebten Musiker zusammen, der im East End wohnte und sich weigerte, mich auch noch nur ein einziges Mal besuchen zu kommen, weil es einfach »zu 2007« sei, nach Camden zu fahren.

Ab und zu gingen wir in den Jahren, in denen wir dort wohnten, auf eine Party oder in einen Club im East End und waren dann plötzlich von jungen, coolen, schönen Menschen umgeben. Dann fragten wir uns, ob nicht eigentlich dies der richtige Ort war, an dem wir in unserem Alter leben sollten. Doch am Ende einer solchen Nacht waren wir jedes Mal völlig erschlagen von all den Eindrücken und dankbar, dass wir in unserem Stadtteil nicht so tun mussten, cooler zu sein, als wir es tatsächlich waren – und wir waren es so gut wie gar nicht. Wir konnten in Leggings und Kapuzenpulli und ohne BH einkaufen gehen, ohne Gefahr zu laufen, irgendeinem Bekannten zu begegnen. Wir konnten die Tanzflächen stürmen und betrunken Arm in Arm die Comic-Version eines Cancans aufführen und waren immer noch mit Abstand die Coolsten im ganzen Club. Wir konnten ausgehen und uns den gesamten Abend lang ganz aufeinander konzentrieren, ohne irgendjemanden beeindrucken zu müssen. Es war schlicht und einfach niemand mehr in Camden übrig, den man beeindrucken hätte wollen.

Eine meiner ersten Anschaffungen für unser Haus war ein riesiger Kochtopf, gedacht für industrielle Suppenküchen. Unsere Freunde waren große Esser, und ich flippte aus vor Freude darüber, einen Herd und einen Küchentisch mein Eigen nennen zu können. In diesen ersten Jahren, in denen wir zusammenlebten, hatten wir dreimal wöchentlich Leute zum Essen zu Besuch. Ich tüftelte günstige Gerichte aus – es gab etliche Töpfe mit Dhal, etliche Versionen von Parmigiana. Im Sommer aßen wir bei Kerzenschein in unserem verwunschenen, verwilderten Garten; einmal war er so stark zugewuchert, dass ein Baum auf merkwürdig biblische Weise anfing zu brennen und wir in betrunkenem Zustand Soßenschüsseln voller Wasser und Gläser mit Ivans verdächtig billigem Sauvignon Blanc auf ihn schütteten.

Die Tatsache, dass unser Haus im Grunde genommen zu heruntergekommen war, um noch instand gesetzt zu werden, empfanden wir als befreiend. Auch Gordon ging entspannt damit um – er erlaubte uns, alle Wände bunt zu streichen, und kommentierte nie, dass die Farbe im Treppenhaus genau dort in einer ausgefransten Linie endete, wo uns die Farbe ausgegangen war. Für uns bedeutete das, dass wir ein Haus hatten, in dem wir wirklich leben konnten, ein Haus, mit dem wir nicht vorsichtig umgehen mussten. Wir konnten es samstagabends völlig verwüsten, und am nächsten Morgen genügten zehn Minuten Aufräumen, um es wieder in einen passablen Zustand zu versetzen. Wir konnten die Musik bis zum Anschlag aufdrehen und bis sechs Uhr morgens feiern, ohne dass sich die Nachbarn beschwerten – ich schwöre, diese Siebzigerjahre-Häuser wurden discosicher gebaut, denn in all den Jahren, die wir dort lebten, gab es keine einzige Beschwerde wegen Lärmbelästigung. Unsere Nachbarin sagte mir wirklich einmal, dass sie uns nie gehört habe. Deshalb kamen immer alle zu uns, um sich wegzuballern.

Den Großteil meiner Drogenerfahrungen arbeitete ich komplett in meinen ersten paar Jahren in London ab. Zuerst entwickelte ich eine quasi familiäre Bindung zu einem netten Dealer namens Fergus. Fergus war keiner dieser Typen, die finster dreinblickend im Auto sitzen und einem unterm Armaturenbrett ein Tütchen reichen. Er kam freitagabends bei uns vorbei, wenn Freunde zum Essen da waren, setzte sich zu uns und baute Joints, während er sich an den Essensresten bediente – bis ich ihn irgendwann nachts mit einer Tupperdose voll Spaghetti Carbonara vor die Tür setzte. Farly, die schon immer viel vernünftiger als ich war und meistens um Mitternacht im Bett lag, hatte nie das Vergnügen, Fergus kennenzulernen, fand es aber befremdlich, dass ich von ihm sprach »wie von einem Cousin oder einem Freund der Familie«. Einmal wachte sie um vier Uhr morgens davon auf, dass ich Fergus wie eine Immobilienmaklerin durchs Haus führte und er jeden Raum auf dessen Feng-Shui überprüfte.

Am nächsten Tag kam sie in mein Zimmer, als ich mich gerade damit abmühte, mein Bett an die entgegengesetzte Wand zu rücken.

»Was machst du da?«, fragte sie.

»Ich stelle mein Bett um. Fergus meint, es steht hier in keiner guten Position.«

»Warum?«

»Weil das Kopfende zu nahe an der Heizung ist. Er sagt, es ist nicht gut, wenn der Kopf zu viel Wärme abkriegt – vor allem die Nebenhöhlen.«

»Ähm, der Typ verkauft dir harte Drogen, Dolly«, sagte Farly. »Vielleicht ist er nicht unbedingt der Richtige für Ratschläge in Gesundheitsfragen.«

Fergus brach ziemlich plötzlich den Kontakt zu mir ab – ich hatte schon gehört, dass Ticker das oft so machen –, sodass ich danach auf CJ angewiesen war. Er war die totale Katastrophe, bekannt als schlechtester Dealer ganz Londons. Sein Zeitmanagement war miserabel, regelmäßig lieferte er eine »falsche Bestellung« an einen »falschen Kunden« und tauchte dann eine halbe Stunde später wieder dort auf, um das »Produkt« zurückzufordern. Nie war sein Handy aufgeladen, ständig schmierte sein Navi ab. Es ging so weit, dass ich mich, als ich einmal anderthalb Stunden auf ihn warten musste, dabei ertappte, wie ich ihm am Telefon sagte, er sei »sein eigener schlimmster Feind« – wie eine frustrierte Lehrerin. Er brachte das Fass endgültig zum Überlaufen, als ich ihn an einem Donnerstag anrief, bevor ich auf ein Festival fuhr, um etwas MDMA klarzumachen.

»Was?«, fragte er.
»MDMA«, sagte ich. »Mandy.«
»Welche Mandy?«
»Ecstasy, meine Güte. MDMA.«
»Nie von gehört«, sagte er.

Egal, wie oder von wem auch immer ich die Drogen bekam, das Besorgen war jedes Mal fast aufregender als das Zeug selbst. Darüber reden, ob man was klarmachen soll, eine Nummer wählen, Geld zusammenlegen; einer wartet in der Wohnung, während ein anderer draußen das Auto sucht und mit einer kleinen Plastiktüte voller Kräuter oder Pulver zurückkehrt; das Versprechen dessen, was einen erwartet – das war der Part, der mein Herz schneller schlagen ließ. Als Farly einmal mitbekam, wie aufwendig und langwierig es war, Koks zu besorgen, es aufzuteilen und zu konsumieren, war sie fassungslos. »Das ist ja so, als würde man einen Shepherd's Pie machen«, konstatierte sie. Doch dass man so viel Zeit damit vertrödelt, Pulver in Linien zu legen oder Joints zu bauen, ist das wahre Vergnügen für denjenigen, der nicht will, dass die Nacht zu Ende geht – es ist Zerstreuung, eine garantierte Verlängerung der Nacht. Das Stummschalten der Vernunft, die einem sagt: *Geh um elf schlafen, wir haben über alles geredet, worüber wir heute reden wollen können* – und die durch das synthetische Verlangen ersetzt wird, dass die Party für immer weitergehen möge. Für mich war Kokain immer nur ein Vehikel, um weitertrinken und wach bleiben zu können, wenn ich eigentlich müde war; es ging mir nie um irgendeine Empfindung, die es auslöste.

Ich war überzeugt, dass ich, wenn ich Schriftstellerin sein wollte, Erlebnisse sammeln musste. Und ich bildete mir ein, dass jedes Erlebnis, das sich lohnen würde, jede Person, die es wert wäre, sie kennenzulernen, erst bei Dunkelheit existierte. Ich musste immer daran denken, was Hicks einmal zu mir gesagt hatte, als wir in ihrem Studentenwohnheimzimmer im Bett lagen, unter der blinkenden Lichterkette, die sich ums Fenster wand.

»Eines Tages sitzen wir im Altenheim, Dolly«, sagte sie. »Zu Tode gelangweilt und nur noch auf den Quilt in unserem Schoß starrend. Und das Einzige, das uns noch zum Lächeln bringt, werden unsere Erinnerungen sein.«

Doch die zunehmende Regelmäßigkeit solcher Nächte führte bei mir zu dem Gefühl, dass ich mich nicht etwa darauf spezialisiert hatte, Geschichten zu sammeln, sondern dass vielmehr umgekehrt all diese Geschichten mich definierten. Bis zum Morgengrauen durchzumachen, war irgendwann nichts Besonderes mehr; stattdessen fing ich an, jedes harmlose Ausgehen in hedonistische Partynächte zu verwandeln. Und – das war das Schlimmste: Genau das erwarteten auch alle anderen von mir. Eine Nacht mit mir war eine, die einem den gesamten nächsten Tag ruinierte, und meine Freunde erwarteten dieses konstante Exzesslevel von mir, selbst wenn wir uns an einem Donnerstagabend nur schnell auf ein Pad Thai treffen wollten. Meine Energie, mein Bankkonto und meine Psyche konnten da nicht mithalten. Außerdem wollte ich mich nicht selbst zu einer dieser tragischen Schnapsdrosseln stilisieren, mit der niemand auch nur einen Kaffee trinken gehen wollte, weil man jedes Mal befürchten musste, am nächsten Morgen in irgendeiner Spielhölle am Leicester Square zu enden.

»Ich liebe ja deine Storys«, sagte Helen einmal am Morgen nach einer Party, auf der ich eine um mich versammelte Menschentraube mit meinen besten Abenteuermärchen vom Feiern gelangweilt hatte. »Aber es gibt ganz schön viele davon, Doll.«

Etwas anderes, das einem niemand sagt, wenn es ums Trinken mit zunehmendem Alter geht: Nicht etwa der Kater macht einen so fertig, sondern die akute Paranoia und der Horror in den nüchternen Stunden des nächsten Tages. Beides wurde zum festen Bestandteil meiner mittleren Zwanzigerjahre. Die Diskrepanz zwischen der Person, die ich samstagnachts war – die einen gesamten Biergarten vereinnahmte und lauthals plärrte, sie habe immer gewusst, dass sie mindestens drei Sitcoms schreiben könne, die zur Hauptsendezeit laufen würden –, und der Person, die ich am Sonntagnachmittag war – die über den Tod nachdachte und sich Sorgen darum machte, ob der Postbote sie leiden konnte oder nicht –, war einfach zu groß. Erwachsenwerden erzeugt Selbstwahrnehmung. Und Selbstwahrnehmung macht ein selbsternanntes Partygirl eiskalt fertig.

Abgesehen davon hatte ich zwei komplett unterschiedliche Jobs; ich arbeitete beim Fernsehen und als freiberufliche Autorin. Beides verlangte mir immer mehr Zeit und Aufmerksamkeit ab, und regelmäßiges Komasaufen und Verkatertsein trugen nicht gerade zu meiner Produktivität und Kreativität bei. »Du versuchst, zwei Leben zu leben«, sagte eine Freundin einmal zu mir, als ich am Rande der totalen Erschöpfung war. »Du musst dich entscheiden, was du lieber sein willst: die Frau, die härter als jeder andere feiert, oder die Frau, die härter als jeder andere arbeitet.«

Ich beschloss, Letzteres anzustreben. Das Leben wurde tagsüber praller, und es war nicht mehr so wichtig, ihm nachts zu entfliehen. Doch es sollte noch eine Weile dauern, bis ich verstand, dass der Weg zum Abenteuer nicht nur aus langen Nächten, hippen Bars, gekühltem Wein, Wohnungen von Unbekannten, parkenden Autos mit eingeschalteten Scheinwerfern und kleinen Tütchen voller Pulver bestand. Ich hatte Alkohol immer als das Transportmittel zu Erlebnissen betrachtet, aber im Laufe meiner Zwanzigerjahre begriff ich, dass er ebenso die Kraft hatte, Erlebnisse zu verschlimmern und zu zerstören. Klar, es gibt die pikanten Geständnisse, die man in Toilettenkabinen aus Menschen mit geweiteten Pupillen herausquetscht; die alten Männer mit ihren spannenden Geschichten, die man normalerweise nie kennengelernt hätte; die Läden, in die man so geht; die Menschen, die man küsst. Aber da ist auch all die Arbeit, die man nicht schafft, wenn man verkatert ist. Der schlechte Eindruck, den man auf potenzielle neue Freunde macht, weil man so voll ist, dass man kaum noch sprechen kann. All die verlorengegangenen Gespräche, in denen jemand etwas wirklich, wirklich Wichtiges erzählt und die in der Bedeutungslosigkeit verschwinden, weil sich am nächsten Tag niemand mehr daran erinnern kann. Die vielen Stunden, die man schwitzend und voller Panik um fünf Uhr morgens im Bett liegt, mit rasendem Herzen an die Decke starrt und sich verzweifelt zum Schlafen zu zwingen versucht. All die verschwendeten Stunden, während derer man sich in der Sackgasse seiner eigenen Gedanken befindet und sich selbst mit der Erinnerung daran foltert, was man alles Dummes gesagt und getan hat; all die darauffolgenden verschwendeten Tage voller Selbsthass.

Jahre später wurde mir klar, dass ein Verhalten, für das man sich ständig schämt, dazu führt, dass man sich selber nicht mehr ernst nehmen kann, woraufhin das eigene Selbstbewusstsein nur noch weiter sinkt. Ironie des Schicksals: Viel mehr als alles andere, was ich jemals getan habe, bewirkte die Einfraumission meiner Teeniejahre, durch exzessives Trinken erwachsen zu werden, dass ich mir erst recht vorkam wie ein Kind. Während meiner Zwanziger irrte ich jahrelang mit dem Gefühl umher, dass mir gleich etwas Schreckliches vorgeworfen würde, so als könnte jederzeit irgendjemand auf mich zukommen und sagen: »DU bist diese Idiotin, die auf meiner Party als Mutprobe das Pfirsich-Freesien-Badeöl von Jo Malone aus dem Bierglas getrunken hat – du schuldest mir zweiundvierzig Pfund!« Oder: »EY, DU VOLLALKOHOLIKERIN! Ich kann *echt* nicht fassen, dass du vor dem Sainsbury's an der Mornington Crescent mit meinem Freund rumgemacht hast!« Und ich müsste ehrerbietig nicken und sagen: »Jawohl, ich kann mich zwar nicht im Einzelnen daran erinnern, aber ich glaube dir natürlich aufs Wort, und es tut mir leid.« Man stelle sich vor, in einer Welt herumzulaufen, in der man UNUNTERBROCHEN damit rechnet, von irgendjemandem als Arschloch bezeichnet zu werden, und man selbst bereit dazu ist, aus vollem Herzen zuzustimmen. Was genau soll daran Spaß machen?

Wo immer ich mich von heute an bis zu der Stunde meines Todes an einem Dienstagabend auch befinden werde – mit Sicherheit würde ich viel lieber in einem schmuddeligen Pub in Camden sitzen und ein Bier mit einem Fremden trinken. Doch eines Tages ließ ich diese in präziser Regelmäßigkeit wiederkehrenden Komasauftouren, die den nächsten Tag wegspülten wie ein Tsunami, schließlich hinter mir. Genauso, wie ich eines Tages das gelbe, allmählich zerfallende Haus hinter mir ließ. Doch für eine kurze Zeit, in der ich in meinem überwucherten Garten Eden saß und mit den Frauen, die ich liebte, sauren Sauvignon trank, während der Plattenspieler laut lief und sich die leeren Teller neben der Spüle stapelten, fand ich, dass ich im besten Haus der Welt wohne. Ich finde immer noch, dass ich das tat.

REZEPT

Seezunge Müllerin für Verführer
(2 Portionen)

Dieses Gericht habe ich dem bereits erwähnten Musiker, mit dem ich mit vierundzwanzig anbandelte, kredenzt, damit er sich in mich verliebt. Das funktionierte für genau eine Woche. Seitdem habe ich es auch für andere Jungs gemacht, die sowohl meine Zeit als auch die gebräunte Butter wert waren, und es wirkte besser und langanhaltender.

4 TL	Mehl
2	Filets von der Seezunge
1 TL	Rapsöl *(Sonnenblumenöl geht auch)*
50 g	Butter
2 TL	vorgegarte Nordseekrabben
	Saft von einer halben Zitrone
1 TL	Kapern
1 Handvoll	glatte Petersilie, fein gehackt
	Salz und schwarzer Pfeffer zum Würzen

Mehl und Gewürze auf einem Teller mischen und die Filets darin wenden, sodass sie gleichmäßig ummantelt sind. Überschüssiges Mehl abschütteln. Das Öl bei hoher Temperatur stark erhitzen und die Filets zwei Minuten lang von beiden Seiten anbraten. Sie sollten knusprig und goldfarben sein.

Den Fisch zur Seite stellen und mit Alufolie abdecken, damit er warm bleibt.

Hitze herunterdrehen und die Butter in der Pfanne zartbraun

schmelzen. Herd ganz ausschalten, die Krabben in der Butter schwenken und den Zitronensaft hinzufügen.

Die Seezungenfilets auf Tellern anrichten, Butter und Zitronenmischung darübergießen und zuletzt mit Kapern und Petersilie bestreuen. Würzen.

Mit einem grünen Beilagensalat oder grünen Bohnen und jungen Bratkartoffeln servieren (nicht jedoch mit deinem weit geöffneten Herzen).

3. Februar

Liebe Freunde,

auch wenn ich mich mit euch normalerweise immer nur besinnungslos besaufe, würde ich mich sehr freuen, wenn ihr meinem Versuch beiwohnen würdet, mich wie eine Erwachsene zu benehmen. Viele nennen so was eine Dinnerparty, aber das finde ich spießig, also bezeichne ich es lieber vage so, dass es entspannt klingt und nicht direkt nach Engtanz-Fete. So was wie »Zusammensein« oder »Essen und Trinken« oder »ein gemütliches, gechilltes Abendessen«.

Das Wichtigste: Es ist definitiv keine Engtanz-Fete.

Seid bitte um sieben Uhr bei mir. Damit meine ich, bitte plant, um sieben da zu sein, bis ihr ungefähr um sechs eine panische Nachricht von mir bekommt mit der Bitte, doch erst um acht zu kommen, weil ich den Kohlrabi für Jamie Olivers asiatischen Krautsalat nicht gefunden habe und 25 Pfund in ein Uber investieren musste, um zu Waitrose und wieder zurück zu fahren, was mich eine ganze Stunde zurückgeworfen hat. Wie ich schon sagte: alles ganz gemütlich und gechillt.

Im Folgenden die Gästeliste:

1 extravaganter schwuler Freund (Ed), der gerne anschauliche Geschichten aus seinem illustren Sexleben erzählt. Er wird so eine Art Hofnarr des Abends sein, der stets die Wahrheit sagt – stellt euch eine Mischung aus Julian Clary und den Totengräbern aus *Hamlet* vor.

1 gutmütiger neuer Liebhaber von Ed (Name noch unbestätigt), um den sich bis zum Hauptgang alle sehr bemühen, ihn dann jedoch komplett ignorieren, sodass er schon früh ein Uber nach Hause nimmt, was alle anderen erst zwei Stunden später bemerken.

1 Feministin aus dem Norden (Anna), deren liberale Ansichten und linksgerichtete politische Einstellung dazu beitragen, dass Ed sich wohlfühlt – und umgekehrt.

1 männlicher Single, den ich – nicht besonders gut – von der Arbeit kenne (Matthew) und der mit allen flirten wird. Matthew ist nicht unbedingt attraktiv, aber groß, und er hat eine laute Stimme. Der Plan ist, dass ihn mit steigendem Alkoholpegel alle anhimmeln und zu der Einsicht gelangen, dass er in der ganzen Runde noch das kleinste Übel ist.

1 schniekes verlobtes Pärchen (Max und Cordelia), um dem Abend einen Hauch von Erwachsensein zu verleihen. Sie plaudern begeistert über jedes Detail ihrer bevorstehenden Hochzeit, wenn die Konversation mal ins Stocken gerät. Hinweis: Sollte sich die Unterhaltung dem Sozialstaat oder dem Klimawandel zuwenden, bitte Max und Anna voneinander fernhalten.

1 herumhurende Freundin, die zu viel trinkt (Leslie) und deren Anwesenheit uns einerseits das Gefühl vermittelt, uns immer noch in der Blüte unserer Jugend zu befinden, während sie andererseits dafür sorgt, dass wir uns mit unserem eigenen Leben besser fühlen (danke, Leslie). Sie ist auch diejenige, die den Abend auf Instagram dokumentieren wird – mit einem Hashtag wie »#asianslawgivememore« oder »#sinnershavingdinner« oder so in der Art.

Bitte bringt alle eine Flasche Wein mit. Ich nehme an, ihr besorgt einen von Oyster Bay, da er als einziger von denen, die wir kennen, genießbar ist, aber nur einen Zehner kostet. Jacob's Creek ist in

Ordnung. Echo Falls ist natürlich gern gesehen, aber der Kostenpunkt ist mir bewusst.

Nachdem ich eure Jacken aufs Bett geworfen und euch ein Glas warmen Weißwein eingeschenkt habe, von dem ich – aus purer Aufregung aufgrund meiner früheren Jagd nach Kohlrabi – schon vor eurer Ankunft die halbe Flasche getrunken habe, überreiche ich euch vier Tüten Kettle-Chips. Das ist die Vorspeise.

Da ich mich – ganz im Trend dessen, was jetzt alle »im Ottolenghi-Style mega-entspannt essen« nennen – der Herausforderung stelle, acht verschiedene Gerichte zu machen, werde ich für die ersten zwei Stunden des Abends abwesend sein. Zuverlässige Themenvorschläge zur Konversation für die Halbnüchternen sind folgende:
- die Effizienz der Victoria Line
- Vergleich der jeweiligen Rücklagen für die Rente
- kürzliche Todesfälle von Prominenten
- Friseur-Empfehlungen
- Wer wird der nächste James Bond?
- der Wechselkurs von Dollar und Pfund beim letzten Trip nach New York
- Wieviel Wasser sollten wir alle wirklich trinken?
- irgendein aktuelles Theaterstück, in dem ein halbwegs bekannter Fernsehschauspieler mitspielt
- Geldspar-Apps
- Bettwäsche

Um zehn Uhr gibt es das Essen. Zu diesem Zeitpunkt werdet ihr alle betrunken genug sein, um sexuelle Anzüglichkeiten über die Gerichte rauszuhauen – »Lass mich auch mal an den Muscheln lecken«, »Was für eine schöne, dicke Möhre« etc. –, aber noch nicht so betrunken, dass ihr die Smartphones rausholt und semi-lustige Videos auf YouTube guckt. Dies wird zwischen Hauptgang und Dessert geschehen.

Vorschläge für Videos:
- Versprecher von Nachrichtensprechern
- irgendwo feststeckende Katzen
- Kinder, die ausrasten, weil sie Schokolade wollen
- Hunde, die an bescheuerten Orten einschlafen
- alle Stand-up-Programme von Louis C. K.
- alles mit Céline Dion

Leslie – es wäre großartig, wenn du danach Drogen ins Spiel bringen könntest. Entweder ein bisschen altes Gras, das du noch in der Handtasche hast, oder frag deinen Ticker nach Koks. Wenn du für Letzteres plädierst, werden sich erst alle ein bisschen anstellen und behaupten, sie wären »diesen Monat so pleite« oder hätten an ihrem »Geburtstag vor zwei Jahren das letzte Mal« gekokst, aber sei versichert, sie wollen es immer noch und rücken die Kohle raus, sobald der Mann mit den Süßigkeiten auftaucht.

Wenn ihr euch dafür entscheidet, geraten Cordelia und Max aneinander, da Max anbieten wird, ein Extragramm zu spendieren, was Cordelia wiederum verwirrt: Offensichtlich sind sie zu pleite für ein Streichquartett, das *Signed, Sealed, Delivered* spielen würde, während sie zum Altar schreitet – aber er will sechzig Pfund für harte Drogen ausgeben, um sie mit Leuten zu teilen, die er kaum kennt?

Nach Mitternacht wird es Zeit, sich dem Teil des Abends zu widmen, den ich »sinnlose Phrasendrescherei« nennen möchte. Die Debatte wird ungefähr so gehen: Die eine Hälfte wird irgendeine offenkundige Theorie aus dem *Guardian* verteidigen, die andere mit irgendeinem Schmarrn aus einem *Vice*-Blog dagegenhalten. Alle Themenbereiche und Meinungen werden austauschbar, nichtssagend und abgelutscht sein und mit erfundenen Statistiken und übertriebenen persönlichen Anekdoten angereichert, die fadenscheinige Argumente untermauern sollen.

Themenvorschläge:
- Gibt es überhaupt noch so etwas wie einen linken oder rechten Flügel?
- Wenn Frauen die Gleichstellung der Geschlechter fordern, warum heißt es dann Feminismus und nicht Egalitarismus?
- Ist es Kunst, wenn auch ich es produzieren könnte?
- Warum essen wir Schweine, aber keine Hunde?
- Was genau meinen unsere Eltern, wenn sie von dem Erbe Tony Blairs reden, das wir angeblich als unsere eigene Meinung ausgäben?
- Wie spät ist zu spät, um Kinder zu bekommen?
- War Margaret Thatcher eine Feministin?
- Werden die steigenden Immobilienpreise in London dazu führen, dass die Leute letztendlich nach Margate ziehen?
- Ist es okay, dass Matthew ein Ramones-Shirt trägt, auch wenn er keinen einzigen der Ramones oder einen ihrer Songs nennen kann?

Wenn Max und Ed bei der Frage »Homosexualität – Natur oder Erziehung?« sich zu sehr in die Wolle kriegen, ist es an der Zeit für Leslies *Besoffene Offenbarung*, bei der sie in einem langen und ausschweifenden Monolog ein Geheimnis von sich preisgibt, während das Publikum andächtig schweigt.

Beichtvorschläge für Leslie:
- du kannst Waliser nicht leiden
- die letzte Chlamydien-Infektion
- wie dein Onkel dich als Teenie begrapscht hat
- Affäre mit einem verheirateten Mann
- du glaubst, dass du mit den Toten kommunizieren kannst
- du findest Wählengehen sinnlos und langweilig
- Angst vor Unfruchtbarkeit

Vorgesehene Abfahrtzeiten:

Ed – 4:00, nachdem er bewiesen hat, dass er die Original-Choreografie zu »Pure and Simple« von Hear'Say sowie jedes Wort von Lil' Kims Rap-Einlage in »Lady Marmalade« beherrscht.

Cordelia – 2:00, wegen eines erfundenen Brunchs am nächsten Vormittag.

Max – 2:30, nachdem er eine angepisste Nachricht von Cordelia bekommen hat, dass er nach Hause kommen soll.

Matthew und Anna – 4:15, mit demselben Uber.

Leslie – 16:00 am nächsten Tag.

Ich freu mich schon total, Leute! Es geht doch nichts über einen gechillten Abend!! xxx

REZEPT

Apfelpizza mit Kein-Bock-Eiscreme
(4 Portionen)

Dieses Rezept hat mir meine Mum gegeben, damit ich Leute beeindrucken kann, wenn sie mich in meinem beschissenen Haus zu beschissenen Dinnerpartys besuchen. Es erfordert null Fertigkeiten oder Mühe.

Für die Eiscreme
- 4 Eigelb *(müssen sehr frisch sein)*
- 100 g Puderzucker
- 340 g Mascarpone
- Vanille-Essenz

Eigelb und Puderzucker zu heller, cremiger Masse schlagen.
  Mascarpone und Vanille-Essenz reinhauen und alles in eine Tupperdose füllen.
  Über Nacht oder wenigstens für drei, vier Stunden einfrieren.

Für die Apfelpizza
- 1 Packung Blätterteig
- 1 Packung Marzipan
- 500 g Äpfel, geschält und in Scheiben geschnitten
- 1 Glas Aprikosenkonfitüre

Blätterteig ausrollen.
  Mit dem Marzipan kreisförmig bedecken.
  Apfelscheiben drauflegen.

Im Ofen bei 200 °C goldfarben backen, in der Zwischenzeit die Aprikosenkonfitüre erhitzen.

Apfelpizza aus dem Ofen nehmen, warme Aprikosenkonfitüre drübergießen und ruhen lassen.

Mit der Eiscreme servieren.

Nichts wird sich ändern

An Farlys Beziehung zu Scott hasste ich mit am meisten, dass ich ihre Familie überhaupt nicht mehr sah. Ich vermisste ihre Mum und ihren Dad, ihre Stiefmutter und ihre Schwester und ihren Bruder.

Jahrelang hatte ich immer wieder Wochenenden und Ferien mit ihrer Familie verbracht, ich empfand sie fast als meine eigene. Doch nachdem Scott die Bühne betreten hatte, lud Farly mich kaum mehr nach Hause ein, sodass ich ihre Familie nur noch ein- oder zweimal im Jahr zu sehen bekam. Der Stuhl am Esstisch, auf dem ich an Geburtstagen und beim Sonntagsbraten gesessen hatte, wurde nun von Scott belegt; er war derjenige, der coole, relaxte Herbstferien in Cornwall mit ihnen verbrachte, während mir nur blieb, auf Instagram die Fotos anzuschauen.

Nach einigen Monaten, die wir in unserem neuen Haus in London verbracht hatten, lud Farly mich zu einem Samstagnachmittag-Spaziergang mit ihrer Familie ein. Als wir zum Essen in einen Pub einkehrten, sog ich die warme Vertrautheit ihrer Rituale ein: die Spitznamen, die Insiderwitze, die Geschichten über Farly und mich als Teenager. Ich wurde überheblich; welchen Platz Scott in den letzten Jahren auch eingenommen haben mochte, es musste ein anderer sein als meiner, denn absolut nichts hatte sich geändert.

Auf den letzten Metern unserer Wanderung fielen wir hinter die anderen und den Hund zurück, so wie früher als Jugendliche, weil wir uns beim Wettessen in der Mittagspause zu sehr vollgestopft hatten.

»Scott hat mich gefragt, ob wir zusammenziehen.«

»Und, was hast du gesagt?«, fragte ich.

»Ich tu's«, sagte sie fast entschuldigend; ihre zögernden Worte schwebten in der kalten Luft. »Es hat sich richtig angefühlt, als er es vorgeschlagen hat.«

»Wann?«

»Wenn ich ein Jahr mit euch Mädels in Camden gemacht habe«, antwortete sie. Ich verübelte ihr den Ausdruck »ein Jahr machen« – als wäre ich der Job während einer Skisaison, den man zur Überbrückung zwischen Abi und Uni einschob, oder ein Sprachkurs in Japan; etwas, das man einmal machte, um eine interessante Story erzählen zu können.

»Okay«, antwortete ich.

»Es tut mir so leid, ich weiß, dass das hart ist.«

»Nein, nein, ich freue mich für dich«, sagte ich. Den Rest des Spaziergangs verbrachten wir schweigend.

»Sollen wir Chocolate-Chip-Cookies backen?«, fragte Farly, als wir wieder zu Hause waren.

»Okay.«

»Super. Schreib auf, was wir alles brauchen, ich gehe einkaufen. Und wollen wir vielleicht diese Doku über Joni Mitchell gucken, die seit Ewigkeiten im Regal liegt?«

»Klar«, sagte ich. Ich fühlte mich sehr daran erinnert, wie meine Mum damals mit mir zu McDonald's fuhr, als mein Goldfisch gestorben war.

Wir saßen auf dem Sofa und aßen Cookies, unsere Beine ineinander verknotet, die Bäuche über den Rand unserer Pyjamahosen quellend. Graham Nash sprach über den herzzerreißenden Text von »Blue«.

»Ich kenne jedes einzelne Wort auf dem Album«, sagte ich. Es war das einzige Album, das wir auf einen dreiwöchigen Sommer-Roadtrip mitgenommen hatten, als Farly mit siebzehn den Führerschein bestanden hatte.

»Ich auch. ›Carey‹ ist mein Lieblingssong.«

»Meiner ist ›All I Want‹.« Ich machte eine Pause, um den Rest meines Cookies zu essen, und wischte mir die Krümel vom Mund. »Wir werden wahrscheinlich nie wieder so einen Roadtrip machen.«

»Wieso?«

»Weil du mit deinem Freund zusammenziehst. Du wirst all deine Roadtrips jetzt mit ihm machen.«

»Sei nicht albern«, sagte sie. »Nichts wird sich ändern.«

Ich möchte diese Geschichte gerne kurz unterbrechen, um etwas zum Thema »Nichts wird sich ändern« zu sagen. Ich habe diesen Satz während meiner Zwanziger wiederholt von Frauen gehört, die mit ihrem Freund zusammenzogen, sich verlobten, ins Ausland gingen, heirateten, schwanger wurden. »Nichts wird sich ändern.« Das macht mich wahnsinnig. Alles wird sich ändern. *Alles wird sich ändern.* Unsere Liebe füreinander bleibt dieselbe, aber das Format, der Ton, die Regelmäßigkeit und die Vertrautheit unserer Freundschaft wird sich verändern.

Erinnert ihr euch, wie ihr als Teenager eure Mutter mit ihrer besten Freundin gesehen habt und sie einander nahe zu sein schienen, aber so ganz anders miteinander umgingen als ihr mit euren Freundinnen? Da war dieses merkwürdig Förmliche zwischen ihnen – eine kleine Unsicherheit, wenn sie sich begegneten. Eure Mutter hat vielleicht das Haus geputzt, bevor ihre Freundin kam, und sie unterhielten sich über den Husten ihrer Kinder und welche Frisuren sie gerne ausprobieren würden. Als wir Teenies waren, sagte Farly einmal zu mir: »Versprich mir, dass wir niemals so werden. Versprich mir, dass wir mit fünfzig noch genauso sind wie jetzt. Ich will, dass wir dann immer noch auf dem Sofa hängen, Chips in uns reinstopfen und über die wirklich wichtigen Dinge reden. Ich will nicht, dass wir Frauen werden, die alle paar Monate mal zusammen ins National Exhibition Center in Birmingham auf einen Kunsthandwerkermarkt gehen.« Ich versprach es ihr. Aber was wusste ich schon davon, wie viel Arbeit es verlangt, diese Vertrautheit mit einer Freundin aufrechtzuerhalten, wenn man älter wird – sie bleibt nicht einfach von alleine da.

Ich habe es immer wieder miterlebt: Eine Frau fügt sich besser in das Leben eines Mannes ein als umgekehrt. *Sie* verbringt die meiste Zeit bei ihm, *sie* lernt alle seine Freunde und deren Freundinnen kennen. *Sie* schickt seiner Mutter zum Geburtstag einen Blumenstrauß. Frauen mögen dieses ganze Theater genauso wenig wie Männer, aber sie sind besser darin – sie kommen einfach damit klar.

Das heißt, wenn sich eine Frau in meinem Alter in einen Mann verliebt, wandelt sich ihre Prioritätenliste von dieser:

1. Familie
2. Freundinnen

… zu dieser:

1. Familie
2. Freund
3. Familie des Freundes
4. Freunde des Freundes
5. Freundinnen der Freunde des Freundes
6. Freundinnen

Was wiederum bedeutet, dass man seine Freundin statt jedes Wochenende durchschnittlich nur noch jedes sechste Wochenende sieht. Sie gibt den Takt vor, und du bist diejenige, die ganz am Ende dran ist: Du bekommst ihre Zusage etwa für deinen Geburtstag oder für einen Brunch, dann musst du sie wieder ihrem Freund überlassen, und das ganze nervige Rotationsprinzip geht wieder von vorne los.

Diese Lücken im Leben der jeweils anderen bilden langsam, aber sicher eine Lücke inmitten eurer Freundschaft. Die Liebe ist noch da, aber die Nähe nicht. Bevor du dich versiehst, lebt ihr euer Leben nicht mehr zusammen. Ihr lebt getrennte Leben mit eurem jeweiligen Freund und trefft euch alle sechs Wochen, um euch gegenseitig zu berichten, wie euer Leben so läuft. Ich verstehe jetzt, warum Mum immer das Haus geputzt hat, bevor ihre beste Freundin vorbeikam, und dass sie unnatürlich fröhlich fragte: »Was gibt's Neues bei dir?« Ich begreife, wie es dazu kommt.

Also, mir soll bitte keine Freundin mehr sagen, dass sich nichts ändern wird, wenn sie mit ihrem Freund zusammenzieht. Es wird keine Roadtrips mehr geben, denn der Zyklus funktioniert genauso, wenn es um Urlaube geht – ich bekomme meinen Buddy alle sechs Jahre für einen Sommer wieder, außer sie hat ein Baby, in diesem Fall kriege ich meinen nächsten Roadtrip in achtzehn Jahren.

Es läuft immer so. Alles ändert sich.

An meinem fünfundzwanzigsten Geburtstag zog Farly aus. Sie und Scott hatten eine Zweizimmerwohnung mit Dachterrasse in Kilburn gefunden. Sie lag gegenüber einem Fitnessstudio, was die beiden gut fanden, da sie anscheinend gerne Badminton spielten. Mit großem Trara zeigte Farly mir, dass es eine direkte Busverbindung von Camden zur Kilburn High Road gab.

Mit diesem Bus fuhr ich schmollend zur Einweihungsparty, die ich ketterauchend auf der Dachterrasse verbrachte. Farlys kleine Schwester Florence saß auf meinem Schoß und zeigte mir ihr Jahrbuch. Als ich später betrunken war, erzählte ich ihr von meiner heimlichen Hoffnung, dass einer der beiden den anderen betrügen würde oder Scott schwul wäre, sodass Farly wieder zu uns ziehen müsste. Florence lachte und umarmte mich.

»Ich hasse das Teil«, sagte Farly und zeigte auf ein eingerahmtes Trikot von Manchester United voller Autogramme der Spieler, das in der Diele hing. Sie spürte, dass ich irgendetwas brauchte, woran ich meine schlechte Laune auslassen konnte.

»Ja, grauenhaft«, sagte ich.

»Widerlich«, meinte sie. »Mit einem Typen zusammenwohnen. Bah.«

»Mit Mädchen lässt es sich viel besser leben.«

»Am besten.« Sie lächelte. »Gefällt dir die Wohnung?«

»Ich liebe sie. Ich glaube, du wirst hier richtig glücklich.«

Und zu meinem eigenen Ärger glaubte ich das wirklich.

In Farlys Zimmer zog Belle, eine gemeinsame Freundin von der Uni, die sowohl ihre Gitarre mitbrachte als auch das Vorhaben, ganze Wochenenden lang tanzen zu gehen, und das Leben ging weiter wie bisher. Der Kühlschrank hatte immer noch ein Leck. Das Klo im Erdgeschoss war weiterhin kaputt. Gordon schlich sich an den meisten Samstagvormittagen immer noch uneingeladen in unser Haus, um uns abscheuliche Möbelstücke als »Geschenk« unterzujubeln, weil er keinen Bock hatte, sie zur Müllkippe zu bringen. Wenn eine von uns zum Eckladen ging, spielten wir immer noch »Damenwahl«, was bedeutete, dass diejenige einen Schokoriegel ihrer Wahl für die anderen mitbrachte und man sich mit ihm zufriedengeben musste. Anfangs sah ich Farly öfter als zu der Zeit, in der wir zusammengewohnt hatten, einfach weil sie alles tat, um mir das Gefühl zu geben, dass »nichts sich geändert« hätte. Aber irgendwann sah ich sie weniger. Alles änderte sich.

Drei Monate, nachdem die beiden zusammengezogen waren, saß ich gerade auf der Arbeit an meinem Schreibtisch, als ich auf dem Handy sah, dass Scott mich zu einer WhatsApp-Gruppe namens »Aufregende Neuigkeiten« eingeladen hatte.

Ich wusste, welche das sein würden, also öffnete ich die Nachricht nicht. Ich hatte diesen Moment erwartet, seit Farly mir gesagt hatte, dass sie zusammenziehen würden. Allerdings war ich noch nicht bereit, es zu lesen, also arbeitete ich weiter, als wäre das alles nur ein böser Traum; eine nicht gesendete Nachricht im Postausgang des Orbits. Mein Telefon lag eine Stunde lang vor mir auf dem Tisch, und die ganze Zeit starrte mich die Benachrichtigung an. Dann rief AJ an – die ebenfalls in die Gruppe eingeladen worden war – und befahl mir, die Nachricht zu öffnen. Darin stand, dass er ihr einen Antrag machen wolle. Am Valentinstag. Vier Jahre nach ihrem ersten Date. Er fragte, ob wir ein paar ihrer Freundinnen zusammentrommeln und mit ihnen in eine Bar kommen könnten, um Farly nach seinem Antrag zu überraschen. Ich antwortete, dass ich das total gerne machen würde. Ich schrieb, ich könne es kaum erwarten. Ich schrieb, ich sei völlig aus dem Häuschen.

Ich weinte, denn ich wusste, dass ich den Kampf – gegen wen auch immer ich glaubte kämpfen zu müssen – verloren hatte.

Dilly kam an meinem Platz vorbei.

»Dollbird«, sagte sie, »was ist denn los?«

»Nichts«, murmelte ich.

»Komm schon.« Sie nahm meine Hand und zog mich in den Konferenzraum. »Erzähl, was passiert ist.« Ich erzählte von dem Antrag. Sie kannte die ganze Geschichte, hatte Farly auch ein paarmal getroffen und war seit Jahren von der Dreiecksbeziehung Scott-Farly-Dolly fasziniert. Sie sagte oft, sie wäre »ein perfekt durchstrukturierter Plot für eine Reality Soap«.

»Und ich weiß, dass ich pathetisch bin«, sagte ich schluchzend.

»Ich weiß, dass Leute erwachsen werden und die Dinge sich ändern, aber *fuck*, ich hätte nie gedacht, dass alles schon anders würde, wenn wir gerade mal fünfundzwanzig sind.«

Sie sah mich an, seufzte und schüttelte bekümmert den Kopf.

»Was?«, fragte ich.

»Ich wusste, dass wir euer Haus mit Kameras hätten ausstatten sollen, als ihr da eingezogen seid«, sagte sie und verdrehte die Augen. »Ich wusste es – ich hab es Dave damals gesagt. Ich weiß, dass du immer meintest, dass du nicht ins Fernsehen willst, aber diese ganze Story wäre so ein super Handlungsbogen gewesen!«

Ich versammelte unsere Freundinnen und berichtete ihnen von Scotts Plan. Wir machten Zeit und Ort aus, an dem wir mit unserem Geschenk warten würden. Ich kaufte bei Etsy ein gerahmtes Poster mit dem Text von »There Is A Light That Never Goes Out«, Farlys Lieblingssong von den Smiths. AJ meinte, sie würde mir das Poster zu »Heaven Knows I'm Miserable Now« kaufen.

Nichts von alldem hatte ich jemals gewollt. Ich wollte nie, dass sie ihre Wochenenden mit Scotts Freunden und deren Frauen bei Grillabenden im verdammten Balham verbringen würde. Ich wollte sie nicht zum Essengehen treffen, damit wir uns gegenseitig auf den neuesten Stand bringen könnten. Ich wollte nicht, dass sie nach einem Jahr ausziehen würde. Ich wollte nicht, dass sie heiraten würde. Und das Schlimmste war, dass all das meine beschissene Schuld war. Wenn ich doch bloß die Zeit hätte zurückdrehen können und die beiden niemals miteinander bekannt gemacht hätte. Wenn ich bloß niemals Hector gedatet hätte. Wäre ich doch bloß niemals mit zu ihm gegangen, in jener verschneiten Nacht in Notting Hill. Ich wünschte mir, alles zurückspulen zu können, und dass ich nie ein Gespräch mit ihm angefangen hätte, damals in diesem Zug.

Das Problem daran, eine Farly in seinem Leben zu haben, ist, dass ihre Geschichte sich anfühlt wie die eigene. Sie führte nicht das Leben, das ich für uns geplant hatte, und ich trauerte um eine Zukunft, von der ich jetzt wusste, dass wir sie nie erleben würden. Bis zu Scotts Auftauchen lief alles mit uns nach Plan: Wir gingen auf dieselbe Uni, wo wir uns für dasselbe Wohnheim entschieden, dann wohnten wir dort zwei Jahre lang zusammen in einem Haus. Nach unserem Abschluss dachte ich, dass uns nun unsere »Londoner Jahre« erwarten würden – nicht »das Londoner Jahr«. Ich dachte, dass noch viele Häuser kommen würden, nicht nur *ein* Haus. Ich dachte, dass wir zusammen Hunderte Nächte bis zum Sonnenaufgang durchfeiern würden. Ich dachte, dass wir auf Konzerte und auf Zweier-Pärchenabende gehen würden, dass wir Europas Städte bereisen und uns ewig lange Wochen nebeneinander am Strand räkeln würden. Ich glaubte, dass wir einen Anspruch auf die Zwanzigerjahre der anderen hätten, bevor wir einander notgedrungen freigeben müssten. Es fühlte sich an, als hätte Scott mich unserer gemeinsamen Geschichte beraubt. Er hatte sich zehn Jahre genommen, die mir gehörten.

Ungefähr einen Monat, bevor Scott den Antrag machen wollte, gingen Farly und ich eines Samstagabends mit ein paar Freundinnen aus.

»Scott hat diese Woche was Komisches gesagt«, verkündete sie. Wir anderen schauten einander an – in dem Bewusstsein, dass wir schon das Smiths-Poster gekauft und den Valentinstag verplant hatten –, mit großen Augen und heimlich blinzelnd.

»Erzähl«, sagte ich düster.

»Er meinte, er hätte für den Valentinstag eine Überraschung für mich und dass sie klein, aber auch groß wäre. Und – ich weiß, das klingt verrückt –, aber ich dachte kurz, vielleicht könnte das ein Verlobungsring sein?«

»Nein, das glaub ich nicht«, antwortete Lacey abrupt und bemühte sich, all unsere bohrenden Blicke zu ignorieren – denn wären sich unsere Blicke auch nur für eine Nanosekunde begegnet, hätte das alles verraten.

»Ja, ich weiß. Du hast recht, das wird es nicht sein«, sagte Farly schnell und lachte schüchtern.

»Yeah«, machte AJ, »ich glaube, du interpretierst zu viel da rein, Alte.«

»Aber was könnte denn klein und gleichzeitig groß sein? Mir fällt einfach nichts ein.«

»Hmm, ich weiß nicht«, meinte Lacey. »Vielleicht Flugtickets für einen Urlaub oder so?«

»Vielleicht ein Kollar«, sagte ich tonlos.

»Was?«, fragte sie.

»Das wäre etwas Kleines, aber auch sehr groß. Vielleicht hat er beschlossen, Priester zu werden, und will es dir an eurem Jahrestag sagen.«

»O Gott, hör auf, Dolly.« Farly seufzte.

»Oder vielleicht ... vielleicht«, sagte ich, und das Niveau meiner Gedanken entsprach dem Liter Weißwein, den ich getrunken hatte, »vielleicht will er sich ein Manchester-United-Tattoo ins Gesicht stechen lassen. Klingt erst mal klein, aber in Wahrheit wäre es riesig, oder? Es könnte deine ganzen Gefühle für ihn verändern.« AJ bedeutete mir mit einer diskreten Halsabschneide-Geste, damit aufzuhören. »Oder vielleicht ist es ein Schlüssel für ein Boot, vielleicht hat er euch ein Schnellboot für die Themse gekauft. Wäre ein ziemlich heftiger Wandel eures Lifestyles, vor allem, falls er damit an den Wochenenden rausfahren will. Ich glaube, so was ist ganz schön teuer im Unterhalt. Vielleicht ist es das. Er ist eigentlich Seefahrer, hat aber nie den richtigen Moment gefunden, um es dir zu sagen.«

»Ich hab keine Lust mehr, zu raten, was es sein könnte«, erwiderte Farly giftig.

In der Nacht vor ihrer Verlobung konnte ich nicht schlafen. Ständig musste ich darüber nachdenken, wie Farlys Leben sich verändern würde und dass sie nichts davon ahnte. Am nächsten Morgen schickte ich Scott eine Nachricht: »Viel Glück für heute Abend. Ich weiß, dass du es perfekt machen wirst. Ich hoffe, sie sagt Ja. Falls nicht – hat mich gefreut, dich kennenzulernen x«.

»Danke für dein Vertrauen, Dolls x«, antwortete er.

Wir saßen mit unserem Grüppchen in der Bar und warteten auf Scotts Nachricht.

»Was, wenn sie Nein sagt?«, fragte AJ. »Gehen wir dann einfach wieder nach Hause?«

»Sie wird nicht Nein sagen«, meinte ich. »Aber für den Fall, dass doch, hab ich schon mal nachgeguckt, was heute noch so los ist. Im KOKO ist Disconacht, da könnten wir dann einfach tanzen gehen – sind nur zehn Pfund Eintritt.«

Um zehn Uhr kam Scotts Nachricht, dass sie verlobt seien. Er hatte ihr gesagt, dass sie zur Feier des Tages noch mit einem Drink anstoßen sollten, bevor sie nach Hause gehen würden. Wir bestellten eine Flasche Champagner, schenkten zwei Gläser ein und starrten in Erwartung ihres Taxis aus dem Fenster. Endlich sahen wir sie auf die Bar zukommen, und AJ drückte zweimal meine feuchte Hand – der universelle stille Morse-Code.

»HERZLICHEN GLÜCKWUNSCH!«, brüllten wir, als Farly zur Tür hereinkam. Sie sah zuerst uns in fassungslosem Entsetzen an, dann Scott. Er lächelte sie an, und sie kam auf mich zugerannt und umarmte mich.

»Herzlichen Glückwunsch«, sagte ich und reichte Scott sein Glas mit Champagner. »Du hast meine beste Freundin sehr glücklich gemacht.«

»Ich bin so froh, dass du damals diesen Idioten Hector gedatet hast«, sagte er lachend. »Ich liebe dich, Dolly.«

Seine Augen füllten sich mit Tränen, und er umarmte mich.

Ich fragte mich, ob er wohl wusste, was ich fühlte. Ich fragte mich, ob er es immer gewusst hatte. Vielleicht hatte er deswegen versucht, mich in den Abend ihrer Verlobung zu integrieren, mir ein eigenes Projekt zu geben, mich irgendwie einzubinden. Zwei Stunden später bat Farly mich, ihre Trauzeugin zu sein, ich hatte den Großteil ihres Champagners getrunken, und ich verspürte ein großes Mitteilungsbedürfnis.

»'schwilleine Rede haltn«, raunte ich AJ lallend zu und griff nach einer Gabel, um an mein Glas zu klopfen.

»Nein, Schatz«, sagte AJ, nahm mir die Gabel aus der Hand und gab den anderen Mädels ein Zeichen, die eilig das gesamte Besteck vom Tisch sammelten und es dem Kellner reichten. »Keine Reden.«

»Aberchbin ihre verdammte Traußeugin.«

»Ich weiß, Süße, aber es wird noch ganz viele Gelegenheiten für Reden geben.«

Als AJ zur Toilette ging, krabbelte ich unter den Tisch und fand in ihrer Handtasche den Autoschlüssel. Mit einem *Ding ding ding* ließ ich ihn gegen das Glas klirren.

»Als ich erfahren habe, dass Scott und Farly sich verloben würden – ja klar, ich war total angepisst«, verkündete ich.

»O Gott«, stöhnte Belle.

»Weil ich diese kleine Spinnerin schon über fümmenzwanzich Jahre kenne.«

»Über fünfundzwanzig Jahre?«, fragte Lacey Hicks.

»Hallsmaul!«, rief ich und gestikulierte mit meinem Glas Richtung Lacey, meinen Wein über den gesamten Tisch schüttend.

»DAS IST DOCH SCHEISSE, DU BIST NICHT MEHR MEINE TRAUZEUGIN!«, rief Farly betrunken dazwischen.

»Aber ich sehe, dass auf der Welt«, ich machte eine dramatische Pause, »noch alles in bester Ordnung ist. Denn meine allerbeste Freundin hat den allerbesten Mann bekommen.«

»Aaaww«, machten alle und atmeten erleichtert auf.

»Auf Scott und Farly«, heulte ich tränenerstickt und setzte mich. Alle applaudierten zaghaft.

»Wunderschön«, flüsterte Belle mir zu. »Auch wenn ich weiß, dass du Julia Roberts' Rede aus *Die Hochzeit meines besten Freundes* geklaut hast.«

»Ach, das weiß Farly nich«, zischte ich und wedelte abwehrend mit der Hand.

An den restlichen Abend, das muss ich zugeben, erinnere ich mich nur sehr verschwommen. Ich lud Dilly und ihren Mann, die in der Nähe den Valentinstag zelebriert hatten, ein, mit uns zu feiern. Ich führte im Restaurantbereich der Bar einen Cancan auf, während ich »One« aus *A Chorus Line* sang, und kickte dabei einem Kellner das Tablett voller Teller aus der Hand, die auf dem Boden zerbarsten. Ich verabschiedete mich von Farly und Scott, kehrte in das Haus in Camden zurück und zwang alle anderen, bis morgens um sechs weiterzutrinken. Ich erwachte neben einer halbnackten Hicks, auf deren Brüsten in Eyeliner-Buchstaben der Schriftzug *happy valtine day* prangte.

Den nächsten Tag verbrachte ich damit, zu beobachten, wie sich Farlys »Verlobungswochenende« (ich will nicht den Eindruck erwecken, in dieser Sache engstirnig zu sein, aber ich hatte angenommen, dass ein Abend ausreicht) in den sozialen Medien verbreitete. Es gab ein Barbecue mit der Familie, einen Lunch im Wolseley, da waren Scotts Freunde und deren Frauen, die sie mit Geschenken wie edlen Hochzeitsplaner-Notizbüchern oder Champagner-Magnumflaschen überhäuften, was mein gerahmtes Poster etwas mickrig wirken ließ. Allmählich kam ich mir vor, als wäre ich der in Vergessenheit geratene vierte Heilige König (der irgendeinen Plunder von Etsy mitgebracht hatte).

»Ich hatte das Gefühl, dass du Freitagabend ein bisschen überfordert warst«, sagte Farly am Telefon. »Geht es dir gut?«

»Ja, super! Ich weiß gar nicht, was du mit ›überfordert‹ meinst, ich meine, ich bin hier nicht diejenige, die einen Antrag bekommen hat. Du dagegen scheinst etwas über*schüttet* worden zu sein. Ich hab auf Facebook gesehen, dass Michelle dir dieses Wedding-Planner-Buch von Smythson gekauft hat – supernett von ihr, oder?«

»Hast du Lust, dass wir beide nächste Woche mal essen gehen?«

»Klar.«

Ich schrieb eine Mail an Hector – die erste nach vier Jahren.

Erinnerst du dich noch an mich? Scott und Farly werden heiraten. Gott sei Dank hast du mich damals nackt in deine Küche geschickt!

Er antwortete. Er sagte, er habe es auf Facebook gesehen. Er erzählte, dass er nicht mehr in der City, sondern als Reisejournalist arbeite und dass er ein fettes Spesenkonto habe, und er fragte, ob er mich zu einem Lunch mit vielen Drinks ausführen dürfe, um auf unsere Fähigkeiten als Heiratsvermittler anzustoßen. Ich fand, dass wir uns auf einer Skala für »Heiratsvermittler« eher am unteren Ende bewegten, aber ich sagte Ja, weil ich deprimiert war. In einem Anfall von zwanghafter Nostalgie durchsuchte ich meinen Posteingang nach all seinen alten versauten Gedichten. Ich sagte das Essen einen Tag vorher ab.

»Warum hast du ihm überhaupt geschrieben?«, fragte Farly zwischen zwei Bissen von ihrem Burger, als wir ein paar Tage später essen waren.

»Ich weiß nicht. Vielleicht wünsche ich mir einfach nur einen Freund.«

»Wirklich?«, fragte sie und wischte sich den Mund mit ihrer Serviette ab. »Du sagst doch immer, du willst keinen.«

»Ja, aber in letzter Zeit hat sich das geändert.«

»Und wie kommt das?«

Wie das kam? Ich war eifersüchtig. Diesmal nicht auf Scott; ich war eifersüchtig auf Farly.

»Deine Verlobung.«

»Warum?«

»Weil ich es zum Kotzen finde, dass dein Leben jetzt so anders ist als meins. Ich finde es zum Kotzen, dass wir immer alles gemeinsam gemacht haben und dass wir das jetzt nicht mehr tun.« Ich seufzte. »Ich finde es zum Kotzen, dass unsere Kinder altersmäßig so weit auseinanderliegen könnten. Ich finde es zum Kotzen, dass du dir eine Wohnung mit einem Mann kaufen wirst und ich meinen Vermieter darum anbetteln musste, dass ich diesen Monat die Miete drei Wochen später zahlen darf. Ich finde es zum Kotzen, dass du in Scotts Audi herumfährst, den er als Dienstwagen bekommen hat, und dass ich immer noch keinen Führerschein habe. Ich finde es zum Kotzen, dass seine Freunde so anders sind als ich, und ich habe Angst davor, dass sie dich mir wegnehmen, weil ihr Leben so ist wie deins, meins aber nicht. Ich weiß, dass es gestört klingt und dass es hier nicht um mich geht und dass ich deinen besonderen Moment versaue und dass ich mich einfach nur für dich freuen sollte. Aber ich habe das Gefühl, ewig weit hinter dir her zu sein, und ich habe Angst davor, dich aus den Augen zu verlieren.«

»Wenn du mit zweiundzwanzig deinen Mann gefunden hättest, dann hätte ich das wirklich, wirklich schlimm gefunden«, sagte sie.

»Ehrlich?«

»Natürlich! Ich hätte es gehasst.«

»Manchmal hab ich das Gefühl, verrückt zu werden.«

»Du wirst nicht verrückt. Ich hätte all das genauso empfunden wie du. Aber ich hab mir nicht ausgesucht, Scott mit zweiundzwanzig kennenzulernen. Ich habe keinen Ehemann gesucht.«

»Yeah«, sagte ich halbherzig.

»Und ich werde immer da sein, um alle Wendepunkte in deinem Leben mit dir zu erleben und zu feiern, egal ob nächsten Monat oder in zwanzig Jahren.«

»Wohl eher in vierzig«, murmelte ich. »Ich hab es noch nicht mal zu einer Wohnung mit Vorhängen gebracht.«

»Wir sind nicht mehr in der Schule. Die Dinge passieren jetzt zu unterschiedlichen Zeiten. Genauso wirst du manche Sachen vor mir erleben.«

»Und was soll das sein? Ein Meth-Trip?«

So machte ich letzten Endes meinen Frieden mit Scott. Ich kapierte, dass er nicht irgendwohin abhauen wollte. Ich verbrachte Zeit mit den beiden und spielte weiter meine wohlbekannte und gerngesehene Rolle als offizielles fünftes Rad. Es ist eine nervtötende Rolle, aber eine, die ich sehr gut beherrsche. Von all meinen Lebensjahren auf diesem Planeten habe ich nur ein paar wenige in einer Beziehung verbracht. Im Fünftes-Rad-Spielen kenne ich mich aus und bin guterprobt; ich bin *Dolly Das-fünfte-Rad Alderton*.

Meine gesamte Adoleszenz verbrachte ich damit, mit meinen Freundinnen und deren Freunden rumzuhängen. Wenn sie sich aus Spaß auf dem Sofa kabbelten, lächelte ich eisern, und wenn sie in einer Ecke des Zimmers rumknutschten, gab ich vor, auf meinem Smartphone *Snake* zu spielen. Ich bin sehr gut darin, zu lächeln und vorzutäuschen, wenn ich mit Paaren zusammen bin – auf diese Weise am Tisch sitzend verbrachte ich in meinen Zwanzigern die meisten Abende der Woche. Ich lasse sie vor mir ihre Fake-Streitereien darüber austragen, wer dran ist, die Spülmaschine auszuräumen. Ich lache mit ihnen, wenn sie lang und breit über die Schlafgewohnheiten des anderen herziehen. Ich schweige, wenn sie überanimiert Einzelheiten über Leute austauschen, von denen ich nie gehört habe (»Nicht im ERNST! Priya hat echt diese Fliesen gekauft?! Das GLAUB ich nicht! Nach allem, was war! O Gott, sorry, erklär Dolly, wer Priya ist, und erzähl ihr die ganze Geschichte von dem Loft-Umbau von vorne«), um ihnen zu zeigen, dass sie ein wahnsinnig interessantes Leben haben, zu dem ich nicht gehöre. Und die ganze Zeit tue ich so, als wüsste ich nicht, warum ich das fünfte Rad bin, warum ich immer mitlache und zuhöre. Aber natürlich ist mir klar, dass ich so eine Art Aphrodisiakum für ihr Spiel von häuslichem Glück bin – ich weiß, dass sie einander in dem Moment, in dem ich gehe, gegenseitig die Kleider vom Leib reißen, angeheizt durch eine ausgedehnte Abhandlung über ihren Urlaub auf den Philippinen, vor allem weil sie beide dieselbe Insel nannten, als ich fragte, wo es ihnen am besten gefallen habe. Ich bin einfach nur ein unfreiwilliger Zuschauer.

Aber dennoch sitze ich da und schaue mir all diese Shows an, denn die Alternative – meine Freundinnen zu verlieren – ist keine Option.

Und als Farly und Scott diese Nummer mit mir eben nicht abzogen, stellte ich zu meinem Erschrecken fest, dass Scott und ich uns ziemlich gut verstanden. Tatsächlich tat es mir leid, dass ich das nicht schon früher erkannt hatte, denn dann hätte ich seine Gesellschaft genossen, als Farly und ich noch zusammengewohnt hatten und er bei uns war, anstatt ihn nur anzugrummeln. Er war witzig und klug. Er las Zeitung und hatte eine Meinung zum Weltgeschehen. Wie sich herausstellte, war Scott ein verdammt guter Typ, und im Rückblick erschien es mir so klar, dass Farly selbstverständlich einen coolen Mann heiraten wollen würde. Ich hatte mich völlig verrannt.

Während ich Farly nicht gerade begeistert dabei half, die Hochzeit vorzubereiten, bemühte ich mich auch mehr um seine Freunde. Bislang hatte ich immer, wenn ich sie getroffen hatte, eine riesige, peinliche Performance hingelegt, die zeigen sollte, dass ich anders war als sie. Bei einem sonntäglichen Mittagessen bei uns zu Hause hatte ich mich exzessiv besoffen und ihnen einen Vortrag nach der »Fleischessen ist Mord«-Doktrin gehalten, während sie ihren Lammbraten aßen. In einem Pub beschuldigte ich einen seiner Freunde einmal, ein Frauenhasser zu sein, als er eine Bemerkung zu meiner Größe machte. Aber nachdem Farly und Scott sich verlobt hatten, gab ich mein Bestes, mich zu entspannen, höflich zu sein und sie kennenzulernen. Immerhin waren es Menschen, mit denen Farly inzwischen die meiste Zeit verbrachte. Sie mussten einfach wenigstens ein bisschen interessant sein.

Und dann, an einem Freitagabend im August, hörten wir alle schlagartig auf, über Farlys Hochzeit nachzudenken. Bei Florence, Farlys achtzehnjähriger Schwester, wurde Leukämie diagnostiziert. »Das Leben liegt auf Eis«, sagte Farlys Dad in den folgenden Monaten oft. Und das Leben lag auf Eis. Die Hochzeit wurde um ein Jahr verschoben. Florence sollte eine der Brautjungfern sein, und sie wollten sichergehen, dass sie sich gut genug fühlte, wenn es so weit war. Ich hatte Monate damit verbracht, mir einen riesigen Kopf um die Hochzeit zu machen, und jetzt war sie mir völlig egal.

Einen Monat nach der Diagnose wurde Farly siebenundzwanzig. Wir wollten gerne mit ihr feiern, damit sie Florence' Krankheit kurz vergessen konnte, aber sie war völlig ausgelaugt. Jede freie Stunde hatte sie im Krankenhaus verbracht. Sie wollte nicht trinken, hatte keine Lust auf Menschen, wollte nicht etlichen Leuten berichten müssen, wie es ihr ging. Von ihrer Familie konnte niemand kommen, da sie alle vor dem Krankenhaus kampierten. Schließlich traf Scott die Entscheidung: AJ und ich sollten zu ihnen kommen, und er würde für uns vier kochen.

Der erste von Farlys Geburtstagen, den ich mit ihr gefeiert hatte, war ihr zwölfter. Sie hatte mehr Kerzen auf Geburtstagstorten mit mir als ohne mich ausgepustet. Ich erinnere mich an das erste Mal, als wäre es gestern gewesen – als sie noch irgendeine Klassenkameradin war, die in Mathe neben mir saß. Sie trug ein pinkfarbenes Kleid von Miss Selfridge, und wir tanzten im Gemeindesaal von Bushey zu »Macarena«.

Doch dieser Geburtstag war anders als alle Geburtstage zuvor, die wir zusammen gefeiert hatten. Farly war schmaler, als ich sie je gesehen hatte – so klein und zerbrechlich wie ein junger Vogel. Es gab keine ungestümen Umarmungen, kein Besäufnis. Wir waren zurückhaltend und behutsam, was besonders auf Scott zutraf. Er war früh aufgestanden, um zum Fischhändler zu gehen, da AJ und ich kein Fleisch mehr aßen. Er hatte einen fantastischen, mit Fenchel und Orangen gefüllten Seebarsch gemacht, dazu gebratene Frühkartoffeln, und richtete alles so konzentriert an, als wäre er Kandidat bei einer Kochshow. Jedes Mal, wenn er an Farly vorbeikam, gab er ihr einen Kuss auf den Scheitel. Er hielt unter dem Tisch ihre Hand. Ich sah den Mann, in den sie sich verliebt hatte. Aus der Küche sagte ich ihm per WhatsApp, dass ich ein Tablett mit Geburtstags-Cupcakes hinter dem Sofa versteckt hatte. Als Farly auf Toilette ging, verbarrikadierte AJ die Tür mit einem Stuhl, ich verteilte hektisch die Cupcakes auf einer Platte, und Scott suchte nach Streichhölzern.

»WAS SOLL DAS?!«, schrie Farly.

»EINE MINUTE!«, rief ich, während Scott und ich alle Kerzen anzündeten.

Wir sangen »Happy Birthday« und übergaben ihr unser Geschenk und eine Karte. Sie pustete die Kerzen aus und lachte, als wir drei sie in einer großen Gruppenumarmung umschlossen.

»Warum hat das denn so ewig gedauert?«, fragte sie. »Habt ihr die erst gebacken, während ich pinkeln war? Ich war so lange da drin, dass ich mit meinem Oberschenkeltraining angefangen habe.«

»Was für ein Oberschenkeltraining?«, fragte AJ.

»Ach, diese neuen Ausfallschritte, von denen ich gelesen habe.«

Sie ging ein paarmal in die Knie, und ein bisschen ihrer alten, gesunden Farbe kehrte in ihr Gesicht zurück. »Ich versuche, jeden Morgen welche zu machen. Glaub aber nicht, dass es irgendwas bewirkt. Meine Beine sehen immer noch aus wie zwei überdimensionierte Räucherschinken.« AJ ahmte ihre Bewegungen nach, steif auf und ab wippend, während Farly ihr Anweisungen erteilte wie Rosemary Conley in einem ihrer Videos.

Scott sah vom anderen Ende des Raumes zu mir herüber und fing meinen Blick auf. Er lächelte. »Danke«, formte er mit den Lippen. Ich lächelte zurück und erkannte mit einem Mal die Welt, die uns beide nun vereinte. Diese unsichtbare Dimension, die aus der Vergangenheit, Liebe und Zukunft gebildet wurde, die uns mit diesem einen Menschen verband. In diesem Moment wusste ich, dass sich alles geändert hatte: Wir waren zu etwas anderem geworden. Wir hatten einander nicht ausgesucht. Aber wir waren eine Familie.

DIE BAD-DATE-TAGEBÜCHER

Eine Essensrechnung über dreihundert Pfund

Es ist Dezember 2013, und ich habe mein drittes Date mit einem gutaussehenden Unternehmer, den ich auf Tinder kennengelernt habe. Er ist der erste reiche Mann, den ich jemals date, und ich finde es sehr verstörend, dass er Geld für mich ausgibt. Manchmal, wenn er höflicherweise die Rechnung übernimmt, fühle ich mich geschmeichelt – ich denke, genauso sollte es laufen, wenn zwei Erwachsene umeinander werben. Dann wieder ärgere ich mich darüber, so simpel gestrickt zu sein, dass ich weiche Knie kriege, bloß weil mir ein älterer Typ mit einem schnellen Auto und einem Alkoholproblem Champagner kauft. Und das manifestiert sich in einer unkontrollierbaren Wut auf ihn.

»Ich gehöre dir nicht!«, brülle ich vollkommen grundlos in dem Restaurant in Mayfair, das er ausgesucht hat, nach drei Flaschen Wein. »Ich bin kein Besitztum, das du kaufen kannst – ich hübsche mich keinesfalls auf, nur damit du mir Hummer spendierst! Ich kann ihn auch selbst bezahlen!«

»Schön, Liebes, dann bezahl eben selbst«, lallt er.

»Das werde ich!«, krächze ich. »Und zwar, damit das klar ist, ALLES.« Der Kellner bringt die Rechnung über dreihundert Pfund. Ich verschwinde aufs Klo und schreibe meiner Mitbewohnerin AJ, dass sie mir sofort zweihundert Pfund überweisen muss.

DIE CHRONIKEN DER SCHLECHTEN PARTYS

Bei mir zu Hause in Camden, Weihnachten 2014

Seit wir vor zweieinhalb Jahren in unser Haus in Camden gezogen sind, will ich die anderen zu einer Rod-Stewart-Mottoparty überreden. In meiner Vorstellung könnte Rod Stewart – als Konzept – dieses spezielle Gefühl von weihnachtlicher Gemütlichkeit sehr gut mit der sorglosen *Joie de Vivre* einer Hausparty von Mitte Zwanzigjährigen verbinden.

Meine Mitbewohnerinnen Belle und AJ erklären sich zögernd einverstanden, unsere Weihnachtsdrink-Party unter das Motto Rod Stewart zu stellen, betonen aber, dass sie keine Verantwortung dafür übernehmen wollen.

Die Suche nach Rod-Stewart-Devotionalien für die Party führt bei mir zu vorzeitiger Alterung sowie finanziellem Ruin. Wir haben Plastikbecher mit seinem Gesicht, Rod-Stewart-Aschenbecher, Mince Pies, die in Papier mit seinem Gesicht eingewickelt sind, einen lebensgroßen Rod-Stewart-Pappaufsteller, ein Schild mit Rod Stewart, der den Weg zur Toilette weist, und ein Rod-Stewart-Banner mit der Aufschrift »MERRY CHRISTMAS, BABY!!«. Sabrina, India, Farly, Lauren und Lacey kommen schon früher, um uns zu helfen, die Rod-Deko im ganzen Haus zu verteilen, und sie alle stimmen Belle und AJ darin zu, dass all der Krempel reine Geldverschwendung war.

»O Gott«, sage ich, als ich das Banner an die Wand pinne, während Sabrina den Stuhl festhält, auf dem ich stehe. »Die Porträt-Poster, die ich bestellt habe, sind nicht mehr rechtzeitig angekommen. Meinst du, das wird irgendwem negativ auffallen?«

»Nein«, seufzt sie. »Niemandem außer dir wird hier überhaupt irgendetwas auffallen.«

Die ersten Gäste, die um Punkt sieben eintreffen, sind meine bezaubernde, ziemlich laute neue Freundin aus Amerika und ihr bärtiger Freund. Es ist unübersehbar, dass sie schon den ganzen Tag getrunken haben. Außerdem haben sie ihren Cavalier-King-Charles-Spaniel mitgebracht, der einen Weihnachtspullover trägt.

Da die anderen Gäste erst ab neun Uhr langsam eintrudeln werden, versuchen wir, möglichst schnell auf das Level der beiden zu kommen, doch leider schläft der Freund mit dem Spaniel auf seinem Schoß auf dem Sofa ein, wo er – gut sichtbar für jeden neu ankommenden Partygast – den Rest des Abends verpennt. Einer nach dem anderen kleckern langsam unsere Freunde ein. Die Atmosphäre ist steif. Der Typ schläft noch immer mit dem Hund auf dem Schoß, was eine gleichermaßen faszinierende wie abstoßende Wirkung hat. Einer der Gäste – der Freund einer Freundin, ein Musikvideo-Regisseur aus dem coolen Gästekontingent aus Peckham – kommt herein, wirft einen Blick auf die Szenerie, behauptet, er habe völlig vergessen, dass er noch auf einen anderen Event müsse, und zieht wieder davon.

Im Lauf des Abends flüchte ich irgendwann ins Bad, um eine Pause von der Menge zu nehmen, die aus komplett separaten Grüppchen besteht, die einander nichts zu sagen haben, während im Hintergrund »You Wear It Well« in Dauerschleife läuft und die Leute sich über die Rod-lastige Playlist beschweren. Im Badezimmer sitzen auch schon AJ und Belle; AJ auf dem Klo und Belle auf dem Badewannenrand. Wir reden darüber, wie schlecht diese Party ist. Dann überlegen wir, wie wir alles beenden und die Leute wegschicken könnten. AJ sagt, sie sei müde und ihr gehe es nicht so gut, sie müsse sich mal zehn Minuten hinlegen. Es klopft an der Badezimmertür, und mein Bruder kommt herein.

»Ziemlich seltsame Leute da draußen«, sagt er.

Als ich wieder nach unten komme, ist die Partymeute sogar noch dezimierter. Ein sehr großer, glatzköpfiger Typ in einer ledernen Bomberjacke durchsucht den Kühlschrank.

»Äh, hi. Wer bist du denn?«, frage ich.

»Mir wurde gesagt, dass ich herkommen soll«, sagt der Mann mit starkem rumänischen Akzent und trinkt aus der Bierdose, die er sich genommen hat. »Wegen der Lieferung.«

»Lieferung?«

»Ja«, sagt er und wirft mir einen konspirativen Blick zu. »Lieferung.«

»Okay, könntest du dann bitte«, ich führe ihn zur Haustür, »hier warten.« Ich gehe an der Amerikanerin vorbei, die gerade mit ihrem bepulloverten Hund zu »Sailing« Blues tanzt, während ihr das Publikum perplex dabei zuschaut. Ihr Freund liegt jetzt seit gut drei Stunden komatös auf dem Sofa.

»OKAY, ICH GLAUBE, DER TICKER VON IRGENDJE-MANDEM IST HIER!«, verkünde ich der Menge gereizt. »Tut mir leid, dass ich so ein Spielverderber sein muss – und ich nehme es niemandem übel, dass er auf dieser miserablen Party high werden will –, aber könntet ihr alle eure Dealer vielleicht darum bitten, draußen oder wenigstens auf dem Flur zu warten?«

Die Party erstirbt kurz nach Mitternacht.

Beim Kaffee am nächsten Morgen halten Belle und ich eine Zwei-Frau-Inquisition darüber ab, wie alles so schiefgehen konnte. Ich bin der Meinung, dass die vielen Vorbereitungen, die ich in das Motto gesteckt habe, die Erwartungen zu hochgeschraubt haben.

»Tja, das hast du dir selber eingebrockt, Mrs. Stewart«, sagt sie altklug und nickt.

Den Rod-Stewart-Pappaufsteller lassen wir in unserem Wohnzimmer stehen, als Mahnung, niemals im Leben größenwahnsinnig zu werden. Wir statten ihn immer passend zum aktuellen

Tagesgeschehen aus – während des Prostituierten-Skandals um Lord Sewel trägt er einen pinkfarbenen BH, zum St.-Patrick's-Day einen Koboldhut. Als wir acht Monate später ausziehen und unseren Hausstand zusammenpacken, hinterlassen wir nichts bis auf den Papp-Rod-Stewart mitten im Wohnzimmer – möge der Fluch der schlechten Partys auf unsere Nachmieter übergehen.

REZEPT

Hausverbot-im-Club-Sandwich
(2 Portionen)

Regelmäßig mit AJ genossen, während wir mit baumelnden Beinen auf dem Küchentresen saßen und uns über das Arschloch von Türsteher aufregten, der gesagt hatte, wir seien zu betrunken, um noch mal reinzukommen, und dass wir »eine Schande für den Rest unserer Gruppe« seien.

2   Eier
4   Scheiben Toast *(bevorzugt Vollkorn, Weißmehl akzeptabel)*
    Mayonnaise
    Dijon-Senf
    Rucola *(optional)*
    Olivenöl und Butter zum Braten
    Salz und schwarzer Pfeffer zum Würzen

Eier in einer knallheißen Pfanne in Olivenöl und einem klitzekleinen bisschen Butter anbraten. Ein- oder zweimal das Öl mit einem Löffel über die Eier geben, um das Eigelb mitzubraten.

Die Toastscheiben toasten.

Eine Scheibe pro Sandwich mit Mayonnaise und die andere mit Senf bestreichen.

Die Sandwiches mit je einem Spiegelei und einer Handvoll Rucola belegen. Mit Salz und Pfeffer würzen.

In fünf großen, schmatzenden Bissen aufessen. Senf im Gesicht verschmieren.

Jeden noch in der Wohnung auffindbaren Alkohol in zwei

saubere Behälter gießen (was uns betrifft, war das in der Regel die alte Flasche Toffee-Wodka, die Farly 2009 zu Weihnachten bekommen hatte und im hinteren Bereich unseres Kühlschranks lebte).

Eine Platte von Marvin Gaye auflegen.

DIE BAD-DATE-TAGEBÜCHER

Eine komplett nüchterne Knutscherei mitten am Vormittag

Frühjahr 2014. An einem Samstagmorgen wache ich nach fünf Stunden Schlaf um neun Uhr vom Signalton meines Handys auf. Ich habe eine WhatsApp-Nachricht von dem attraktiven Amerikaner Martin bekommen: »Doll-Schatz, bleibt es bei unserem Kaffee?« Mein Kopf fühlt sich an, als wäre er wie eine dreckige Socke auf links gedreht worden, aber ich antworte, dass ich kommen werde. Wir haben uns vor drei Tagen auf Tinder kennengelernt, und unsere Nachrichten waren ein einziger Strom von »Das gibt's ja nicht, das ist auch mein liebstes Springsteen-Album!«, »Ich glaube auch an Wiedergeburt«, »Ja, vielleicht sind wir alle Seelenwanderer« und so weiter. In diesem Moment, da ich mein Zimmer nach den falschen Wimpern vom Vorabend durchsuche und sie mir wieder anklebe, bin ich davon überzeugt, dass wir am Ende der Woche ein Paar sind und ich in einem Monat mit ihm nach Seattle ziehen werde. Denn das ist die einzig logische Folgerung im Kopf einer alleinstehenden, verkaterten Frau, die sich dafür schämt, dass sie in der Nacht zuvor aus einem Bus gefallen ist – Heirat und Emigration.

Das Outfit: ein riesengroßer Fischerpullover, so oversized, dass er wie ein Kleid an mir herunterhängt, Jeans-Hotpants, weil alle meine richtigen Jeans dreckig sind, eine Strumpfhose voller Laufmaschen und weiße Canvas-Sneaker.

»Keine Jacke?«, krächzt meine ebenfalls verkaterte Mitbewohnerin AJ, als ich auf der Treppe an ihr vorbeihetze.

»Brauch ich nicht«, raune ich.

»Du STINKST übrigens nach Baileys!«, ruft sie mir hinterher, als ich die Tür zuziehe.

Martin sitzt in der Bar des Caravan-Restaurants in King's Cross. Gott sei Dank sieht er genauso aus wie auf seinen Fotos. Als ich ankomme, schreibt er gerade in ein Notizbuch, was seiner ganzen Verlorene-Seelen-Agenda, die er auf seinem bizarren Instagram-Account verbreitet (den ich natürlich schon ausführlich gestalked habe), in meinen Augen einen schönen künstlerischen Touch verleiht.

»Was schreibst du denn da?«, frage ich über seine Schulter. Er dreht sich um, sieht mich an und lächelt.

»Das geht dich gar nichts an«, antwortet er und küsst mich auf beide Wangen. Die ganze Atmosphäre ist direkt sehr flirtgeladen, und wir haben noch nicht mal einen Kaffee getrunken, geschweige denn sechs Bier. Ich glaube, das liegt daran, dass er Amerikaner ist.

Martin erzählt mir seine Lebensgeschichte: Illustrator aus Seattle, der langsam auf die vierzig zugeht, hat mit einem großen Auftrag viel Geld verdient und beschlossen, davon ein Jahr lang um die Welt zu reisen und ein Buch zu schreiben. Er betreibt ein bisschen »Tinder-Tourismus«, um neue Leute kennenzulernen. Seit einem Monat ist er in England; ein paar Wochen will er noch in London bleiben und dann weiterreisen.

(Nebenbei bemerkt: Mir fiel damals schon auf, dass Martin sehr vage blieb, als ich fragte, was für ein Buch er schreibe – außer, dass es ein Sachbuch würde. Mir fiel auch auf, dass er ein paar Dinge notierte, während wir uns unterhielten. Er nahm sein Notizbuch mit auf die Toilette, wo er recht lange blieb. Ich überlegte, ob a) seine Eingeweide unschön auf Koffein reagierten und er eine Weile auf dem Klo sitzen und sich entspannen und seine Gedanken festhalten wollte; ob er b) einfach ein zurückhaltender Mann war und den Eindruck hatte, ich sei eine neugierige, verkaterte Person ohne jedes Schamgefühl, die

sein Notizbuch lesen könnte, während er auf dem Klo war; ob er c) irgendetwas Peinliches aufschrieb wie eine exorbitante Einkaufsliste oder mit wie vielen Menschen er geschlafen hatte und er nicht wollte, dass ich das las; oder ob er d) ein Buch über alle Frauen, die er in England gedatet hatte, schrieb und ich die nächste in der Reihe war. Ich war immer sicher, dass es sich um Option d) handeln musste, und bis heute warte ich darauf, in einer Buchhandlung einen Schinken namens Wilde und liebliche Schlampen: Meine Zeit mit Englands Frauen *im Regal zu entdecken, der ein peinliches Kapitel über mich enthält.)*

Nachdem wir unseren Kaffee getrunken haben, setzen wir uns auf eine Bank vor dem Café, starren auf die Fontänen des Brunnens, die auf rhythmische, pornografische Weise Wasser spucken, und er zitiert Hemingway, was, wie ich finde, ein bisschen zu viel des Guten ist, aber ich genieße die romanhafte Stimmung unseres Dates, also steige ich mit ein. Er zieht ein weiteres Notizbuch heraus, in das er Karten all der Länder gezeichnet hat, die er bisher bereist hat. Seine Route hat er mit Fußabdrücken illustriert. Ich frage, ob er in jedem Hafen ein Mädchen habe. Er lacht und sagt in seinem nervtötenden, wundervollen Akzent: »So ähnlich.« Er nimmt meine Hand und führt mich die Stufen vor dem Central Saint Martins College of Art & Design hinunter zum Kanal. Wir spazieren eine Weile, bis wir unter der nächsten Brücke zum Stehen kommen, und er knöpft seinen Mantel auf, zieht mich zu sich heran und legt den Mantel um mich. Er küsst meinen Scheitel, meine Wangen, meinen Hals und meine Lippen. Wir knutschen eine halbe Stunde lang.

Es ist elf Uhr vormittags.

Um halb zwölf verabschieden wir uns voneinander und danken einander für den schönen Morgen. Ich bin um halb eins zurück in meinem Bett und verschlafe den gesamten Nachmittag. Um vier wache ich auf, davon überzeugt, dass ich alles nur geträumt habe.

Wie vorherzusehen war, taucht Martin nach unserem Kaffeemorgen erst mal ab, und als er sich wieder meldet und ich ihn nach einem Wiedersehen frage, bleibt er unkonkret. Am Freitagabend in der Woche darauf, ermutigt von sehr viel Prosecco und meinen Freundinnen, schicke ich Martin eine WhatsApp-Nachricht voller Tippfehler. Ob ich »so offen sein« und vorschlagen dürfe, dass wir »eine platonische, aber sexuelle Beziehung« führen könnten, solange er in London sei. Ich schreibe, dass ich »sein Mädchen im Hafen von London« sein könnte. Ich sage, genau so »würde Hemingway es machen«.

Martin meldet sich nie wieder.

Alles, was ich mit fünfundzwanzig über die Liebe wusste

Männer lieben zurückhaltende Frauen. Am besten hält man sie fünf Dates lang hin, bevor man zum ersten Mal Sex mit ihnen hat – mindestens jedoch drei Dates. Dann bleiben sie an einem interessiert.

Die Freunde deiner besten Freundinnen bleiben ärgerlicherweise doch da. Die meisten von ihnen sind Männer, von denen du nicht gerade gedacht hättest, dass deine beste Freundin mit so jemandem endet.

Strümpfe mit Strapsen kriegt man günstig und in größeren Mengen auf Ebay.

Online-Dating ist was für Versager, mich eingeschlossen. Menschen, die Geld für ein peinliches Profil bei einer Online-Dating-Seite zahlen, sollten einem höchst suspekt sein.

Was ich an früherer Stelle über den Gebrauch von Haarentfernungscremes während einer Dating-Phase gesagt habe, war Schwachsinn. Wer sich komplett enthaart, übt Verrat an der Schwesternschaft. Wir müssen aktiven Widerstand gegen die patriarchale Kontrolle über die weibliche Anatomie leisten.

Mach niemals ein Album wie *Blood on the Tracks* mit einem Lover zu »eurem Album«, denn wenn ihr euch trennt, wirst du auch Jahre später nicht mehr in der Lage dazu sein, es zu hören. Mach diesen Fehler nicht mit einundzwanzig.

Wenn ein Mann dich liebt, weil du schlank bist, ist er kein richtiger Mann.

Wenn man mit jemandem Schluss machen will, aber irgendwelche sachlichen Gründe dagegensprechen, dann ist dies der Test: Stell dir vor, du könntest einen Raum betreten und einen großen roten Knopf drücken, der ohne jeden Stress deine Beziehung beendet. Ohne Trennungsgespräche, ohne Tränen, ohne dass du deine Sachen bei ihm abholen musst. Würdest du es tun? Wenn die Antwort Ja lautet, musst du Schluss machen.

Wenn ein Mann mit fünfundvierzig noch nie eine richtige Beziehung hatte – dann hat das seine Gründe. Bleib nicht bei ihm, um herauszufinden, welche es sind.

Verlassen zu werden, weil man nicht mehr begehrt wird, ist das schrecklichste Gefühl der Welt.

Geh mit einem neuen Typen immer zu dir nach Hause, dann kannst du ihn dazu überreden, zum Frühstück zu bleiben und dafür sorgen, dass er sich in dich verliebt.

Gelegenheitssex ist selten gut.

Vorgetäuschte Orgasmen führen dazu, dass man sich schuldig und furchtbar fühlt, und sind dem Typen gegenüber unfair. Nur sparsam verwenden.

Manche Frauen finden das Glück, andere nicht. Es gibt gute und schlechte Männer. Es ist purer Zufall, mit wem man endet und wie man behandelt wird.

Deine besten Freundinnen werden dich für Männer sitzenlassen. Es wird ein langer und langsamer Abschied sein, aber mach deinen Frieden damit und such dir neue Freundinnen.

Wenn in langen, einsamen Nächten deine Ängste wie Schaben durch dein Gehirn kriechen und du nicht einschlafen kannst, träum von einer Zeit, in der du geliebt wurdest – »in another lifetime, one of toil and blood«. Erinnere dich daran, wie es sich anfühlte, in jemandes Armen Schutz zu finden. Hoffe darauf, dass du es wieder erleben wirst.

Gründe für und Gründe gegen einen Freund

Gründe für einen Freund:

- höhere Wahrscheinlichkeit, eine richtige Geburtstagstorte zu bekommen
- Zugang zu einem Sky-Abo
- etwas, worüber man reden kann
- jemand, mit dem man reden kann
- Sonntagnachmittage
- mehr Verständnis, wenn man auf der Arbeit irgendwas richtig vermasselt
- jemand, der einem in der Popcorn-Schlange an den Arsch fasst
- Urlaube alleine sind sehr teuer.
- Und es ist unmöglich, sich selbst den Rücken mit Sonnencreme einzuschmieren.
- Manchmal schafft man alleine einfach keine komplette große Pizza.
- vielleicht ein Auto
- Es ist schön, jemand anderem als sich selbst ein Sandwich zu machen.
- Es ist schön, an jemand anderen als sich selbst zu denken.
- regelmäßiger Sex, der nicht merkwürdig ist
- wärmeres Bett
- Wenn man einen hat, denken die Leute, man sei es wert, geliebt zu werden.

- Alle anderen haben auch einen.
- Wenn man keinen hat, denken die Leute, man sei oberflächlich und gestört.
- die Erleichterung, nicht mit jedem flirten zu müssen
- Angst vor einem einsamen Tod, der Leere etc.

Gründe gegen einen Freund:

- Jeder außer einem selbst geht einem auf die Nerven.
- »Diskussionen«
- Wahrscheinlich ist er nicht so wie Morrissey.
- Garantiert ist er nicht so wie Joni Mitchell.
- Er wird einen darauf hinweisen, wenn man bei Geschichten übertreibt.
- die langweiligen Geburtstagsumtrunke seiner Freunde in Finsbury Park
- erzählt bekommen, was man letzte Nacht gemacht hat, als man besoffen war
- Nachtisch teilen
- echte oder im Fernsehen übertragene Sportveranstaltungen ertragen müssen
- Zeit mit den Freundinnen seiner Freunde verbringen und mit ihnen über *The Voice* reden müssen
- ständig mit Slips in der Handtasche zwischen zwei Wohnungen hin- und herpendeln
- ehrlich bezüglich seiner Gefühle sein müssen
- sein Zimmer ordentlich und sauber halten müssen
- weniger Zeit zum Lesen
- immer für ein voll aufgeladenes Handy sorgen müssen, damit er weiß, dass man nicht tot ist
- Wahrscheinlich fehlt es einem, mit anderen zu flirten.
- überall im Badezimmer Haare

Tottenham Court Road und Schwachsinn auf Amazon bestellen

Am Ende jenes Sommers, in dem ich zum letzten Mal auf dem Edinburgh Festival aufgetreten war, bevor ich nach Hause zurückkehren und einen Job finden und erwachsen werden musste – ich war gerade einundzwanzig –, ging ich mit meiner Freundin Hannah aus, um ihren dreißigsten Geburtstag zu feiern. Sie war die Regisseurin der Comedy-Sketch-Show, in der ich mitgespielt und für die ich überall Flyer verteilt hatte, und zwei der anderen Schauspielerinnen und ich führten Hannah an ihrem Festtag in ein feines Restaurant aus. Im Vorfeld hatte sie ab und zu irgendetwas in der Richtung fallenlassen, dass ihr vor ihrem Dreißigsten graue – wovon wir alle angenommen hatten, dass sie es zu komödiantischen Zwecken damit übertrieb. Doch während unseres Essens legte sie ihr Besteck weg und fing an zu weinen.

»O Gott, Hannah, geht es dir *wirklich* so schlecht deshalb?«, fragte ich und bedauerte in derselben Sekunde, dass ich ihr eine Karte mit der Aufschrift »Happy Birthday Granny« überreicht hatte.

»Ich werde alt«, jammerte sie. »Ich kann es spüren. Ich kann es am ganzen Körper spüren; er baut schon ab. Und er wird ab jetzt nur noch abbauen.«

»Du bist doch noch so jung!«, rief Margaret, die ein paar Jahre älter war als Hannah. Doch die schluchzte weiterhin, sie bekam kaum noch Luft, Tränen fielen auf ihren Teller. »Willst du lieber gehen?«, fragte Margaret und streichelte Hannah den Rücken. Hannah nickte.

Als wir die Princes Street hinuntergingen und in dem Bemühen, für gute Stimmung zu sorgen und Hannah abzulenken, über irgendetwas Belangloses plauderten, blieb sie plötzlich mitten auf der Straße stehen und verbarg das Gesicht in den Händen. Ihr stilles Weinen schwoll zu einem Heulen an.

»Ist das wirklich alles?«, rief sie in die dunkle Nacht. »Das soll das ganze Leben sein?«

»Was soll das ganze Leben sein?«, fragte Margaret beruhigend und legte ihr einen Arm um die Schultern.

»Die scheiß … Tottenham Court Road und Schwachsinn auf Amazon bestellen«, antwortete sie.

Jahrelang blieben diese Worte wie ein Post-it, das sich nicht abschütteln ließ, in meinem Unterbewusstsein hängen. Sie schwebten dort wie ein geflüstertes Gespräch zwischen meinen Eltern, das ich belauscht hatte und dessen Inhalt ich nicht verstand, von dem mir aber klar war, dass er wichtig sein musste. Ich fragte mich immer, wie diese beiden speziellen Dinge – Tottenham Court Road und Amazon – so viel Kummer hervorrufen konnten.

»Du wirst es verstehen, wenn du nicht mehr einundzwanzig bist«, sagte Hannah, als ich sie danach fragte.

In dem Jahr, als ich fünfundzwanzig wurde, begriff ich die zugrundeliegenden Tatsachen und den Subtext dieser Phrase schließlich. Wenn man erst mal anfängt, darüber nachzudenken, ob das Leben wirklich darin bestehen kann, an der Tottenham-Court-Road-Station auf Busse zu warten und Bücher auf Amazon zu bestellen, die man nie lesen wird – dann durchlebt man, kurz gesagt, eine Existenzkrise. Man erfasst die Nichtigkeit seines Daseins. Plötzlich begreift man, wie wenig Sinn alles hat. Man verlässt den Bereich der »Wenn ich erwachsen bin«-Fantasien und stellt sich der Tatsache, dass man das bereits ist; es passiert einfach. Und es ist alles überhaupt nicht so, wie man es sich vorgestellt hatte. Man selbst ist nicht so, wie man es sich vorgestellt hatte.

Wenn man einmal damit anfängt, sich solche Fragen zu stellen, wird es sehr schwierig, die tagtäglichen Mechanismen des Lebens zu ertragen. Als ich fünfundzwanzig wurde, fühlte es sich das ganze Jahr lang so an, als hätte ich einen Graben ausgehoben, der voll von meinen Gedanken und nicht zu beantwortenden Fragen war; ich lugte aus der Dunkelheit empor und beobachtete die Leute, wie sie sich mit all dem Kram beschäftigten wie ich bisher auch: Frisuren, Zeitungen, Partys, Abendessen, Winterschlussverkauf auf der Tottenham Court Road, Deals auf Amazon – und ich konnte mir beim besten Willen nicht vorstellen, wie ich jemals wieder aus dem Graben herausklettern und mich in irgendetwas davon einfügen könnte.

Eine Zeit lang verzichtete ich auf Alkohol, um ausgeglichener zu werden, doch das führte nur dazu, dass ich mir noch mehr den Kopf zerbrach. Ich versuchte es mit Tinder, aber die meist nur platonisch verbleibenden Begegnungen ließen mich nur noch niedergeschlagener und leerer zurück. Meine einst so leidenschaftliche Liebe und Hingabe für meine Arbeit ließ nach. Meine Mitbewohnerinnen AJ und Belle fanden mich des Öfteren weinend in meinem Zimmer vor, immer noch in ein Handtuch gewickelt, seit ich drei Stunden zuvor geduscht hatte. Ich empfand es als unmöglich, irgendjemandem zu erklären, wie es mir ging; ich verbrachte wahnsinnig viel Zeit mit mir allein. In mir herrschte ein Grundrauschen aus Desinteresse, Verdrossenheit und Angst, so niedrigfrequent und gleichzeitig zerstörerisch wie eine Waschmaschine im Schleudergang, die einfach nicht mehr aufhört. All das erreichte im Frühsommer seinen Höhepunkt, als Dilly mir nahelegte, meinen Job in der Produktionsfirma aufzugeben, um nur noch zu schreiben. Ich hatte keinen blassen Schimmer, wie ich Geld verdienen und was ich jetzt machen sollte. Außerdem verkündete AJ, dass sie aus unserem Haus aus- und mit ihrem Freund zusammenziehen wolle, kein Jahr, nachdem Farly gegangen war. Ich hatte nicht nur Depressionen, sondern auch meinen Job und eine Mitbewohnerin verloren.

Die Lösung war natürlich genau das, was für eine alleinstehende Frau Mitte zwanzig mit einem Hang zum Melodramatischen immer die Lösung ist: in eine andere Stadt ziehen. Ich fand New York schon immer großartig und hatte dort oft Alex besucht, die eine enge Freundin für mich geblieben war, auch nachdem ihr Bruder Harry und ich vor Jahren unsere Beziehung beendet hatten. Als sie sich in jenem Sommer meines großen Elends verlobte und mich fragte, ob ich ihre Brautjungfer sein wolle, erschien mir das wie Vorsehung. Sie und ihr Verlobter boten Farly und mir an, für die Zeit ihrer Flitterwochen in ihrer Wohnung in der Lower East Side zu wohnen. Wir buchten unsere Flüge, ein Hotel für die Hochzeit und einen Zwei-Tages-Trip zu den Catskill Mountains gegen Ende unseres zweiwöchigen Aufenthalts. Unglaublich, aber wahr – es würde Farlys und mein erster gemeinsamer Urlaub im Ausland werden. Und für mich war es die passende Gelegenheit, mein potenzielles neues Zuhause zu erkunden: das Alltagsleben und die Menschen dort und ob ich mich selbst in alldem sehen würde.

Doch eine Woche bevor wir fliegen sollten, wurde bei Florence Leukämie festgestellt. Verständlicherweise wollte Farly zu Hause bleiben, um ihre Schwester und ihre Familie zu unterstützen. Ich fragte, ob sie mich brauche, aber sie meinte, ich solle alleine nach New York fliegen und mir diese dringend notwendige Auszeit nehmen.

In den ersten zwei Tagen in New York hielt mich ein einziger Orkan von gesellschaftlichen Brautjungfernverpflichtungen gefangen. Alex' gesamtes britisches Aufgebot an Leuten war für die Hochzeit nach New York gekommen, und während der Vorbereitungen war ich nur damit beschäftigt, Blumengestecke zu binden, Stühle zu stellen, Sachen aus der Reinigung abzuholen und mich mit alten Bekannten auszutauschen. Ich vermisste Farly schrecklich, aber dennoch war dies alles eine aufregende, neue, wundervolle Umarmung der Ablenkung, die ich so dringend brauchte.

Auf der Hochzeit, die in einer Lagerhalle in Brooklyn gefeiert wurde – ich trug ein schwarzes Trägerkleid mit einem Schlitz bis zum Oberschenkel (Alex hatte mich dazu ermuntert – sie wusste, dass ich einen Urlaubsflirt bitter nötig hatte; außerdem war mir sehr bewusst, dass ich zum ersten Mal seit Jahren Harry wiedersehen würde) –, las ich Fernando Pessoas Gedicht »Der verliebte Hirte« vor. Bei den Versen »Ich bereue nicht, daß ich war, der ich war / Da ich es noch immer bin. / Ich bereue nur, dich früher nicht geliebt zu haben« kamen mir unwillkürlich die Tränen. Ich weinte über die Liebe, die Alex und ihr Mann füreinander fühlten, und über die tiefe Einsamkeit, die ich – wie mir erst jetzt klar wurde – im letzten Jahr verspürt hatte.

Als eine von zwei Single-Frauen auf der Hochzeit konnte ich mich glücklich schätzen, dass ich neben dem einzigen Single-Mann saß: einem stämmigen Waliser, der vom Brückenbau lebte.

»Gutes Gedicht«, sagte er in seinem sexy, federnden, singenden Akzent. »Die Tränen waren eine nette Zugabe.«

»Das war nicht geplant!«, widersprach ich.

»Dieses Kleid aber mit Sicherheit«, gab er lächelnd zurück.

Wir tranken einen Negroni nach dem anderen und aßen gebratenes Hühnchen und Käsemakkaroni und flirteten auf eine Weise, die nur für die einzigen beiden Singles auf einer Hochzeit akzeptabel ist. Wir zählten all unsere liebsten Brücken in Großbritannien auf. Ich fütterte ihn mit meiner Gabel von meinem Nachtisch. Als ich aufstand, um meine Rede zu halten, feuerte er mich an, und als ich während der Rede seinem Blick begegnete, zwinkerte er mir zu. Er verhielt sich so, als wären wir seit Jahren ein Paar. Die Vertrautheit unserer Beziehung steigerte sich in einer Geschwindigkeit, als würde man ein Gaspedal bis zum Anschlag durchtreten (und die nur für die einzigen beiden Singles auf einer Hochzeit akzeptabel war).

Kurz vor dem Eröffnungstanz verschwand mein Waliser nach draußen, um einen Anruf entgegenzunehmen. Alex – mit einem Kranz aus Rosen und in ihrem langen weißen, weitärmeligen Kleid, in dem sie aussah wie eine in Seide gewandete Präraffaelitin – führte ihren Mann zur Tanzfläche. Die gesummten Melodiewellen des romantischsten Songs, den ich je gehört hatte – »Sea Of Love« von Phil Phillips –, bildeten einen schönen, perfekten, kitschigen Klangteppich für ihren eng umschlungenen Tanz. Als der Refrain einsetzte, gesellten sich die anderen Gäste zum Brautpaar; etliche Paare, Harry und seine neue Freundin eingeschlossen, wiegten sich lächelnd zu dem wunderschönen, sentimentalen Song. Ich saß am Rand der Tanzfläche, schaute zu und versuchte mir vorzustellen, wie es wohl sein musste, wenn einem die Person, mit der man ins Bett ging, ein Gefühl von Sicherheit vermittelte – eine so fremde Empfindung für mich. Ich betrachtete die kleinen Freiräume, die sich zwischen all ihren Körpern bildeten, und stellte mir die Räume vor, die zwischen den Menschen lagen; die Geschichten, die sie zusammen erlebt hatten; die Erinnerungen und die Worte und die Gewohnheiten und das Vertrauen und die Zukunftsträume, über die sie spätabends bei einem Wein auf dem Sofa sprachen. Ich fragte mich, ob ich jemals so etwas mit jemandem erleben würde oder ob ich überhaupt geschaffen war, in einem Meer aus Liebe zu treiben. Ob ich das überhaupt wollte. Als mir jemand auf die Schulter tippte und ich mich umdrehte, stand Octavia vor mir, eine der anderen Brautjungfern. Sie lächelte und bot mir ihre Hand, führte mich zur Tanzfläche und hielt mich beim Tanzen die ganze Zeit im Arm, bis der Song zu Ende war.

Danach schlug ich Negroni-technisch erst recht zu. Als ich rausging, um eine zu rauchen, und dort meinen Waliser vorfand, hatte ich mir genug Campari reingeschüttet, um ihn gegen die Ziegelsteinmauer zu schieben und zu küssen.

»Ich kann das nicht«, sagte er und entzog sich mir.

»Warum nicht?«, fragte ich.

»Tut nichts zur Sache«, murmelte er. »Aber ich kann einfach nicht.«

»Nee«, lallte ich. »Das ... das geht jetzt aber nicht. Ich bin in New York, ich mache Urlaub, ich bin eine depressive Brautjungfer in einem nuttigen Kleid, und ich hab bei der Reinigung sogar dafür gezahlt, dass sie den Schlitz noch höher machen. Du bist meine Urlaubsaffäre, okay? So wurde es entschieden.«

»Ich kann nicht«, sagte er. »Ich würde echt gerne, aber ich kann nicht.«

»Und was sollte dann das Ganze ...« Ich ahmte nach, wie ich ihn mit Dessert gefüttert hatte. »Und das ...« Übertrieben theatralisch kniff ich ein Auge zu.

»Ich hab einfach nur ... geflirtet«, erklärte er matt.

»Okay, dann war das wohl komplette Zeitverschwendung. Ist dir klar, dass ich neben einer superinteressanten, supergebildeten Schauspielerin saß? Ich hätte mich liebend gerne mal mit ihr unterhalten, sie war faszinierend. Ich glaube, ich habe den ganzen Abend nur drei Worte mit ihr gewechselt. Ich war nämlich zu sehr damit beschäftigt, deine Freundin zu spielen.«

»Oh, tut mir sehr leid, dass ich so eine Zeitverschwendung war!«, schnaubte er und ging zur Party zurück.

Tags darauf fuhr ich zur Wohnung von Alex und ihrem frischgebackenen Ehemann in Chinatown, um auf der Dachterrasse auf ihre Ehe anzustoßen und die beiden in die Flitterwochen zu verabschieden. Wir tauschten Tratsch von der Hochzeitsfeier aus, und sie erklärten mir, was es mit den gegensätzlichen Signalen des Walisers auf sich hatte (er hatte eine Freundin – natürlich).

Alex führte mich durch ihre Wohnung und übergab mir die Schlüssel.

»Kommst du klar?«, fragte sie.

»Ja, alles super«, gab ich zurück.

»Hast du Octavias Nummer? Sie ist noch bis Ende des Monats in der Stadt, also bist du nicht ganz allein.«

»Ist schon okay – es wird mir guttun, ein bisschen Zeit für mich alleine zu haben. New York besser kennenzulernen. Das wird ein großartiges Abenteuer.«

»Ruf uns an, wenn du irgendwas brauchst«, sagte sie und umarmte mich.

»Das werde ich definitiv nicht tun. Fahrt nach Mexiko und schwimmt nackt im Meer und trinkt Tequila und vögelt euch dumm und dämlich«, sagte ich.

Am nächsten Morgen wachte ich in ihrer Wohnung auf, fütterte die beiden schwarzen Katzen, goss die Pflanzen gemäß ihrer Instruktionen und setzte mich mit einem Notizblock hin, um zu planen, wie ich meine Zeit hier verbringen und was ich alles sehen und machen wollte. Doch es gab ein riesengroßes Problem: Ein Magazin hatte mir für zwei meiner Artikel noch kein Honorar gezahlt, beinahe tausend Pfund, was mehr gewesen wäre, als ich in New York hätte ausgeben können. Nun hatte ich vierunddreißig Pfund auf dem Konto und elf weitere Tage in New York vor mir. So etwas war für freiberufliche Journalisten nicht ungewöhnlich – es kam oft vor, dass ich drei Monate nach Erscheinen eines Artikels bei den Buchhaltungsabteilungen meinem Honorar hinterherjagen musste, während sich bei mir schon die Rechnungen stapelten. Aber es war nie so dringend wie jetzt. Ich rief meine

Redakteurin an; meine Redakteurin verwies mich an die Buchhaltung; dort wurde ich von einem Mitarbeiter zum nächsten weitergereicht in dem Versuch, herauszufinden, wo meine überfällige Bezahlung hängengeblieben war. Eine Stunde lang lag ich, das Handy auf Lautsprecher gestellt, auf Alex' Bett und lauschte der blechernen Warteschleifenmusik, während das Ferngespräch meine Telefonrechnung von Minute zu Minute in die Höhe trieb. Der Mensch, mit dem ich zuletzt sprach, sagte, ich würde meine Zahlung »bald« erhalten.

Ohne Geld und Freunde offenbarte sich New York schnell als ein ganz anderer Ort als all die Male, die ich dort Urlaub gemacht und Alex besucht hatte. Es ist kein guter Ort, um pleite zu sein. Im Gegensatz zu London kosten alle Museen und Galerien Eintritt, meistens fünfundzwanzig Dollar, was mein verbleibendes Budget aufgefressen hätte. Außerdem hatten wir Mitte August, also war es unfassbar heiß, sodass ich nur begrenzt umherstreifen oder im Park sitzen konnte. Es fühlte sich an, als wollte die Stadt, die ich immer geliebt hatte, in der ich immer willkommen gewesen war, mich nicht haben. Als ich die Fifth Avenue entlangging und zu den Wolkenkratzern hochschaute, erschienen sie mir wie riesenhafte, furchterregende, sich aufbäumende Monster, die mich zum JFK-Flughafen jagen wollten.

Nach und nach bemerkte ich lauter Kleinigkeiten, die ich an New York hasste, die mich aber zuvor nie gestört hatten. Mir fiel auf, wie ineffizient und verwirrend die U-Bahn war. Im Gegensatz zur Londoner Tube mit ihren anschaulichen und teilweise majestätischen Linienbezeichnungen (Jubilee, Victoria, Piccadilly) hat man den Linien in New York die am wenigsten unterscheidbaren und glanzlosesten Namen gegeben, die man sich vorstellen kann (A, B, C, 1, 2, 3 etc.). Außerdem kann B sich schnell anhören wie D, und 1 könnte genauso gut auch 3 sein. Man kann sich unmöglich merken, welche Bahnen man nehmen muss, ohne es sich aufzuschreiben. In vielen Stationen fahren die Züge nur alle zehn Minuten; wenn man also dreimal umsteigen muss und Pech mit den Zeiten hat, dann kann das bedeuten, dass man eine zusätzliche halbe Stunde auf glühend heißen Bahnsteigen herumsteht. Um den ganzen Prozess noch frustrierender zu machen, gibt es auf den meisten Bahnsteigen keine Anzeigetafel, die einen über die Ankunft des nächsten Zuges informieren würde.

Dann waren da all diese pampigen New Yorker, diese lauten, übergriffigen Leute in den Supermärkten und Cafés und Warteschlangen, die einen ständig anblaffen. Die entweder einfach unglaublich ungehobelt sind oder einem das »wahre und echte New-York-Gefühl« vermitteln wollen. Zu Zeiten, in denen ich mich geborgen fühlte und glücklich war, fand ich das vielleicht noch lustig. Aber jetzt, so einsam, fand ich es einfach ätzend, andauernd angemotzt zu werden. »HEY, LADY – GEH MIR VERDAMMT NOCH MAL AUS DEM WEG!«, blaffte mich im Katz's Deli ein Kellner an, als ich gerade am Tresen einen Bagel bestellen wollte.

Ebenso fiel mir auf, wie sehr ich in New York herumgeschubst wurde. Der kollektive Ehrgeiz in dieser Stadt hatte mich noch nie so überfordert. Jeder verfolgte seine eigene Mission, alle vermieden Blickkontakt mit den anderen. Die Menschen betrieben Powerwalking, schwangen ihre Arme, als würden sie marschieren, und brüllten in ihre Freisprechmikrofone. Selbst in der Liebe waren sie ehrgeizig; einen ganzen Nachmittag lang lauschte ich in einem Café dem Geschwätz zweier Freundinnen, die sich darüber austauschten, wie sie Männer kennenlernen wollten, und es hörte sich an wie eine militärische Operation – es ging nur um Daten, Nummern, Algebra und Regeln.

Und, meine Güte, diese Regeln. Mir war nie aufgefallen, wie versessen sie alle auf Regeln waren. In einem Supermarkt wurde ich ermahnt, weil ich an einer Orange schnupperte, bevor ich sie kaufte. Als ich das Apthorp besichtigte (Nora Ephrons geliebtes

Apartmentgebäude, über das sie einen Essay geschrieben hatte), bekam ich einen Rüffel, weil ich zu nahe an den dekorativen Brunnen im Innenhof herangetreten war. Ich habe mich selbst nie als besonders anarchisches Wesen betrachtet, aber diese New Yorker Möchtegern-Vorgesetzten erweckten es in mir zum Leben.

Und dann waren da die humorbefreiten Hipster. Diese Leute, die einem guten Kaffee servieren oder in coolen Läden arbeiten; die Leute, die, wenn ihnen jemand einen Witz erzählt, nicht etwa lachen, sondern nur tonlos und mit unbewegter, ausdrucksloser Miene sagen: »Das ist das Witzigste, was ich jemals gehört habe.« Die einen länger von oben bis unten abchecken, als einem angenehm ist. Die ganze Attitüde dieser Idioten aus Hackney, aber ohne deren Selbstironie oder Humor oder Zynismus. Die New Yorker Szeneleute unter dreißig gehören zu den kältesten und unherzlichsten Menschen, die ich je erlebt habe.

Nach einer Woche meines großartigen New-York-Abenteuers wurde mir klar, dass Orte das Reich von Erinnerungen und Beziehungen sind, dass die Umgebung nur eine Spiegelung dessen ist, was man fühlt. In New York fühlte ich mich noch leerer, erschöpfter und trauriger, als ich es zu Hause gewesen war. Der Wunschtraum, dorthin zu ziehen, schwand von Tag zu Tag dahin. Ich hatte den leisen Verdacht, dass »Tottenham Court Road und Amazon« mich überallhin verfolgten – ich war im Urlaub noch immer derselbe unerfüllte Mensch, der ich auch zu Hause war. Als ich den Flug gebucht hatte, geschah das in dem Glauben, dass ich eine Reise aus meinem Kopf hinaus buchte, aber das stimmte nicht. Die äußere Szenerie hatte sich verändert, doch der innere Kram war derselbe: Ich war angsterfüllt, ruhelos und voller Selbsthass.

Eines Abends, ich lag auf Alex' Sofa und arbeitete mich durch eine von der Hochzeit übriggebliebene Flasche Prosecco, probierte ich »Tinder-Tourismus« aus, um Leute kennenzulernen.

Fast alle wischte ich nach rechts. Ich schickte eine vage, beschwingte Rundnachricht an alle meine Matches, in der ich mich selbst als »Gast aus London auf der Suche nach ein paar New Yorkern« beschrieb, die ihr zeigen würden, »wo man Spaß haben« könne. Um Mitternacht öffnete ich eine zweite Flasche Prosecco, und im gleichen Moment erhielt ich einen Videoanruf von AJ und India.

»Heeeeeeeey!«, riefen sie unisono vom Küchentisch aus.

»Hallo Mädels!«, sagte ich. »Seid ihr besoffen?«

»Yep«, blökte India. »Wir waren gerade im Nisa und haben drei Flaschen Wein geholt.«

»Sehr gut. Ich bin auch betrunken.«

»Wer ist denn bei dir?«, fragte AJ und stierte in die Kamera.

Ich überlegte kurz, ob ich ihnen erzählen sollte, wie schlecht es mir ging, aber ich wollte sie nicht beunruhigen. Außerdem, und das wog schwerer, erlaubte es mir mein Stolz nicht; auf allen Social-Media-Kanälen hatte ich glaubhaft vermittelt, dass ich den geilsten Trip meines Lebens verbrachte.

»Niemand«, sagte ich. »Ich mache mir heute einen ruhigen Abend.«

Wir quatschten eine Viertelstunde, und ich freute mich, ihre vertrauten Gesichter zu sehen und alles nacherzählt zu bekommen, was bei ihnen so los war.

»Alles okay bei dir?«, fragte AJ, als ich mich verabschiedete. »Du wirkst ein bisschen traurig.«

»Mir geht's gut«, sagte ich. »Ich vermisse euch.«

»Wir vermissen dich auch!«, rief sie. Beide warfen mir ein paar Kusshände zu, dann war ich wieder allein.

Als ich die zweite Flasche Prosecco zur Hälfte geleert hatte, kam die Antwort von einem meiner Tinder-Matches, Jean, einem attraktiven zweiunddreißigjährigen Börsenmakler aus Frankreich, der fragte, ob wir uns auf einen Absacker treffen wollten. Ich entschied, dass *dieser* Mann mein Urlaubsflirt würde; das war exakt die Art von spaßiger, kraftspendender Eskapade, die ich brauchte, um diese Reise in ein Abenteuer zu verwandeln und mich wieder wie mein altes Ich zu fühlen. Doch er lebte in SoHo, gut eineinhalb Kilometer entfernt, und da draußen inzwischen ein Gewittersturm tobte, konnte ich nicht zu Fuß gehen, und Geld für ein Taxi hatte ich nicht mehr.

»Ich hab Kohle«, schrieb er, »ich zahle dein Taxi.«

Ich beschloss, den *Pretty-Woman*-Subtext seines Angebots zu ignorieren, trug etwas Mascara auf, schlüpfte in High Heels und stellte mich in den Regen, um ein Taxi anzuhalten. Als ich eins erwischte, rutschte mir aufgrund der Kombination von sintflutartigem Regen und ebensolcher Betrunkenheit das Handy aus der Hand. Das Display zersprang in tausend Stücke, die Regentropfen sickerten in die Risse, und der Bildschirm wurde schwarz.

Als ich bei der Adresse ankam, die er mir genannt hatte, stand er glücklicherweise draußen. Er bezahlte das Taxi und öffnete mir die Tür.

»Schön, dass du gekommen bist«, sagte er und zog mein Gesicht zu sich heran, um mich zu küssen. Für einen kurzen Moment erfüllte mich die Aufmerksamkeit dieses völlig Fremden mit einem leichten Prickeln der Aufregung, und die Schwere meiner tiefen Niedergeschlagenheit schien sich verkrümelt zu haben. Dann erkannte ich, wie erbärmlich und vielsagend das alles war, und ich wurde sofort wieder traurig. Ich brauchte noch einen Drink.

Jean war nett. Wir hatten nichts gemeinsam, aber dank des Biers, das er mir gab, und des Päckchens Lucky Strikes, das wir auf seinem Sofa ketterauchten, lief unser Gespräch gut. Mich beschlich das Gefühl, dass er das häufiger machte. Nachdem wir eine Stunde lang geplaudert und geknutscht hatten, führte er mich in sein Schlafzimmer. Ein komplett weißer Raum mit merkwürdigen Neonleuchten und einer Matratze auf dem Boden statt eines Bettes. Ich versuchte, das Setting zu ignorieren, während wir uns gegenseitig auszogen.

»Warte, warte«, sagte er, als ich seine Jeans öffnen wollte. »Ich mache nur Gruppensex.«

»Hä? Was soll das denn heißen?«, lallte ich.

»Ich kann nur Sex haben, wenn jemand zuguckt«, antwortete er, als wäre das vollkommen logisch. »Oder wenn noch jemand mitmacht.«

»Aha«, sagte ich. »Tja, das wird jetzt wohl nicht passieren, also –«

»Mein Mitbewohner ist nebenan«, sagte er. »Er will gern dabei sein. Kann ich ihm sagen, dass das okay ist?«

»Nein, das ist nicht okay«, sagte ich, mir plötzlich darüber klarwerdend, dass das hier absolut gar kein frivoles Abenteuer war. Ich befand mich mit einem Mann, der genauso gut Patrick Bateman sein konnte, in dessen Schlafzimmer. »Ich will das nicht«, sagte ich panisch, hörte meinen schnellen und heftigen Herzschlag in meinem Innenohr und suchte nach dem nächstgelegenen Fenster.

»Komm schon, es wird gut«, sagte er und wollte mich küssen. »Bisher hast du gewirkt wie ein Mädchen, mit dem man Spaß haben kann.«

»Nein, das bin ich nicht, ich will das nicht.«

»Okay, dann lassen wir es.« Er zuckte mit den Achseln und rollte sich von mir weg.

Mir wurde bewusst, wie dumm das alles war, wie unverantwortlich ich mich auf der Suche nach Ablenkung von meinem Selbst verhalten hatte. Ich war alleine in einer mir unbekannten Stadt, ich war betrunken, niemand wusste, wo ich war, ich hatte kein Geld und kein Telefon.

»Ich glaube, ich gehe nach Hause«, sagte ich und stand auf.

»Okay«, antwortete er. »Allerdings regnet es noch. Du kannst auch hierbleiben, wenn du willst.«

Ich sah auf seine Wanduhr – es war vier. Vielleicht konnte ich so lange schlafen, bis der Sturm draußen vorbeigezogen und es wieder hell sein würde, und dann den Rückweg zu Alex' Wohnung suchen. Ich schlief so weit von ihm entfernt wie nur möglich, das Gesicht gegen die weiße Wand gepresst.

Um halb sieben wachte ich wieder auf, zog mich an und ging ins Wohnzimmer, um meine Tasche zu holen. Auf dem Sofa saß ein sehr, sehr finster blickender Typ in einem dunkelblauen Bademantel. Alle Fenster standen offen, und es waren vier elektrische Ventilatoren aufgetaucht, die in der vergangenen Nacht noch nicht dagestanden hatten. An der Wand klebten Zettel, auf die mit einem roten Stift FUMER TUE und darunter RAUCHEN KANN TÖDLICH SEIN gekritzelt worden war.

»Guten Morgen«, sagte ich nervös.

»Verpiess. Disch. Aus mein Appartement«, sagte er; sein französischer Akzent war viel stärker als der von Jean.

»Wie bitte?«

»Isch 'abe Asthma. Weißt du das? Isch 'abe schweres Asthma. Warum zur 'ölle musst du also in mein' Appartement ketterauchen um drei Uhr in der Nacht?«

»Das tut mir total leid, Jean meinte, es wäre kein –«

»Jean soll sisch selber fieken«, zischte er.

Ich ging zurück in Jeans Schlafzimmer.

»Hey«, sagte ich und schüttelte ihn wach. »Hey – dein Mitbewohner ist da draußen und dreht ziemlich durch.«

Jean öffnete die Augen und sah auf die Uhr.

»Ich komme zur spät zur Arbeit!«, rief er vorwurfsvoll.

»Er dreht total durch«, wiederholte ich. »Er ist sauer, weil wir geraucht haben. Er hat überall Ventilatoren aufgestellt und diese Schilder geschrieben. Es ist ein bisschen … wie *Rain Man*.«

»Er ist nicht sauer, weil wir geraucht haben, sondern weil du keinen Sex mit ihm wolltest.«

»Okay, ich bin raus«, sagte ich. »Ich wünsch dir noch ein schönes Leben.«

Als ich die Wohnung verließ, nickte ich dem wütenden französischen Mitbewohner noch mal kleinlaut zu.

»'AU AB. 'AU AB. VERPIESS DISCH, DU KLEINE 'URE!«, brüllte er mir nach.

Ich taumelte in den prallen Sonnenschein von SoHo und hatte das Gefühl, würgen zu müssen. Am nächsten Geldautomaten wollte ich zehn Doller abheben, wurde aber darüber informiert, dass mein Guthaben nicht ausreiche. Erneut überkam mich eine Woge von Übelkeit, und mir fiel auf, dass ich seit zwei Tagen nichts mehr gegessen hatte.

Auf meinem Heimweg – oder besser bei dem Versuch, meinen Heimweg zu finden – ging ich in einen Starbucks in der Hoffnung, dass bei den Zuckertüten Milchkännchen stehen würden. Ich fragte den Mann am Tresen nach einem Pappbecher und füllte ihn mit Milch, setzte mich an einen Tisch und trank in kleinen Schlucken.

»Ist alles in Ordnung, Schätzchen?«, fragte eine Frau mittleren Alters. »Du siehst aus wie ...«, sie betrachtete mein Outfit, meine mit Mascara verschmierten Augen, den Becher Milch in meinen Händen, »... wie ein streunendes Katzenbaby.«

»Mir geht's gut«, antwortete ich. Und fühlte mich elender als je zuvor.

Ein paar Stunden lang lief ich im Kreis, bis ich endlich einen Wohnblock fand, den ich wiedererkannte. Ich betrat Alex' Wohnung, legte mein Handy in Reis, rollte mich mit ihren Katzen unter der Decke zusammen und wünschte, ich könnte sie auch über diese ganze Reise ziehen. Aber ich konnte mir noch nicht mal ein Sandwich leisten, ganz zu schweigen von einem vorgezogenen Flug nach Hause. Und ich glaube, eigentlich wollte ich auch gar nicht nach Hause – ich war zwischen zwei Städten gefangen, von denen ich in keiner sein wollte. Ich konnte Farly nicht anrufen und sie um Hilfe bitten, da sie meine Unterstützung viel nötiger brauchte als ich ihre. Ich konnte meine Eltern nicht anrufen, denn ich brachte es nicht übers Herz, sie zu beunruhigen; außerdem hatte ich das Alter, in dem es angemessen ist, sich ständig aus der Patsche helfen zu lassen, um zehn Jahre überschritten. Schließlich rief ich Octavia an, die wahnsinnig nett zu mir war. Sie ging mit mir Dim Sum essen, hielt meine Hand, während ich erzählte, umarmte mich und lieh mir etwas Geld.

Am nächsten Tag unternahm ich eine dreistündige Busfahrt in den Norden des Staates New York, in eine Kleinstadt in den Catskills. Farly und ich hatten dort bereits eine Hütte in den Bergen gebucht, also konnte ich sie genauso gut auch nutzen, und ich war dankbar für ein bisschen Freiraum und Ruhe und weiten Himmel.

Ich kam am späten Vormittag dort an, warf mein Gepäck ab und machte einen langen Spaziergang, um einen klaren Kopf zu kriegen. Als ich nachmittags zu meiner Hütte zurückkehrte – nachdem ich über die ungeheuren Ausmaße der Berge gestaunt und über die Möglichkeit nachgedacht hatte, nach meiner Heimkehr noch mal ganz von vorne anzufangen –, war ich schon viel ausgeglichener.

Am Abend ging ich in das Städtchen und aß mit Käse überbackene Pommes in einem kleinen Diner. Der Gesang der Zikaden, die Wärme und das Plaudern der Einheimischen machten mich glücklich. Als ich zu meiner Hütte zurückkehrte, brannte dahinter ein Lagerfeuer. Ich holte eine Decke, setzte mich ans Feuer und schaute in die Sterne. Es fühlte sich an, als würde ich zum ersten Mal seit meiner Ankunft in New York atmen.

Als ich wieder in mein Zimmer ging, fand ich eine neue Tinder-Nachricht vor – eine verspätete Antwort auf meine »Juhu, kommt alle!«-Massennachricht, die ich zwei Tage zuvor betrunken verschickt hatte. Er hieß Adam. Er war sechsundzwanzig und hatte ein perfektes, typisch amerikanisches Lächeln, einen Brooklyn-Bart und einen Dutt.

»Hallo Lady«, schrieb er. »Tut mir leid, dass ich dir nicht früher geantwortet habe – wie geht's?«

»Ich wünschte, du hättest früher geantwortet«, meinte ich. »Vielleicht hätte ich dann ein Date mit dir gehabt, anstatt zu einem Dreier mit zwei Franzosen gezwungen zu werden.«

»O nein«, schrieb er. »New York kann brutal sein. Wie läuft's ansonsten bei dir?«

»Ich hasse es«, antwortete ich. »Ich bin gerade für eine Nacht in den Catskills, das ist eine willkommene Pause.«

»Wie lang bist du denn noch in der Stadt, bevor du heimfliegst?«

»Drei lange Tage. Morgen am frühen Abend bin ich wieder da.«

»Komm bei mir vorbei, wenn du zurück bist«, schrieb er. »Ich verspreche, ich will keinen Dreier mit dir. Ich kann einfach ein Freund sein, wenn du Lust hast.«

Ein Freund. Vielleicht brauchte ich einen neuen Freund.

Am nächsten Tag ging ich noch mal lange wandern und schwimmen, dann fuhr ich am späten Nachmittag mit dem Bus zurück nach Manhattan, nahm die U-Bahn nach Brooklyn und ging zu Adams Wohnung.

»Hey«, sagte er, als er an der Haustür erschien. Seine blauen Augen blitzten hinter den Gläsern seiner Hornbrille, und er nahm mich in die Arme. »Wie schön, dich zu sehen. Willkommen zurück in der Stadt, die du hasst.«

»Danke«, sagte ich, genoss seine Umarmung und sog den sauberen, nach Waschpulver duftenden Geruch seines Flanellhemds ein.

»Ich werde dafür sorgen, dass du sie liebst.«

Adam führte mich durch seine Wohnung, und wir öffneten eine Flasche Wein. Wir unterhielten uns stundenlang, redeten über alles, was uns ausmachte – über unsere Lieblingsmusik, Lieblingsfilme, unsere Freunde und Familien, unsere Jobs. Er hatte strahlende Augen und Zottelhaare und war ernsthaft und interessiert; er war exakt das, was ich brauchte.

Ein paar Stunden später küssten wir uns. Um Mitternacht lag ich in seinem Bett und schmiegte mein Gesicht eng an seines. Die sanften Berührungen dieses Mannes, sein großes Herz, die Zartheit, mit der er mir begegnete – das reichte, dass ich mich öffnete. Also erzählte ich ihm alles, ich ließ alles restlos raus. Ich erzählte, wie mir mit Anfang zwanzig das Herz gebrochen worden war. Ich erzählte ihm davon, wie ich jahrelang gehungert hatte in dem Versuch, ein bisschen Kontrolle zurückzugewinnen. Ich erzählte von dem einen Mal, das ich geliebt hatte, dass ich Intimität nicht aushalten konnte, dass ich Angst vor Abhängigkeit hatte. Ich erzählte ihm, wie sich meine Freundinnen, eine nach der anderen, verliebt und mich zurückgelassen hatten. Ich erzählte ihm, wie sich seit meiner Kindheit in schizophrenieartigem Aufblitzen Angstzustände an mich herangeschlichen hatten, dass ich es nicht aushielt, in der Nähe geöffneter Fenster zu stehen, weil ich das Gefühl hatte, gleich in den Tod zu stürzen. Ich erzählte ihm von der Schwester meiner besten Freundin, mit der ich aufgewachsen war und die nun mit Krebs in einem Krankenhausbett lag. Ich erzählte ihm von meinem Gefühl, dem Erwachsenwerden nicht gewachsen zu sein, und von meiner Unfähigkeit, irgendjemanden um Hilfe zu bitten. Ich erzählte ihm, mit welchem Leichtsinn ich meine Probleme in einem chaotischen Trümmerhaufen aus Ablenkungen begrub. Ich fand die richtige Sprache für meine Traurigkeit nur gegenüber einem Fremden; ich konnte all diese Dinge nur in einem vorübergehenden Fantasiereich erzählen, in dem ich keine Verantwortung trug.

»Du bist so traurig«, sagte er und streichelte meine Wange. Ich schloss die Augen, um die Tränen zurückzuhalten.

»Ich fühle mich verloren«, antwortete ich.

»Hier bist du nicht verloren«, sagte er und zog mich an sich. Und ich wollte ihm glauben, also tat ich es, in diesem Moment.

»Ich würde dir gerne etwas sagen, aber ich weiß, dass es keinen Sinn ergibt«, sagte er und küsste mein Haar.

»Was denn?«

»Ich liebe dich«, seufzte er. »Aber ich will nicht, dass du denkst, ich bin irgendwie gefährlich oder psycho wie dieser gestörte Franzose, und ich weiß, dass das eigentlich nicht sein kann, denn ich kenne dich erst seit – er warf einen Blick auf seine Armbanduhr – sechs Stunden. Aber ich habe das Gefühl, dass ich dich lieben könnte. Ach verdammt, ich weiß sowieso schon, dass ich dich liebe.«

»Ich liebe dich auch«, hörte ich mich selbst sagen. In derselben Sekunde, in der die Worte meinen Mund verließen, wusste ich, wie absurd sie waren. Aber ich wusste auch, dass ich sie nicht zu ihm sagte, ich sagte sie zu etwas anderem. Zu dem Glauben an Hoffnung und Güte.

Adam machte am nächsten Tag blau, zum ersten Mal in seinem Leben, und zeigte mir Ecken der Stadt, die ich noch nie zuvor gesehen hatte. Wir spazierten, redeten, aßen, tranken und küssten uns. Wir hatten eine Bilderbuch-Urlaubsromanze von zwei Tagen – wir konnten uns nicht mehr daran erinnern, wie das Leben ohne den anderen war, aber wir wussten auch, dass wir niemals miteinander leben würden. Ich blieb auch die folgende Nacht bei ihm.

Am nächsten Tag riss ich mich für ganze drei Stunden von Adam los, um Octavia zu treffen, die nicht fassen konnte, dass all das passiert war, seit sie mich zuletzt gesehen hatte. Wir fuhren hoch auf die Besucherterrasse des Rockefeller Centers und schauten auf die wunderschöne, unbarmherzige, gnadenlose Stadt.

»Ich glaube, ich will nach Hause«, sagte ich und blickte auf die Lichter, die auf dem Hudson River tanzten.

An meinem letzten Tag in New York brachte Adam mich zum JFK. Nach einem langen Abschiedskuss hielt er mich an den Schultern und sah mich an.

»Okay, ich hab da diese Idee«, sagte er.

»Welche?«

»Denk bitte nicht, dass ich bescheuert bin.«

»Okay.«

»Bleib«, sagte er.

»Ich kann nicht bleiben.«

»Warum nicht? Dir geht's zu Hause beschissen. Du hasst London. Du bist arbeitslos. Du weißt nicht, wie es mit dir weitergehen soll. Bleib hier und mach einen Neuanfang.«

»Wo sollte ich denn wohnen?«, fragte ich.

»Bei mir«, sagte er.

»Wovon soll ich die Miete zahlen?«

»Das würden wir schon hinkriegen«, sagte er. »Du kannst irgendwo arbeiten gehen und über all das schreiben, worüber du immer schreiben wolltest. Ich würde dir deinen Raum und Zeit für dich alleine lassen. Denk daran, wie viel freier du dich hier fühlen würdest.«

»Was passiert, wenn eure eiserne Einwanderungsbehörde mich nach Hause schicken will?«

»Dann würde ich dich verdammt noch mal heiraten«, sagte er. »Ist es das, was du hören willst? Das würde ich wirklich tun. Ich schleppe dich morgen früh sofort zum Rathaus und heirate dich in Grund und Boden. Und dann kannst du so lange bleiben, wie du willst.«

»Das kann ich nicht machen«, sagte ich. »Das ist vollkommen irre.«

»Warum bleibst du nicht?«, fragte er und lehnte sanft seine Stirn gegen meine. »Du warst diejenige, die gesagt hat, dass zu Hause nichts auf dich wartet.«

Ich überlegte eine Weile.

»Weil ich das Problem bin«, sagte ich schließlich. »Nicht die Stadt. Nicht die Umstände sind das Problem. Was sich ändern muss, bin ich selbst.« Eine Stille entstand zwischen uns. Und dann küssten wir uns zum letzten Mal.

»Ruf mich an, wenn du gelandet bist«, sagte er. »Und betrink dich im Flieger nicht, er wird schon nicht abstürzen.«

Auf dem Flug verlor ich mich in Tagträumen über Tottenham Court Road und Schwachsinn auf Amazon bestellen. Ich dachte an Farlys Lachen und die Geräusche im Haus, wenn meine Mitbewohnerinnen sich morgens für die Arbeit fertig machten, und an den Duft des Parfums, das ich im Haar meiner Mutter wahrnahm, wenn ich sie umarmte. Ich dachte an die herrliche Nichtigkeit des Lebens und was für ein Privileg es war, es leben zu dürfen.

Es war mein sechsundzwanzigster Geburtstag. Belle und AJ waren auf der Arbeit, als ich nach Hause kam, aber ich wurde von einer schiefen, selbstgemachten Torte und einem Banner erwartet, das mir herzlich gratulierte. Am nächsten Abend gingen wir alle in Camden tanzen, um meinen Geburtstag zu feiern, und ich erzählte ihnen von meinen merkwürdigen zwei Wochen in der Ferne. Lauren und ich machten durch, tranken und spielten Gitarre, und am frühen Morgen kam ein riesengroßer Strauß roter Rosen von Adam an.

Nach meiner Rückkehr besserten sich die Dinge für eine Weile. Der schwere Mantel von Traurigkeit, den ich so lange getragen hatte, wurde allmählich leichter. Ich plante ernsthaft, was ich als

Nächstes machen könnte. Ich verliebte mich wieder in meine Stadt, wie verrückt. Ich las Bill-Bryson-Bücher über England und verdrückte Toffee-Crisp-Schokoriegel. Mir wurde wieder klar, wie glücklich ich mich schätzen konnte, an dem Ort zu leben, an dem ich aufgewachsen war – einem Ort voller Freunde.

Zwei Monate später gab ich meinen Job auf und arbeitete nur noch freiberuflich. Einen Monat darauf wurde mir eine Kolumne in der *Sunday Times* angeboten. Lauren und ich drehten einen Kurzfilm über eine orientierungslose Fünfundzwanzigjährige, die keinen Plan hat, wer sie ist, und überall außer in sich selbst nach der Lösung für ihre Probleme sucht. AJ zog aus; eine weitere unserer fantastischen Freundinnen von der Uni, India, zog ein. Wir verließen den abbruchreifen gelben Palast von Camden und zogen drei Kilometer nördlich in eine Wohnung ohne Mäuse, mit einer funktionierenden Toilette und Zentralheizung.

Meine Retterin Octavia kehrte nach London zurück und wurde zu einer engen Freundin. Adam und ich sind immer in Verbindung geblieben und werden es immer bleiben; er besucht mich, wenn er nach London kommt, und ich treffe ihn jedes Mal zum Lunch, wenn ich in New York bin. Er erinnert mich an eine turbulente Zeit in meinem Leben, an die Geschichten, an die ich zurückdenken, die ich aber niemals wieder erleben will. An diese Zeit, als ich fünfundzwanzig war und so wurzellos und verloren, dass ich beinahe wegen eines Mannes in ein fremdes Land gezogen wäre. Er hat seine Seite der Geschichte, und ich habe meine; wir tragen sie mit uns wie eine dieser billigen Teeniekettchen mit einem geteilten Herzen als Anhänger.

12. Dezember

Liebe alle,

fröhliche Weihnachten von uns allen hier (nur mir – ich lebe inzwischen alleine) aus der überteuerten, aber heruntergekommenen Bracken Street 32 in Bromley!

Was war das für ein Jahr. Alles begann damit, dass mich das Start-up für Biosaft, in dem ich die letzten vier Jahre als Social-Media-Managerin gearbeitet habe (Pressed For Lime), befördert hat. Man hat mich in die etwas wichtigere, aber nebulöse Rolle eines Social Media Campaigns Overseer hochgestuft, was im Prinzip bedeutet, dass ich – zusätzlich zu meinen ganzen anderen Verantwortlichkeiten, aber ohne Gehaltserhöhung – viermal am Tag eine Insta-Story von Früchten mit aufgemalten Gesichtern und gestrickten Miniatur-Hüten poste.

(Dad – falls du das liest –, nein, ich erkläre nicht zum hundertsten Mal, was eigentlich meine Arbeit ist! Und ja, ich weiß, dass meine Ausbildung viel Geld gekostet hat. Ich weiß, dass ich »alles hätte machen können«! Tu vor deinen Freunden im Golfclub einfach so, als wäre ich *wirklich* Anwältin. Sie googeln mich schon nicht, um es nachzuprüfen, und selbst wenn sie es tun, finden sie meinen Namen nirgendwo außer auf einer alten Bebo-Website, weil nämlich überhaupt nie jemand von der Firma gehört hat, für die ich arbeite. Haha!)

Wie ich zu Beginn dieser E-Mail erwähnte, bin ich Anfang des Jahres aus der geliebten WG mit meiner besten Freundin Katia in

Kentish Town ausgezogen, da sie und ihr Freund meinten, sie seien »bereit für etwas mehr Privatheit«, und weil sie sich die Hypothek jetzt ohne mich leisten können (beide haben einen richtigen Job). Also habe ich ganz alleine einen Hausstand in trendy Penge gegründet. Hier gibt es viel Grün – genau genommen vielleicht eher viele Äste – und es ist SEHR »im Kommen« (*Metro* 2016). Was wahrscheinlich der Grund dafür ist, dass ich 1200 Pfund Miete für ein großes Studio mit einem Hochbett über dem Herd zahle. Gut, dass ich so gerne esse – es ist einfach ein Traum, wenn das gesamte Schlafzimmer nach gebratenem Fisch riecht!

Nach sieben langen und glücklichen Jahren haben Jordan und ich uns dieses Jahr in aller Freundschaft getrennt. Wir waren beide ein bisschen eifersüchtig auf unsere Freunde, die dauernd One-Night-Stands mit irgendwelchen Tinder-Dates hatten, und unsere gemeinsame Angst sowohl vor dem Tod als auch davor, etwas zu verpassen, führte dazu, dass uns immer klarer wurde, dass wir, wenn das Ende naht, nicht nur insgesamt drei Sexualpartner gehabt haben wollen. Wir lasen ein paar Bücher über Polyamorie und waren bereit, es damit zu versuchen, aber bei unseren Arbeitszeiten kriegen wir es ja noch nicht mal hin, unsere beiden Terminkalender aufeinander abzustimmen und Zeit für uns beide zu finden, ganz zu schweigen von all den anderen, also dachten wir, es wäre weniger zeitraubend, wenn wir uns einfach trennen. Er hat die Katze behalten.

Und so erkunde ich jetzt die Freuden des Online-Datings! Die Männer können mich nicht betrügen, der Sex ist pornomäßig, und ich habe nie freien Speicherplatz auf dem Handy wegen all der Fotos von komplett rasierten Penissen, die mir per WhatsApp geschickt werden. Ich bin die Carrie Bradshaw von Penge!

(Lest meine Sexploits gerne auf www.theadventuresofandrea.org nach. »Witzig und selbstzerstörerisch« – *Huffington Post*.)

Was meine Gesundheit betrifft, steigert sich meine Hypochondrie proportional zu meinen Angststörungen. Allein im vergangenen

Jahr habe ich mir selber fünf verschiedene Arten von Krebs, drei Geschlechts- und vier psychische Krankheiten diagnostiziert. Ich vermeide auch Gegenden mit viel Gras oder Bäumen, seit ich über Borreliose gelesen habe (ich glaube immer noch, dass ich das habe – ihr auch?).

Meine Uber-Bewertung ist auf 3,5 gesunken, was enttäuschend ist, aber ich hoffe, diese Herausforderung im nächsten Jahr mit frischem Optimismus und Eifer von Neuem angehen zu können.

Was die sozialen Medien angeht, war es ein einziger Höllenritt. Im November habe ich die 2000 Follower auf Twitter geknackt – und damit mein anvisiertes Ziel erreicht (ihr werdet euch vielleicht erinnern, dass das in der Weihnachtsrundmail vom letzten Jahr mein Hauptvorsatz war). Was aber noch viel krasser ist: Als ich für vier Instagram-Fotos weniger als sieben Likes bekam, habe ich es geschafft, nicht umgehend eine Notfallsitzung mit meiner Online-Therapeutin zu buchen. Also, Verbesserung auf allen Ebenen!

Meine Vorsätze für das nächste Jahr sind unter anderem, von den Antidepressiva weg- und aus dem Dispo rauszukommen sowie das perfekt zu meinem Hautton passende Rouge zu finden. Wünscht mir Glück für das nächste Kapitel dieser sich ständig im Wandel befindlichen, unvorhersehbaren Reise, die wir Leben nennen.

Das war's für dieses Jahr – ich wünsche euch allen frohe Weihnachten und ein gutes neues Jahr voller Zufriedenheit!

Andrea xxx

Wöchentliche Einkaufsliste

- Klopapier
- neue Unterhosen
- Zeitung
- Lust, alle Teile der Zeitung zu lesen
- Kaffeekapseln
- Marmite
- Äpfel
- Sanitärprodukte, die nicht mit einem Duft von Britney Spears parfümiert sind
- Zeitmanagement-Fähigkeiten
- Welpe (Dackel, mini)
- ein abflussverstopfend starker, aber milchiger Yorkshire-Tee
- besserer Toaster mit verlässlicherem Timer
- Mitbewohnerinnen, die am Sonntagabend *Countryfile* mit mir gucken
- eigener Fahrer ganz für mich allein
- Müllbeutel
- Welpe (Norfolk-Terrier, weich)
- Jarvis Cocker
- eine nie endende Versorgung mit Cheddar
- die Zeit, um jede *Seinfeld*-Folge mindestens dreimal zu gucken
- mein eigenes Kino

- bessere Grammatik
- dickere Haut
- die Fähigkeit, besser Nein sagen zu können
- zwanzig Strumpfhosen ohne Laufmaschen
- Milch

Florence

Als ich Florence kennenlernte, war sie sechs Jahre alt und ich kaum ein Teenager. Farly öffnete die Haustür und erblickte ihre kleine Schwester, sich hin und her wiegend, auf der Treppe. Die Haare auf ihrem kleinen Kopf bildeten einen buschigen Mopp.

»FLORENCE!«, schrie Farly auf. »WAS HAST DU MIT DEINEN HAAREN GEMACHT?!«

Florence lächelte frech.

»DAD, ICH FASSE ES NICHT, DASS DU IHR DAS ERLAUBT HAST!«, krähte Farly in ihrem teeniehaften Jammerton in Richtung ihres Dads Richard, der beim Auto stand. »SIE SIEHT AUS WIE EIN KLEINER JUNGE!«

Florence grinste weiterhin.

»Sie hat darum gebettelt, dass es genau so geschnitten wird, Engel«, sagte Richard und zuckte mit den Achseln. »Was hätte ich denn machen sollen?«

Ich vergötterte Florence auf der Stelle.

In ihrer Jugendzeit kamen wir uns näher. Wie ich wollte sie lieber sofort erwachsen sein, ihre eigene Identität und Unabhängigkeit haben. Sie war Gleichaltriger überdrüssig. Sie flüchtete sich in Bücher und Filme und Musik. Sie war eine Besessene, stöberte jedes Wort auf, das jemals von ihren neuen Lieblingsschriftstellern geschrieben worden war, und sah alle Filme, die jemals von ihren Lieblingsregisseuren gedreht worden waren. Genau wie ich fand sie das Teenagerdasein an einer reinen Mädchenschule furchtbar, und ich beteuerte immer wieder, dass das Beste noch auf sie warte, dass Erwachsensein, so schwierig oder langweilig es manchmal auch war, das Beste überhaupt sei.

»Kennst du das, wenn die Leute sagen, dass die Schulzeit die beste Zeit des Lebens ist?«, fragte ich, als wir eines sonnigen Nachmittags an einem Wochenende in ihrem Garten in der Sonne lagen.

»Yeah«, sagte sie.

»Die labern Scheiße.«

»Echt?«, fragte sie und streichelte meinen Arm – eine Angewohnheit von ihr, um ihre Dankbarkeit dafür zu zeigen, dass sie mit uns rumhängen durfte, als wir in unseren späten Teeniejahren waren.

»Ja. Das ist der größte Schwachsinn, den ich je gehört habe. Die Schulzeit ist die *schlimmste* im Leben, Floss. Die coolen Sachen kommen erst danach.«

»Danke, Aldermaston«, sagte sie (das war der Spitzname ihrer Familie für mich – jeder, der jemals ihr Haus betrat, bekam einen Spitznamen).

Doch Florence musste sich keine Sorgen machen, denn sie wurde ein absolut großartiger Teenager, ein viel besserer, als ich es jemals war: Wie die meisten Teenies war ich vor allem mit mir selbst beschäftigt, aber Florence' Sicht auf die Welt war umfassend und empathisch, vor allem für jemanden, der so jung war und sehr behütet aufwuchs. Floss war kreativ, wütend, neugierig, leidenschaftlich. Sie schrieb einen Film-Blog, analysierte das amerikanische Indie-Kino und klagte über das moderne Hollywood. Sie schrieb jeden Tag Tagebuch. Sie schrieb einen halben Roman. Sie schrieb Theaterstücke, die unter ihrer Regie in der Schule aufgeführt wurden. Sie hielt vor ihrer spießigen Schulversammlung einen Vortrag über LGBT. Sie nahm an Demonstrationen teil. Einmal kam sie mit einer Kamera und zwei Freundinnen bei uns in Camden vorbei und fragte, ob sie unser Haus als Location für einen Kurzfilm verwenden dürfe, mit dem sie auf häusliche Gewalt aufmerksam machen wollte.

Darüber hinaus sorgte sie auf genüssliche, wunderbare Weise für Störungen am Esstisch. Ein Essen mit Farlys Familie wurde nahezu jedes Mal davon unterbrochen, dass Florence irgendjemandem während einer hitzigen Diskussion »DU BIST MISOGYN!« entgegenschleuderte. Bei einem besonders denkwürdigen Essen machte sie Scott komplett zur Schnecke, als er es wagte, den künstlerischen Wert von Wes Andersons Filmen zu hinterfragen, und sagte, in seinen Augen käme dessen Werk nicht über die rein ästhetische Erfahrung hinaus. Floss hielt einen langen, leidenschaftlichen Vortrag, in dem sie Scott darüber informierte, warum er vollkommen falschlag; dann stand sie wutentbrannt auf, kam mit einem riesigen gebundenen Buch über Filme zurück und knallte es mit lautem Krachen auf den Tisch.

In dem Sommer, als Florence die Schule abschloss, wurde bei ihr Leukämie diagnostiziert. Endlich war sie an der Ziellinie der Adoleszenz angekommen und stand an der Schwelle zum Leben, nur um gesagt zu bekommen, dass sie Krebs hatte. Doch nach allem, was die Ärzte sagten, hatte sie trotz einer sehr strapaziösen Behandlung und einer ebenso anstrengenden Genesung von der Behandlung positive Aussichten. Und genauso war sie auch eingestellt – unglaublich positiv. Sie begann umgehend eine Chemotherapie im Kingston Hospital, wo sie sich sofort mit dem Pflege- und Reinigungspersonal anfreundete; sie fuhr ihr Bett so hoch wie möglich, damit sie sich besser mit ihnen unterhalten und ihnen Ratschläge erteilen konnte. Ihr wurde mitgeteilt, dass sie keine Kinder bekommen könne – eine Tatsache, die viele als niederschmetternd empfanden, doch sie reagierte mit der für sie typischen Würde und guten Laune und konstatierte nur, dass die Welt ohnehin überbevölkert sei.

Sie schrieb einen witzigen, ehrlichen Blog, auf dem sie ihre

Reise mit dem Krebs dokumentierte und der Tausende von Lesern hatte. Sie machte Selfies mit ihrem frischrasierten Kopf und lustige Videos von sich, wie sie um ihr Bett herumtanzte. Sie wurde von E-Mails und Briefen ihrer Fans überschwemmt. Ich war unglaublich stolz auf sie und schickte ihr regelmäßig Nachrichten, in denen ich ihr sagte, dass sie kein Recht darauf hatte, mit neunzehn Jahren schon so gut schreiben zu können.

Einer ihrer Einträge lautete:

Das Schlimmste, was ich an dem Abend [am Tag ihrer Diagnose, dem 8. August] zu hören bekam, war nicht etwa die Diagnose, sondern es waren die folgenden Worte: »Wir möchten, dass Sie heute Nacht hierbleiben.« Ich hatte das absolut nicht erwartet. Und dann sagte der Arzt: »Und morgen früh wird der Hämatologe eine Knochenmarkentnahme bei Ihnen durchführen.« In dem Moment wusste ich, dass irgendetwas nicht stimmte. Sie machen so was nicht EINFACH SO.

Der Hämatologe kam abends noch vorbei, um mich zu begrüßen und sich vorzustellen, bevor er nach Hause ging. Ich wollte einfach endlich eine Antwort, also fragte ich ihn geradeheraus: »Was, glauben Sie, ist das?« (in Richtung meines knotigen und geschwollenen Halses gestikulierend). Er holte tief Luft, bevor er genauso geradeheraus sagte: »Mit fünfzigprozentiger Wahrscheinlichkeit ist es Krebs.«

Wenn man das Wort Krebs hört, dann hört man Tod. Man denkt an all die Möglichkeiten seiner Zukunft, die zur Nichtexistenz zusammenschrumpfen. Und man weint. Und weinen musste ich wirklich. Dieser nette Mann, offensichtlich nicht so geschickt im Umgang mit den Gefühlen anderer Menschen, tätschelte mir den Rücken und versuchte, mich mit Sätzen wie »Ich bin nicht hergekommen, um Sie zum Weinen zu bringen« zu beruhigen. Tja, wie reagiert wohl jemand, dem man sagt, dass er wahrscheinlich Krebs hat?! Macht er einen Luftsprung und ruft: »Yippieh! Mein Leben ist plötzlich so viel schöner!«? Nein, natürlich ist derjenige bestürzt. Und das war ich. Und ich war wütend. Und machte mir Sorgen um meine Eltern, die ebenso sehr wie ich weinten.

Ich weiß noch, wie ich sagte: »Ich bin noch nicht bereit zu sterben. Ich habe noch nicht mal richtig gelebt.« Und dann, später: »Und ich hatte bisher noch nicht mal Sex! Das ist nicht fair.«

Aber über diesen Zustand kam ich hinweg. Jetzt fühlt es sich eher an wie: »Wenn ich mit diesem Krebs fertig bin, dann trete ich der Welt in den Arsch und werde einfach das Allerbeste, das je einer gesehen hat.« Ich meine, wer könnte mich dann noch aufhalten, ich werde den Krebs besiegt haben. Alles andere ist ein Kinderspiel.

Ich schrieb ihr, wie großartig ich den Eintrag fand, und versicherte ihr, dass sie definitiv Sex haben werde, wenn das alles erst mal vorbei sei.

»Wir gehen zusammen Typen aufreißen«, antwortete sie. »Ich versprech dir, ich finde einen heißen Kerl für dich.«

Ihren neunzehnten Geburtstag feierte sie im Krankenhaus; die Schwestern und Pfleger bastelten Girlanden für sie, die sie vor ihr Zimmer hängten. Sie bekam die Info, dass sie von der York University für ein Film-Studium angenommen worden war und dass sie ihren Studienplatz ein Jahr später antreten könne, wenn sie wieder voll genesen sei. Nach ihrem letzten Chemo-Zyklus kam sie nach Hause und buk einen Schokoladen-Guinness-Kuchen für das Pflegepersonal, das sich um sie gekümmert hatte.

Farly schrumpfte während dieser Zeit ihre Welt zusammen; sie war entweder in der Grundschule, an der sie jetzt unterrichtete, oder mit ihrer Familie im Krankenhaus. Scott war für sie da, und ich liebte ihn dafür, dass er so ein unerschütterlicher, stabiler Anker für sie und ihre Familie war. Wir schrieben und telefonierten regelmäßig, und er erzählte mir, wie es ihr ging – es ließ uns zusammenwachsen, und ich war glücklich, dass meine beste Freundin einen so starken und liebevollen Mann an ihrer Seite hatte.

Floss führte den Blog weiter, nachdem sie wieder zu Hause war. Ihr Bruder Freddie hatte passendes Knochenmark, was eine fantastische Nachricht war, denn so kam er als Spender für sie infrage – auch wenn sie sich zunächst von der Chemotherapie erholen musste, bevor sie in einem Krankenhaus in Zentrallondon operiert werden könnte. Doch plötzlich verschlechterte sich ihr Zustand, und sie wurde vorzeitig in die Klinik eingewiesen. Nacheinander gab es verschiedene Komplikationen, und eine war noch nicht beseitigt, da tauchte bereits die nächste auf. Ihre Nieren arbeiteten nicht mehr, sie konnte nicht mehr sprechen, ihre Organe begannen zu versagen, und sie kam auf die Intensivstation und musste künstlich beatmet werden. Farly wurde für einige Zeit beurlaubt, um jeden Tag mit ihrer Familie im Krankenhaus sein zu können.

Ich hatte nach drei Jahren gerade meinen Job hingeschmissen, um nur noch zu schreiben, sodass ich von zu Hause aus arbeitete und jederzeit mit dem Bus zu Farly fahren konnte. Einen Monat lang trafen wir uns beinahe täglich zum Lunch, immer in dem Café über dem Interiorshop auf der Tottenham Court Road, und bestellten jedesmal das Gleiche, zwei Caesar-Salads und einen Teller Pommes, den wir uns teilten. Sie berichtete mir, wie es Floss ging, aber es schien nie eine Besserung zu geben. Alles hing in der Luft, und niemand wusste, was als Nächstes passieren würde – es schien, als rückte die Knochenmarktransplantation in weite Ferne. Ich versuchte, Farly mit den immer gleichen Plattitüden zu beruhigen: Sie ist am besten Ort, an dem sie nur sein kann, sie ist in sicheren Händen, die Ärzte dort wissen, was sie tun. Ich wusste, dass sie jeden Tag von wissenschaftlichen Expertenmeinungen überschwemmt wurde, also dachte ich, meine Aufgabe als unkundige Freundin wäre es, ihr eine positive Quelle der

Hoffnung zu sein. In Wahrheit jedoch hatte ich keine Ahnung, was wirklich los war.

Jeden Tag fragte Farly, was es Neues bei mir gab – nach ein bisschen Normalität lechzend, die sie ablenkte und aufbaute, bevor sie nachmittags wieder in die Klinik zurückkehrte. Ich erzählte ihr von den Artikeln, die ich in der jeweiligen Woche schrieb. Ich zeigte ihr irgendwelche Jungs auf Tinder. Als ich erfuhr, dass ich eine eigene Kolumne bekommen würde, gab sie mir ein Glas Prosecco aus und sagte, sie freue sich einfach darüber, irgendetwas feiern zu können.

Dann schien es eines Tages, als ob Floss leichte Anzeichen von Besserung zeigte, und Farly schlug vor, dass ich sie besuchen kommen solle. Ich sagte, das würde ich gerne tun, obwohl ich Angst davor hatte, dass ich nicht in der Lage sein würde, mich zusammenzureißen. Als ich meine Hände desinfizierte, bevor ich zu ihr hineinging, wurde mir bewusst, dass ich noch nie jemanden in einem Krankenhaus besucht hatte.

»Hier ist jemand, der dich sehen will«, sagte Farly, als ich den Raum betrat. Floss konnte nicht sprechen, aber sie lächelte mich an, und ich empfand große Erleichterung und wurde von einer Woge der Liebe für dieses Mädchen überrollt, die für mich wie niemand sonst an eine kleine Schwester herankam. Ich stand am Fußende ihres Bettes und quatschte auf sie ein, in der Hoffnung, dass ich sie irgendwie ablenken konnte; ich erzählte ihr von der neuen *Girls*-Staffel, von der ich wusste, dass sie sie lieben würde, von einer neuen Band, die ich entdeckt hatte und von der ich glaubte, dass sie ihr gefallen würde. Farly bat mich, ihr von all den Sachen zu berichten, die ich so schrieb, und Floss lächelte wieder, als ich ihr von dem Kurzfilm erzählte, an dem Lauren und ich arbeiteten und dessen Drehbuch sie bald für mich lektorieren solle. Nach einer Viertelstunde verabschiedete ich mich von diesem atemberaubenden, wunderschönen, elektrisierenden Wirbelwind von einem Mädchen und wusste, dass es das letzte Mal war, das ich sie gesehen hatte.

»Ich habe das Gefühl, sie verschwinden zu sehen«, sagte Farly bald nach meinem Besuch bei einem unserer Mittagessen. »Ich fühle es, ich weiß, dass es passiert.«

»Das kannst du nie wissen«, sagte ich. »Es gibt Leute, die am dunkelsten Punkt stehen und wieder komplett gesund werden. Solche Geschichten hört man ständig.« Doch nachdem ich Floss so krank gesehen hatte – in dem Bewusstsein, dass sie bei meinem Besuch ihren besten Tag gehabt hatte –, verstand ich, warum Farly so dachte, und es war wichtig, dass ich ihr einfach nur zuhörte.

In der nächsten Woche saß ich gerade an meinem Küchentisch und schrieb, als am frühen Nachmittag Farly anrief.

»Es ist vorbei«, sagte sie und rang nach Atem. »Sie ist gestorben.«

Ich habe nie so viele Menschen bei einer Beerdigung gesehen wie an dem Tag, als wir uns von Florence verabschiedeten. All unsere Freundinnen kamen zur Trauerfeier, etliche Lehrer und Mädchen ihrer Schule, Familie, Freunde, die sie auf ihren Reisen kennengelernt hatte, Menschen, die im Lauf der Jahre von ihrer Wärme, ihrem Witz, ihrer Intelligenz und Freundlichkeit berührt worden waren – es waren Hunderte. So viele, dass ein Großteil draußen vor dem Krematorium bleiben und die Trauerfeier auf einem Bildschirm verfolgen musste. Als ich mir dessen bewusst wurde, lächelte ich hinauf zum Himmel und hoffte, dass sie sich darüber gefreut hätte, hoffte, dass sie wusste, wie sehr sie geliebt wurde. Freddie hielt die Trauerrede; der Rabbi – der sie seit ihrer Kindheit gekannt hatte – sprach bewundernd von ihrer Ausstrahlung und ihrer Courage. Ihre beste Freundin las einen Text vor, den Florence für ihre Abizeitung geschrieben hatte und der uns allen den Atem raubte. »Manchmal scheint es, als wäre das Leben schwierig, aber in Wahrheit ist es so einfach wie Ein- und Ausatmen«, las sie. »Reiß mit deinem Zorn Herzen auf und zerstöre Egos mit deiner Bescheidenheit. Sei die Person, von der du wünschtest, dass du sie sein könntest, nicht diejenige, von der du glaubst, dass du dazu verdammt bist, sie zu sein. Brenn mit deinen Gefühlen durch. Du wurdest dazu geschaffen, geliebt zu werden. Lass dich lieben.«

Nach der Bestattung kamen all ihre Freundinnen zu uns nach Hause, bis die Schiwa beginnen würde – die siebentägige Trauerzeit nach dem jüdischen Glauben, die im Haus der Familie stattfindet. Wir gingen zu Ivans Laden und holten etwas Wein. Ich machte eine riesige Pfanne Rührei und India endlose Runden von Toast. Wir sprachen über Florence – über alles, was an ihr so lustig und geistreich und ungewöhnlich gewesen war –, wir weinten und lachten und erhoben unsere Gläser auf sie.

Das Haus ihrer Familie war zur Schiwa genauso voll wie die Beerdigung. Wir standen in der Küche, und der Rabbi betete vor und sprach erneut über Florence. Farly trug ein Gedicht vor, und ich betrachtete sie, während sie die Verse in das Mikrofon sprach – sie sah so viel kleiner aus, als ich sie je gesehen hatte. Bei einem bestimmten Vers musste sie weinen und konnte nicht weitersprechen, sodass sie das Gedicht dem Rabbi gab, der fortfuhr, es zu rezitieren. Inmitten der überfüllten Küche sah ich dieses winzige, vogelgleiche Wesen, wie es in Stücke zerbrach, wie sich all seine Knochen und Worte auflösten, und ich wollte mich durch den Raum rempeln, um sie einfach nur festzuhalten. Es war der schlimmste Moment meines Lebens.

Die Leute blieben bis spätabends. Florence' Schulfreundinnen saßen in ihrem Zimmer, zwischen all ihren Büchern und Kleidern. Ich war mit dem Kondolenzbuch beauftragt worden. India, AJ und Lacey nippten an dem Bristol Cream Sherry, den Tante Laury ihnen in Plastikgläser eingeschenkt hatte. Farlys

Kollegium war komplett anwesend, sogar die Direktorin, um ihr Beileid zu bekunden. Im Verlauf des Abends kondolierten die Trauergäste der Familie, die der jüdischen Tradition folgend auf niedrigen Stühlen saß, und wünschten jedem Einzelnen ein langes Leben. Als ich zu Farly kam, beugte ich mich zu ihr und umarmte sie.

»Ich liebe dich sehr«, sagte ich. »Und ich wünsche dir ein sehr langes und glückliches Leben.«

»Danke«, sagte sie und drückte mich zurück. »Hast du die ganzen Lehrer von meiner Schule gesehen?«

»Ja. Sie sind toll. Ich habe gerade mit deiner stellvertretenden Direktorin gesprochen.«

»Magst du sie?«

»Ja, das tue ich. Wir haben uns sehr nett unterhalten, eine freundliche Frau.«

»Freut mich, dass du sie magst«, sagte sie und lächelte. »Worüber habt ihr denn geredet?«

»Ich habe sie gebeten, auf dich aufzupassen, wenn du wieder arbeitest«, sagte ich. »Ich habe sie gebeten, dafür zu sorgen, dass immer jemand auf dich aufpasst.«

»Ich komme klar, Doll«, sagte sie, und ihre großen braunen Augen füllten sich mit Tränen, bis sich eine durch ihre Wimpern davonstahl und die Wange hinunterrann. »Ich muss nur herausfinden, wie ich ohne sie leben kann.«

Die folgenden Tage verbrachte ich mit Farly in ihrem Elternhaus. Wir redeten wenig, aber ich machte Tee, und wir halfen ihrer Stiefmutter Annie bei allem Möglichen, was im Haus erledigt werden musste. Nach Florence' Tod war ein Reporter des *Telegraph* auf ihren Blog gestoßen und hatte die Familie gefragt, ob er, neben einem Artikel über Floss, Auszüge davon in der Zeitung veröffentlichen dürfe. Da sie wussten, dass Florence es so gewollt hätte, stimmten sie zu, und daraufhin meldeten sich sogar noch mehr Menschen bei Annie und Richard, um ihr Bedauern über den Verlust eines so lebensfrohen Menschen auszusprechen.

»Schickt Briefe«, sagte Annie eines Morgens, als sie sich durch einen riesigen Stapel von Beileidskarten und -briefen arbeitete. »Wenn ich mitbekommen habe, dass irgendjemandem etwas Schlimmes passiert ist, war ich mir nie sicher, ob es zu aufdringlich ist, demjenigen zu schreiben. Es ist nie zu aufdringlich, es hilft immer. Wenn wir aus alldem irgendetwas lernen können, dann, dass man einfach immer einen Brief schicken sollte.«

An jenem Nachmittag gingen wir alle mit dem Hund spazieren, Farly und ich Seite an Seite. Wir trugen beide die gleiche Pudelmütze, die wir ein paar Tage zuvor in der Shoppingmall in Kew gekauft hatten, als wir Innensohlen für Farlys Schuhe holten, die sie auf der Beerdigung tragen wollte. Nach einer intensiven Woche des unzertrennlichen Beisammenseins fühlte es sich so an – mit diesen gleichen Pudelmützen, die Erwachsenen ein Stück weit hinter uns –, als wären wir wieder Teenager. Nur dass wir diesmal nicht über Jungs auf MSN redeten. Irgendwann im Laufe der fünfzehn Jahre, die wir nun nebeneinander hergingen – von der Schule über Uni-Vorlesungen bis zu den Straßen rund um unser erstes Zuhause in London –, hatten wir aufgehört, so zu tun, als wären wir erwachsen, und waren es aus Versehen geworden.

»Sie hat mir mal gesagt, dass sie niemals vergessen werden will. Ich fühle mich so schlecht dabei, ganz normal weiterzuleben.«

»Das hat sie gesagt, bevor sie wusste, dass sie sterben muss«, überlegte ich. »Ich weiß, dass sie den Gedanken gehasst hätte, dass du für immer um sie trauerst.«

»Wahrscheinlich.«

»Du kannst bestimmt einen Weg finden, wie du sie in dir bewahren kannst, ohne dein eigenes Leben beenden zu müssen.«

»Ohne sie wird sich alles so seltsam anfühlen.«

»Es wird zu einer neuen Normalität«, sagte ich. »Aber sie hat definitiv dafür gesorgt, dass sie niemals vergessen wird, mach dir keine Sorgen.«

»Tja, das stimmt wohl«, sagte sie.

»Du musst weiterleben. Du hast keine Wahl. Du musst dich bewegen, oder du gehst unter.«

Wir gingen weiter den Fluss entlang. Es war so kalt und sonnig, so still und klar wie an einem Tag in einer Schneekugel, die man nicht schüttelte. In Chiswick kamen wir an einer Reihe von kleinen Häuschen mit fröhlich bunt gestrichenen Türen vorbei. Weiß getünchte Pubs trotzten der kühlen, feuchten Luft. Wenn da nicht die Brücken mit den vorüberfahrenden Zügen der Tube gewesen wären, hätten wir uns in einem Dorf an der Küste befinden können.

»Ant und Dec wohnen hier«, sagte Farly und zeigte auf die Häuschen. »In denen da.«

»Nein, nicht im Ernst.«

»Wenn ich dir's doch sage.«

»Das tun sie nicht, das behauptest du nur, weil die Haustüren so klein sind«, sagte ich, die beiden eher schmächtigen Moderatoren vor Augen.

»Ich SCHWÖRE dir, dass sie hier wohnen.«

»Zusammen?«

»Nein, nicht zusammen, sie sind direkte Nachbarn.«

Wir gingen weiter.

»Ich will niemals weit weg von dir wohnen«, sagte ich.

»Ich auch nicht von dir.«

»Mir ist völlig egal, wo ich wohne, wenn ich älter bin, ich will einfach nur in deiner Nähe leben.«

»Ich auch.«

»Sogar jetzt fühlt es sich an, als wären wir zu weit voneinander entfernt. Ich will, dass wir dafür sorgen, dass wir wirklich nahe beisammenwohnen. Ich will, dass das ab jetzt unsere erste Priorität wird.«

»Das will ich auch«, sagte sie.

Wir spazierten weiter am Ufer entlang, während die Dezembersonne noch immer hell vom Himmel strahlte.

»Bei diesem Wetter muss ich immer an dich denken. Solche Tage magst du am liebsten«, sagte ich.

»Das stimmt. Kalt und sonnig.«

»Während ich dunkle und feuchte Tage am liebsten mag, weil ich hochgradig neurotisch bin, aber du bist fröhlich und gut drauf.«

»Ha.«

»Das bist du. Als Teenies haben wir das nicht kapiert. Wir dachten immer, du wärst die Sensible von uns beiden, aber inzwischen hat sich herausgestellt, dass ich diejenige bin, die ständig zusammenbricht. Du bist viel belastbarer, als du denkst.«

»Ich weiß nicht«, sagte sie.

»Doch, das bist du. Du bist aus dem härtesten Holz geschnitzt. Ich würde nicht klarkommen, wenn all das mir passieren würde.«

»Das weißt du nicht. Man weiß nie, wie man auf etwas reagiert, bis es einem passiert.«

Wir gingen weiter nebeneinanderher und betrachteten das Sonnenlicht, das auf dem Wasser tanzte. »So wie jetzt war es jeden Tag, seit sie gestorben ist.«

»Sie ist hier«, sagte ich. »Sie ist bei uns. Sie wird immer da sein, jedes Mal, wenn du Missstände anprangerst oder über deinen Lieblingsfilm lachst. Sie wird da sein.«

Wir gingen an der Kew Bridge entlang, Annie und ihre Schwester in Sichtweite hinter uns, der Wildfang von einem Hund, glücklich mit dem Schwanz wedelnd, neben ihnen hertrottend.

»Willst du eingeäschert werden?«, fragte sie.

»Ja«, sagte ich. »Und meine Asche soll in Devon verstreut werden. Am Strand von Mothecombe.«

»Ich auch. Aber meine Asche soll am selben Ort wie die von Floss verstreut werden, in Cornwall. Auch wenn es mir leidtäte, dann nicht mehr bei dir zu sein.«

»Ach, das ist schon okay. Wir werden dort, wo wir danach sind, wieder zusammen sein. Wir müssen uns nur verabreden.«

»Unbedingt.«

»Meinst du, dass ich an meinem eigenen Strand ein bisschen eigenbrötlerisch werden könnte? Vielleicht wäre Hampstead Heath besser? Das ist mein Lieblingsort in London, und Mum und Dad sind mit mir dorthin gefahren, als ich klein war.«

»Nein, auf keinen Fall. Man würde nur auf dir rumtrampeln.«

»Yeah, hast recht. Außerdem ist es zu schnöselig und klischeemäßig.«

»Deshalb fände ich es schön, im Meer verstreut zu werden«, sagte sie nachdenklich. »Obwohl ich Angst vor Haien habe.«

»Aber du bist dann ja schon tot.«

»Ach ja, stimmt.«

»Das ist der Witz an der Sache – der Hai könnte machen, was er will, aber dir würde es gutgehen. Du wärst über den Zeitpunkt hinaus, an dem es kein Zurück mehr gäbe.«

»Okay, also dann im Meer.«

Wir spazierten in dem wunderschönen Licht zurück nach Hause, und ich war voller Dankbarkeit für Florence' Dasein und alles, was sie mir beigebracht hatte. Ich war dankbar für die Sonne, als ich auf der Kew Bridge einen Fuß vor den anderen setzte. Ich war dankbar, in diesem Moment zu begreifen, dass das Leben wirklich so einfach sein kann wie Ein- und Ausatmen. Und ich war dankbar, das Gefühl zu kennen, den Menschen neben sich so sehr zu lieben, wie ich es tat. So tief, so heftig. So rettungslos.

REZEPT

Rührei
(2 Portionen)

Man braucht nur Butter, Eier und Brot. Für kein Rührei ist Milch oder Sahne nötig, man muss es nicht komplizierter machen als nötig. Zubereitung sowie Essen gehen gut, wenn man traurig ist.

2   kleine Stückchen gesalzene Butter
    Eiweiß von 4 frischen Eiern (plus ein Eigelb, wenn man es gut meint), locker mit einer Gabel aufgeschlagen
    Salz und Pfeffer zum Würzen

In einer großen Pfanne bei niedriger Hitze langsam ein Stück Butter zum Schmelzen bringen.
  Das Eiweiß in den Topf gießen.
  Mit einem Holzlöffel langsam und gleichmäßig umrühren.
  Den Topf von der Platte nehmen, wenn die Eier noch ein bisschen flüssig sind, sie garen nach.
  Würzen und das zweite Stück Butter unterrühren.

Nachrichten, die ich mit dem Handy meiner Mitbewohnerin India verschicken und dabei so tun durfte, als wäre ich sie

(Ich habe auch keine Ahnung, warum sie mich das machen ließ)

Eine Nachricht an Sam, ihren Exkollegen

India 20:47
Einen wundervollen Morgen, Sam! Wie läuft's? Klingt jetzt ein bisschen komisch, aber ich hab mich gefragt, in welchem Stadtteil von London du derzeit residierst?

Sam 20:48
Richmond. Warum fragst du? Ziehst du in den Süden?

India 20:50
Leider nein. Ich bleibe in Highgate. Wir haben momentan Probleme mit der Müllabfuhr. Sie holen den Restmüll nur noch alle zwei Wochen, und unsere Tonnen sind immer ziemlich schnell voll. Wäre es vielleicht okay, wenn ich alle zwei Wochen zwei unserer Tonnen nach Richmond bringen würde? Ich würde sie am nächsten Tag wieder abholen, darum müsstest du dir also keine Gedanken machen.

Sam 20:51
Äh ... was? Du willst alle zwei Wochen Mülltonnen 25 Kilometer weit wegbringen? Wieso leerst du sie nicht einfach irgendwo aus?

India 20:51
Weil ich sie gerne in guten Händen wüsste.

Sam 20:52
Die Mülltonnen?

India 20:52
Ja.
Du hättest gar keine Mühe damit, du würdest es kaum mitkriegen.

Sam 20:53
Lass mal gut sein.

India 20:53
OK, kein Problem, dann schreib ich meiner Freundin in Peckham.

Sam 20:54
Kannst du das nur an Orten erledigen, die über 15 Kilometer weit weg sind?
Klingt ziemlich seltsam.
Warum fragst du niemanden in Camden?
Erscheint mir sinnvoller.

India 20:56
Es geht genau darum, dass es ein anderer Stadtteil sein muss, Sam. Nordlondon ist nicht gut für mich. Ich brauche ein völlig anderes Viertel in einem völlig anderen Teil der Stadt.

Am nächsten Tag

India 21:00
Hey. Mein Tag heute war echt für die Tonne, und deiner?

Sam 21:00
O mein Gott.
Kommst du schon wieder mit dem Thema?
Ich dachte, du hättest diese Phase überwunden.

India 21:01
Hör auf, Müll zu labern.

Sam 21:02
Hahahahaha. Der war gut.

India 21:02
Nein, jetzt mal ehrlich, wollen wir nächste Woche unser Arrangement starten?

Sam 21:03
O mein Gott. Meinst du das echt ernst?

India 21:03
Hier kommt die Müllabfuhr am Dienstag, ich könnte die Tonnen also Montag mit der Bahn vorbeibringen? xx

Sam 21:05
Ich dachte, du wärst besoffen, India. Ich wohne in Barnes.

India 21:05
Ach?

Sam 21:06
Das ist über eine Stunde entfernt.

India 21:06
Du hast recht, das ist mit der Tube zu weit.

Sam 21:07
Die Tube fährt hier noch nicht mal hin.

India 21:07
Ich bring sie mit einem Großraumtaxi.

Sam 21:08
Hör auf. Ich will deine Tonnen nicht.

India 21:09
OK. Weiß jetzt nicht so richtig weiter, aber ich schätze mal, du hast keine Lust auf die Umstände.

Sam 21:09
Warum schüttest du sie nicht einfach irgendwo aus? Solange keine persönlichen Dokumente drin sind, wird das niemand rausfinden.

India 21:10
Ja, wahrscheinlich.
Ich wünschte nur, ich könnte sie nach Barnes bringen, das wäre praktischer.

Sam 21:10
Wäre es nicht, es wäre absurd.

India 21:11
Ich versteh schon, wenn du deine Ruhe willst usw.
Und nicht willst, dass ich dauernd zu dir komme.

Sam 21:11
Ich möchte kein Mülltonnen-Hort sein, nein. Das ist gestört.
Aber wenn du Lust auf einen Drink in Barnes hast,
bist du mehr als willkommen.
Bring nur einfach keine Tonnen mit.

Eine Nachricht an Shaun, einen Bekannten von der Uni

India 19:21
Hi. Ich hab das Gefühl, dass du einen Riecher für
unternehmerische Wagnisse hast. Stimmt's?

Shaun 19:22
Wer schreibt da?

India 19:22
India Masters, BA Horns.

Shaun 19:53
Worum geht's denn?

India 19:54
Ich habe eine Marktlücke – und zwar eine ziemlich große –
für den Verkauf von Mini-Kühlschränken in verschiedenen
Farben ausgemacht. Einen Businessplan hab ich schon,
ich brauche nur noch einen stillen Teilhaber. Könntest du
derjenige sein?

Eine Nachricht an Zac, einen Freund von der Uni

India 18:53
Kann ich dich um einen Gefallen bitten??

Zac 18:54
Klar, Babe.

India 18:54
Darf ich eine Hose von dir ausleihen, für ein Arbeitsmeeting diese Woche?

Zac 18:54
Haha. Yeah.
Was für eine Hose? Und wieso?

India 18:55
Mir ist einfach aufgefallen, dass du immer schöne trägst.
Und hab keinen Bock, mir eine neue zu kaufen.
Und es ist ein ziemlich wichtiges Meeting mit einem Kunden.

Zac 18:55
Meine Hosen sind dir doch viel zu lang.

India 18:55
Nein, glaub ich nicht.

Zac 18:55
Du bist gestört.
Indy, wie groß bist du?

India 18:56
Ungefähr eins sechzig.

Zac 18:57
Ich bin eins achtzig.

India 18:57
Ich kann sie ja hochkrempeln.
Mach dir mal keine Gedanken, lass uns einfach treffen
und bring mir eine Hose mit.

*Eine Nachricht an Paul, einen Mann,
mit dem India mal rumgemacht hat*

India 19:02
Hi. Wie geht's dir?

Paul 19:16
Gut, danke! Und dir?

India 19:18
Schön mal wieder von dir zu hören. Ich hab mal eine Frage –
ich bau gerade eine Tanzkompanie auf, vor allem Irish Dance,
aber lass dich nicht abschrecken, es geht garantiert in die
moderne Richtung. Wie auch immer, man kann damit viel
Kohle machen, wenn die Hochzeitssaison startet, und ich
wollte dich fragen, ob du ein Stück vom Kuchen abhaben
willst? Die Choreografien hättest du schnell drauf, und
offen gesagt könnten wir jemanden Großes für die hintere
Reihe gebrauchen. Lass mich wissen, was du davon
hältst!

Paul 19:56
Hi, wow, vielen Dank, dass du da an mich denkst.
Auch wenn das super klingt, leider ist mein Kalender
für dieses Jahr schon extrem voll, und ich glaube,
ich würde es nicht hinkriegen, mich zu beteiligen.
Tut mir total leid.
Mach auf jeden Fall Fotos.
Pass auf dich auf, hoffe wir sehen uns bald mal
wieder x

India 19:58
Willst du trotzdem ein Stück Kuchen?

23. März

Hallo all ihr Frauen, die ihr Emily in den letzten achtundzwanzig Jahren kennengelernt habt!

Ich hoffe, es geht euch gut und ihr freut euch schon auf die Feierlichkeiten nächstes Wochenende. Wir dachten, es wäre hilfreich für euch Ladys zu wissen, wie der Tag ungefähr ablaufen wird.

Der Samstag beginnt pünktlich um 8 Uhr morgens. Begleitet uns in den Tower of London zu einem Tudor-Kochkurs. Wir machen gefüllten Braten vom Wildbret mit gedünsteten Erbsen. Das wird um 9 Uhr unser Frühstück sein, zusammen mit einem großzügigen Krug Met.

Um 10 fahren wir dann Richtung Norden ins Sportzentrum von Kentish Town, wo wir eine Partie Dildo-Football spielen. Alles ganz entspannt – wir bilden zwei Teams und machen ein Freundschaftsspiel, nur dass wir dabei riesige schwarze Umschnalldildos tragen. (Und BITTE – wenn ihr es nicht schon getan habt, schickt uns einen Satz zu eurer schönsten Erinnerung von euch und Emily – die schreiben wir mit Tipp-Ex auf ihren Pimmel, den sie für immer behalten darf.)

Um **Punkt** 12 schmeißen wir uns in unser erstes Kostüm (Disco meets *Kenan & Kel*), verlassen das Sportzentrum und gehen in Emilys Lieblingspub, das Sparrow and Ape in Camden, in dem sie vor zehn Jahren zweimal war.

12:30 Uhr: Mittagessen (in dem Betrag enthalten, den ihr schon überwiesen habt), bestehend aus einer köstlichen Mezze-Platte; jeder von euch stehen ein Falafelbällchen, drei Oliven, ein halbes Fladenbrot und ein Glas Prosecco zu. Wer keinen Prosecco oder sonst irgendeine Prickelbrause trinkt, möge sich für den gesamten Tag eigenen Alkohol organisieren.

14:00 Uhr: Wir dachten, es wäre cool, nach dem Mittagessen ein Spiel zum Thema »Wie gut kennen wir einander wirklich?« zu spielen. Wir bilden einen Kreis um Emily, und sie muss Fragen über uns beantworten. (Beispiel: In der ersten Runde wird Emily gefragt, was unser Job ist; in der zweiten Runde, wie unsere Zweitnamen lauten usw.) Gibt sie zu einer von uns mehr als eine falsche Antwort, muss diejenige den Junggesellinnenabschied verlassen und nach Hause gehen. Nicht nur glauben wir, dass euch das motiviert, euch richtig ins Zeug zu legen – wir müssen außerdem die Gruppe von fünfunddreißig Personen reduzieren, weil später in der Abendessen-Location nur Platz für dreißig ist.

15:00 Uhr: Wir sind megahappy, weil die Schokoladenmanufaktur Sucre et Crème verschiedene männliche Ani aus Schokolade hergestellt hat. (Ein Riesendankeschön an Brautjungfer Linda fürs Organisieren.) Emilys Aufgabe wird es sein zu erraten, welcher Anus zu ihrem Verlobten gehört.

16:00 Uhr: Wir finden, das wäre eine gute Zeit, unser zweites Kostüm anzuziehen – »Meine Lieblings-Emily«. Ich habe in den letzten Wochen viele Mails von euch bekommen, in denen ihr gefragt habt, was ihr dafür anziehen sollt, und, ganz ehrlich, wir können es nicht oft genug betonen: **Es soll einfach ein Spaß sein.** Also macht euch nicht zu viele Gedanken! Lacrosse-Emily, Gap-Year-Emily oder arbeitslose fette Emily – alles wunderbar. Irgendjemand hatte die Idee Klosterschul-Emily; das ist der einzige Vorschlag, bei dem wir nicht so sicher sind – denkt dran, dass bei diesem Teil der Sause auch Mamas und Omis dabei sind.

17:00 Uhr: Bevor wir alle zu besoffen sind, um noch daran zu denken, wollen wir Emily ihren Tamponbaum überreichen. Ich hoffe, ihr habt alle die Mail bekommen, in der wir euch gebeten haben, einen benutzten Tampon aufzubewahren und ihn in einem Umschlag mitzubringen. Wir schenken Emily einen Feigenbaum, der mit all unseren Tampons geschmückt wird; dies soll versinnbildlichen, dass wir für immer im Frausein und in Freundschaft miteinander verbunden bleiben. Wir glauben, das wird ein sehr besonderer Moment für sie sein.

18:00 Uhr: Wir verabschieden uns von den Omis und Mamas und bestellen ihnen ein Uber.

18:30 Uhr: Wir brechen zu Ribs 'n' Bibs in Stockwell auf.

19:15 Uhr: Ankunft im Restaurant, wir werfen uns sofort in unsere Party-Outfits. (High Heels, bitte!! Wir wollen es so glamourös wie möglich für Emily.)

19:30 Uhr: Vorspeise.

20:30 Uhr: Überraschungsauftritt nackter Schauspieler als Blue Man Group. Emily hat großen Wert darauf gelegt, dass sie keinen peinlichen Stripper bekommt, also dachten wir, das wäre ein guter Kompromiss. (Anmerkung für die Brautjungfern: Denkt dran, Wechselklamotten für Emily mitzubringen; sie wird am Schluss voller blauer Farbe sein.)

21:00 Uhr: Hauptgang.

22:00 Uhr: Dessert und ein DIY-Hutmacher-Crashkurs. Wir haben die weltberühmte Hutmacherin Madame Meringue zu Gast, die sich bereit erklärt hat, uns zu zeigen, wie wir aus den Resten unseres Nachtischs Wegwerf-Fascinators machen können. **Hier** könnt ihr euch ihre unglaublichen Tutorials für Barette aus Bananen-Toffee-Kuchen anschauen, um ein Gefühl dafür zu bekommen, worum es geht.

23:00 Uhr: Spaziergang zum FLUID-Club in Vauxhall, wo wir Stühle reserviert haben (Tische gab es nicht mehr).

4:00 Uhr: Der Club schließt.

Und das war's!

Bleibt uns nur, euch von Emily auszurichten, dass eine Einladung zum Junggesellinnenabschied **leider keine Garantie** für eine Einladung zur Hochzeit ist. Diese wird in kleine(re)m Rahmen stattfinden, und die beiden können einfach nicht alle berücksichtigen, aber Emily hofft, dass ihr trotzdem beim Junggesellinnenabschied dabei seid, um ihre letzten Tage als unverheiratetes Mädchen mit ihr zu feiern.

Jede, die erwischt wird, dass sie mit Emily über die Hochzeit redet oder versucht, sich eine Einladung zu erschleichen, wird umgehend von der Party entfernt – es soll ein toller Tag für Emily werden und keiner, an dem sie sich wieder nur um Hochzeitslogistik kümmert.

Danke an alle für die Überweisung der 378,23 Pfund – darin enthalten sind alle Ausgaben des Tages außer Fahrtkosten, dem Hauptgericht im Restaurant, den Getränken im Restaurant und den Getränken im Club.

Von folgenden Mädels fehlt das Geld noch:

EMILY BAKER

JENNIFER THOMAS

SARAH CARMICHAEL

CHARLOTTE FOSTER

Wenn ihr den Betrag nicht bis heute Abend 23:00 Uhr überwiesen habt, könnt ihr leider nicht teilnehmen, und alle anderen müssen für die Kosten eurer Plätze aufkommen.

Lasst uns feiern!!

Die Brautjungfern xxx

Was meine Therapeutin sagt

»Warum sind Sie hier?«

Warum ich da war? Ich hätte nie gedacht, dass ich jemals dort sein würde. In einem kleinen Raum mit cremefarbenem Teppich und einem bordeauxroten Sofa direkt am Oxford Circus. Wo es immer nach Molecule-Parfum roch, nach nichts anderem, so sehr ich beim Eintreten auch schnupperte – keine Mittagessensreste, kein abgekühlter Kaffee –; es gab keinerlei Hinweise auf ein Leben außerhalb dieses Raums, abgesehen von diesem Damenparfum. Der Duft, der mein Herz für immer zusammenkrampfen und mich an einen Freitag um ein Uhr mittags denken lassen würde, sobald ich auf einer Party eine Spur davon an einer Frau wahrnahm. Ich zahlte stundenweise, um dort zu sein. In einem Vakuum des Lebens, in dem nichts anderes als das Gespräch zweier Menschen existiert – in einer Kommentatorenbox, dem Fernsehstudio der Spielanalyse. In der unbeliebtesten Diskussionssendung, während parallel der Blockbuster läuft. Das hier war *Let's Dance*. Das hier war *Dancing on Ice*. Dies war der Raum, an den ich fortan denken würde, wenn ich kurz davorstand, eine schlechte Entscheidung zu treffen; auf der Toilette eines Pubs, mit einem Mann auf dem Rücksitz eines Taxis. An diesen Raum, dessen Versprechen es war, dass sich in ihm mein Leben ändern würde.

Ich hatte mir geschworen, niemals in einem solchen Raum zu enden. Aber ich wusste einfach nicht mehr, was ich sonst hätte tun sollen. Alle anderen Optionen waren mir ausgegangen. Ich war siebenundzwanzig und hatte das Gefühl, von einem Sturm von Ängsten umgeworfen zu werden. Seit neun Monaten war ich jetzt Freiberuflerin, und beinahe jeden Tag hatte ich alleine mit meinen Gedanken zugebracht. Die Sorgen meiner Freunde und Familie hatte ich ausgeblendet; ständig war ich kurz davor, in Tränen auszubrechen, aber nicht in der Lage, mit irgendjemandem zu reden. Jeden Morgen, wenn ich aufwachte, wusste ich nicht, wo ich war oder was los war; jeden einzelnen Morgen begann ich mein Leben so, als wäre der Schlaf der vergangenen Nacht durch einen Schlag auf den Kopf zustandegekommen, der mich blutend zurückgelassen hätte.

Ich war dort, weil ich dort sein musste. Ich war dort, weil ich es aufgeschoben hatte, dort zu sein, weil ich immer behauptet hatte, ich hätte nicht das Geld oder die Zeit, weil ich zu bequem und dumm war. Ich erzählte einer Freundin, dass ich mich fühlte, als würde ich implodieren, und sie gab mir die Nummer einer Frau, die ich anrufen solle. Mir waren die Ausreden ausgegangen.

»Ich glaube immer, dass ich irgendwo hinunterfalle und sterbe«, wiederholte ich. Sie – Eleanor – schaute mich über den Brillenrand hinweg prüfend an und dann wieder auf ihren Block, wo sie sich eifrig Notizen machte. Sie hatte einen dunklen, nachlässig gescheitelten Siebzigerjahre-Pony, braune, katzenartige Augen und eine große Nase. Sie musste Anfang vierzig sein und sah aus wie die junge Lauren Hutton. Mir fiel auf, wie muskulös, gebräunt und elegant ihre Arme waren. Ich dachte, dass sie wahrscheinlich angenommen hatte, ich wäre eine dumme Heulsuse. Ein großes, fettes Opfer. Eine überprivilegierte Tussi, die ihre hart verdiente Kohle unnötigerweise dafür ausgab, einmal die Woche eine Stunde lang über sich selbst schwadronieren zu können. Frauen wie mich roch sie wahrscheinlich zehn Kilometer gegen den Wind.

»Ich kann in meiner Wohnung kein Fenster öffnen oder schließen; ich muss jemanden darum bitten«, fuhr ich fort, knapp und tonlos, um die Tränen zurückzuhalten. Es fühlte sich an, als würden sie von hinten gegen meine Augäpfel drücken wie Wasser gegen einen Staudamm. »Manchmal kann ich einen Raum gar nicht betreten, wenn ein Fenster offen steht, weil ich solche Angst davor habe, rauszufallen. Und ich muss meinen Rücken gegen die Wand pressen, wenn eine U-Bahn aus dem Tunnel kommt und in die Haltestelle einfährt. Ich kann mich sehen, wie ich davorfalle und sterbe. Das sehe ich jedes Mal, wenn ich die Augen schließe. Dann verbringe ich die ganze Nacht damit, es mir immer und immer wieder vorzustellen, und ich kann nicht schlafen.«

»Verstehe«, sagte sie in breitem australischen Akzent. »Und seit wann geht es Ihnen so?«

»Seit sechs Monaten ist es richtig schlimm«, sagte ich. »Aber es war schon die letzten zehn Jahre so, mal mehr, mal weniger heftig. Wenn ich starke Angst habe, wird es schlimm mit dem Trinken. Genauso wie bei der Todesobsession. Das absolute Highlight ist das Fallen.«

Ich führte sie durch die Greatest Hits von *Mein wiederkehrender seelischer Aufruhr*. Ich berichtete von meinem Gewicht, das sich ständig veränderte wie Wolkenformationen – von der Tatsache, dass ich ihr zu jedem Foto, das seit 2009 von mir gemacht worden war, auf das Kilo genau sagen konnte, wie viel ich zu diesem Zeitpunkt gewogen hatte. Ich erzählte ihr von meiner Alkoholversessenheit, die nicht nachgelassen hatte, seit ich ein Teenager war; von meinem unstillbaren Durst, während die meisten Leute in meinem Alter wissen, wann es gut ist; dass ich dafür bekannt war, dass ich das Zeug im Rekordtempo hinunterstürzen konnte; von den riesigen schwarzen Löchern, die sich in den letzten Jahren in meiner Erinnerung an diese Nächte angesammelt hatten; von meiner größer werdenden Scham und Verzweiflung wegen dieser verlorengegangenen Stunden und von dieser Irren, die kaum wiederzuerkennen durch die Stadt rannte, für die ich angeblich verantwortlich sein sollte, die zu sein oder zu kennen ich mich aber nicht mehr erinnern konnte.

Ich erzählte von meiner Unfähigkeit, eine Beziehung einzugehen; wie ich von männlicher Aufmerksamkeit besessen war und gleichzeitig Angst davor hatte, jemandem zu nahezukommen. Wie schwierig es für mich war, zuzusehen, wie all meine Freundinnen eine nach der anderen in langjährige Beziehungen hineinglitten, als würden sie an einem heißen Tag langsam in einen kühlen Swimmingpool eintauchen. Wie jeder meiner bisherigen Freunde gefragt hatte, warum ich das nicht auch zulassen könne, dass ich immer befürchtet hatte, für Romantik fehlprogrammiert zu sein.

Wir sprachen darüber, wie ich mich über so viele Leben wie möglich verteilt hatte, als wäre ich der letzte Löffel Honig im Glas. Ich erzählte, wie ich fast meine gesamte Energie für andere Menschen aufbrachte, auch wenn mich niemand darum gebeten hatte. Ich beschrieb ihr, wie ich glaubte, dass ich damit kontrollieren könnte, was andere über mich denken, und wie es mich dennoch mit dem Gefühl zurückließ, eine Betrügerin zu sein. Ich erzählte, dass ich mir ausmalte, was andere Leute wohl hinter meinem Rücken über mich reden, und dass ich wahrscheinlich sowieso jeder Beleidigung zustimmen würde, mit der man mich konfrontierte. Ich berichtete ihr von den Mühen, die ich auf mich genommen hatte, um Anerkennung zu finden: wie ich mein gesamtes Geld für Getränkerunden für Leute ausgab, die ich noch nie gesehen hatte, und deshalb in der Woche darauf meine Miete nicht zahlen konnte; wie ich Samstagnächte nachmittags um vier begonnen und erst um vier Uhr morgens wieder beendet hatte, um auf sechs verschiedene Geburtstagspartys von Leuten zu gehen, die ich kaum kannte. Wie müde und niedergeschlagen und charakterlos ich mich deshalb gefühlt hatte und wie sehr ich mich selber dafür hasste. Die erbärmliche Ironie, dass ich die großartigsten Freunde um mich und zugleich das Gefühl hatte, ihnen nichts von alldem erzählen zu können. Wie tief verwurzelt meine Angst vor Abhängigkeit war. Dass ich im Bett eines Fremden, den ich in New York kennengelernt hatte, weinen, aber meine besten Freundinnen nicht um Hilfe bitten konnte.

»Aber nichts von alldem hat sichtbare Auswirkungen auf mein Leben«, sagte ich. »Ich komme mir so lächerlich vor, hierherzukommen, denn es könnte alles so viel schlimmer sein. Ich habe tolle Freunde, eine tolle Familie. Mit meiner Arbeit läuft es gut. Niemand würde denken, dass mit mir irgendwas nicht stimmt. Ich fühle mich einfach beschissen. Die ganze Zeit.«

»Wenn Sie sich die ganze Zeit beschissen fühlen«, sagte sie, »hat das sehr, sehr große Auswirkungen auf Ihr Leben.«

»Vermutlich.«

»Sie haben das Gefühl, zu fallen, weil Sie in hundert verschiedene umhertreibende Stücke zerborsten sind«, erklärte sie mir. »Sie sind völlig ziellos. Sie sind nicht verwurzelt. Sie wissen nicht, wie Sie mit sich selber umgehen sollen.« Endlich gab die Rückwand meiner Augäpfel nach, und Tränen aus der tiefsten Quelle irgendwo in meinem Inneren brachen sich Bahn.

»Ich habe das Gefühl, dass mich nichts mehr zusammenhält«, sagte ich – meine Schnappatmung garnierte den Satz mit Hicksern, der Strom meiner Tränen ergoss sich so heiß und freifließend über meine Wangen wie Blut.

»Natürlich fühlen Sie so«, sagte sie mit einer neuen Weichheit. »Sie haben kein Gespür für sich selbst.«

Deshalb war ich also da. Der Groschen war gefallen. Ich hatte geglaubt, ich hätte Angst zu fallen, doch in Wahrheit wusste ich einfach nicht, wer ich war. Und die Dinge, mit denen ich diese Leerstelle füllte, funktionierten nicht mehr; sie gaben mir nur das

Gefühl, mich noch weiter von mir zu entfernen. Diese überwältigende Angst hatte eine Weile in der Post festgehangen und kam schließlich an, flatterte durch den Briefschlitz und landete vor meinen Füßen. Diese Diagnose überraschte mich. Da saß ich nun mit meiner Überzeugung, ein felsenfestes Selbstbewusstsein zu haben. Ich war die Generation Selbstbewusstsein, das war unser Leben. Seit 2006 füllten wir »Über mich«-Rubriken auf diversen Websites aus. Ich hatte immer geglaubt, ich wäre die am selbstesten bewussteste Person, die ich kenne.

»Sie werden nie erfahren, was ich wirklich über Sie denke«, sagte sie, als ich gerade gehen wollte, und zeigte mir damit, dass sie bereits verstanden hatte, wie ich funktionierte. »Sie können vielleicht aus meinem Verhalten darauf schließen, ob ich Sie sympathisch finde, aber Sie werden nie wissen, was ich in zwischenmenschlicher Hinsicht ganz genau von Ihnen halte. Sie müssen diesen Gedanken loslassen, wenn wir Fortschritte machen wollen.«

Zunächst war ich von einer unangenehmen Paranoia erfüllt, dann, beinahe gleichzeitig, absolut erleichtert. Sie sagte, ich solle mit den blöden Witzchen aufhören. Sie sagte, ich solle aufhören, mich dafür zu entschuldigen, dass ich mich durch die Kleenex-Box auf dem Tisch neben mir pflügte. Sie sagte, dies sei der Raum, in dem ich nicht über jedem Wort brüten und herumgestikulieren und zu ihrer Unterhaltung Anekdoten erzählen müsse, in der Hoffnung, dass sie mich mögen würde. Diese Frau ohne jedes Gespür für sich selbst, ohne Selbstachtung, ohne Selbstbewusstsein – eine gestaltwandelnde, ständig gefallen wollende Erscheinung; ein verknäuelter Knoten aus Ängsten – erhielt die Erlaubnis, einfach nur zu *sein*. Sie sagte, in diesem Raum mit dem cremefarbenen Teppich und dem bordeauxroten Sofa direkt am Oxford Circus wäre ich in Sicherheit, um mich fallenzulassen.

Ich verließ ihre Praxis und ging die knapp neun Kilometer zu Fuß nach Hause. Ich fühlte mich gleichermaßen befreit durch die Erleichterung, endlich den Weg in diesen Raum gefunden zu haben, sowie unerträglich erdrückt von dem Gewicht dessen, was noch auf mich zukommen würde. Ich redete mir ein, dass alles in drei Monaten aus dem Weg geräumt werden könnte.

»Sie glaubt, dass ich kein Selbstgefühl habe«, erzählte ich India, als sie abends für uns kochte.

»Das ist Schwachsinn«, entgegnete sie ungehalten. »Du hast ein stärkeres Selbstgefühl als irgendjemand sonst, den ich kenne.«

»Ja, aber nicht diese Art von Selbstgefühl«, sagte ich. »Nicht in dem Sinn, dass ich weiß, wofür ich im EU-Referendum stimmen soll oder wie ich meine Kartoffeln am liebsten habe. Sie meint, dass ich mich selbst in verschiedene Teile aufspalte, um verschiedenen Menschen zu genügen, anstatt ganz zu sein. Ich bin so rastlos und unsicher. Ich weiß nicht, wie ich ohne all die Dinge, mit denen ich mich absichere, klarkommen soll.«

»Ich wusste nicht, dass du dich so fühlst.«

»Ich habe das Gefühl, zu zerbrechen«, erklärte ich ihr.

»Ich will nicht, dass du traurig bist«, sagte India und hielt mich im Arm, barfuß in unserer Küche stehend, während die Spaghetti leise blubbernd vor sich hin köchelten. »Ich will nicht, dass du das machst, wenn es dich runterzieht.«

Am Freitag darauf erzählte ich Eleanor, dass India nicht wolle, dass ich diese Therapie durchmache, da sie befürchte, dass es mich traurig machen würde. Ich meinte, dass ich das teilweise auch so sähe.

»Okay, Eilmeldung«, bellte sie in ihrer Sicherheit vermittelnden, direkten, sarkastischen Art, nach der ich mich im folgenden Jahr noch sehnen sollte. »Sie sind bereits traurig. Sie sind wirklich verdammt traurig.«

»Ich weiß, ich weiß«, antwortete ich und griff wieder nach

einem Kleenex. »Tut mir leid, dass ich so viele davon benutze. Ich schätze, Sie verbrauchen in Ihrem Metier eine ganze Menge davon.« Sie versicherte mir, dass sie genau dafür vorgesehen waren.

Und so begann der Heilungsprozess. Jede Woche ging ich zu Eleanor, und wir betrieben Detektivarbeit an mir selber, um die Antwort auf die Frage zu finden, wie ich in siebenundzwanzig Jahren zu dem Menschen geworden war, der ich war. Wir führten forensische Untersuchungen meiner Vergangenheit durch – manchmal besprachen wir einen Vorfall der vorigen Nacht, manchmal etwas, das vor zwanzig Jahren im Sportunterricht geschehen war. Therapie ist eine einzige große archäologische Grabung in der eigenen Psyche, bis man auf irgendetwas stößt.

Wir redeten und redeten, bis sie eine Ursache-Wirkung-Theorie präsentierte, die passte; dann arbeiteten wir – und das war entscheidend – aus, was ich ändern könnte. Manchmal stellte sie mir Aufgaben – Dinge, die ich ausprobieren, etwas, an dem ich arbeiten, Fragen, die ich beantworten, Gedanken, die ich durcharbeiten, Gespräche, die ich führen sollte. Zwei Monate lang weinte ich jeden Freitagnachmittag. Jede Freitagnacht schlief ich zehn Stunden.

Der große Mythos hinsichtlich Psychotherapie ist, dass es nur darum gehe, die Schuld bei anderen Menschen zu suchen, doch im Laufe der Wochen wurde mir klar, dass das Gegenteil richtig ist. Ich hörte von anderen, dass einige Therapeutinnen im Leben der Patientin eine Art schützende, verblendete Mutterrolle annahmen und ihnen versicherten, dass nicht sie selbst Schuld an etwas hatten, sondern der Freund oder der Chef oder die beste Freundin. Eleanor dagegen ließ nur selten zu, dass ich die Verantwortung auf jemand anderen schob, und zwang mich stets zu hinterfragen, was ich getan hatte, sodass ich in eine bestimmte ungute Situation geraten war – weswegen ich unsere Sitzungen fürchtete. »Abgesehen davon, dass jemand stirbt«, sagte sie eines Freitags zu mir, »spielen Sie immer, wenn in einer Beziehung etwas Schlimmes passiert, eine Rolle dabei.«

Nach ein paar Monaten lachten Eleanor und ich zum ersten Mal richtig miteinander. Ich kam nach einer furchtbaren Arbeitswoche zu ihr – und war ein einziges Wrack. Mein Geld schwand dahin, genauso wie mein Selbstbewusstsein; ich wusste nicht, wie ich meine Miete bezahlen sollte, und hatte Angst, dass meine Karriere im Nichts enden würde. Meine Paranoia war völlig außer Kontrolle; ich stellte mir vor, dass jeder Einzelne, mit dem ich jemals gearbeitet hatte, mich für inkompetent, untalentiert und wertlos hielt. Ich hatte drei Tage lang meine Wohnung nicht verlassen. Ich erzählte ihr von einer meiner wiederkehrenden Fantasien, in der ein ganzer Sitzungssaal voller mir unbekannter Menschen darüber urteilte, welch grauenvolle, unfähige Autorin ich war. Eleanor blickte mich an, während ich redete, dann verzog sie ungläubig das Gesicht.

»Ich meine«, sie atmete aus und hob die Augenbrauen, »ich finde es *geistesgestört*, dass Sie so was denken.« Mir fiel auf, dass ihr australischer Akzent breiter und schnoddriger wurde, je strenger sie war. Ich schaute von meinem Taschentuch auf; das war nicht die Reaktion, auf die ich gehofft hatte.

»*Ganze Sitzungssäle voller Leute, die Sie gar nicht kennen?*«, sagte sie und schüttelte fassungslos den Kopf. »Das ist UNGLAUBLICH narzisstisch.«

»Na ja«, sagte ich, während ich unter Schluchzern lachen musste, »ja. Wenn Sie es so sehen. Es ist lächerlich.«

»Niemand redet über Sie.«

»Yeah«, sagte ich und tupfte mir mit dem Taschentuch die Tränen weg. Plötzlich kam ich mir vor wie eine Figur, die Woody Allen spielen würde. »Sie haben recht.«

»Mit Sicherheit«, sagte sie, immer noch entgeistert, und schüttelte ihren Pony von den hohen Wangenknochen. »Sie sind keineswegs *so* interessant, Dolly.«

Im dritten Monat unserer Treffen absolvierte ich die erste tränenfreie Sitzung. Die Kleenex-Box blieb unberührt. Ein Meilenstein in der Therapie.

Während meine engsten Freunde es gut fanden, dass ich eine Therapie machte, zeigte sich bald, dass ich durch meine Selbsterkundung für die falschen Leute langweilig wurde. Ich betrank mich seltener – jedes Mal befragte ich mich erst, ob ich es nur zum Spaß machen wollte oder um mich von einem Problem abzulenken. Ich versuchte, nicht mehr immer allen gefallen zu wollen, denn mir war bewusst, dass das großzügige Herschenken meiner Zeit und Energie mich zu einem Nichts reduzieren würde – ein Opfer, das zu bringen es mir nicht wert war. Ich war ehrlicher, ich sagte es anderen Menschen, wenn ich aufgebracht oder verletzt oder verärgert war, und lernte das Gefühl von innerem Frieden zu schätzen, das – zu dem geringen Preis einer unangenehmen Unterhaltung – mit dieser Integrität einherging. Ich nahm mich selbst besser wahr, was automatisch dazu führte, dass ich mich deutlich seltener zum Deppen machte, nur um andere zu bespaßen.

Ich hatte das Gefühl, Woche für Woche zu wachsen; mit jedem Tag, an dem ich neue Verhaltensweisen umsetzte, spürte ich die Fotosynthese meines Inneren. Ich entwickelte eine Obsession mit Zimmerpflanzen; ich betrieb so was wie eine Vermenschlichung von Natur. Ich las nach, welche Pflanzen ich in jeden möglichen Winkel mit Licht oder Schatten stellen konnte, und ich füllte unsere Wohnung mit grüner Üppigkeit; Efeututen kletterten Bücherregale hinab, ein Schwertfarn stand auf dem Kühlschrank, ein Fensterblatt fächerte sich vor der hellen weißen Wand meines Schlafzimmers auf. Ich hängte einen makellosen Philodendron über mein Bett, und nachts fiel ab und zu ein kalter Wassertropfen von seinen herzförmigen Blättern auf meinen Kopf. India und Belle stellten infrage, ob das gesund für mich sei – sie verglichen es mit der Chinesischen Wasserfolter. Doch ich hatte gelesen, dass es sich um Guttation handelte, einen Vorgang, bei dem eine Pflanze während der Nacht unnötiges Wasser abgibt. Sie rackert sich ab, um sich von allem zu befreien, was auf die Wurzeln drückt. Und ich erklärte ihnen, dass mir das etwas bedeute: Der Philodendron und ich betrieben ein gemeinsames Projekt.

»Noch mehr Pflanzen hier drin«, sagte Farly einmal, als sie sich bei mir umschaute, »und dein Zimmer wird zum *Kleinen Horrorladen*.«

Da ich nicht mehr so viel trank, erlebte ich das brandneue Gefühl, morgens mit einer linearen Erinnerung an die vergangene Nacht aufzuwachen. Was die Leute gesagt, wie sie ausgesehen hatten, ihre Gesten und Blicke untereinander, von denen sie dachten, sie seien diskret. Mir fiel auf, dass, wo ich auch auftauchte, die Leute das harte Programm wollten. Kam ich in einen Pub, wollten sie die nächste Flasche Wein, einen Ticker anrufen, draußen kettenrauchen, zugedröhnt schmutzigen Tratsch über irgendjemanden austauschen, den wir kannten. Ohne mir dessen bewusst zu sein, war ich zu einer Schwarzmarkthändlerin des Feierns geworden. Ich war das grüne Licht für alle anderen, sich danebenzubenehmen – und ich hatte das nicht bemerkt, bis ich damit aufhörte.

Als wir eines Freitagmittags über dieses Thema sprachen, lieferte Eleanor ihren brutalsten und brillantesten Knock-out.

»Mir ist aufgefallen, dass die Leute wollen, dass ich lästere«, sagte ich. »Das erwarten sie einfach, wenn ich irgendwo hinkomme, vor allem, wenn sie besoffen sind.«

»Und haben Sie gelästert?«

»Schon, ja«, sagte ich. »Mir war nicht klar, wie viel.«

»Warum haben Sie es denn getan?«

»Ich weiß nicht. Um mich anderen näher zu fühlen? Konversation zu betreiben? Vielleicht, um mich mächtig zu fühlen?«, überlegte ich. »Das ist der einzige Grund, warum Menschen lästern. Ganz offensichtlich wollte ich mich stark fühlen.«

»Ja, das wollten Sie«, sagte sie mit dem leichten Lächeln, das sie für Momente reserviert hatte, in denen sie zufrieden war, dass ich etwas begriffen hatte, bevor sie es mir sagen musste. »Andere Menschen kleinzumachen, führt dazu, dass Sie sich groß fühlen können.«

»Ja, wahrscheinlich.«

»Wissen Sie, wer das noch tut?« Eine Stille entstand. »Donald Trump.«

Ich prustete los.

»Eleanor! Ich habe Ihre liebevolle Strenge wirklich schätzen gelernt«, sagte ich. »Aber das geht selbst für Sie ein bisschen zu weit.«

»Gut, dann eben Nigel Farage«, sagte sie und zuckte leicht mit den Schultern, als wäre ich zu kleinlich.

»Meine Therapeutin hat mich heute mit Donald Trump verglichen«, schrieb ich Farly, als ich auf die Regent Street hinaustrat. »Ich glaube, ich mache echte Fortschritte.«

Dann, nach etwa fünf Monaten Therapie, hatte ich plötzlich das Gefühl, dass wir an eine Grenze gestoßen waren. Meine Entwicklung stagnierte. Ich merkte, dass ich Eleanor gegenüber abweisend wurde. Sie sagte mir, dass ich ihr gegenüber abweisend wurde. In einer Sitzung gab ich zu bedenken, dass wir vielleicht keine Antwort darin finden würden, die Vorkommnisse und Entscheidungen in meinem Leben zu zerpflücken, immer und immer wieder durchzukauen, was einmal mit diesem einen Typen passiert war oder was meine Eltern gesagt – und nicht gesagt – hatten, als ich ein Kind war. Dass das alles vielleicht ein sinnloses Bemühen sei, dass ich vielleicht einfach so geboren worden war.

Glaubte sie, dass ich möglicherweise einfach so geboren worden war? Sie sah mich ausdruckslos an.

»Nein, das glaube ich nicht«, erwiderte sie.

»Tja, *natürlich* glauben Sie das nicht«, meinte ich missmutig. »Denn sonst gäbe es genau genommen keinen Bedarf für Ihren Job.«

Wenn ich in einer Woche Mist gebaut hatte, überlegte ich mir manchmal irgendetwas, das ich Eleanor erzählen könnte, damit sie nachsichtig mit mir wäre. Dann fiel mir wieder ein, wie viel ich für diese Treffen zahlte; die viele Extraarbeit, die ich auf mich nehmen musste, um mir die Therapie leisten zu können, und welch ein Privileg es war, dass ich sie mir überhaupt leisten konnte. Und dass es komplette Geldverschwendung wäre, wenn ich ihr nicht die Wahrheit sagte. Ein paar Freundinnen, die ebenfalls eine Therapie machten, erzählten mir, dass sie vor ihren Sitzungen nervös wurden, weil sie Angst hatten, ihrem Therapeuten nichts wirklich Interessantes berichten zu können. Bei mir war es das genaue Gegenteil. Ich überlegte immer, was ich ihr vorenthalten oder welchen positiven Dreh ich einer Sache verleihen könnte, damit es sich nicht so schlimm anhörte, wie es wirklich war.

Aber natürlich durchschaute sie alles. Denn ich hatte ihr gezeigt, wie ich funktionierte. Und immer nahm ich es ihr übel, wie gut sie mich kannte, und brach in Tränen aus, wenn sie mich herausforderte. Nicht, weil ich es nicht leiden konnte, dass sie etwas infrage stellte, das ich getan hatte –, sondern weil ich mich selbst nicht dafür leiden konnte, dass ich es überhaupt erst getan hatte.

Nach sechs Monaten kam ich an einen Punkt, an dem ich in einer Sitzung beinahe gesagt hätte: »Was macht SIE denn überhaupt so verdammt schlau, über all den Kram Bescheid zu wissen? Kommen Sie schon, sagen Sie mir, wie perfekt SIE sind.« Und mir wurde klar, dass ich eine Pause von der Therapie brauchte, sagte das aber Eleanor nicht. Sie sagte, sie spüre »eine gewisse

Verärgerung«; ich erwiderte, dass alles in Ordnung sei. Ich begann, Sitzungen abzusagen. Anderthalb Monate lang ging ich nicht mehr hin.

Als ich wieder bei ihr war, empfand ich Eleanor viel verständnisvoller als in meiner Erinnerung, und ich fragte mich, ob ich mir ihre beharrliche und unerbittliche Befragungstechnik nur eingebildet hatte. Vielleicht hatte ich sie zu der weißen Leinwand gemacht, auf die ich all die Wut und Verurteilungen schmieren konnte, die ich mir selber gegenüber empfand. Mitten in der Stunde fragte sie, warum ich nicht mehr gekommen sei, ohne das mit ihr zu besprechen. Ich dachte über eine Ausrede nach, aber auch an das Geld und die Zeit, die ich für die Therapie investierte, dass es zu spät war, jetzt noch einen Rückzieher zu machen.

»Ich weiß es nicht«, sagte ich.

»Ist es, weil Ihnen alles zu intim wurde?«, fragte sie. »Geht es um Abhängigkeit? Dass Sie hiervon nicht abhängig sein wollen?«

»Yeah«, sagte ich seufzend. »Vermutlich; ich glaube, ich wollte es kontrollieren.«

»Ja, das könnte der Grund sein«, überlegte sie laut. »Was in Ihrem Leben draußen passiert, wird hier drin gespiegelt.«

»Klingt sinnvoll.«

»Was wollen Sie denn kontrollieren?«

»Alles«, sagte ich, und in dem Moment, da ich es laut aussprach, wurde es mir klar. »Ich versuche, immer die Hand im Spiel zu haben, wenn es darum geht, was andere von mir denken. Wie sich andere mir gegenüber verhalten. Ich versuche, schlimme Geschehnisse aufzuhalten. Tod, Katastrophen, Enttäuschungen. Alles versuche ich zu kontrollieren.«

Ihre Erleuchtung war meine Erleuchtung; ich beschloss, der Heilung den Weg freizumachen. Ich gab mich in Eleanors Hände, voller Vertrauen, und eine neue Etappe unserer gemeinsamen Zeit brach an.

»Sie müssen weiterhin herkommen, und wir müssen weiterhin reden«, sagte sie. »Wir müssen reden und reden und reden, bis wir alles zusammengesetzt haben.«

Ich glaube, ein Teil des Problems bestand darin, dass ich einen Punkt erreicht hatte, an dem ich es nicht mehr aushielt, dass Eleanor so viel von mir wusste – die dunkelsten Winkel meines Selbst, meine heiligsten, beschämendsten, demütigendsten, schrecklichsten, kostbarsten Erfahrungen. Und im Gegenzug bekam ich nichts von ihr zurück. Manchmal stellte ich mir Eleanor in ihrem Haus vor; ich überlegte, wie ihr Leben wohl aussah, wenn sie gerade keine Therapeutin war. Ich fragte mich, was sie ihren Freunden über mich erzählte, ob sie jemals meine Artikel las oder meine Social-Media-Feeds checkte oder mich googelte, so wie ich sie gegoogelt hatte.

Ein paar Wochen später fragte sie mich, wie ich die Therapie fände, und ich gab zu, dass es mir nicht gefiel, nichts über sie zu wissen. Ich sagte, mir sei schon klar, dass es für diese Art von Austausch so vorgesehen sei, ich das aber manchmal als unfair empfände. Warum sollte ich mich jede Woche entblößen, während sie komplett angezogen blieb?

»Was meinen Sie damit, dass Sie nichts über mich wissen?«, fragte sie, ehrlich verwirrt.

»Ich weiß überhaupt nichts über Sie als Mensch.«

»Natürlich tun Sie das«, sagte sie.

»Nein, tue ich nicht. Ich könnte meinen Freunden rein gar nichts über Sie erzählen.«

»Sie kommen jede Woche hierher, und wir unterhalten uns über Liebe, Sex, Familie, Freundschaft, Glück, Traurigkeit. Sie wissen genau, wie ich über all diese Dinge denke.«

»Aber ich weiß nicht, ob Sie verheiratet sind, ob Sie Kinder haben, wo Sie leben. Ich weiß nicht, wo sie ausgehen. Ich weiß nicht, ob Sie in einem Fitnessstudio sind«, sagte ich und dachte an ihre muskulösen Arme, auf die ich, wie mir klar wurde, in besonders schwierigen Momenten immer schaute und mich fragte, welche Gewichte sie benutzte.

»Und glauben Sie, dass irgendwas von diesen Dingen Ihnen dabei helfen würde, zu verstehen, wer ich bin?«, fragte sie. »Sie wissen eine ganze Menge von mir.«

Mit der Zeit erlernte ich Eleanors Sprache. Nach besonders tränenreichen Sitzungen sagte sie immer: »Passen Sie *gut* auf sich auf« – mit Betonung auf dem »gut«. Das hieß: »Besaufen Sie sich am Wochenende nicht völlig besinnungslos.« Schlimm war auch, wenn sie »O Mann« sagte, während ich irgendwas erzählte. Aber das Schlimmste war bei Weitem: »Ich habe mir diese Woche Sorgen um Sie gemacht.« Wenn Eleanor sagte, dass sie sich in jener Woche Sorgen um mich gemacht habe, bedeutete es, dass ich am Freitag zuvor eine *richtig* beschissene Show abgeliefert hatte.

Meine Angst vor den Freitagen verschwand nie, wurde aber kleiner. Eleanor und ich lachten häufiger miteinander. Ich erzählte ihr, dass ich nach unseren Sitzungen manchmal direkt zu einem Bäcker ging und innerhalb von fünf Sekunden einen Brownie komplett aufaß, oder dass ich mir für zehn Pfund irgendeinen Plunder kaufte, den ich absolut nicht brauchte. Sie meinte, das liege daran, dass mich beschäftige, was sie über mich denke – und ich stimmte ihr zu. Es ist unnatürlich, mit jemandem, der sonst kein Teil des eigenen Lebens ist, in einem kleinen Raum zu sitzen und demjenigen all seine rohen, unzensierten Geheimnisse zu erzählen – die man noch nie laut ausgesprochen, noch nie jemandem erzählt hat, vielleicht noch nicht einmal sich selber. Doch je besser es mir ging, desto weniger glaubte ich, dass sie mich verurteilte. Vor meinen Augen begann sich ihre wahre Form herauszubilden: eine Frau, die auf meiner Seite stand.

Als mir eine Freundin sagte, dass es nicht etwa das Reden sei, das zur Heilung beitrage, sondern die Beziehung zwischen Patient und Therapeut, verstand ich. Mein wachsendes Gefühl von Ruhe und Frieden kam mir vor wie etwas, das wir gemeinsam aufbauten – so wie eine Physiotherapie einen stärkt. Ich trug ein kleines Stück von ihr in mir, und ich bin sicher, dass ich das für immer tun werde. Die Arbeit half mir, ein neues Verständnis meines Selbst zu entwickeln, das ich niemals wieder ausblenden und verbergen werde können. So nannte sie es: »Arbeit«. Und genauso fühlte es sich an. Meine Zeit mit Eleanor war herausfordernd und konfrontierend und hart. Sie ließ mir nichts durchgehen. Sie zwang mich, darüber nachzudenken, welche Rolle ich bei allem Möglichen spielte. Manchmal versuchte ich mich an eine Zeit zu erinnern, in der mein Verhalten keine Konsequenzen nach sich gezogen hatte; nach besonders schwierigen Freitagmittagen fragte ich mich, wie mein Leben wohl aussähe, wenn ich mich nicht für diese Wanderung durch mein Inneres entschieden hätte. Wäre es leichter gewesen, einfach weiterzumachen wie bisher – als besoffene Idiotin, die morgens um vier mit einem Taxi über die M1 rast? Eine Person, deren Verhalten nie überprüft, sondern beiseitegeschoben wurde, nur um es am folgenden Wochenende zu wiederholen?

Eleanor sagte mir gern, dass das Leben beschissen war. Jede Woche. Sie sagte, ich würde vom Leben noch enttäuscht. Sie erinnerte mich daran, dass es keine Möglichkeit für mich gebe, das zu kontrollieren. Angesichts dieser Unumgänglichkeit wurde ich entspannter.

Als wir auf unseren ersten Jahrestag zusteuerten, wurden unsere Gespräche vertrauter und lockerer; sie empfahl mir Bücher, von denen sie dachte, dass ich sie hilfreich finden könnte. Meist sagte sie »Auf Wiedersehen« anstatt »Passen Sie *gut* auf sich auf«. Sie sagte nicht mehr besorgt »O nein«, wenn ich ihr irgendeine Geschichte erzählte, sondern ließ regelmäßig ein ehrlich begeistertes

»Also, das klingt alles SUPER!« hören. Eines Freitags fiel mir tatsächlich nichts ein, was ich ihr hätte berichten können.

Ich wusste nicht genau, wie lange ich dort hingehen oder wie frei ich mich fühlen wollte. Doch ich wusste, dass sich die Dinge immer mehr zusammenfügten, je länger die Therapie andauerte. Ich redete mich selbst in eine Harmonie hinein, genauso, wie sie es vorausgesagt hatte. Ich stellte Zusammenhänge her, nahm Muster wahr. Das Reden verband sich allmählich mit dem Handeln. Die Kluft zwischen meinem inneren Empfinden und meinem Verhalten wurde schmaler. Ich lernte, mich mit Problemen auseinanderzusetzen, unangenehm tief in mich hineinzuschauen, anstatt mich auf einen Trip zu den Äußeren Hebriden von Erlebnissen zu begeben, wenn irgendetwas schieflief. Ich betrank mich seltener, und wenn, dann war der Anlass nicht Flucht, sondern dass ich etwas feierte. Also endete es nie katastrophal.

Ich fühlte mich sicherer, stärker. In meinem Inneren öffnete sich eine Türe nach der anderen, ich befreite die Räume von all meinem Ballast, und ich berichtete Eleanor von jedem Stückchen altem Krempel, den ich vorfand; dann warf ich alles hinaus. Mit jedem Raum, den ich aufschloss, wusste ich, dass ich mich annäherte. Einem Gefühl für mich selbst, einem Gefühl von Frieden. Und einem Gefühl von Zuhause.

12. Juni

Liebe Dolly Irgendwas Alderton,

herzlichen Glückwunsch! Du hast einen Platz bei der Hochzeit von Jack Harvey-Jones und Emily White gewonnen. Großen Respekt dafür, wie weit Du gekommen bist – zusammen mit Emilys Cousine Rose hast Du es unter die beiden letzten Finalisten geschafft, die nicht nur eine Einladung für die tatsächliche Hochzeit, sondern auch eine für den Empfang ergattern konnten! Wir haben uns am Ende für Dich entschieden, weil Du laut bist und sehr viel trinkst, was – wie wir denken – den Tisch mit Jacks introvertierten Freunden von der London School of Economics beleben könnte. Rose wird jetzt eben nur zum Empfang kommen, aber das passt schon, denn wir waren auch nicht zu ihrer Hochzeit eingeladen, weil sie und ihr Mann »durchbrannten«, außerdem hat sie ein großes Muttermal im Gesicht, sodass sie die Fotos, die tagsüber gemacht werden, ohnehin ruinieren würde.

Also! Trommelwirbel, bitte! Mr. und Mrs. Keith White laden zur Hochzeit ihrer Tochter Emily mit Mr. Jack Harvey-Jones am Arsch der Welt ein.

(Ich weiß, »Mr. und Mrs. Keith White« klingt ziemlich beknackt – aber Jacks schnöselige Eltern haben insistiert, dass man eine Einladung so formuliert, und da sie die Willkommensdrinks spendieren, hatten wir keine Lust, mit ihnen darüber zu diskutieren.)

Du bist herzlich eingeladen, dabei zu sein, wenn Emily von ihrem Vater freigegeben und von einem anderen Mann hocherfreut entgegengenommen wird, als wäre sie ein Gebrauchtwagen. Wenn Emilys radikalfeministische Freundinnen sie auf das Ritual ansprechen, wird sie lügen und behaupten, dass die Kirche darauf bestanden habe und es nicht ihre Wahl gewesen sei, und wir würden es sehr schätzen, wenn auch Du diese Version kolportieren würdest.

Und wir bitten darum – *ganz ehrlich*: Keine Geschenke, Deine Anwesenheit ist Geschenk genug! Okay, also wenn Du UNBEDINGT DARAUF BESTEHST, kannst Du gerne etwas Kleines von unserem Online-Hochzeitstisch bei Liberty auswählen, der Dir die Ehre erweist, etwas von ihm bestellen zu dürfen – entweder so was Banales wie einen Salatmixer zu fünfzig Pfund oder etwas Dekadentes wie den riesigen Porzellanhasen mit Zylinder. Wirklich, das liegt ganz bei Dir.

Wenn Du möchtest, kannst Du auch gerne für einen gemeinnützigen Zweck spenden – ganz egal welchen, wir dachten nur, es wäre gut, das vorzuschlagen. (Bitte mach, dass irgendjemand das Chesterfieldsofa für unser Wohnzimmer kauft!!)

Wir sind uns dessen bewusst, Dolly Irgendwas Alderton, dass Du Single mit einem Jahreseinkommen von höchstens 30 000 Pfund bist, während unser gemeinsames Einkommen 230 000 Pfund beträgt. Ebenso ist uns bewusst, dass wir in einer 700 000-Pfund-Wohnung in Battersea leben, deren Kaution gänzlich von unseren Eltern übernommen wurde, während Du Dich jeden Monat dafür abrackerst, 668 Pfund für Deine Miete zusammenzukratzen, also dachten wir, es wäre – dieser Logik folgend – sinnvoll, dass *Du* diejenige bist, die *uns* teure Geschenke macht, mit denen wir unser jetzt schon komplett eingerichtetes Heim weiter dekorieren können.

Nein, im Ernst, wir wollen einfach nur, dass Du dabei bist, mach Dir keinen Kopf um das Geschenke- oder Spendending oder was auch immer. Wenn Du mit leeren Händen auftauchst, lästern wir eben das ganze nächste Jahr auf den Dinnerpartys bei unseren gemeinsamen Freunden darüber, wenn Du nicht dabei bist. Und im

Grunde genommen würde uns das sehr entgegenkommen, denn wir müssen noch so lange über die Hochzeit reden, bis wir schwanger werden, also wird uns Deine egoistische Entscheidung, unsere Liebe nicht mit einem Le-Creuset-Set zu feiern, hoffentlich genug Stoff für sämtliche Gesprächsrunden liefern, bis wir über Trimester und Wassergeburten reden können, also danke.

Zum Alkohol! Jedem Gast wird bei seiner Ankunft ein Glas Champagner bzw. nicht identifizierbarer Perlwein in einer Champagnerflöte überreicht. Alles andere muss an der Bar gekauft werden, tut uns leid. Wir haben versucht, unser 75 000-Pfund-Hochzeitsbudget so auszudehnen, dass es für Getränke für 120 Leute reicht, aber es ging einfach nicht. Scheiß-Hochzeiten!

Im Anhang findest Du Infos zu einem extrem überteuerten Bed and Breakfast, das wir sehr empfehlen können; wir hatten dort viele schöne Sonntagsessen. Aber fühl Dich nicht gezwungen, dort zu übernachten. Du kannst in diesem ländlichen und abgelegenen Dorf, in dem wir heiraten, schlafen, wo immer Du willst.

Buch möglichst bald!

Also, wir sehen uns dort. Oh, und übrigens: Ich weiß, dass alle, die Du kennst, einen Plus-eins-Platz bekommen haben, weil sie alle in einer Beziehung sind. Und nein, wir kennen noch nicht mal die Hälfte ihrer Partner, wir dachten nur, es wäre schön für sie, sie dabeizuhaben, Du weißt schon, weil Leute in Beziehungen es eben mögen, zusammen zu sein. Traurigerweise ist Dir diese Art von Unterstützung nicht vergönnt (☹), und Du musst alleine kommen. Tut mir leid, es geht einfach nur um die Anzahl der Gäste. Ruf bitte Jacks perversen Bruder an, ich *glaube*, er ist der einzige andere Single – könnte also lustig sein, im selben Zug mit ihm hinzufahren und ein Zimmer mit ihm zu teilen! Wobei er vielleicht dieses französische Mädchen mitbringt, das er auf einer Konferenz kennengelernt hat, also lass uns das vorher noch checken.

Kleiderordnung: Cutaway, was auch immer das bedeutet.

Hinkommen: Die Kirche und die Location sind wahnsinnig pittoresk, also würden wir uns freuen, wenn die Fotos oder die friedliche Atmosphäre nicht durch Autos ruiniert werden. Wir empfehlen, mit dem Zug aus London zu kommen – der dem Arsch der Welt nächstgelegene Bahnhof ist fünfunddreißig Kilometer entfernt. Es gibt ein örtliches Taxiunternehmen, das Dich zur Kirche bringt, aber bestell das Taxi im Voraus, denn sie sind nur im Besitz von drei Fahrzeugen.

Weitere Formalitäten: Wir wollen, dass die Stimmung auf unserer Hochzeit ganz unverkrampft ist, also freuen wir uns über superlustiges Konfettiwerfen vor der Kirche. BITTE BRING KEIN EIGENES KONFETTI MIT. Es wird eine Tupperbox voller Konfetti geben, das von ALISON, MUTTER DER BRAUT, VERTEILT WIRD – sie hat für diesen Anlass vier Jahre lang Rittersporn-Blütenblätter einzeln luftgetrocknet. Rittersportblätter sehen auf Fotos toll aus, sind günstiger als Rosenblätter und außerdem umweltfreundlich – Papierkonfetti würde der örtlichen Natur schaden, und die Leute von der Partylocation haben gesagt, wenn sie AUCH NUR EINEN FETZEN PAPIERKONFETTI auf dem Gelände finden, wird die Feier sofort abgesagt, das Cateringpersonal nach Hause geschickt, und der Abend ist gelaufen. Also warte, bis Du dran bist – jeder wird eine KLEINE HANDVOLL Blütenblätter bekommen (bitte nur eine kleine, wir wollen, dass jeder etwas abkriegt), um sie auf die glücklichen Brautleute zu werfen, wenn sie als Mann und Frau die Welt betreten.

Bitte schreib Deinen Lieblingssong auf die Antwortkarte, unser DJ wird sein Bestes tun, ihn zu spielen, aber nur, wenn es sich um »I Would Walk 500 Miles« von den Proclaimers oder »Umbrella« von Rihanna handelt.

Wir haben ein Hashtag für Instagram-Bilder von dem Tag eingerichtet: #jemily2016. Einfach nur »jemily« wäre uns lieber gewesen, aber als wir den Hashtag gesucht haben, mussten wir feststellen, dass das leider der Markenname eines Gleitmittels ist. Also muss es »jemily2016« tun.

Kinder willkommen!

Absolut *keine Straßenkleidung* – keine Abendgarderobe, kein Eintritt. Es ist unser spezieller Tag, kein Cricketdinner.

Wenn Du nicht kommen kannst, kein Thema. Wir wollen nächsten Monat eine zusätzliche lockere Party in der Stadt geben, für unsere weniger engen, aber höchst Instagram-tauglichen Londoner Freunde. Im Monat darauf halten wir eine weitere Zeremonie und Feier in Österreich ab, wo ein Großteil von Jacks Familie lebt. Dann werden wir während einer Gruppenreise nach Ibiza, zu der Ihr alle noch eingeladen werdet, dort einen Segen erhalten. Im Prinzip wird unsere Hochzeit so was wie eine einjährige Konzerttour einer Band, also schau einfach, welcher der Termine Dir passt und ~~buch ein Ticket~~ sei dabei.

Wir können es nicht erwarten, Dich zu sehen!

In Liebe,

Jack und Emily xxx

PS: Sorry, dass Du für den Erhalt dieser Einladung zahlen musstet, wir waren total im Stress, als wir sie verschickt haben, und haben die falschen Briefmarken für das Gewicht genommen. Das bedeutet, dass Ihr alle 0,79 Pfund gezahlt habt, die Euch am Eingang der Feier zurückerstattet werden. Jacks Bruder Mark betreut die Kasse und wird damit am Heckenbogen stehen. KEINE QUITTUNG – KEINE RÜCKERSTATTUNG.

PPS: Sorry für die Herzchen-Pailletten, die aus dem Umschlag gefallen und jetzt auf Deinem gesamten Teppich verstreut sind, den Du gerade heute erst gesaugt hast.

Heartbreak Hotel

Als ich aufwachte, zeigte mein Handy drei verpasste Anrufe von Farly an, die vor sieben Uhr eingegangen waren, und eine Nachricht, dass ich sie anrufen solle. Bevor ich auch nur ihre Nummer wählen konnte, klingelte das Telefon schon wieder. Ich wusste, dass das nichts Gutes bedeuten konnte. Ich dachte an die letzten achtzehn Monate, seit Florence gestorben war, wie Farly sich von all ihren engsten Freundinnen zurückgezogen und ihre Trauer fern von uns bewältigt hatte. Wie ich versucht hatte, sie zu mir zurückzuholen, das Richtige zu sagen, um sie zu trösten. Diese Momente, wenn wir über irgendetwas lachten und ich ihr altes Ich aufblitzen sah, wenn aus dem Lachen dann kehlige Schluchzer wurden und sie sich dafür entschuldigte, dass sie nicht mehr verstand, wie ihr Geist oder Körper funktionierten. Jetzt hatte ich nur den einen egoistischen Gedanken: *Ich weiß nicht, wie ich das alles noch mal mit ihr durchstehen soll.* Ich holte tief Luft und nahm ab.

»Dolly?«

»Was ist passiert?«

»Es ist niemand gestorben«, sagte sie, als sie die Panik in meiner Stimme hörte.

»Okay.«

»Es ist wegen Scott. Ich glaube, wir trennen uns.«

Es waren noch acht Wochen bis zu ihrer Hochzeit.

Farly war allein in ihrer Wohnung, als ich eine Stunde später ankam; Scott war zur Arbeit gegangen, und sie hatte von ihrer

Direktorin ein paar Tage Sonderurlaub genehmigt bekommen. Sie erzählte mir von dem Gespräch, das sie am Vorabend gehabt hatten – von Anfang bis Ende. Sie sagte, sie habe es nicht kommen sehen –, dass die Hochzeit momentan ihre kleinste Sorge sei, und dass sie alles dafür tun würde, ihre Beziehung zu retten. Ihr Vater und ihre Stiefmutter waren übers Wochenende in ihrem Ferienhaus in Cornwall, und wir beschlossen, ebenfalls dorthin zu fahren, sodass sie und Scott etwas Zeit getrennt voneinander hatten, um nachdenken zu können.

Wir arbeiteten einen Plan aus, was sie ihm am Telefon sagen würde. Sie bat mich, bei ihr im Zimmer zu bleiben, wenn sie ihn anrief – sie war ein Nervenbündel und wollte Blickkontakt zu mir, um ruhig zu bleiben. Ich saß auf dem Sofa, während sie mit dem Telefon durch die Wohnung lief, und sah mich im gemeinsamen Zuhause der beiden um, in dem Leben, das sie zusammen aufgebaut hatten. Da war ein Foto von ihnen, das sie mit jungen Gesichtern in ihren frühen beziehungsweise mittleren Zwanzigern zeigte, wie sie einander verliebt anhimmelten, ein Foto von ihnen aus ihrem letzten Urlaub mit Florence. Der knallorangefarbene Teppich, den ich mit ausgesucht hatte, das Sofa, auf dem wir drei bis morgens um fünf Wahlergebnisse im Fernsehen verfolgt und Rotwein getrunken hatten. An der Wand hing der Morrissey-Druck, den ich ihnen zur Verlobung geschenkt hatte.

Mich quälte ein seltsamer und schwieriger Gedanke. Viele Jahre lang war das alles, was ich wollte: Ich hatte gehofft, dass einer der beiden eines Tages weiterziehen würde, dass wir immer liebevoll von Scott als Farlys erster großer Liebe sprechen würden und ich meine Freundin zurückbekäme. Aber jetzt war dieser Moment gekommen, und ich fühlte nichts als herzzerreißende Traurigkeit und Sehnsucht, stellvertretend für sie. Sie hatten so viel gemeinsam durchgestanden, und ich wünschte mir sehnlichst für sie, dass es gutgehen würde.

Wir alle hatten uns vorgestellt, dass Farlys und Scotts bevorstehende Hochzeit wie eine Art Spachtelmasse das Loch kitten würde, das in die Familie gerissen worden war. Wann immer ihre Familie oder eine von uns Freundinnen darauf zu sprechen kamen, waren wir uns alle einig, dass es sowohl ein Tag von himmelhochjauchzender Freude als auch von unausweichlicher Traurigkeit werden würde – aber dass er definitiv einen neuen Abschnitt in ihrer beider Leben markierte. Einen Neuanfang, viel mehr als das Ende von etwas.

Nach Florence' Tod hatte ich die Rolle von Farlys Trauzeugin mit einer Haltung angenommen, als wäre ich in den Ritterstand erhoben worden. AJ, Lacey und ich organisierten einen Junggesellinnenabschied, dessen ehrgeizige Maßstäbe einer Eröffnungsfeier von Olympischen Spielen zur Ehre gereicht hätten. Nach Monaten des Bettelns und Verhandelns stellte uns ein Hotel in East London zum absoluten Rabattpreis den Veranstaltungsraum im obersten Stock mit Ausblick über die Stadt zur Verfügung, um dort ein großes Dinner abzuhalten. Ich buchte den London Gay Men's Chorus für ein Überraschungskonzert mit hochzeitsrelevanten Liedern – alle Sänger würden T-Shirts mit einem Aufdruck von Farlys Gesicht tragen. Zusammen mit einem Barkeeper entwickelte ich einen Cocktail namens The Farly. Ich bestellte auf Ebay eine lebensgroße männliche Pappfigur und klebte ihr Scotts Gesicht auf, sodass alle Mädels ein Foto mit ihm machen konnten. Ich nahm Dutzende Videobotschaften von Leuten auf, die Farly Glück für die Ehe wünschten; das Video wollte ich an dem Abend im Stil der *This Is Your Life*-Show vorführen. Dabei waren unter anderem Dean Gaffney, der in den Neunzigerjahren bei *EastEnders* mitgespielt hatte; zwei Darsteller von *Made in Chelsea*, der Typ, an den sie ihre Jungfräulichkeit verloren hatte, und der Betreiber ihrer Stammreinigung.

Ich lauschte wieder ihrem Gespräch mit Scott.

»Vielleicht ist das alles mit der Hochzeit einfach zu viel geworden«, sagte sie. »Weißt du? Vielleicht haben wir da die Kontrolle verloren. Vielleicht sollten wir all das vergessen und uns einfach auf uns konzentrieren.«

Exakt in diesem Moment bekam ich eine Mail vom Büro von Farlys kommunalem Parlamentsabgeordneten:

Liebe Dolly,

vielen Dank für Ihre E-Mail. Andy würde sich sehr freuen, behilflich sein zu können – es klingt so, als würden Sie alles dafür in Bewegung setzen, um Ihrer Freundin einen ganz besonderen Junggesellinnenabschied zu bescheren! Wäre es Ihnen möglich, nächsten Montag um 11:30 Uhr in Andys Wahlkreisbüro vorbeizukommen, um das Video zu machen?

Wenn das nicht für Sie passt, schaue ich in seinem Kalender, ob ein anderer Tag geht.

Mit freundlichen Grüßen

Kristin

Ich löschte die Mail stillschweigend.

Wir fuhren zu meiner Wohnung, ich warf ein paar Sachen in eine Tasche und schrieb India und Belle, dass Farly eine Mandelentzündung habe und Scott auf Geschäftsreise sei, sodass ich für ein paar Tage zu ihr ziehen würde. Es tat mir leid, sie so anzulügen, aber da alles noch so in der Schwebe hing und es keine endgültige Entscheidung gab, war es besser, vage zu bleiben, um Farly Nachfragen zu ersparen. Ich aktivierte meine Abwesenheitsmail, und wir stiegen in Farlys Auto, um nach Cornwall zu fahren.

Wir waren diese Strecke schon oft zusammen gefahren: M25, M4, M5. Auf dem Weg in den Urlaub in ihrem Ferienhaus, während unserer Roadtrips mit sechzehn und siebzehn und auf den Fahrten von London zur Uni, als wir in Exeter studierten. Farly hatte ein rigoroses Ranking der Raststätten anhand des jeweiligen Snackangebots erstellt, und sie fragte mich gerne die Reihenfolge ihrer Präferenzen ab (Chieveley, Heston, Leigh Delamare).

Seltsamerweise schien eine lange Autofahrt genau das zu sein, was wir in diesem Moment brauchten. Ihr Auto war das Zuhause unserer Teenagerfreundschaft. In den Jahren, als ich mich so danach sehnte, erwachsen zu sein, war Farlys Führerschein unser Ticket in die Freiheit. Ihr Auto war unsere erste gemeinsame Wohnung, unser Rückzugsort vor dem Rest der Welt. Auf einem Hügel in Stanmore gab es einen Aussichtspunkt, von dem aus man über die Stadt blicken konnte, die so funkelte, als wäre es Oz. Dorthin fuhren wir nach der Schule oft, teilten uns eine Schachtel Silk Cut und einen Becher Ben & Jerry's und hörten Magic FM.

»Was siehst du, wenn du auf die Stadt schaust?«, fragte sie ein paar Wochen vor unserem Schulabschluss einmal.

»Ich sehe all die Jungs, in die ich mich verlieben werde, und die Bücher, die ich schreiben werde, und die Wohnungen, in denen ich leben werde, und die Tage und Nächte, die vor uns liegen. Was siehst du?«

»Etwas wahnsinnig Furchteinflößendes«, antwortete sie.

Die Fahrt – fünf Stunden – kam mir länger vor als sonst. Vielleicht, weil sie diesmal nicht von unserem Quatschen oder dem Radio oder unseren zerkratzten Joni-Mitchell-CDs begleitet wurde, sondern von einer Stille, die keine Stille war; ich konnte den Lärm in Farlys Kopf hören. Ihr Handy lag auf dem Armaturenbrett, und wir warteten beide darauf, dass Scott anrufen und sagen würde, dass er einen schrecklichen Fehler gemacht habe. Jedes Mal, wenn ihr Telefon aufleuchtete, zuckte ihr Blick kurz von der Straße zum Display.

»Guck für mich nach«, sagte sie schnell. Es war immer eine

Nachricht von einer unserer Freundinnen, die ihr und ihren Mandeln gute Besserung wünschte und fragte, ob sie mit Suppe und Zeitschriften vorbeikommen solle.

»Scheiße!«, rief sie und brachte ein schwaches Lachen zustande. »Er und ich haben die letzten sechs Jahre damit verbracht, uns permanent den banalsten Kram zu schreiben, und jetzt ist das Einzige, wonach ich mich sehne, eine Nachricht von ihm, aber alles, was ich kriege, sind massenhaft Genesungswünsche wegen einer erfundenen Krankheit.«

»Zumindest weißt du, dass du geliebt wirst«, versuchte ich es.

Eine noch lautere Stille entstand.

»Was soll ich bloß allen sagen«, fragte sie, »den ganzen Hochzeitsgästen?«

»Du musst noch nicht über so was nachdenken«, sagte ich. »Und wenn es so sein sollte – dann musst du niemandem irgendwas sagen. Das können wir für dich übernehmen.«

»Ich weiß nicht, wie ich das ohne dich überleben würde«, sagte sie. »Solange ich dich habe, wird alles irgendwie gutgehen.«

»Ich bin hier«, bekräftigte ich. »Ich gehe nirgendwohin. Ich bin für immer bei dir, Hase. Und wir kommen zusammen ans andere Ufer, ganz egal, wie es dort aussieht.«

Tränen rannen ihr die Wangen hinunter, während sie geradeaus in die Dunkelheit der M5 starrte.

»Es tut mir leid, wenn ich dir jemals das Gefühl gegeben habe, dass du nur die zweite Wahl bist, Dolly.«

Als wir kurz nach Mitternacht ankamen, waren Richard und Annie noch auf und erwarteten uns. Ich machte Tee – in den Wochen nach Floss' Tod hatte ich gelernt, wie ihn jeder von ihnen am liebsten trank, denn es war das einzig Sinnvolle, das ich tun konnte –, und wir setzten uns aufs Sofa und redeten über alles, was passiert war, und die möglichen Folgen.

Farly und ich lagen im Dunkeln zusammen in einem Bett.

»Weißt du, was wirklich tragisch ist?«

»Sag«, antwortete sie.

»Lauren und ich haben endlich alle Akkorde und Harmonien von ›One Day Like This‹ für die Zeremonie richtig hingekriegt.«

»Oh, ich weiß, hör auf. Ich fand die Aufnahme toll, die du mir geschickt hast.«

»Und gerade kam die Bestätigung des Streichquartetts, dass sie das Intro spielen würden.«

»Ich weiß, ich weiß.«

»Vielleicht stellt es sich im Nachhinein als Segen heraus«, sagte ich. »Ich befürchte ehrlich gesagt, dass bei dem Lied alle an diese aufgeblasenen Montagen über die Kandidaten bei *The X Factor* denken müssten.«

»Wirst du wegen des Junggesellinnenabschieds auf Schulden sitzenbleiben?«

»Mach dir keine Gedanken darum«, sagte ich. »Das regeln wir alles.«

Schweigen legte sich über die Dunkelheit, und ich wartete auf ihren nächsten Satz.

»Erzähl schon«, sagte sie. »Ich bin momentan zu neunzig Prozent sicher, dass es keine Hochzeit gibt, also kannst du mir genauso gut erzählen, was du vorhattest.«

»Aber macht dich das nicht traurig?«

»Nein, es muntert mich auf.«

Ich erzählte ihr von dem Wochenende, das wir für sie geplant hatten. Bei jedem weiteren absurden Detail stöhnte sie auf wie ein Kind, dem eine Süßigkeit verwehrt wird. Auf meinem Handy schauten wir die Videos der Schönen und Reichen von Englands D-Promis an, die Farly alles Gute wünschten.

»Danke für deine Ideen«, sagte sie. »Es wäre fantastisch geworden.«

»Wir machen es irgendwann anders für dich.«
»Ich werde nie wieder heiraten.«
»Das weißt du nicht. Und selbst wenn nicht, dann übertrage ich die ganzen Pläne eben auf einen Geburtstag. Ich bereite dir einen großartigen Vierzigsten.« Ich hörte, dass ihr Atem langsamer und tiefer wurde; nach all den Jahren, in denen wir zusammen in einem Bett geschlafen hatten oder ich mich über sie lustig gemacht hatte, weil sie immer vor dem Ende eines Films einschlief, wusste ich, dass sie langsam wegdriftete. »Weck mich, wenn du mich heute Nacht brauchst«, sagte ich.

»Danke, Dolls. Manchmal wünschte ich, wir könnten einfach ein Paar sein«, sagte sie schläfrig. »Dann wäre alles viel einfacher.«

»Yeah, aber du bist nicht mein Typ, tut mir leid, Farly.«

Sie lachte, und ein paar Minuten später weinte sie. Ich streichelte ihren Rücken und sagte nichts mehr.

Die nächsten Tage verbrachten wir mit langen Spaziergängen, auf denen wir immer wieder dieselben Details des letzten Gesprächs von Farly und Scott durchkauten und nachzuvollziehen versuchten, wann die Beziehung in Schieflage geraten sein könnte. Ich machte Tee, den Farly nicht trank, Richard kochte Gerichte, die sie kaum anrührte, und wir anderen sahen fern, während sie ins Nichts starrte. Nach ein paar Tagen musste ich wegen der Arbeit wieder nach London. Einige Tage später kam auch Farly zurück, und sie und Scott wollten sich im Park ihres Viertels treffen, um ein bisschen spazierenzugehen und über alles zu reden.

Am Morgen nach ihrem Treffen konnte ich mich auf nichts konzentrieren und starrte in Erwartung einer Nachricht von ihr auf mein Telefon, als wäre es ein Fernseher. Nach drei Stunden entschloss ich mich schließlich dazu, selbst anzurufen. Sie nahm ab, bevor das erste Tuten endete.

»Es ist vorbei«, sagte sie knapp. »Sag allen, dass die Hochzeit nicht stattfindet. Ich ruf dich später an.«
Sie legte auf.
Eine nach der anderen rief ich unsere engsten Freundinnen an, um ihnen zu berichten, was passiert war; alle waren gleichermaßen schockiert. Ich schrieb eine sorgsam ausformulierte Nachricht, dass die Hochzeit abgesagt sei, und schickte sie an diejenigen Gäste, die von Farlys Seite eingeladen waren. Und damit war es erledigt. Ausgelöscht durch eine Textbaustein-Mail und ein paar Anrufe. Ihr Tag, ihre Zukunft, ihre gemeinsame Geschichte waren vorbei. Ich demontierte alle ausgetüftelten Teile ihres Junggesellinnenabschieds, der in weniger als einem Monat hätte stattfinden sollen, blies alles ab. Alle, die ich anrief – und die bereits wussten, dass die Hochzeit wegen einer Familientragödie um ein Jahr nach hinten verlegt worden war –, wussten nichts anderes zu sagen, als dass es ihnen sehr leidtat.

Farly hatte noch am Abend ihres Gesprächs mit Scott die gemeinsame Wohnung verlassen und war in ihr Elternhaus ein paar Kilometer weiter gezogen. Als ich dort hinfuhr, hatte ich auf meinem Positivitätskonto keinerlei Guthaben mehr und befand mich mit meinen aufmunternden Plattitüden weit im Minus.

»Ich habe das Gefühl, als säße ich für etwas, das ich gar nicht getan habe, im Gefängnis«, erklärte sie mir. »Es fühlt sich an, als wäre mein Leben irgendwo dort draußen und ich wäre irgendwo anders eingesperrt und man würde mir sagen, dass ich nicht mehr dort hingelangen kann. Ich will mein altes Leben zurück.«

»Du wirst wieder dort hinkommen. Es wird nicht für immer so sein wie jetzt, ich verspreche es dir.«

»Auf mir lastet ein Fluch.«

»Nein«, sagte ich. »Du bist nicht verflucht. Du hattest eine schreckliche, furchtbare, unerträgliche Pechsträhne. Du musstest in achtzehn Monaten mehr Dunkelheit ertragen als viele Menschen in ihrem gesamten Leben. Aber es liegt noch so viel Gutes vor dir – daran musst du glauben.«

»Genau das haben alle gesagt, als Florence gestorben ist. Ich glaube, ich kann nicht noch mehr aushalten.«

Alle ermunterten Farly, sofort wieder zu arbeiten, und wir Freundinnen legten einen militärisch geplanten Einsatz hin, um sie ständig zu beschäftigen und abzulenken. Obwohl wir so viel Zeit miteinander verbrachten wie zuletzt als Jugendliche, schickte ich ihr alle paar Tage eine Postkarte, sodass etwas Nettes auf sie wartete, wenn sie von der Arbeit nach Hause kam. Statt ihren Junggesellinnenabschied zu feiern, entführten wir Brautjungfern sie für ein Wochenende zum Weintrinken und Kochen aufs Land. Für die Woche ihrer geplanten Hochzeit buchte ich uns einen Urlaub auf Sardinien. Den gesamten Monat nach ihrer Trennung wechselten wir uns ab, die Feierabende mit ihr zu verbringen; es gab keinen einzigen Abend, an dem nicht zumindest eine von uns bei ihr war. Manchmal redeten wir darüber, was passiert war, manchmal saßen wir einfach nur mit Essen vom Libanesen vor dem Fernseher und glotzten Trash-TV. Diejenige, die sie besuchte, schickte auf dem Heimweg dem Rest von uns eine Nachricht, in der sie mitteilte, wie es Farly ging, und fragte, wer sie als Nächste besuchen würde. Wir waren ein Kreis von Aufpassern, Krankenschwestern im Schichtdienst; unser Erste-Hilfe-Koffer bestand aus Malteser-Schokokugeln und *Gogglebox*-Folgen.

Diese Zeit machte mir deutlich, welche Kette von Unterstützern einen über Wasser hält – der Mensch im Zentrum einer Krise braucht die Hilfe seiner Familie und seiner besten Freunde, und diese wiederum brauchen ebenfalls die Unterstützung ihrer Freunde, Partner und Familien. Und dann müssen selbst diese Menschen, die zwei Schritte entfernt stehen, möglicherweise mit jemandem darüber reden. Es braucht ein ganzes Dorf, um ein gebrochenes Herz zu heilen.

Ich fuhr mit Farly zu ihrer Wohnung und wartete im Auto, während sie noch ein paar ihrer Sachen holte und ein letztes Mal mit Scott sprach. Ihre Wohnung wurde annonciert. Farly brachte alles in ihr altes Kinderzimmer – es handelte sich jetzt um mehr als etwas Vorläufiges, aber um weniger als etwas Endgültiges.

Das erste Mal, dass eine von uns einen Teil von Farlys altem Selbst aufglimmen sah, war an einem komplett desaströsen Sonntag, an dem ich meinen Freundinnen das Fotoshooting einer Fake-Dinnerparty aufzwang. Ich hatte für den Kulturteil eines Käseblatts einen Artikel über das Aussterben der traditionellen Dinnerparty geschrieben, und der Redakteur wünschte sich ein Foto von mir, wie ich in meiner Wohnung »Gäste unterhielt«. Ich hatte ihn gewarnt, dass keiner meiner männlichen Freunde an diesem Tag Zeit habe, und er hatte zögerlich sein Okay für eine gänzlich weibliche Besetzung gegeben. Der Fotograf, der dann kam, schien allerdings so instruiert worden zu sein, dass auf jeden Fall Männer auf dem Foto sein sollten.

Farly, die seit ihrem Eintreffen am Mittag Weißwein inhaliert hatte, klopfte an jede Haustür in meiner Straße, um einen willigen männlichen Nachbarn zu finden, doch niemand machte auf. In der Zwischenzeit fuhren Belle und AJ zum nächsten Pub, klopften an ein Glas, um jedermanns Aufmerksamkeit zu gewinnen, und verkündeten eher halbherzig, dass sie ein paar Männer suchten, die sich gegen etwas Lammbraten für die Zeitung fotografieren lassen würden.

»Wenn das nach was klingt, das ihr interessant findet – wir warten draußen in dem roten Seat Ibiza«, rief Belle.

Fünf Minuten später trudelten ein paar schwitzende und angetrunkene Männer in ihren Dreißigern und Vierzigern aus dem Pub und ins Auto.

Als wir uns an den runden Tisch gequetscht hatten, mit unseren Weingläsern anstießen und versuchten so auszusehen, als wären wir alte Freunde, wurde deutlich, dass einer der Herren weitaus besoffener war als die anderen. Er futterte den Lammbraten wie ein römischer Kaiser mit seinen Händen. Auf einem Stuhl stand der Fotograf, damit er uns alle aufs Bild bekam, und einer der Männer fing an, nach mehr Wein zu brüllen. Ich kam mir vor wie in einem Slapstick-Sketch, in dem Leute wild durcheinanderrennen und wie von selbst ständig irgendetwas zu Bruch geht.

»Das ist eine Katastrophe«, flüsterte ich den Mädels zu.

»Oh, das finde ich GANZ UND GAR NICHT«, blökte Farly betrunken. »Ich bin vor einem Monat nach sieben Jahren von meinem Freund abserviert worden, dagegen ist das hier ein Spaziergang im Park!« Der Fotograf sah mich besorgt an, und sogar der besoffene Kaiser unterbrach sein Kauen. »Cheers«, sagte Farly fröhlich und prostete uns allen zu.

Wir lernten schnell, wie am besten mit dieser Lachnummer umzugehen war, die fortan unsere Gespräche mit Farly wie ein gerne genutztes, abgewohntes Möbelstück bereichern sollte. Man durfte Farly nicht allzu sehr damit aufziehen, weil man nie genau wusste, wann der schwarze Humor endete und alles in Grausamkeit umschlug; aber man konnte es auch nicht einfach ignorieren. Man musste einfach lauthals darüber lachen.

Ein paar Tage vor dem geplanten Hochzeitstermin flogen wir nach Sardinien. Wir landeten spät und fuhren mit unserem unversicherten Mietwagen in den Nordwesten der Insel, vorsichtig die Küstenstraßen hinaufkletternd, mit demselben Joni-Mitchell-Album in der Anlage, das wir auf unserem ersten Roadtrip zehn Jahre zuvor gehört hatten. In einer Zeit, als uns so etwas wie eine Beziehung wie die seltsamste, unerreichbarste Sache der Welt vorkam, ganz zu schweigen von einer abgeblasenen Hochzeit.

Unser schlichtes, hübsches Hotel hatte einen Pool und eine Bar, das Zimmer war mit Meerblick – das war alles, was wir wollten. Farly – das Mädchen, das die Schule geliebt hatte und später Lehrerin werden sollte – war und ist bis heute jemand, die ihre Routine braucht, und wir schufen schnell unsere ganz eigene. Jeden Morgen standen wir früh auf, gingen direkt zum Strand, wo wir noch vor dem Frühstück im hellen weißen Sonnenlicht des frühen Morgens ein bisschen Sport machten und schwammen. Na ja, *ich* schwamm. Farly saß im Sand und schaute mir zu. Ein Thema, bei dem Farly und ich am deutlichsten anders ticken, ist das Draußenschwimmen: Ich werfe allein beim Anblick irgendeiner Art von offenem Gewässer alle Klamotten von mir, um hineinzuspringen, während Farly rigoros nur in gechlorten Becken schwimmt.

»Jetzt komm schon!«, rief ich eines Morgens ans Ufer, als das Meer so still und warm dalag wie eine Badewanne. »Du musst reinkommen! Es ist so schön!«

»Aber was, wenn es da Fische gibt?«, antwortete sie und zog eine Grimasse.

»Hier sind keine Fische!«, brüllte ich. »Okay, vielleicht ein paar!«

»Du weißt doch, dass ich Angst vor Fischen habe«, blaffte sie.

»Wie kannst du denn Angst vor ihnen haben – du isst sie doch!«

»Ich mag den Gedanken nicht, dass sie unter mir herumschwimmen.«

»Du klingst so wahnsinnig spießig, Farly«, rief ich. »Du wirst noch dein ganzes Leben verpassen, weil du nur in Shoppingmalls einkaufst, aus Angst davor, dass der Regen deine Föhnfrisur ruiniert, und weil du nur in Pools schwimmst, aus Angst vor Fischen.«

»Wir *sind* spießig, Dolly. Genau das sind wir.«

»Jetzt komm halt! Es ist die Natur! Es ist Gottes eigener Swimmingpool! Es ist heilsam! Gott ist im Ozean!«

»Wenn es irgendetwas gibt, das ich mit Sicherheit weiß …«,

sagte sie, stand auf und wischte sich den Sand von den Beinen, »... dann, dass es keinen Gott gibt, Doll!« Juchzend paddelte sie ins Meer hinaus.

Die Vormittage verbrachten wir mit Lesen und Musikhören, und mittags genehmigten wir uns den ersten Drink des Tages. Den ganzen Nachmittag dösten wir in der Sonne, dann duschten wir und führten unsere gebräunten Körper zum Abendessen in die Stadt aus. Danach gingen wir zurück ins Hotel, tranken auf der Terrasse unter der schweren Decke der Abendhitze Amaretto Sours, spielten Karten und schrieben angedüselt Postkarten an unsere Freundinnen.

Am Tag der Hochzeit war Farly schon wach, als ich morgens zu mir kam. Sie starrte an die Decke.

»Alles in Ordnung?«, fragte ich in dem Moment, in dem ich meine Augen öffnete.

»Ja«, sagte sie, drehte sich um und zog die Decke hoch. »Ich will einfach nur, dass Heute vorbei ist.«

»Heute wird einer der schwersten Tage für dich«, sagte ich. »Und dann wird er vorbei sein. Um Mitternacht ist alles geschafft. Und du musst es nie wieder durchstehen.«

»Yeah«, sagte sie flach. Ich setzte mich auf ihr Bettende.

»Was würdest du heute gerne machen?«, fragte ich. »Ich hab für heute Abend einen Tisch in einem Restaurant reserviert, das auf Trip Advisor total viele begeisterte Fünf-Sterne-Rezensionen mit ekelhaften Nahaufnahmen vom Essen bekommen hat – als wäre es ein Tatort.«

»Klingt gut«, sagte sie seufzend. »Ich glaube, ich will einfach nur wie jede andere normale Tussi auf einem Liegestuhl braten.«

Den Großteil des Tages verbrachten wir schweigend, lasen unsere Bücher und hörten zusammen Podcasts, jede mit einem Kopfhörer. Ab und zu sah sie mich an und sagte so was wie: »Jetzt gerade würde ich mit meinen Brautjungfern frühstücken«, oder: »Gerade würde ich wahrscheinlich mein Hochzeitskleid anziehen«. Irgendwann nachmittags nahm sie ihr Telefon und sah auf die Uhr.

»In England ist es jetzt zehn vor vier. In exakt zehn Minuten wäre ich verheiratet worden.«

»Ja ... aber dafür bist du jetzt hier im wunderschönen Italien sonnenbaden und ruderst nicht mit deinem Dad über einen See im verregneten Oxfordshire.«

»Ich wollte nie *wirklich* mit einer Gondel hinfahren«, sagte sie erschöpft. »Ich hab dir das nur als eine Option genannt, weil die von der Location meinten, dass ein paar andere Bräute das so gemacht hätten.«

»Du hast aber drüber nachgedacht.«

»Nein, hab ich nicht.«

»Doch, hast du; als du mir davon erzählt hast, konnte ich dir anhören, dass du darauf wartest, dass ich sage, dass das eine tolle Idee wäre.«

»Nein, das hab ich nicht!«

»Es wäre so unangenehm gewesen – alle starren dich an, während du in einem riesigen Kleid angeglitten kommst, dann hätte dich irgendwer da raushieven müssen, während der Gondoliere mit den Rudern rumklappert.«

»Ich hätte keinen Gondoliere gehabt«, seufzte sie. »Und es gab keine Ruder.«

Ich ging zur Bar und holte eine Flasche Prosecco.

»Also«, sagte ich und goss den eiskalten Schampus in die Plastikflöten, die man im Poolbereich bekam. »Jetzt gerade würdest du deinen Treueschwur ablegen. Ich finde, wir sollten unseren eigenen ablegen.«

»Wem gegenüber?«

»Jede sich selbst gegenüber«, sagte ich. »Und wir uns gegenseitig.«

»Okay«, sagte sie und schob sich die Sonnenbrille ins Haar. »Du zuerst.«

»Ich gelobe, nicht darüber zu urteilen, wie auch immer du das alles verarbeitest, wenn wir wieder zu Hause sind«, sagte ich. »Wenn du eine krasse Amphetamin-und-Sex-Phase brauchst, ist das wunderbar. Wenn du dich für ein Jahr zu Hause verbarrikadierst, ist das genauso gut. Du hast meine Unterstützung, was du auch tust, denn ich kann mir nicht vorstellen, wie es sein muss, die Menschen zu verlieren, die du verloren hast.«

»Danke«, sagte sie, trank einen Schluck von ihrem Prosecco und überlegte. »Ich gelobe, dich immer weiterwachsen zu lassen. Ich werde dir nie sagen, dass ich weiß, wer du wirklich bist, nur weil wir uns kennen, seitdem wir Kinder waren. Ich weiß, dass du eine Phase von großen Veränderungen durchlaufen wirst, und ich werde dich darin bestärken.«

»Das ist ein guter Schwur«, sagte ich und stieß mit ihr an. »Okay, ich gelobe, dass ich dir immer sagen werde, wenn du was zwischen den Zähnen hast.«

»Oh, immer.«

»Besonders, wenn wir älter werden und unser Zahnfleisch langsam zurückgeht. Dann nistet sich gerne mal Blattgemüse in den Höhlen ein.«

»Mach mich nicht noch deprimierter, als ich es eh schon bin.«

»Leg einen Treueschwur für dich selbst ab.«

»Ich gelobe, niemals meine Freunde aus den Augen zu verlieren, falls ich mich wieder verlieben sollte«, sagte sie. »Ich werde niemals vergessen, wie wichtig ihr alle seid und wie sehr wir alle einander brauchen.«

An dem Abend, an dem Farlys Hochzeitsfeier mit über zweihundert Menschen hätte stattfinden sollen, nahmen wir ein Taxi zu einem Restaurant oben auf einem Hügel mit Ausblick aufs Meer.

»Jetzt würdest du gerade deine Rede halten«, sagte sie. »Hast du überhaupt eine geschrieben?«

»Nein. Immer, wenn ich ein bisschen betrunken und gefühlsduselig war, hab ich ein paar Ideen in mein Handy getippt. Aber ich hatte noch nichts Richtiges zusammengeschrieben.«

»Ich frage mich, ob ich den ganzen Tag über glücklich gewesen wäre oder ob ich es auch schwierig gefunden hätte.«

Mir fiel ein Artikel über das Thema »Früher Tod« ein, den ich gelesen hatte, nachdem Florence gestorben war. Darin hatte eine Kummerkastentante einem trauernden Vater geraten, sich nicht das Leben vorzustellen, das sein jugendlicher Sohn später hätte haben können, wenn er nicht bei einem Autounfall ums Leben gekommen wäre. Solcherlei Fantasien, sagte sie, seien eher eine Foltermethode denn Trost.

»Weißt du, dieses Leben passiert nicht irgendwo anders«, sagte ich. »Es existiert nicht in einem anderen Reich. Du warst sieben Jahre lang mit diesem Mann zusammen. Das war es, genau das.«

»Ich weiß.«

»Dein Leben findet jetzt und hier statt. Du wirst nicht in irgendeiner abgepausten Version davon leben.«

»Yeah, wahrscheinlich ist es besser, nicht ständig zu überlegen, was gewesen wäre.«

»Es ist nicht so wie in *Sie liebt ihn – sie liebt ihn nicht*.«

»Ich liebe diesen Film.«

»Und glücklicherweise ist es das nicht, denn niemand könnte jemals diese blonde Frisur von Gwyneth Paltrow hinkriegen.«

»Ich würde eher aussehen wie Myra Hindley«, meinte Farly tonlos und orderte per Handzeichen eine weitere Karaffe Wein. »Hattest du Zweifel bezüglich mir und ihm?«

»Willst du das wirklich wissen?«

»Ja, wirklich«, sagte sie. »Es ist jetzt sowieso egal, und es würde mich interessieren.«

»Ja«, sagte ich. »Ich habe ihn mit der Zeit wirklich lieben gelernt, und am Ende habe ich daran geglaubt, dass es eine Zukunft für dich gibt, in der du wirklich glücklich würdest. Aber, ja, Zweifel hatte ich immer.«

Sie blickte in die untergehende Sonne, die auf dem dunkelblauen Mittelmeer thronte wie ein perfekter Pfirsich auf einer Obstplatte.

»Danke, dass du mir das nie gesagt hast.«

Das Meer verschluckte die Sonne, und langsam, als hätte jemand einen Dimmer betätigt, wurde das dunkle Blau des Himmels zu Nachtschwarz. Es gab nie wieder einen Tag, der so schlimm war wie dieser.

Nach einer Woche in trauter Zweisamkeit fuhren wir in eine andere Küstenstadt, wo wir Sabrina und Belle trafen. Der Urlaub setzte sich auf ähnliche Weise fort:

Wir tranken Aperol, spielten Karten, lagen am Strand. Eines Morgens verließen Belle und ich das Appartement schon um sechs, zogen uns am Strand aus und schwammen nackt im Licht der aufgehenden Sonne. Farly hatte in dieser Woche gute Tage und stille Tage, was zu erwarten war. Wir redeten viel darüber, was passiert war – weshalb wir überhaupt diesen Urlaub machten. Doch allmählich sprach sie auch über die Zukunft statt nur über die Vergangenheit – wo sie wohnen könnte, wie ihr neuer Alltag aussehen würde. Es fühlte sich an, als hätte sie im Laufe dieser zwei Wochen eine ihrer melancholischen Hüllen abgelegt. Eines Abends war sie sogar so betrunken – besoffener, als wir jemals als Teenager waren –, dass sie den Manager eines Restaurants anbaggerte, der aussah wie die sechzigjährige italienische Version von John Candy; mit Sicherheit der Übergangsritus, der am deutlichsten zeigt, dass man in eine neue Phase des Liebeskummers eintritt.

Als wir wieder in London waren, wurde alles vollkommen anders. An ihrem neunundzwanzigsten Geburtstag war es genau drei Monate her, dass ich morgens drei verpasste Anrufe von ihr auf meinem Handy vorgefunden hatte. Es fühlte sich an wie ein Meilenstein, und wir feierten ihn gebührend; wir gingen in einem unserer liebsten Pubs essen und danach tanzen. Sie trug ein Kleid, das ich ihr für ihren nie stattgefundenen Junggesellinnenabschied gekauft hatte. Es war schwarz und vorne und hinten tief ausgeschnitten, sodass es ihr Tattoo entblößte, das sie sich mit neunzehn hatte stechen lassen – ein katastrophaler, impulsiver Fehlgriff in einer Kaschemme in Watford. Zwei kleine Sterne – einer pink, der andere in einem schlecht durchdachten Gelb. (»Eine Jüdin mit einem tätowierten gelben Stern! Also wirklich!«, rief ihre Mutter verzweifelt.)

Am Nachmittag ihres Geburtstags ging sie in ein anderes dubioses Tattoo-Studio, um ihren Fehler von vor einer Dekade wiedergutzumachen. Sie ließ die Sterne mit dunkler Tinte ausfüllen, sie wurden ganz schwarz. Neben den einen ließ sie ein »F« für Florence setzen, neben den anderen ein »D« für mich. Als Erinnerung daran, dass – was wir auch verlieren, wie unsicher und unvorhersehbar das Leben auch sein mag – einige Menschen uns immer begleiten.

Ich wurde gegurut

In jenem Frühsommer, in dem Farlys Herz zerbrach, beauftragte mich ein Magazin zum ersten Mal mit einem Artikel – über die Gefahren des Gefallenwollens. Die Redakteurin, für die ich arbeitete, schlug vor, mit einem Mann zu sprechen, der kürzlich ein Buch darüber veröffentlicht hatte. Er hieß David, war Ende vierzig und ein ehemaliger Schauspieler, der sich dem Schreiben zugewandt hatte. Bevor wir telefonierten, googelte ich ihn und stellte fest, dass er außerdem sehr gut aussah: gebräunte Haut, grau meliertes Haar, warme braune Augen. Sein Verlag schickte mir das Buch, und es war eine frustrierend brillante Lektüre. Seine Arbeit konzentrierte sich auf das menschliche Bedürfnis nach Anerkennung und wie es uns am Glücklichsein hindert. Das Buch zu lesen fühlte sich an, als hätte etwas – oder jemand – mich mit starken, vertrauenswürdigen Händen an den Schultern gepackt und mich einmal kräftig und hart durchgeschüttelt, was bitter nötig war.

Wir mailten eine Weile hin und her und verabredeten uns schließlich zum Gespräch. Seine Stimme war tief und sanft; er sprach viel prononcierter und bühnenmäßiger, als ich erwartet hatte. Im Prinzip wirkte er wie der absolute Hippie, doch er klang wie ein Ensemblemitglied der Royal Shakespeare Company. Ich befragte ihn zu seinem Buch und den Stellen, die ich besonders bemerkenswert fand; er erklärte mir, dass wir als Kinder permanent zu hören bekommen, wie wir uns benehmen sollen und dass sich – weil uns ständig gesagt wird, nicht arrogant zu sein, nicht anzugeben oder klugzuscheißen – Barrieren vor bestimmten Nischen unseres Charakters bilden würden. Als Erwachsene hätten wir dann Angst, diese Nischen wieder zu betreten. Stattdessen versteckten wir diese Teile von uns, die dunklen oder lauten oder exzentrischen oder wirren – aus lauter Angst, nicht gemocht zu werden. Genau diese Teile in uns, behauptete er, seien die schönsten.

Da ich meinen Artikel aus persönlicher Sicht schrieb, mussten wir auch über meine eigenen Erfahrungen reden. Ich erzählte ihm, dass ich in diesem Jahr eine Therapie begonnen hatte.

»Die Gefahr ist, wenn jemand wie du eine Therapie macht, dass du schlau zu sein scheinst«, sagte er. »Du verstehst die ganze Theorie dahinter schnell. Du bist in der Lage, auf analytische Weise über dich selbst zu reden. Aber, weißt du, dieses ganze Gerede wird dich nicht weit genug bringen. Du musst es wirklich in deinem Innersten fühlen, diesen Wandel. Das kann nicht nur etwas sein, das du mit einer Therapeutin besprichst. Du musst es in deinem Körper spüren«, er sprach nun bedächtiger, »du musst es in deinen Kniekehlen fühlen, in deinem Schoß, in deinen Zehen, in deinen Fingerspitzen.«

»Hmm«, machte ich zustimmend.

Wir unterhielten uns eine Dreiviertelstunde lang über Passagen in seinem Buch, über seine Recherche und jahrelange Arbeit, über meine eigenen Erfahrungen. Er war sehr direkt, ohne jede Förmlichkeit oder Höflichkeit. Ich hatte das Gefühl, als wäre er auf irgendeine Weise geradewegs zu meinem inneren Äquator vorgedrungen, einfach nur durch ein Telefongespräch.

»Fass dir mal an deine eigene kleine Nase«, sagte er, als würden wir uns seit Jahren kennen. »Du brauchst niemanden, der dir sagt, was du tun oder wer du sein sollst. Du bist jetzt deine eigene Mutter. Hör nur darauf, was *du* willst.«

»Hmm«, schaffte ich noch mal zu sagen.

»Und ich will, dass du diese Aufgabe jeden restlichen Tag deines Lebens ernst nimmst.«

»Aber man muss sich doch auch angemessen verhalten. Wie soll das funktionieren, wenn man immer nur man selbst ist?«

»Hast du dich je in einen Mann verliebt, weil sein Verhalten angemessen war?«

»Tja, nein.«

»Oooh, dieser Greg«, sagte er lüstern. »Er macht mich so an, er ist so wahnsinnig *angemessen*.«

»Nein, nein«, sagte ich lachend.

»Angemessensein interessiert mich nicht. In der Dunkelheit und in den Ecken und Kanten liegt der wahre Schatz begraben. Scheiß auf Angemessenheit.«

Ich hatte das Gefühl, als würde er mit mir flirten, aber ich war nicht sicher, ob er einfach nur deshalb so intim mit mir redete, um gute Zitate für den Artikel zu liefern. Gegen Ende unseres Gesprächs waren wir in eine allgemeine Plauderei abgedriftet, die sich absolut gar nicht mehr nach Interview anfühlte. Ich war sicher, dass er herausfinden wollte, ob ich einen Freund hatte, doch diese Information ließ ich offen. Er sagte, er habe das Gefühl, dass ich eine persönliche Session mit ihm gebrauchen könnte.

»Wenn du das Gefühl hast, dass du jemandem dein wahres Ich zeigen kannst, ohne Angst davor haben zu müssen, verurteilt zu werden«, sagte er, »dann haut dieses Gefühl von Nähe dich völlig um.«

»Ja, das war immer ein riesiges Problem für mich«, sagte ich. »Nähe.«

»Ich weiß, das kann ich in dir spüren.« Zwischen uns entstand eine plötzliche Stille. Vielleicht redete er bloß irgendeinen Guru-Bullshit, vielleicht war aber alles, was ich immer zurückgekämpft hatte, viel offensichtlicher, als ich dachte.

»Hmm«, machte ich erneut.

»Ich hoffe, du hast in deinem Leben jemanden, der dich wirklich festhält, Dolly.«

»Ich habe eine Therapeutin«, antwortete ich.

»Das meine ich nicht«, sagte er.

Ich ging in den Garten und blinzelte ins Licht, als wäre ich gerade erst aufgewacht.

»Ich hatte gerade ein absolut abgefahrenes Telefongespräch«, sagte ich zu India und Belle, die in der Sonne lagen.

»Mit wem?«, fragte India und nahm den Kopfhörer ab.

»Mit dem Autor für meinen Artikel – diesem Guru-Typ.«

»Was hat er gesagt?«

»Ich weiß nicht, es war, als ob er zu irgendetwas in meinem Inneren sprechen würde, mit dem noch nie jemand zuvor geredet hat, als ob irgendwas gähnt und zum allerersten Mal aufwacht.«

»Das ist deren Job, oder? Sie lassen dich glauben, dass das ihre spezielle Kraft ist«, sagte India argwöhnisch und drehte sich auf den Bauch. »Ich würde nie jemandem trauen, der sich als Guru bezeichnet.«

»Genau genommen nennt er sich gar nicht Guru«, sagte ich. »Alle anderen tun das.«

»Okay, das ist natürlich besser«, gab sie zurück.

»Es ist ein bisschen wie mit ›Experten‹, fuhr ich fort. Oder ›Koryphäen‹. Man muss darauf warten, dass andere einen so bezeichnen, glaube ich. Man kann sich nicht einfach selbst so nennen.« Ich zog mein Oberteil aus und legte mich zu ihnen auf die Handtücher auf dem Rasen.

»Hast du von ihm gekriegt, was du brauchst?«, fragte Belle.

»Ja«, sagte ich. »Er war ein super Interviewpartner.« Ich schloss die Augen und überließ mich der seltenen Umarmung des kräftigen englischen Sonnenscheins. »O Gott, ich kann bestimmt nicht mehr aufhören, an ihn zu denken.«

»Wie genau, in sexueller Hinsicht?«, fragte India.

»Nein, ich glaube nicht. Eher auf eine Ich-will-deine-Seele-aufessen-Art. Ich will einfach alles über ihn herausfinden, ich will mir alles anhören, was er zu sagen hat.«

»Frag ihn nach seiner Nummer«, meinte sie.

»Ich hab seine Nummer schon. Ich hatte gerade ein Telefoninterview mit ihm.«

»Ach ja«, sagte sie. »Gut, dann schreib ihm eben.«

»Ich kann nicht einfach jemandem schreiben, den ich für einen Artikel interviewt habe.«

»Warum nicht?«, fragte Belle.

»Das wäre unangemessen«, erklärte ich und registrierte im selben Moment, was ich gesagt hatte. »Aber wer hat sich schon je in Angemessenheit verliebt?«

Als ich abends im Bett lag, hörte ich mir die Aufnahme unseres Gesprächs noch mal an. Seine Worte hüpften durch mich hindurch wie ein Tischtennisball. Am nächsten Morgen schrieb ich den Artikel, schickte ihn meiner Redakteurin und vergaß ihn.

Ein paar Monate später, ich kam gerade nachts von einer Party nach Hause, bekam ich eine WhatsApp-Nachricht von David. Er schrieb, dass er in Frankreich im Urlaub sei und gerade lange im Sternenlicht spazieren war, als ihm plötzlich unser Interview eingefallen sei; er habe es nie irgendwo gedruckt gesehen.

»Da spricht wohl eindeutig der Narzisst in mir – aber wann erscheint es denn?«

»Rein gar nicht narzisstisch«, antwortete ich. »Es hat sich aus irgendwelchen Gründen verschoben, sorry. Ich schick dir das Datum, an dem es nächsten Monat rauskommt. Ich kann dir auch eine Ausgabe zusenden, wenn du im Ausland bist.«

»Bis dahin bin ich wieder zurück. Wie geht es dir?«, fragte er.

»Als wir uns unterhalten haben, hatte ich den Eindruck, dass irgendwas in dir arbeitet.«

»Arbeitet immer noch«, tippte ich. »Versuche mich in meinem Paradigmenwechsel. Easy-peasy. Wie geht's dir?«

»Genauso.«

Er erzählte, dass vor ein paar Wochen seine langjährige Beziehung zerbrochen sei. Es sei richtig so – eine freundschaftliche und einvernehmliche Trennung. Er sagte, dass eine Trennung manchmal für beide Parteien einfach eine große Erleichterung sein könne; als ob endlich die Klimaanlage abgestellt würde, dieses tiefe, andauernde Brummen, das man gar nicht bemerkt hatte, bis auf einmal alles still ist.

In dieser Nacht schrieben wir einander stundenlang und tauschten all die persönlichen Informationen aus, die wir in unserem ersten Gespräch ausgespart hatten. Wir stammten beide aus dem Londoner Norden, waren beide auf konservative Internate gegangen, weshalb er – so vermutete ich – seinen schnöseligen Tonfall genauso sehr hasste wie ich meinen. Er hatte vier Kinder, zwei Jungs und zwei Mädchen, die er offensichtlich sehr liebte. Ich konnte es zehn Kilometer gegen den Wind spüren, wenn ein Mann seine Kinder benutzte, um in einem Gespräch das Eis zu brechen – er zählte nicht dazu. Er kannte jedes winzige Detail ihrer Charaktere, ihre Leidenschaften und Träume und ihr Alltagsleben, und er sprach mit ehrlicher Faszination und Hingabe über jedes einzelne von ihnen.

Wir tauschten uns über Musik, Songtexte aus. Ich sagte, dass John Martyn mein Lieblingssänger sei, dass die einzige Liebesaffäre, die ich je mit einem Mann gehabt und die länger als ein paar Jahre gehalten hatte, seine Musik sei. Er erzählte mir, dass er seiner Exfrau eine von John Martyns Gitarren abgekauft habe und dass ich sie haben könne, wenn ich wolle, denn es sei offensichtlich, wie verliebt ich in seine Musik sei. Wir sprachen über ein Buch, das wir beide gelesen hatten und das mich zur Vegetarierin gemacht hatte; wir ärgerten uns beide über dieselben Behauptungen und Passagen. Wir redeten über unsere Eltern. Wir redeten über den Regen; ich erzählte ihm, wie sehr ich ihn liebte, mehr als blauen Himmel und Sonnenschein. Ich erzählte ihm, wie Regen mich behütet und beruhigt hatte – wie ich als Kind meine Mum gefragt hatte, ob ich im Kofferraum ihres Autos sitzen durfte, wenn es regnete. Ich erzählte ihm, dass ich in Rod Stewarts Autobiografie gelesen hatte, dass er sich mit ausgebreiteten Armen mitten auf die Straße stellt, wenn es in L. A. einmal im Jahr regnet, da er es so sehr vermisst – und dass mir in diesem Moment klargeworden sei, dass ich England niemals verlassen könnte. Um drei Uhr morgens sagten wir Gute Nacht.

Am nächsten Morgen wachte ich auf und hatte das Gefühl, mich von einem sehr realistischen Traum zu erholen. Aber natürlich war da eine neue Nachricht von David in meinem Telefon und wartete auf mich, als wäre es eine hell glänzende Ein-Pfund-Münze von der Zahnfee unter dem Kopfkissen.

»Du hast mich heute um fünf Uhr morgens geweckt«, stand da.

»Was meinst du?«, antwortete ich. Er schickte mir eine Aufnahme davon, wie Regen, erst hart und dann sanft, gegen sein Schlafzimmerfenster prasselte.

»Ich bin der Regen?«, fragte ich und drängte meinen gewohnten Zynismus auf eine Weise weg, die zum festen Bestandteil unserer Unterhaltungen werden sollte.

»Ja, das bist du«, antwortete er. »Ich hatte das Gefühl, dass du mir näherkommst.«

Ich musste meinen Freundinnen von David erzählen, da ich seinetwegen nur noch am Handy hing. Wir schrieben uns von dem Moment an, in dem wir aufwachten, bis wir wieder ins Bett gingen. Ich hielt mir täglich fünf Stunden fürs Arbeiten, Essen und Wäschewaschen frei, aber selbst in diesen erzwungenen Zeitfenstern dachte ich an ihn. Als ich mich mit Sabrina zum Lunch traf, sagte sie, sie würde mitkriegen, dass ich die ganze Zeit über mit einem Auge auf mein Telefon schiele.

»Okay, jetzt reicht's mal mit dem Handy«, meinte sie.

»Ich bin doch gar nicht am Handy«, sagte ich aufgebracht.

»Nicht physisch, aber ich weiß, dass du nur daran denkst, ihm zu schreiben.«

»Nein, tue ich nicht.«

»Tust du wohl. Es ist, als wäre ich mit meiner dreizehnjährigen Tochter essen, die nur zurück an den MSN-Messenger will, um mit ihrem Schwarm vom Schüleraustausch irgendwo im Ausland zu chatten.«

»Tut mir leid«, sagte ich. »Ich denke nicht an ihn, ich versprech's.« Mein Telefon leuchtete auf.

»Was hat er denn da geschickt?«, fragte Sabrina und schaute auf das Display. Ich zeigte ihr das Foto von einer fein gearbeiteten Illustration eines Löwen.

»Er glaubt, dass mein geistiges Wesen ein Löwe ist.«

Sabrina blinzelte mich ein paarmal befremdet an.

»Tja, ich glaube, dass wir nicht allzu viel gemeinsam haben, ich und dein neuer Freund«, sagte sie flach.

»Nein, das habt ihr ganz bestimmt. Er ist kein ernsthafter, humorloser Guru, er ist wirklich lustig.«

»Okay, aber fahr wirklich dieses ganze Geschreibe runter«, sagte sie. »Bitte. Zu deinem eigenen Wohl. Du wirst eure Beziehung kaputtmachen, bevor sie überhaupt angefangen hat. Er ist ja wie dein menschlicher Tamagotchi.«

»Aber er ist für drei Wochen in Frankreich«, sagte ich. »Ich kann nicht mit ihm reden, bis er wieder hier ist und wir uns treffen können.«

»O mein Gott, ich wette, er hat dir vorgeschlagen, zu ihm nach

Frankreich zu fliegen, stimmt's?«, fragte sie und schüttelte den Kopf. »Warum ist es bei dir und Männern immer gleich *so extrem*?«

»Komm schon, ich fliege ja nicht hin«, meinte ich, sagte ihr aber nicht, dass ich nach Flügen gesucht hatte, nur aus Neugier.

Meine Freundinnen fanden es völlig zu Recht gestört, dass ich so schnell so besessen von jemandem war, den ich gar nicht kannte. Aber sie waren auch daran gewöhnt – wenn ich einen neuen interessanten Typen kennenlernte, war es jedes Mal, wie wenn ein gieriges Kind an Weihnachten neues Spielzeug auspackte. Ich riss das Paket auf, versuchte dann frustriert, es zum Funktionieren zu bringen, spielte obsessiv damit, bis es kaputtging, und versteckte am ersten Weihnachtsfeiertag die zerbrochenen Plastikteile hinter einem Schrank.

Ich mailte Farly die Aufnahme von meinem ursprünglichen Interview mit David.

»Hör dir das an«, schrieb ich. »Dann verstehst du, warum ich so verrückt nach diesem Mann bin.« Eine Stunde später bekam ich ihre Antwort.

»Okay, ich verstehe, warum du so verrückt nach diesem Mann bist«, schrieb sie.

Eine Woche, nachdem wir angefangen hatten, uns zu schreiben, telefonierten wir. Da die Dynamik von Interviewerin und Interviewtem sich geändert hatte, fühlte es sich völlig anders an als das Gespräch einige Monate zuvor. Es war spät und still, und ich konnte seinen Atem hören und die Grillen in der französischen Natur. Ich schloss die Augen und konnte ihn beinahe neben mir spüren, die Magie dieser seltsamen Intimität, die wir in den letzten Wochen aufgebaut hatten.

»Eigentlich ist es toll, dass wir uns auf diese Weise kennenlernen, bevor wir uns sehen«, sagte er. »Shelley Winters sagte mal: ›Wenn du jemanden heiraten willst, geh mit seiner Exfrau essen.‹«

»Schlägst du mir etwa vor, dass ich mich mit deiner Exfrau zum Lunch treffen soll, bevor ich mit dir Mittag esse?«

»Nein, ich finde nur, dass Menschen beim ersten Date immer so einen perfekten Werbetext über sich selbst erzählen, dass man überhaupt nicht erfährt, wie die Person wirklich ist.«

»Das stimmt. Aber ich glaube, wenn wir uns treffen, ist es zu spät für irgendeinen Werbetext.«

Eine weitere Woche verging, Tausende von Nachrichten, Dutzende von Anrufen. Ich fand ihn immer faszinierender und wollte seine Gedanken zu einfach allem wissen. Es gab kein Detail, das wir aussparten; die Spitzfindigkeit unseres Austauschs verführte mich. Welches Thema mich auch interessierte, er hatte irgendetwas Neues dazu zu sagen. Die auf mich gerichteten, interessierten Scheinwerfer dieses Mannes sorgten dafür, dass ich mich energiegeladen und neu fühlte. Der Tag konnte nicht genug Stunden haben, um mit David zu reden. Ich brauchte mehr, mehr, mehr.

Bald waren uns Nachrichten und Gespräche nicht mehr genug. Wir tauschten unsere gesamten Arbeiten aus. Er schickte mir unveröffentlichte Kapitel seines neuen Buches, ich schickte ihm Entwürfe von Artikeln und Drehbüchern. Wir erzählten einander, was wir auf den gegoogelten Fotos des anderen nicht sehen konnten – dass meine Nägel wegen meiner Angststörungen abgekaut und seine Fingerspitzen rau vom Gitarrespielen waren. Ich schaute Kurzfilme, in denen er mitspielte, mit absoluter Konzentration; ich fand, dass er ein Genie war, und sagte ihm das; ich notierte mir Aussagen, die ich bemerkenswert, und Szenen, die ich gut fand, und rief ihn danach an, um mit ihm darüber zu reden.

»Geh raus und schau dir den Mond an«, sagte er einmal spätabends, als wir telefonierten.

Ich schlüpfte in meine Sneaker und zog einen Mantel über T-Shirt und Boxershorts. Dann ging ich bis ans Ende meiner Straße und in die Hampstead Heath. Er erzählte mir von einer

Frau mit wildem Haar, die er mal gedatet hatte und die in Highgate lebte; sie hatte ihm mitten in der Nacht einen Vorsprung von dreißig Sekunden gegeben, in die Heath zu rennen, und war ihm dann nachgejagt. Im Wald hatten sie, gegen eine Eiche gelehnt, Sex. Ich saß auf einer Bank an einem Aussichtspunkt, schaute auf die Stadt, streckte meine nackten Beine aus, die im Mondlicht schimmerten, und erzählte ihm von einer anderen Bank, die in der Nähe stand und in die eine Widmung eingeritzt war, die mich zum Weinen gebracht hatte. Sie befand sich auf dem Hügel beim Ladies' Pond, wo ich den ganzen Sommer über schwimmen ging. Die Inschrift erinnerte an Wynn Cornwell – eine Frau, die dort bis in ihre Neunziger schwimmen gegangen war.

»Sie lautet: ›In Erinnerung an Wynn Cornwell, die über fünfzig Jahre lang zum Schwimmen hierherkam, und an Vic Cornwell, der auf sie wartete.‹ Er muss jeden Tag am Tor gestanden haben, während sie schwamm. Ist das nicht wunderschön?«

»Weißt du ...«, begann er.

»Was?«

»Ach, nichts«, sagte er.

»Nein, sag schon.«

»Du bist einfach faszinierend. Du bist auf so viele Arten ein offenes Buch. Warum fängst du immer mit diesem trübsinnigen ›Ich bin so einsam und allein‹-Kram an?«, fragte er.

»Ich merke gar nicht, dass ich das mache, es ist keine bewusste Affektiertheit.«

»Mag sein, dass du das Gefühl hast, so etwas nicht haben zu können, aber das kannst du. Du kannst das alles haben, wenn du willst.«

»Ich kann von etwas bewegt sein, ohne zu wissen, ob ich es für mich selbst haben möchte«, erklärte ich. »Und sowieso bin ich nur eine simple Idiotin. Es ist, als ob einmal im Jahr eine Putzfrau kommt, um den Weg zwischen meinem Herzen und meinem

Tränenkanal zu saugen. Eines Tages wird da einfach nur eine riesige, offene Schleuse für widerliche, überschwängliche Gefühle sein, und wenn ich so alt bin wie du, heule ich wahrscheinlich nur beim Anblick eines sich in einer Brise wiegenden Blattes.«

»Wenn du Glück hast.«

»Manchmal ist die Kluft zwischen dem eigenen schwachen Glauben und dem unerschütterlichen Glauben anderer etwas sehr Bewegendes.«

»Ich weiß nicht. Vielleicht hast du einfach nur eine nicht auffüllbare Leere in dir«, sagte er mit einem leichten Seufzen. »Vielleicht wird nie ein Mann in der Lage sein, sie zu füllen.« Ich blickte nach oben auf die Seite des Mondes, die wir beide gerade anschauten, und wünschte mir, dass ich seine Worte vergessen haben würde, wenn ich in dieser Nacht schlafenging.

Mir war klar, dass ich eine riesige Menge an Zeit und Energie in einen völlig Fremden investierte, doch ich hatte allen Grund, ihm zu vertrauen. Ich zählte die Tage, bis zwischen uns nur noch Luft sein würde, und genoss gleichzeitig diese Zeit der eigenen Fantasie; er war wie ein Portal am Nebeneingang des langweiligen, alltäglichen Lebens, das es mir erlaubte, in eine magische Technicolor-Welt zu schlüpfen. Wenn ich ein Problem hatte, fragte ich ihn um Rat. Wenn ich beim Schreiben nach einem guten Ende für einen Satz suchte, fragte ich nach seiner Meinung.

»Danke, dass du dich mir mehr öffnest«, schrieb er mir eines Nachmittags. »Das ist sexy.«

Selbstverständlich machte ich mit so ziemlich allem weiter, was ein Mann, auf den ich stand, sexy an mir fand.

Wir sprachen regelmäßig darüber, wie erstaunlich die Intensität unserer Kommunikation war; für ihn war das völlig neu und ganz und gar befremdlich. Ich hatte noch nie ein so starkes Band mit jemandem geknüpft, den ich noch nie getroffen hatte, aber für mich war es aufgrund meiner Praxis auf MSN und den darauffolgenden Jahren des Online-Datings vertrauter, mit Fremden zu chatten.

»Ist das nicht verrückt?«, schrieb er mir. »Wir beide haben uns nie gesehen – und wo wir trotzdem schon überall waren! In einem Reich von Intimität und Zärtlichkeit und Sonntagen und Lachen und Musik.«

»Ja, ich weiß!«

»Und all das haben wir aus unsichtbarer Energie geschaffen. Nur mit Pixeln.«

»Wir sind Zauberer.«

»Schau, was wir mit diesen Pixeln machen«, schrieb er. »Wir reflektieren einander über Satelliten.«

In der Nacht bevor David wieder nach England kam, schlief ich so gut wie gar nicht. Er wollte seine Kinder bei ihrer Mutter absetzen, dann nach London fahren und bei einem Freund übernachten. Für den nächsten Tag hatten wir unser perfektes Date geplant. Das Wetter sollte gut werden; ich würde ihn am frühen Nachmittag mit einer Flasche Wein und zwei Plastikbechern in Hampstead Heath treffen. India und Belle halfen mir dabei, ein Outfit zu wählen – ein blaues Sommerkleid und weiße Leinenturnschuhe. Ich putzte die Wohnung. Ich kaufte gutes Brot für den unvermeidlich kommenden nächsten Morgen.

»Es ist ernst«, stellte India fest, als sie mich dabei beobachtete, wie ich vorsichtig die Bücher aus meinem Regal nahm, sie abstaubte und so neusortierte, dass diejenigen vorne standen, von denen ich annahm, dass er sie am beeindruckendsten finden würde (Dworkin, Larkin, *Eat Pray Love*).

Aber am Abend vor unserem heißen Nachmittagsdate musste ich zu einer anderen Verabredung. Es war ein arrangiertes Blind Date von einer Partneragentur, über die ich in meiner Dating-Kolumne schreiben sollte. Es war schon Wochen vor dem Beginn von Davids und meiner virtuellen Beziehung geplant, und zu dieser Zeit ergab es auch absolut Sinn – sie brauchten die Werbung, ich brauchte ein Date und Textmaterial. Ich wollte dem armen Kerl nicht absagen, also einigten wir uns auf einen möglichst zentral gelegenen Treffpunkt bei ein paar Getränken am sehr frühen Abend. Ich wusste, dass ich um neun Uhr wieder zu Hause sein konnte.

»Ruf mich später an, Herzensbrecherin«, waren Davids Abschiedsworte.

Wie sich herausstellte, war ich das absolute Gegenteil einer Herzensbrecherin. Genau wie bei den meisten arrangierten Dates wollte keiner von uns beiden wirklich dort sein. Er hing immer noch an seiner Exfreundin, mit der er es leider versaut hatte, während ich vollkommen besessen von einem Mann war, den ich noch nie gesehen hatte. Wir erzählten einander unsere Geschichten. Ich sagte ihm, dass er seiner Ex Blumen bringen und ihr erklären solle, dass er nie aufgehört hätte, sie zu lieben; er sagte mir, ich solle nach Hause und früh ins Bett gehen, da ich am nächsten Tag den Mann treffen wollte, den ich ganz offensichtlich heiraten würde. Nach einem Cocktail gingen wir, nahmen dieselbe Tube nach Hause und verabschiedeten uns mit einer Umarmung.

»VIEL GLÜCK!«, rief er, als sich die Türen der Bahn zwischen uns schlossen.

»Dir auch!«, formte ich mit den Lippen.

Als ich nach Hause kam, rief ich David an und erzählte von dem Date. Er war früher als geplant nach London gekommen und schlief bei einem Freund auf dem Sofa, der nur etwa drei Kilometer westlich von mir lebte.

»Komm vorbei und schlaf hier«, sagte ich.

»Und was ist mit unserem perfekten Date morgen?«, fragte er.

»Ich weiß, ich weiß, es ist nur alles so albern, wenn du zehn Minuten von mir entfernt bist.«

Wir einigten uns darauf, bei unserem ursprünglichen Plan zu bleiben. Fünf Minuten später sah ich auf mein Telefon und eine Nachricht von ihm.

»Ich komme.«

Auf Zehenspitzen schlich ich mich aus der Wohnung und die eiserne Haustreppe hinunter, und da stand er, auf meiner ruhigen Straße, nur vom Mondlicht beschienen, in dem sich seine große, breite Silhouette und die Locken seines dunklen Haares abzeichneten. Ich hielt für einen Moment auf den Stufen inne, um ihn in seiner Gänze in mich aufzunehmen; ich hatte das Gefühl, als wäre ich von einer Klippe gesprungen und kurz davor, auf die Wasseroberfläche zu treffen. Dann rannte ich auf ihn zu, schlang meine Arme um seinen Hals, und wir küssten uns.

»Lass mich einen Blick auf dieses Mädchen werfen«, sagte er und hielt mein Gesicht in den Händen, mich intensiv mit Blicken abtastend, als wollte er sich mein Aussehen für eine Prüfung einprägen.

»Freut mich, dich kennenzulernen«, sagte ich.

»Ja, freut mich auch, dich kennenzulernen.« Wir küssten uns wieder, mitten auf der Straße, mitten in der Nacht, während ich auf meinen nackten Zehenspitzen auf dem Asphalt stand und das »Schuhuu« einer Vorstadteule aus einem nahestehenden Baum ertönte. Er zog mich an sich, und ich drückte mein Gesicht in sein dunkelblaues Hemd, das genauso unordentlich war wie seine Locken.

»Du bist nicht über eins achtzig groß«, flüsterte er gegen meine Stirn.

»Doch, bin ich«, gab ich zurück und streckte mich etwas.

»Nein, bist du nicht, und ich wusste das, du verdammte Lügnerin.«

Ich nahm seine Hand, und wir schlichen die Stufen zu meiner Wohnung hoch. Die nächsten paar Stunden vergingen genauso, wie ich sie mir vorgestellt hatte. Wir tranken, wir redeten, wir hörten Musik, wir lagen nebeneinander und küssten uns. Ich sog den Duft seiner nackten, tätowierten Haut – walnussbraun und von der französischen Sonne bestäubt – und seinen Geruch nach Tabak und Erde ein. Ich studierte seine Eigenheiten, die ein Telefon und ein Foto nicht einfangen konnten; die Falte seiner Lider, die Art, wie ein »S« durch seine Zähne glitt. Er hörte mir aufmerksam zu, er sprach ohne Umschweife mit mir; ich war offen und voller Vertrauen und staunte über meine Fähigkeit, eine solche Intimität mit jemandem zuzulassen, den ich kaum kannte.

»Weißt du, was witzig ist?«, fragte er und küsste mein Haar.

»Was?«

»Du bist genauso, wie ich dachte. Wie das Mädchen auf dem Spielplatz, das sich die Augen zuhält und denkt, dass niemand es sehen kann.«

»Wie meinst du das?«

»Du kannst dich vor mir nicht verstecken«, sagte er. Ich wusste bereits, dass er jemand war, den ich niemals würde anlügen können. Ich wusste, dass ich verloren war.

»Findest du es doof, dass wir nicht zuerst das perfekte Date hatten?«, fragte ich, als ich allmählich in das verträumt murmelnde Reich zwischen Bewusstsein und Schlaf hinüberglitt.

»Nein«, sagte er, meine Haare streichelnd. »Überhaupt nicht. Was machst du morgen?«

»Um eins treffe ich eine Verlegerin«, sagte ich.

»Wir könnten uns ja danach treffen?«, schlug er vor.

Ich schloss die Augen und fiel sofort in einen friedlichen Schlaf. Ein paar Stunden später wurde ich von einem Geräusch geweckt. David stand am Ende meines Bettes und zog sich an.

»Alles okay?«, fragte ich schlaftrunken.

»Ja, alles super«, sagte er angespannt.

»Wo willst du hin?«

»Ich fahre ein bisschen durch die Gegend.«

Ich sah auf meine Uhr – fünf Uhr morgens.

»Was, jetzt?«

»Ja, ich habe da jetzt Lust drauf.«

»Okay«, sagte ich. »Soll ich dir meinen Schlüssel geben, damit du wieder reinkommst?«

»Nein«, sagte er. Er lehnte sich zu mir und küsste mich am Arm entlang, vom Ellbogen bis zu meiner Schulter. »Schlaf weiter.«

Er schloss die Tür. Ich hörte, wie er die Wohnung verließ, ins Auto stieg und davonfuhr.

Ich starrte an die weiße Decke meines Zimmers und versuchte zusammenzukriegen, was gerade passiert war. Das saure Gefühl, heftig abgewiesen worden zu sein, erfüllte mich. Ich spürte es von meinem Bauch bis in meinen Hals: Selbstekel, Selbstverachtung, Selbstmitleid hoch zwei. Genauso hatte ich mich all die Jahre zuvor gefühlt, als ich den Anruf von Harry erhalten hatte.

Um sieben Uhr kroch ich zu India ins Bett und erzählte ihr alles, was passiert war.

»Klingt, als hätte er Panik gekriegt«, sagte sie.

»Weswegen denn?«

»Vielleicht war ihm plötzlich alles zu real. Zu intim.«

»Ich meine, der Mann ist ein Intimitätscoach«, sagte ich. »Das ist buchstäblich sein Job.«

»Tja, vielleicht ein typischer Fall von ›Wer kann, der kann‹ …«

»Ich kann immer noch nicht glauben, dass das passiert ist«, sagte ich.

»Weshalb er heute auch eine ganze Menge erklären muss.«

»Aber vielleicht gibt es gar kein Heute mit ihm. Vielleicht wird er nie wieder mit mir reden.«

»Sicher nicht«, sagte sie. »Er ist Vater von vier Kindern, er hat garantiert mehr Empathie.«

»Wenn ich nicht seine Nachricht im Handy hätte, dass er vorbeikommt, würde ich ehrlich denken, dass ich die ganze Nacht nur geträumt habe«, sagte ich. »Ich hab wachgelegen und mir diese ganzen Einzelheiten von ihm vorgestellt, seine Augen und seine Sommersprossen, das Tattoo auf seiner Brust …«

»Oh, natürlich hat er ein Tattoo auf der Brust«, sagte India und verdrehte die Augen. »Was denn für eins?«

»Ich kann es nicht sagen. Ich ertrage die Ironie daran nicht.«

»Sag.«

»So ein Symbol, das für den Respekt für Frauen steht.«

»Meine Güte.«

»Er sollte es mit einer Fußnote ergänzen lassen«, sagte ich. »Mit einem Sternchen daneben. ›Ausgenommen Dolly Alderton‹.«

»Bist du in Ordnung?«, fragte India, meinen Arm streichelnd. »Das muss ein riesiger Schock sein.«

»Ich bin nur verwirrt«, sagte ich. »Ob es das jetzt war?«

Ein paar Stunden später bekam ich eine rätselhafte Nachricht von David.

»Hey«, begann sie. »Sorry, falls das etwas seltsam war, bisschen merkwürdiger Abgang. Es war so schön, dich zu sehen, dich zu berühren – es hat mich tief in meinem Inneren berührt, diese Kluft zu spüren: zwischen der wahnsinnigen Nähe, die wir in den letzten Tagen aufgebaut haben, und dem genauen Gegenteil davon, dass wir uns nicht ›kennen‹.« Ich beobachtete, wie er weiterschrieb, und weigerte mich zu antworten, bis ich irgendetwas bekam, das wenigstens ein bisschen Sinn ergab. »Es hat dazu geführt, dass ich mir ein paar große Fragen stellen muss. Fuck. Ich hoffe, du bist nicht verletzt, vielleicht denkst du ja nur ›Was soll's‹. Aber vielleicht bist du auch völlig entgeistert.« Ich starrte auf mein Telefon und wusste nicht, was ich sagen sollte. »Ich hoffe, du bist nicht traurig aufgewacht«, schrieb er.

»Ich bin traurig aufgewacht«, antwortete ich. »Es passiert nicht oft, dass ich einen Menschen so nahe an mich heranlasse.«

»Ich weiß. Es tut mir wirklich leid. Es war keine Abwendung von dir.«

Ich dachte an mein letztes Telefonat mit Harry. Wie ich darum gebettelt hatte, dass er mich lieben solle; wie ich ihn unter Tränen davon überzeugen wollte, dass ich gut genug für ihn sei. Wie ich auf das kleinste Zittern in seiner Stimme hoffte, das mir verraten würde, dass es sich lohnt, mich verzweifelt an ihn zu klammern, mit Fingern, die vom festen Griff blau werden. Das war nicht mehr mein Weg. Das war nicht die Person, die ich sein wollte.

»Ich verstehe nicht wirklich, was das da oben alles heißt, aber ich bin einverstanden, es hierbei zu belassen, wenn du dich damit nicht wohlfühlst«, schrieb ich.

»Ich muss die Pausetaste drücken und meinen Kopf klarkriegen, was dich angeht«, antwortete er. »Ich sage nicht, dass es das Ende sein soll.«

»Ich sage das aber«, schrieb ich. »Ich muss die Stopptaste drücken.«

»Mist, ich hab dich verletzt. Ich kann es fühlen.«

»Es ist okay«, antwortete ich. »Wir stecken beide in heftigen Lebensphasen. Du kommst gerade frisch aus einer Beziehung, ich mache diese ganze Analyse. Aber ich muss mich selbst schützen.«

»Okay«, antwortete er.

Ich löschte unsere Gespräche und die Liste unserer Anrufe, dann löschte ich Davids Nummer.

Während die Tage vergingen, empfand ich eine Mischung aus Einsamkeit, Scham, Kummer und Wut. Ich fühlte mich wie eine Idiotin, wie eine der trutschigen weiblichen Rollen in *The Archers*, die einem niederträchtigen, schönen Fremden erliegt, der sie sitzenlässt und ihr ganzes Geld stiehlt. Freundinnen erzählten mir ähnlich peinliche Vorkommnisse, um mich aufzumuntern, Geschichten, in denen sie in die Illusion von Nähe und Vertrautheit mit einem Fremden hineingezogen worden waren. Eine der Redakteurinnen meiner Dating-Kolumne schickte mir einen Artikel mit der Überschrift »Virtuelle Liebe«, der 1997 im *New Yorker* erschienen war; es ging um das spannende neue Phänomen, sich übers Internet in jemanden zu verlieben. Er war aus der persönlichen Sicht einer Journalistin geschrieben, die per Telefon und E-Mail eine Beziehung zu einem Fremden angefangen hatte. »Mag sein, dass ich meinen Verehrer nicht kannte«, schrieb sie. »Aber zum ersten Mal in meinem Leben verstand ich den Deal: Ich war eine begehrenswerte Person, das Objekt des Blickes eines Blinden ... Wenn wir uns auf der Straße begegnet wären, hätten wir uns nicht erkannt, da unsere spezielle Form von Intimität plötzlich von Ästen und menschlichen Körpern und herumfliegendem Abfall verschleiert worden wäre – von all den Dingen, die die physische Welt ausmachen.«

Zwei Tage, nachdem David mich frühmorgens verlassen hatte, erschien mein Artikel, der mich ursprünglich zu ihm geführt hatte. Ich hatte ihn komplett vergessen, doch das Magazin nun in den Regalen der Zeitschriftenhändler zu sehen, fühlte sich an, als hätte sich ein Kreis geschlossen. Ich schrieb ihm nicht, um ihn über das Erscheinen zu informieren – auch wenn ich das damals in der Nachricht versprochen hatte, die die ganze Katastrophe eingeleitet hatte. Ich habe nie wieder mit David geredet.

Im Nachgang überschlugen sich meine Freundinnen geradezu im Aufarbeiten; das Ganze wurde sogar noch absurder, je weiter es zeitlich von mir wegdriftete. Es kam vor, dass wir – viele Wochen, nachdem all das passiert war – in einem Pub saßen und India plötzlich ihr Weinglas abstellte und blaffte: »Könnt ihr diesen David-Typen FASSEN?« Belle erwog, wegen Missbrauchs seiner Vertrauensstellung Beschwerde gegen ihn einzureichen.

»Aber wo könnte man sich überhaupt beschweren?«, fragte ich.

»Es muss doch irgendwo eine Art Guru-Gremium geben, irgendein Kommissiondings, vor dem sie sich qualifizieren müssen«, sagte India.

»Vielleicht sollten wir einfach beim Gemeinderat von Haringey anrufen«, schlug Belle vor. »Ihnen sagen, dass da ein Guru frei rumläuft, der eine Gefahr für leicht zu beeindruckende junge Frauen ist.«

Einige meiner Freundinnen glaubten, dass er einfach ein Misogyn war, für den eine Frau mit einem Vertrauensproblem eine Herausforderung darstellte, und der abhaute, wenn er bekommen hatte, was er wollte; ein Wolf im Pelz eines Stallbesitzers aus Glastonbury. Andere waren wohlwollender mit mir und vertraten die Ansicht, dass er sich mit der Lebensrealität der virtuellen Liebe noch unwohler fühlte als ein Millennial. Ich war daran gewöhnt, mit Leuten zu chatten, die ich noch nie getroffen hatte, und eine enge Beziehung mit ihnen aufzubauen. Die Person zum ersten Mal persönlich zu treffen, war immer irgendwie unangenehm, aber es war einfach die Art und Weise, wie man diesen Abstand überwand, diese »Kluft«, von der er gesprochen hatte. Das ist die gesamte Prämisse des Online-Datings.

Helen vertrat eine andere Theorie: dass er nach seiner Trennung eine Midlife-Crisis durchmachte und ich nichts weiter war als ein Spontankauf für sein Ego. Ich war die Lederjacke oder das schnelle Auto, deren Vorstellung er mochte, doch von denen er nach dem Kauf merkte, dass sie nie für ihn funktionieren oder in sein Leben passen würden.

Doch den Verlust von David zu betrauern, wäre gewesen, wie wenn ein Kind den Verlust seines imaginären Spielgefährten betrauert. Nichts davon war real. Es war hypothetisch, Fiktion. Wir hatten einander Intensität vorgespielt, uns für überzogene, künstliche Sentimentalität prostituiert, von dem verzweifelten Bedürfnis getrieben, im dunklen, feuchten Keller unseres Bewusstseins irgendetwas Tiefgründiges zu spüren. Es waren nur Worte und

Leerzeichen. Es waren Pixel. Ein *Die-Sims*-Spiel, ein Spiel von Liebe auf einer Bühne. Wir hatten uns in einem sorgsam choreografierten Tanz über Satelliten reflektiert.

Erst jetzt, nach stundenlangem Sezieren, begreife ich, wer David war. Er war weder ein Trickser noch eine lebende Midlife-Crisis noch ein mit Birkenstocks und Leinen getarnter, niederträchtiger Don Juan. Er war der kleine Junge auf dem Spielplatz, der sich die Augen zuhält und denkt, dass ihn niemand sehen könnte. Doch endlich konnte ich ihn sehen – denn wir waren von derselben Sorte, Kinder, die sich in nichts nachstanden. Er war verloren und suchte nach einem Rettungsanker. Er war traurig und brauchte Ablenkung. Wir waren zwei einsame Menschen, die eine Fantasie brauchten, um vor uns selbst zu fliehen. Vielleicht hätte er, der zwanzig Jahre älter war als ich, es besser wissen müssen – aber das tat er nicht. Ich hoffe, dass ich nie wieder bei solch einem Spiel mitmache. Und ich hoffe, dass er findet, wonach er sucht.

18. Oktober

Guten Morgen, Karens fruchtbare und unfruchtbare Freundinnen!!

Ich dachte, ich schicke euch mal den Plan für diese komplett unnötige, kitschige und teure Nicht-Tradition aus Amerika namens Babyparty, in diesem Fall für unsere Freundin Karen! Sie hat ja schon immer gerne das Geld und die Zeit anderer Leute in Anspruch genommen, um ihre persönlichen Lebensentscheidungen zu zelebrieren, und wir haben das Gefühl, dass ihr in der letzten Zeit noch nicht genug geopfert habt. Bis auf den 1500-Pfund-Junggesellinnenabschied auf Ibiza und die Hochzeit auf Mallorca mit striktem Dresscode und einer Online-Wunschliste bei Selfridges war da ja nichts weiter. (Übrigens, Mädels – solltet ihr einen neuen Job anfangen oder eine eigene Wohnung kaufen, kriegt ihr eine Karte, das war's. Wir sind ja nicht aus Geld gemacht!!)

Die gute Nachricht: Wenn Karen erst mal niedergekommen ist, wird sie ihre kinderlosen Freundinnen nicht mehr treffen, außer diese wollen über nichts anderes als ihr Baby sprechen. Also könnt ihr diese Baby- genauso gut als Abschiedsparty betrachten und in den nächsten paar Jahren einige Pennys sparen! Natürlich nur, bis sie abgestillt hat und sich wieder bei euch meldet und, weil sie inzwischen zu Tode gelangweilt ist, von euch verlangt, mit ihr saufen und tanzen zu gehen und haufenweise Drogen zu nehmen und dann eine Woche später eine arrogante Nachricht schickt, in der sie erklärt, dass sie solche Nächte echt nicht mehr mitmachen kann, weil »ICH JETZT EINE MUTTER BIN«.

Wenn ihr bei mir (Karens bester Freundin) in Belsize Park ankommt, möchte ich, dass ihr ausgiebig die Größe meiner Wohnung, ihren Schnitt und alle anderen Ausstattungsmerkmale bewundert, denn das wird über den Nachmittag hinweg den Großteil unserer Unterhaltung ausmachen. Ich werde ausführlichst und mit überheblichem Expertentum über meinen Küchenumbau schwadronieren, sodass sich alle im Raum, die noch zur Miete wohnen, wie der letzte Dreck vorkommen, und ich würde es zu schätzen wissen, wenn niemand von euch erwähnt, dass mein Dad die gesamte Kaufsumme der Wohnung übernommen hat. Das ist korrekt – er musste noch nicht mal eine Hypothek aufnehmen! Bitte zieht draußen die Schuhe aus.

Um 14 Uhr fangen wir unverzüglich mit den peinlichen, zeitraubenden und kindischen Spielen an. Das erste ist eine Runde »Hefte die Kotze ans Baby«. Das zweite ist »Errate die Kacke« (wir füllen verschiedene Schokoladensorten in Windeln, und unsere zukünftige Mama muss erraten, welcher Schokoriegel in welcher Windel steckt!). Danach machen wir mit Baby-Pantomime weiter, wobei ihr verschiedene Stadien des Elternseins darstellen müsst, z. B. heftigen Streit mit eurer herrischen Mutter, weil ihr euer Kind nicht taufen lassen wollt, oder Streit mit eurem Partner darüber, ob man sein Kind zu sehr verweichlicht, wenn man behauptet, dass Hamster ein Leben nach dem Tod haben.

Drei Stunden später beenden wir die Spiele mit einer Runde »Reich mir die Milchpumpe«. Dazu habe ich ein paar besorgte Mails bekommen, also lasst mich das jetzt aufklären: IHR MÜSST NICHT AKTIV LAKTIEREN, UM SPASS AN DEM SPIEL ZU HABEN. Karen hat mir sehr deutlich gesagt, dass Nicht-Mütter nur ein kleines bisschen weniger willkommen sind als Gäste, die ebenfalls schwanger sind oder Kinder haben. Wir reichen die Milchpumpe herum, und wer sie in dem Moment hat, in dem die Musik aufhört, legt sie für ein paar Lacher an ihre Titte an. Spaaaß!

Es wird eine Flasche warmen Willkommensprosecco geben, den sich fünfundzwanzig Leute teilen müssen; davon abgesehen ist es eine trockene Veranstaltung. Ihr könnt euch stattdessen mit dem obligatorischen Nachmittagstee besaufen, der euch in Miniaturtassen gereicht wird.

Die Geschenke werden um 17 Uhr ausgepackt (Wunschliste im Anhang).

An die Hippies, Freelancer, Arbeitslosen und diejenigen, die für weniger als 25 000 Pfund im Jahr in den Medien, im Kunstbereich oder in der Kreativindustrie arbeiten: Niemand will euren selbstgemachten Scheiß. Wenn euch Karen und ihr ungeborenes Kind wirklich etwas bedeuten, dann nutzt die White-Company-Wunschliste wie jeder andere auch. Darauf sind auch Kaschmirmützen für nur 80 Pfund, also gibt es keine Entschuldigung für eure Strickversuche. Niemand findet die niedlich.

Wir schauen Karen dabei zu, wie sie jedes einzelne Geschenk öffnet wie eine Fünfjährige auf ihrem Kindergeburtstag. Sie wird auch erklären, was jedes einzelne Geschenk kann. Das wird nicht nur gähnend langweilig sein, sondern auch der totale Horror für all diejenigen unter uns, die noch kein Kind geboren haben und bisher nichts über die Spezifika von Brustwarzencremes, über Windeln für Mama nach der Geburt, Plazentabrühe oder das Herausfischen von Kacke aus einem Wassergeburtsbecken wussten. Den kinderlosen Frauen steht eine ausgebildete Therapeutin für posttraumatische Belastungsstörungen zur Seite, allen anderen eine Maniküre-Fachkraft.

Der große Event des Tages wird um 19 Uhr stattfinden – die Geschlechtsenthüllungstorte. Karen und ihr Mann Josh wollten das Geschlecht ihres Babys nicht erfahren, sondern haben ihre Ärztin gebeten, die Information direkt an eine Patisserie in Hackney zu schicken. Das ganze Team von Bake 'n' Bites hat alles dafür gegeben, eine vierstöckige Kreation, umhüllt von einer Glasur aus gesalzenem Karamell (Karens Lieblingsgeschmack), zu kreieren. Wenn sie die

Torte anschneidet, wird die Farbe des Biskuits das Geschlecht enthüllen: Rosa für ein Mädchen, Blau für einen Jungen oder Grün für ein bisschen von beidem. Es wird ein sehr besonderer (um nicht zu sagen köstlicher!) Moment für uns alle.

Wir freuen uns auf einen kostspieligen und geistlosen Tag voller Liebe und Lachen, mit dem wir unsere beste Freundin auf die Mutterschaft vorbereiten – während wir hoffentlich dafür sorgen, dass sich all ihre Freundinnen ohne Kinder befremdlich und diejenigen mit Kindern unzureichend fühlen.

Bis dann!!

Liebst,

Natalia XXXXXXXXXXXXXX

Genug

In den Wochen nach der Episode mit David, als ich mich vorgeführt und gedemütigt fühlte, bekannte ich mich laut und trotzig zum Zölibat. Natürlich war es überhaupt kein Zölibat, denn erstens hielt er nur knapp drei Monate, und zweitens diente er hauptsächlich dazu, die Aufmerksamkeit von Männern zu ergattern, die Als-Jungfrau-wiedergeboren-Fantasien zu bedienen. Was das absolute Gegenteil der Intention des Zölibats ist. Keine Nonne hat sich jemals zum Zölibat bekannt, um den Eindruck zu erwecken, schwer zu kriegen zu sein, sodass ihr keiner widerstehen kann. Und dann kam das katastrophale Weihnachtsspezial. Das »Weihnachtsspezial« war ein Ausdruck, den meine Freundinnen für eine bestimmte Art eines Techtelmechtels erfunden hatten, das man im betrunkenen Zustand und völlig unbedacht nur in der Zeit vor Weihnachten anfängt, wenn alle ganz high von Fröhlichkeit und Wohlwollen und Eierlikör sind und einem plötzlich alles möglich erscheint. Im Anflug auf Weihnachten beschloss ich, dass ich eine Sofortreparatur meines Ansehens brauchte, eine Fertigtütensuppe Selbstvertrauen.

Nach einer Firmenparty schrieb ich einem Typen von einer Dating-App, mit dem ich seit ein paar Wochen chattete. Er stammte aus dem nordöstlichen England, arbeitete in der Musikindustrie, hatte ein süßes Lächeln und schrieb gute Chat-Texte.

»Lust, dass wir uns jetzt treffen?«, schrieb ich ihm in forscher Lässigkeit. Es war nachts um halb eins.

»Klar«, antwortete er.

Um zwei kam er mit einer Flasche Bio-Rotwein zu mir, und wir machten Smalltalk auf dem Sofa, als wären wir einfach zwei gebildete Städter, die ein nettes Abendessen zusammen genossen, statt uns der tragischen Realität unserer reinen Verzweiflung zu stellen. Nach exakt einer Stunde Reden fingen wir an zu knutschen. Dann gingen wir in mein Zimmer und hatten routinemäßigen, nichtssagenden Sex. Es war das physische Äquivalent zu einem heruntergeschlungenen Sandwich auf einer Autobahnraststätte – etwas, worauf man sich gefreut hat, um sich dann in derselben Sekunde, in der man es bekommt, zu fragen, warum.

Ich hatte seit der Nacht, in der ich Adam in New York kennenlernte, keinen Sex mehr mit einem Unbekannten. Ganz versehentlich war ich aus One-Night-Stands herausgewachsen – wie ein kleines Mädchen, das eines Tages feststellt, dass es nicht mehr mit seinen Barbies spielen will. Sobald es vorbei war, wusste ich, dass ich es nie wieder tun würde. Der Sex an sich war okay, aber die Anwesenheit des Typen war nicht zu ertragen. Die aufgesetzte Intimität von Gelegenheitssex, die ich als Studentin noch reizvoll gefunden hatte, erschien mir wie eine lächerliche Farce. Das war absolut nicht seine Schuld, aber ich wollte ihn aus meiner Wohnung raushaben, aus meinem Zimmer, aus meinem Bett mit den Briefen meiner Freundinnen auf dem Nachttisch daneben und dem weichen Schaumstoff-Matratzenschoner, für den ich gespart hatte. Mir wurde übel, als ich die Umrisse des schlafenden Gesichts dieses Fremden in der Dunkelheit sah. Die Nacht kroch dahin wie eine Schnecke.

Ich wachte mit einem grauenhaften Kater auf, und der Typ lag immer noch in meinem Bett. Er wollte den Vormittag damit verbringen, zusammen rumzugammeln, Tee zu trinken und Fleetwood-Mac-Alben zu hören – ich hatte es mit einem Mann zu tun, der das »Pärchen-Erlebnis« liefern wollte. Dieses »Pärchen-Erlebnis«, so hatte ich im Laufe der Jahre festgestellt, boten einem bestimmte Männer nach einem One-Night-Stand an, indem sie sich am nächsten Morgen unangemessen romantisch verhielten: Entweder um einen dazu zu bringen, sich in sie zu verlieben, oder um ihre eigenen Schuldgefühle zu schmälern, die daher rührten, dass sie Sex mit einer Person gehabt hatten, deren Nachnamen sie nicht kannten. Nachdem sie einen bestiegen hatten, verbrachten sie den folgenden Morgen damit, Frühstück zu machen und *Seinfeld*-Folgen mit einem zu glotzen, bevor sie in der Abenddämmerung endlich gingen. Sie riefen nie wieder an. Es war ein scheinbar kostenloser Service mit hohen versteckten emotionalen Gebühren. Ich nahm das »Pärchen-Erlebnis« nie in Anspruch, wenn es mir angeboten wurde.

»Ein schönes Leben dir noch«, sagte ich, als ich es endlich geschafft hatte, ihn mit irgendeiner erfundenen Verabredung zum Mittagessen zur Haustür zu komplimentieren.

»Sag das nicht«, sagte er und umarmte mich.

»Sorry«, antwortete ich und wusste nicht mehr, was ich sonst noch sagen könnte. »Fröhliche Weihnachten.«

Ich zog Leos Pulli an, den ich nie weggeworfen hatte, legte mich aufs Sofa und sah fern. Indias entzückender Freund kam ins Wohnzimmer, mit seinem Bart und seinem Lächeln und dem kuscheligen Schal, den India liebevoll als Geschenk für ihn ausgesucht hatte. Alles an ihm strahlte Vertrautheit und Liebe aus – etwas, das sich für mich noch nie so weit weg angefühlt hatte.

»Morgen, Doll«, sagte er.

»Schöner Schal.«

»Ja, oder?«, sagte er und schaute lächelnd auf ihn herab. »India hat mir erzählt, dass du gestern Abend ein Weihnachtsspezial in Auftrag gegeben hast.«

»Yeah«, sagte ich, mein Gesicht zur Hälfte im Sofakissen vergraben, meinen Blick starr auf die *Loose-Women*-Diskussionsrunde gerichtet.

»Gut?«
»Nein. Schrecklich. Deprimierend. Es war das *EastEnders*-Weihnachtsspezial.«
»O je«, sagte er. »Dann gibt es also keine Nachbestellung?«
»Nein. Es war eine Einzelanfertigung.«

Im Monat darauf wurde schließlich meine Dating-Kolumne eingestellt – sodass ich keine Ausrede mehr hatte, ständig unter dem Vorwand meines Jobs nach dem nächsten Kerl Ausschau zu halten. Das Ende der Kolumne hätte problemlos den Beginn einer neuen Phase meines Lebens markieren können, einer, die nicht mehr von nächtlichen Anrufen alter Liebhaber bestimmt wurde oder von Nach-rechts-wischen und Nach-links-wischen oder vom Bedrängen von Männern auf Dinnerpartys oder von konzertierten Zigarettenpausen im Pub, wenn draußen gerade ein attraktiver Mann stand.

Die Wahrheit ist, dass die Kolumne mir zwar all das ermöglicht hatte, ich jedoch eine Abhängige war. Ich war immer eine, schon lange, bevor ich überhaupt sexuell aktiv wurde. Jilly Cooper sagt in ihrer Folge von *Desert Island Discs*, dass sie als Schülerin auf einer reinen Mädchenschule so besessen von Jungs war, dass sie sogar Fantasien von dem achtzigjährigen Gärtner hatte, der manchmal auf dem Gelände arbeitete. Dieses Mädchen war ich in meiner Jugend, und im Grunde hatte ich nie aufgehört, dieses Mädchen zu sein. Jungs faszinierten und ängstigten mich gleichermaßen; ich verstand sie nicht, aber wollte sie auch nicht verstehen. Ihr Daseinszweck war Belohnung, während Freundinnen alles andere lieferten, das bedeutsam war. Es ging darum, Jungs auf einer Armlänge Abstand zu halten.

Als Farly und ich von Sardinien zurückkehrten und sie zum ersten Mal, seit sie Anfang zwanzig war, ein neues Leben als Single begann, hielt ich ihr einen ziemlich rechthaberischen Vortrag über die Komplexität des modernen Datings.

»Zuerst musst du begreifen«, sagte ich, »dass sich niemand mehr im realen Leben kennenlernt. Die Dinge haben sich geändert, seit du zuletzt auf dem Markt warst, Farly, und leider hast du keine andere Wahl, als dich anzupassen.«

»Okay«, sagte sie nickend und machte sich im Geiste Notizen.

»Die gute Nachricht ist, dass niemand Online-Dating wirklich mag. Wir machen es alle, aber jeder hasst es, also sitzen wir alle im selben Boot.«

»Alles klar.«

»Also, du darfst dich nicht aufregen, wenn du in einem Pub oder wo auch immer nicht angesprochen wirst. Das ist vollkommen normal. Es kann sogar vorkommen, dass du einem Mann auf einer Party gefällst, er dich aber nicht anspricht, sondern dir danach eine Facebook-Nachricht schickt, in der er sagt, dass er wünschte, dich angesprochen zu haben.«

»Verrückt.«

»Ja, ziemlich, aber man gewöhnt sich dran. Es ist einfach ein neuer Weg der Kontaktaufnahme.«

»Was ist mit Tittenficks?«, fragte sie.

»Was soll damit sein?«

»Macht man das noch?«

»Nein«, sagte ich entschieden. »Seit 2009 hat niemand mehr einen gegeben oder bekommen. Das wird keiner mehr von dir erwarten.«

»Okay, das ist ja wenigstens etwas Positives.«

Eine Woche später lernte Farly einen Typen in einer Bar kennen. Sie tauschten ihre Nummern aus. Sie fingen sofort an, miteinander auszugehen.

»Farly hat jemanden kennengelernt«, erzählte ich India beim Frühstück an einem Samstagmorgen.

»Schön für sie«, antwortete sie. »Eine Scheibe Toast oder zwei?«

»Zwei. Du wirst nicht glauben, wo. Rate.«

»Ich weiß nicht«, sagte sie und steckte sich einen Löffel Lemon Curd in den Mund.

»In einer Bar.«

»Wie meinst du das, in einer Bar?«

»Quasi im echten Leben. Er kam zu ihr rüber und hat sie angesprochen und jetzt daten sie sich. Kannst du das fassen? Ich freue mich für sie, aber ich bin auch total angepisst. Ich meine, wann hast du zuletzt jemanden in einer Bar kennengelernt?«

»Wie ABSURD!«, rief India ehrlich empört.

»Ich weiß«, sagte ich, »ich weiß.«

Belle kam in ihrem Morgenmantel in die Küche geschlurft.

»Morgen, ihr Hübschen«, sagte sie schlaftrunken.

»Hast du das schon gehört?«, fragte India entrüstet. »Mit Farlys neuem Macker?«

»Nö?«, antwortete sie.

»Sie haben sich *in einer Bar* kennengelernt.«

»Welche Bar?«

»Ich weiß nicht«, sagte ich. »In Richmond, glaube ich. Kannst du das fassen? Ich glaube, mir hat seit fünf Jahren niemand mehr beim Ausgehen seine Nummer gegeben, und ihr passiert das nach fünf Minuten.«

»Vielleicht ist das irgend so ein Südufer-Ding«, mutmaßte Belle.

»Es ist ein Farly-Ding«, sagte ich.

Nirgendwo sind die Unterschiede zwischen Farly und mir größer als beim Thema Liebe. Farly ist der Typ heimelige, zusammenlebende, ergebene, langfristige Bilderbuch-Monogamistin. Den Teil einer Beziehung, den ich am aufregendsten finde – die unbekannten, hochriskanten, spannenden ersten paar Monate, in denen man kaum essen kann vor lauter Schmetterlingen im Bauch –, hasst sie am meisten. Der Teil, vor dem ich Angst habe – Grillabende bei der Familie des Freundes, zwei Couchpotatoes an einem Samstagabend vor der Glotze, lange gemeinsame Fahrten auf der Autobahn –, ist für sie der absolute Himmel. Sie würde die ersten drei Monate Romantik liebend gerne gegen lebenslange Häuslichkeit, Nähe, pragmatische Pläne und ein Couchpotato-Dasein eintauschen. Ich würde alles dafür geben, ein Leben lang diese ersten drei Monate in Dauerschleife erleben zu dürfen und eine Garantie dafür zu bekommen, niemals mit einem Sexualpartner zu IKEA, einem Busbahnhof oder zum Haus von Verwandten irgendwo hinter der M25 fahren zu müssen.

»Projektion«: Das ist einer dieser Therapiebegriffe, den man im Laufe der Zeit kennenlernt. Er bedeutet, anderen genau das vorzuwerfen, wovor man selbst Angst hat, dass man es tut oder ist. Es ist ein Weg, sich vor Verantwortung zu drücken; es bedeutet, mit dem Finger auf andere zu zeigen.

Ich tat das oft, wenn es darum ging, wie Farly ihre Beziehungen lebte. Dass ich selbst jede Verbindlichkeit fortwährend ablehnte, hatte ich immer als Akt der Befreiung angesehen; nie hatte ich begriffen, dass Verbindlichkeit etwas war, das mir das Gefühl vermittelte, gefangen zu sein. Es mochte zwar sein, dass Farly es immer gebraucht hatte, in einer Beziehung zu sein, aber wenigstens wusste sie, was sie wollte, und war sich darüber im Klaren. Ich brauchte irgendetwas, aber ich hatte absolut keine Ahnung, was, und ich hasste mich dafür, es zu wollen.

Auf einem langen Spaziergang berichtete ich Farly von meinen Plänen, eine ernst gemeinte Pause vom Sexleben einzulegen – mit all seinen Prologen und Epilogen aus Flirten, Chatten, Daten und Knutschen –, um zu etwas mehr Selbstbestimmung zu finden. Ich erzählte ihr, mir sei klargeworden, dass ich – obwohl die meiste Zeit meines Lebens Single – zu keinem einzigen Moment seit meiner Jugend *wirklich* Single gewesen sei. Sie stimmte mir zu und sagte, dass sie meine Idee sehr gut finde.

»Glaubst du, dass ich mich jemals richtig auf jemanden einlassen kann?«, fragte ich, als wir im Wald von Hampstead Heath über Holzstämme hüpften.

»Natürlich glaube ich das. Du hast einfach noch nicht den richtigen Mann gefunden.«

»Ja, aber genau das ist es ja. Ich glaube, es geht gar nicht um den richtigen Mann, sondern um mich. Ich glaube, Männer sind irgendwie immateriell, bis ich all das endlich geregelt kriege.« Ich zeigte erschöpft auf mich selbst, als wäre ich das unordentliche Zimmer eines Teenagers.

»Also, ich glaube, es ist gut, dass du dir die Zeit dafür nimmst. Ich glaube, das wird kurzfristige Arbeit für eine langfristige Belohnung.«

»Warum findest du das alles so einfach?«, fragte ich. »Ich war immer so neidisch auf dich, dass es mit Scott so leicht für dich lief. Du warst einfach da, und zack. Gebunden.«

»Ich weiß es ehrlich gesagt nicht.«

»Als du verlobt warst, hast du da manchmal darüber nachgedacht, dass du nie wieder mit irgendjemand anderem schlafen würdest? Hat dich das nie gestört?«

»Weißt du was«, sagte sie, »jetzt, wo du es sagst – ich glaube, darüber habe ich kein einziges Mal nachgedacht.«

»Das kann nicht sein«, sagte ich, während ich auf und ab hopste wie ein Kind, um mit den Fingerspitzen die Äste der Bäume zu berühren.

»Ehrlich – ich weiß, es klingt komisch, aber ich glaube, dieser Gedanke ist mir nie gekommen«, sagte sie. »Alles, was ich wollte, war eine Zukunft mit ihm.«

»Ich würde so gerne wissen, wie es ist, sich jemandem wirklich verbunden zu fühlen, statt immer mit einem Fuß schon wieder aus der Tür zu sein.«

»Du bist zu hart zu dir selbst«, sagte sie. »Du bist absolut in der Lage, eine langfristige Beziehung zu führen. Du bist besser darin als jeder andere, den ich kenne.«

»Wie das? Meine längste Beziehung hat zwei Jahre gehalten, und sie war vorbei, als ich vierundzwanzig war.«

»Ich rede von dir und mir«, sagte sie.

In den folgenden Tagen gingen mir Farlys Worte nicht mehr aus dem Kopf; ich dachte darüber nach, dass wir uns seit über zwanzig Jahren kannten und ich in all dieser Zeit nie gelangweilt von ihr war. Ich dachte darüber nach, dass ich mich im Gegenteil nur stärker in sie verliebt hatte, je älter wir wurden und je mehr Erfahrungen wir miteinander teilten. Ich dachte daran, wie erpicht ich darauf war, ihr eine gute Nachricht zu verkünden oder in einer Krise ihre Sicht der Dinge zu erfahren; dass sie immer noch die Person war, mit der ich am liebsten tanzen ging. Daran, wie sie wertvoller für mich geworden war, je mehr gemeinsame Historie wir hatten, so wie ein schönes, ausgesuchtes Kunstwerk in meinem Wohnzimmer. An das Gefühl von Vertrautheit und Sicherheit und Ruhe, mit dem ihre Liebe mich umgab. Die ganze Zeit hatte ich angenommen, dass der Wert, den ich in eine Beziehung einbrachte, meine Sexualität war, weshalb ich mich immer wie eine Art Comic-Nymphomanin aufführte. Ich hatte nie darüber nachgedacht, dass ein Mann mich auf dieselbe Art lieben könnte, wie meine Freundinnen mich liebten; dass ich einen Mann mit derselben Hingabe und Fürsorge lieben könnte, mit der ich sie liebte. Vielleicht hatte ich all die Jahre in einer richtig tollen Ehe gelebt, ohne es zu merken. Vielleicht war Farly genau das, was eine gute Beziehung ausmachte.

Ich stürzte mich in die Abstinenz, als müsste ich eine Doktorarbeit darüber schreiben. Je mehr Bücher und Geschichten und Blogs ich über Sex- und Liebessucht las, desto klarer sah ich, was bei mir schiefgelaufen war. Dating war zu meiner Quelle für schnelle Bestätigung geworden, eine Erweiterung meines Narzissmus, und hatte rein gar nichts mit einer Verbindung zu einem anderen Menschen zu tun. Immer und immer wieder hatte ich Intensität mit einem Mann aufgebaut und sie mit Intimität verwechselt. Ein Fremder, der mir am JFK einen Antrag macht. Ein Guru mittleren Alters, der mir einen Flug nach Frankreich zahlen will, um dort eine Woche mit ihm zu verbringen. Es war aufgeblasene, unnötige Intensität, keine ehrliche, enge Verbindung mit einer anderen Person. Intensität und Intimität. Wie hatte ich die beiden Dinge nur so miteinander verwechseln können?

Ein Monat verging – und ich fühlte nichts als vollkommene, unbändige Erleichterung. Ich löschte alle Dating-Apps von meinem Handy. Ich löschte die Nummern, die ich anrief, wenn ich Sex wollte. Ich hörte auf, Exfreunden zu antworten, wenn sie mir um drei Uhr morgens Nachrichten mit scheinbar harmlosen Fragen wie »Was geht, Chica?« oder »Wie läuft's, Mylady?« schickten. Ich hörte damit auf, mögliche Eroberungen im Internet zu stalken; ich löschte hauptsächlich aus diesem Grund meinen Facebook-Account. Ich hörte auf, mit Geheimnissen zu leben. Ich gab mein Nachtleben auf. Ich investierte all meine Zeit in meine Arbeit und meine Freundschaften.

Zwei Monate vergingen. Ich erfuhr, wie es ist, auf eine Hochzeit zu gehen und tatsächlich dort zu sein, um mitzuerleben, wie meine Freundin heiratet – und nicht etwa, es als achtstündige Fleischbeschau zu betrachten. Ich stellte fest, was für eine Freude es war, in der Kirche dem wunderschönen, glockengleichen Gesang eines Chores zu lauschen – statt manisch die Bänke abzusuchen und die Hände aller Männer auf Eheringe zu überprüfen. Ich lernte, beim Essen das Gespräch mit dem Mann neben mir zu genießen, ungeachtet seines ehelichen Status; ich lernte, nicht um die Aufmerksamkeit des einzigen männlichen Singles am Tisch zu buhlen, indem ich in dem leicht drohenden, unzüchtigen Tonfall eines Sid James irgendwas Unanständiges sagte. Auf einer Party traf ich zum ersten Mal nach fünf Jahren Leo wieder und lernte seine neue Frau kennen – ich umarmte sie beide und ließ sie dann alleine. Harry verlobte sich – ich hegte absolut keinen Groll. Adam zog mit einem Mädchen zusammen – ich schickte ihm eine Nachricht mit Glückwünschen. Ihre Geschichten hatten nichts mehr mit mir zu tun, ich brauchte ihre Aufmerksamkeit nicht mehr. Ich hatte das Gefühl, meinen Weg endlich alleine zu gehen, meine Geschwindigkeit und Dynamik endlich selbst zu bestimmen.

Ich saß in der U-Bahn und verlor mich in meinen Büchern, anstatt zu versuchen, den Blick irgendeines Mannes auf mich zu ziehen. Ich verließ Partys, wenn ich gehen wollte, statt bis zum bitteren Ende verzweifelt meine Runden zu drehen, in der Hoffnung, irgendjemanden aufzugabeln, den ich attraktiv fand. Ich ging nicht mehr auf Events, nur weil ich wusste, dass bestimmte Leute da sein würden; ich inszenierte keine zufälligen Begegnungen mehr mit Typen, auf die ich stand. Eines Nachts war ich mit Lauren tanzen, und als sie angebaggert wurde, suchte ich nicht etwa einen Flirt für mich selbst, sondern blieb eine Stunde lang mitten auf der Tanzfläche und tanzte für mich alleine, schwitzend und mich wiegend und mich immer wieder um mich selbst drehend.

»Wartest du auf jemanden?«, fragte ein Typ und zog mich an sich.

»Nein, sie ist hier irgendwo«, erwiderte ich und schob seine Hände weg.

»Ich hätte nie gedacht, dass ich diesen Begriff im Zusammenhang mit dir verwenden würde, und ich will nicht, dass du dich verletzt fühlst«, sagte Farly ein paar Wochen später nach drei Getränken im Pub. »Aber ich hab deine Gesellschaft in den letzten Monaten als so beruhigend empfunden.«

»Wann war das letzte Mal, dass du mich ruhig erlebt hast?«

»Na ja, das hab ich eben nie«, antwortete sie, bevor sie den Rest ihres Wodka-Tonics herunterkippte und einen Eiswürfel zerkaute. »Nie. In zwanzig Jahren.«

Im späten Frühjahr buchte ich einen Flug auf die Orkneyinseln, um für ein Reisemagazin einen Artikel über das Alleinereisen zu schreiben. Ich wohnte über einem Pub mit Ausblick über den Hafen von Stromness, und am Abend, nachdem ich unten ein Bier getrunken und eine Schüssel dampfende Muscheln gegessen hatte, machte ich einen langen Spaziergang an der Küste und schaute in den gewaltigen, weiten Himmel – gewaltiger als jeder Himmel, den ich bislang gesehen hatte.

Eines Nachts, nachdem ich ein paar Tage in friedlicher Einsamkeit mit meinen Gedanken verbracht hatte, spazierte ich unter den Sternen durch kopfsteingepflasterte Straßen, und wie die fesselnden, leuchtenden Zweige einer Glyzinie nahm ein Gedanke Besitz von mir. Ich brauche keinen verwirrend charismatischen Musiker, damit er einen Songtext über mich schreibt. Ich brauche keinen Guru, der mir Dinge über mich erklärt, von denen ich glaube, dass ich sie nicht weiß. Ich muss mir nicht die Haare kurz schneiden, weil ein Typ sagt, dass mir das stehen würde. Ich muss meine Figur nicht verändern, um jemandes Liebe zu verdienen. Ich brauche keine Worte oder Blicke oder Kommentare von einem Mann, um zu glauben, dass ich sichtbar bin, um zu glauben, dass ich hier bin. Ich muss nicht vor meinem Unbehagen davon- und in ein männliches Sichtfeld laufen. Das ist nicht das, was mich lebendig macht.

Denn ich bin genug. Mein Herz ist genug. Die Geschichten und Sätze, die in meinem Kopf herumgeistern, sind genug. Ich zische und schäume und summe und explodiere. Ich sprudele über und verglühe. Meine Spaziergänge am frühen Morgen und meine Bäder am späten Abend sind genug. Mein lautes Lachen im Pub ist genug. Mein schrilles Pfeifen, mein Singen in der Dusche, meine hyperflexiblen Fußzehen sind genug. Ich bin ein frisch gezapftes Bier mit einer schönen, schaumigen Krone. Ich bin mein eigenes Universum, eine Galaxie, ein Sonnensystem. Ich bin die Vorband, der Headliner und die Background-Sänger.

Und wenn es nur das ist, wenn das alles ist, was da ist – nur ich und die Bäume und der Himmel und das Meer –, weiß ich, dass das genug ist.

Ich bin genug. Ich bin genug. Die Worte hallten in mir wider, ich verstand sie, sie drangen mir bis in die Knochen. Einem Rennpferd gleich galoppierte und sprang der Gedanke durch mein Inneres. Ich rief ihn in den dunklen Himmel. Ich sah, wie meine Verkündung von Stern zu Stern hüpfte, sich wie Tarzan von Molekül zu Molekül schwang. Ich bin vollständig und vollkommen. Ich werde nie zur Neige gehen.

Und ich bin mehr als das.

(Ich glaube, man nennt das »einen Durchbruch«.)

Achtundzwanzig Lektionen, gelernt in achtundzwanzig Jahren

1. Nur eine von hundert Personen kann über eine lange Zeit hinweg harte Drogen nehmen und sich regelmäßig ins Koma saufen, ohne eine tiefe, dunkle Sehnsucht oder Leere zu verspüren. Nur eine von zweihundert Personen wird nicht negativ davon beeinträchtigt. Nachdem ich viele Jahre brauchte, um das herauszufinden, habe ich entschieden, dass Keith Richards die Ausnahme ist, nicht die Regel. Man sollte ihn bewundern, aber nur mit Vorsicht nachahmen.
2. Nur eine von dreihundert Personen kann pro Woche Sex mit drei verschiedenen Unbekannten haben, ohne damit verzweifelt irgendetwas kompensieren zu wollen. Das können ihre Gedanken, ihr Glück oder ihr Körper, ihre Einsamkeit, Liebe, das Altern oder der Tod sein. Nachdem ich viele Jahre brauchte, um das herauszufinden, habe ich entschieden, dass Rod Stewart die Ausnahme ist, nicht die Regel. Man sollte ihn bewundern, aber nur mit Vorsicht nachahmen.
3. Der Text von »Heaven Knows I'm Miserable Now« von den Smiths ist die präziseste Darstellung von Lebenswirklichkeit und beschreibt elegant-prägnant den ursprünglichen Optimismus und den dann folgenden krachenden Abstieg ins Lächerliche, wie man es in den ersten fünf Jahren seiner Zwanziger durchlebt.
4. Das Leben ist schwierig, brutal, traurig, unsinnig, ir-

rational. So wenig daran ist sinnvoll. So viel daran ist ungerecht. Und sehr viel daran beruht einfach nur auf der unbefriedigenden Formel von Glück und Pech.

5. Das Leben ist wundervoll, faszinierend, magisch, lustig, albern. Und Menschen sind erstaunlich. Wir wissen alle, dass wir sterben, und doch führen wir unser Leben fort. Wir schreien und fluchen und sind genervt, wenn der volle Müllsack reißt, obwohl wir uns doch mit jeder Minute, die vergeht, auf das Ende zubewegen. Wir bewundern den pfirsichfarbenen Sonnenuntergang über der M25 oder den Geruch eines Babyköpfchens oder die Effizienz von Selbstaufbau-Möbeln, obwohl wir wissen, dass all jene, die wir lieben, eines Tages aufhören zu existieren. Ich weiß nicht, wie wir das schaffen.

6. Du bist die Summe all dessen, was dir geschehen ist, bis zum letzten Schluck aus dieser Tasse Tee, die du eben gerade abgestellt hast. Wie dich deine Eltern im Arm gehalten haben, was dein erster Freund über deine Oberschenkel gesagt hat – das alles sind die Bausteine, aus denen sich deine Persönlichkeit zusammensetzt. Deine Verschrobenheiten, deine Schwächen und dein Versagen entstehen daraus, was du im Fernsehen gesehen hast, was die Lehrer zu dir gesagt und wie Menschen dich von dem Moment an, in dem du deine Augen aufgeschlagen hast, angesehen haben. Ein Detektiv seiner eigenen Vergangenheit zu sein – all diese Spuren mithilfe eines Profis zurückzuverfolgen, um zur Quelle vorzudringen –, kann unglaublich hilfreich und befreiend sein.

7. Aber Therapie kann einen nur ein gewisses Stück weiterbringen. Sie ist wie die Theorieprüfung beim

Führerschein. Man kann auf dem Papier so viel richtig machen, wie man will, aber irgendwann muss man ins Auto steigen und verdammt noch mal wirklich erfahren, wie alles läuft.

8. Nicht jeder muss sein Innerstes mit einer Therapie erforschen. Wirklich jeder ist auf einem gewissen Niveau dysfunktional, aber viele können Dysfunktionalität umfunktionieren.

9. Niemand ist zu irgendeinem Zeitpunkt dazu verpflichtet, in einer Beziehung zu leben, in der er nicht sein möchte.

10. Ein Urlaub wird komplett und zutiefst ruiniert, wenn man nicht auf dem Weg dorthin im Flughafen zwei Fläschchen Insektenspray kauft. Ist man erst mal dort, kauft man nämlich nie welches, und dann sitzt man jeden Abend mit seinen Reisebegleitern draußen beim Essen, und alle sagen auf passiv-aggressive Weise, sie seien »total zerstochen«, denn jeder ärgert sich darüber, dass nicht jemand anderes daran gedacht hat, welches mitzubringen. Einfach beim Abflug im Flughafen kaufen, und alles ist gut.

11. Nicht täglich Zucker essen. Zucker verändert deinen Körper sowohl äußerlich als auch innerlich zum absolut Schlechten. Drei Liter Wasser tragen dazu bei, dass alles ordentlich funktioniert. Ein Glas Rotwein ist gesund.

12. Niemand hat dich je gebeten, zu seinem oder ihrem Geburtstag eine Freundschaftscollage zu basteln, die vom Fußboden bis zur Decke reicht. Oder dreimal am Tag anzurufen. Niemand wird in Tränen ausbrechen, wenn du ihn nicht zum Essen einlädst, weil du nicht genug Stühle hast. Wenn du dich von den Menschen

ausgenutzt fühlst und erschöpft bist, liegt das daran, dass du freiwillig den Märtyrer spielst, damit sie dich mögen. Es ist liegt an dir, nicht an ihnen.

13. Es ist sinnlos und völlig für den Arsch, jede noch so winzige Entscheidung unter seinen selbst auferlegten moralischen Codex zu stellen und sich dann dafür zu geißeln, wenn dieser Plan unvermeidlich schiefgeht. Feministinnen dürfen sich die Beine wachsen. Priester dürfen fluchen. Vegetarier dürfen Lederschuhe tragen. Tu so viel du kannst. Die tiefgreifende Verbesserung der Welt kann nicht an jeder einzelnen Entscheidung hängen, die du triffst.

14. Jeder sollte ein Album von Paul Simon, ein Buch von William Boyd und einen Film von Wes Anderson besitzen. Wenn das die einzigen drei Dinge sind, die du im Regal hast, dann wirst du durch die längste, kälteste und einsamste Nacht kommen.

15. Hat man eine Wohnung nur gemietet, sollte man die Wände reinweiß streichen, nicht cremeweiß. Günstiges Cremeweiß ist matschig, provinziell und geschmacklos. Günstiges Reinweiß ist cool, klar und beruhigend.

16. Wenn man Shift und F3 drückt, setzt das entweder alles in Großbuchstaben oder alles in Kleinbuchstaben.

17. Lass die Leute über dich lachen. Mach dich selbst zum Deppen. Sprich Wörter falsch aus. Kleckere Joghurt auf dein T-Shirt. Es ist die größte Befreiung, wenn man es einfach zulässt.

18. Wahrscheinlich hast du gar keine Weizenunverträglichkeit, sondern isst ihn einfach nicht in normalen Mengen: neunzig bis hundert Gramm Pasta oder zwei Scheiben Brot. Jeder fühlt sich komisch, wenn er eine ganze Packung Toast gegessen hat; genauso würde man

sich komisch fühlen, wenn man eine ganze Wassermelone am Stück gegessen hätte.
19. Man kann eine Gruppe von Frauen nicht schneller miteinander vertraut machen, als wenn man das Gespräch auf lästige, eklige Kinnhaare lenkt.
20. Sex wird mit dem Alter wirklich, wirklich besser. Sollte er sich weiterhin so verbessern wie bisher, werde ich mich mit neunzig in einem Zustand des immerwährenden Orgasmus befinden. Es wird keinen Grund geben, noch irgendetwas anderes zu machen. Abgesehen vielleicht von einer Pause am Nachmittag, um ein Stück Bakewell-Torte zu essen.
21. Es ist vollkommen in Ordnung, sich auf sich selbst zu konzentrieren. Es ist erlaubt, alleine zu reisen und zu leben und all sein Geld für sich selbst auszugeben und zu flirten, mit wem auch immer man will, und so von seiner Arbeit eingenommen zu sein, wie es einem gefällt. Man muss nicht heiraten, und man muss keine Kinder kriegen. Es macht einen nicht wertlos, wenn man sich nicht öffnen und sein Leben mit einem Partner verbringen will. Und genauso ist es absolut nicht in Ordnung, in einer Beziehung zu leben, wenn man weiß, dass man alleine sein will.
22. Unabhängig von Geschlecht, Alter und Größe: In einem weißen Hemd oder einem dicken Rollkragenpulli oder braunen Lederboots oder einer Jeansjacke oder einer dunkelblauen Cabanjacke sieht jeder gut aus.
23. Egal, wie schrecklich deine Nachbarn sind, versuch dich mit ihnen gutzustellen. Oder bilde zumindest eine Allianz mit wenigstens einem der anderen Wohnungsbesitzer, dem du an den Mülltonnen freundlich zunicken kannst. Es wird Gaslecks und Einbrüche geben und

Pakete, die irgendwohin geliefert werden, und all das wird so viel einfacher, wenn es jemanden gibt, an dessen Tür du immer klopfen kannst. Lächele und halte sie aus. Und gib ihnen einen Ersatzschlüssel für den Notfall.
24. Versuche so zu tun, als gäbe es in der U-Bahn keine Internetverbindung. Sie ist sowieso scheiße. Hab immer ein Buch in der Tasche.
25. Wenn du dich von allem wahnsinnig überfordert fühlst, versuche Folgendes: Räum dein Zimmer auf, beantworte unbeantwortete E-Mails, hör einen Podcast, nimm ein Bad, geh vor elf Uhr ins Bett.
26. Nutze jede Gelegenheit, um nackt im Meer zu schwimmen. Finde deinen eigenen Weg, es zu tun. Wenn du irgendwo in der Nähe einer Küste unterwegs bist und das salzige Lecken des Meeres in der Luft riechen kannst, dann park das Auto, zieh deine Klamotten aus und hör nicht auf zu rennen, bis du bis zu den Nippeln im eiskalten Ozean stehst.
27. Du wirst nicht umhinkommen, dich für einen Lifestyle zu entscheiden – entweder hast du manikürte, lackierte Fingernägel, oder du spielst Gitarre. Keine Frau kann beides haben.
27.a) Außer Dolly Parton.
28. Die Dinge verändern sich radikaler, als man sich je vorstellen konnte. Sie werden dreihundert Meilen nördlich von deinen wildesten Prophezeiungen landen. Gesunde Menschen fallen in Supermarktschlangen tot um. Die zukünftige Liebe deines Lebens könnte der Mann neben dir im Bus sein. Dein Mathelehrer und Rugbytrainer aus der Mittelstufe könnte jetzt unter dem Namen Susan leben. Alles wird sich ändern. Und es kann jeden Morgen soweit sein.

Nach Hause kommen

Es gibt so viel, was ich nicht über die Liebe weiß. Vor allem, wie sich eine Beziehung anfühlt, die länger als ein paar Jahre anhält. Manchmal bekomme ich mit, wie verheiratete Menschen über eine »Phase« ihrer Beziehung sprechen, die länger war als meine längste Beziehung. Anscheinend ist das recht üblich. Ich habe Menschen über die ersten zehn Jahre ihrer Beziehung als »die Honeymoon-Phase« sprechen hören. Meine Honeymoon-Phasen waren dafür bekannt, dass sie kaum länger als zehn Minuten andauerten. Ich habe Freundinnen, die ihre Beziehung als eine Art dritte Person in ihrer Partnerschaft beschreiben, als ein lebendiges Gebilde, das sich windet und verändert und bewegt und wächst, je länger sie mit ihrem Partner zusammen sind. Ein Organismus, der sich genauso verändert wie die zwei Menschen, die ihr Leben miteinander verbringen. Ich weiß nicht, wie es ist, dieses dritte Wesen aufzuziehen und zu hegen. Ich weiß wirklich nicht, wie sich echte Langzeitliebe anfühlt oder wie sie von innen betrachtet aussieht.

Ebenso weiß ich nicht, wie es ist, mit demjenigen zu leben, in den man verliebt ist. Ich weiß nicht, wie es ist, zusammen eine Wohnung zu suchen, in konspirativem Getuschel auf der Toilette eine Verschwörung gegen einen Immobilienmakler auszuhecken. Ich weiß nicht, wie es ist, jeden Morgen im Badezimmer schlaftrunken um jemanden herumzuschlurfen, während wir uns in einer vertrauten Routine mit Zähneputzen und Duschen abwechseln. Ich weiß nicht, wie es ist, zu wissen, dass man nie mehr aufbrechen und zurück nach Hause gehen muss, dass sein Zuhause jeden Morgen und Abend direkt neben einem liegt.

Im Grunde genommen weiß ich nicht, wie es ist, ein echtes Team mit einem Partner zu bilden; ich habe nie in einer Liebesbeziehung nach Halt gesucht oder mich entspannt ihrem Lauf hingegeben. Aber ich war verliebt und mir wurde Liebe genommen, ich habe erfahren, wie es ist, zu verlassen und verlassen zu werden. Ich hoffe, dass der ganze Rest eines Tages folgt.

Beinahe alles, was ich über die Liebe weiß, habe ich in meinen langjährigen Freundschaften mit Frauen gelernt. Besonders von denjenigen, mit denen ich zu irgendeinem Zeitpunkt zusammengelebt habe. Ich weiß, wie es ist, jedes winzige Detail über eine Person zu wissen und sie in mich aufzusaugen, als wäre es ein akademisches Studium. Was die Mädels betrifft, mit denen ich ein Zuhause aufgebaut habe, bin ich genau wie die Frau, die vorhersagen kann, was ihr Ehemann in jedwedem Restaurant bestellen wird. Ich weiß, dass India keinen Tee trinkt, dass AJs Lieblingssandwich eines mit Käse und Sellerie ist, dass Belle von Gebäck Sodbrennen bekommt und dass Farly ihren Toast etwas abgekühlt mag, sodass die Butter sich gut verstreichen lässt, aber nicht schmilzt. AJ braucht acht Stunden Schlaf, um zu funktionieren, Farly sieben, Belle ungefähr sechs, und India kann nach Margaret-Thatcher-mäßigen vier oder fünf Stunden durch den Tag powern. Farlys Weckalarm ist »So Far Away« von Carole King, und sie liebt narrativ geplottete Sendungen über Fettleibigkeit mit Titeln wie *500-Kilo-Mum* oder *Mein Sohn, der Killerwal*. AJ schaut alte Folgen von *Home and Away* auf YouTube (schwer zu glauben) und kauft Sudoku-Hefte, die sie abends im Bett ausfüllt. Belle trainiert vor der Arbeit in ihrem Zimmer zu Fitnessvideos und hört Trance-Musik, wenn sie badet. India macht in ihrem Zimmer Puzzles und guckt jedes einzelne Wochenende immer wieder *Fawlty Towers*. (»Ich weiß einfach nicht, wie sie daran so lange Spaß haben kann«, meinte Belle einmal im Vertrauen zu mir. »Es gibt nur zwölf Folgen!«)

Ich weiß, wie es ist, sich mit Begeisterung eine Sauerstoffflasche umzuschnallen, tief in die Verschrobenheiten und Fehlbarkeiten eines Menschen einzutauchen und jeden faszinierenden Moment des Entdeckens zu genießen. Etwa die Tatsache, dass Farly, solange ich sie kenne, immer in einem *Rock* geschlafen hat. Warum tut sie das? Worin besteht der Sinn? Oder dass Belle sich ihre hautfarbene Strumpfhose herunterreißt, sobald sie freitagabends aus dem Büro kommt – ist das ein Zeichen ihrer stillen Rebellion gegen das Wirtschaftssystem oder nur ein Ritual, das sie gerne mag? AJ wickelt sich einen Schal um den Kopf, wenn sie müde ist – das ist mit Sicherheit keine kulturelle Aneignung irgendeiner Art, was ist es also dann? Wurde sie als Kind komplett eingewickelt, sodass es ihr ein angenehmes Gefühl der Verkindlichung gibt? India hat eine Art Kuscheldecke, einen alten, ausgefransten dunkelblauen Pulli, den sie »Nigh Nigh« nennt und in dem sie gerne schläft. Warum bezeichnet sie das Teil als einen »Er«? Und wie alt war sie, als sie beschloss, dass es ein Junge ist? Ich würde ehrlich gesagt nichts lieber tun, als eine Art Literarischen Salon zu etablieren, in dem alle meine geliebten Freundinnen die Kuscheldecken ihrer Kindheit präsentieren und wir über die Geschlechtsidentität jeder einzelnen diskutieren. Ich fände das, man mag es glauben oder nicht, absolut spannend.

Ich weiß, wie es ist, gemeinsam einen Haushalt zu gründen und zu führen. Ich weiß, wie der gemeinschaftliche Nutzen von Vertrauen funktioniert, wie es ist, zu wissen, dass immer jemand da ist, der dir fünfzig Pfund leiht, bis dein Gehalt kommt, und der, sobald du das Geld zurückgezahlt hast, dasselbe von dir brauchen könnte. (»Wir sind wie Grundschulkinder, die ständig ihre Schulbrote tauschen«, sagte Belle einmal über unsere Gehälter. »In der einen Woche brauchst du mein Thunfisch-Mais-Sandwich, in der nächsten will ich dein Ei-mit-Kresse.«) Ich kenne die Freude darüber, wenn im Dezember die Post kommt und Weihnachtskarten durch den Briefkastenschlitz schießen, auf denen drei Namen stehen und die einem das Gefühl vermitteln, wirklich eine Familie zu sein. Ich kenne das seltsame Empfinden von Sicherheit beim Anblick dreier Nachnamen für einen und denselben Onlinebanking-Account.

Ich weiß, was es für die eigene Identität bedeutet, größer als nur man selbst, ein Teil eines »Wir« zu sein. Ich weiß, wie es ist, wenn Farly zu jemandem am Tisch sagt: »Wir essen nicht gerne rotes Fleisch«, oder wenn Lauren zu einem Typen auf einer Party sagt: »Das ist unser liebstes Van-Morrison-Album.« Ich weiß, wie überraschend schön sich das anfühlt.

Ich weiß, wie es ist, eine schlechte Erfahrung zu überstehen und diese dann zu einem gemeinsamen Mythos zu machen. Wie wenn ein Paar überdreht erzählt, wie es auf der letzten Urlaubsreise das Gepäck verloren hat und sich dabei abwechselt und jeweils die Sätze des anderen beendet – genauso machen auch wir es mit unseren eigenen Mikrokatastrophen. Wie damals, als India, Belle und ich umzogen, und alles, was nur schiefgehen konnte, schiefging. Die Wahrheit bestand aus verlorenen Schlüsseln, von Freunden geliehenem Geld, Nächten auf Sofas und eingelagerten Möbeln. Es ist eine großartige Geschichte.

Ich weiß, wie es ist, jemanden zu lieben und die Tatsache zu akzeptieren, dass man gewisse Dinge an ihm nicht ändern kann; Lauren ist eine Grammatikpedantin, Belle ist unordentlich, Sabrinas Nachrichten sind ausufernd, AJ antwortet mir nie, Farly kriegt schlechte Laune, wenn sie müde oder hungrig ist. Und ich weiß, wie gut es tut, genauso geliebt und mit all meinen Macken akzeptiert zu werden (ich bin immer zu spät, mein Telefon ist nie aufgeladen, ich bin überempfindlich, ich steigere mich in alles hinein, ich lasse den Mülleimer überquellen).

Ich weiß, wie es ist, jemandem, den man liebt, dabei zuzuhören, wie er einem gebannten Publikum eine Geschichte erzählt, die man schon ungefähr fünftausendmal gehört hat. Ich weiß, wie es für diese Person (Lauren) ist, die Geschichte jedes Mal ein bisschen ausgefallener zu gestalten, als wäre sie ein Anekdoten-Fabergé-Ei (aus »Es passierte abends um elf« wird »Tja, da war es dann ungefähr vier Uhr morgens«, aus »Ich saß auf einem Plastikstuhl« wird »Und ich liege so auf dieser Chaiselongue aus mundgeblasenem Glas«). Ich weiß, wie es ist, jemanden so sehr zu lieben, dass einen so etwas absolut nicht stört, dass man sie gerne ihr Lied auf diese wohlerprobte Weise vortragen lässt und vielleicht sogar selbst mit unterstützenden Drums einsetzt, um – wenn nötig – das Tempo ihrer Geschichte zu steigern.

Ich weiß, wie sich in einer Beziehung ein Moment der Krise anfühlt. Wenn man denkt: Entweder müssen wir uns damit auseinandersetzen und versuchen, es zu kitten, oder wir gehen getrennter Wege. Ich weiß, wie es ist, sich zu einem Treffen in einer Bar in Southbank zu verabreden, verstockt mit Reden anzufangen und erst drei Stunden später wieder aufzuhören, weinend in den Armen des anderen zu liegen und einander zu versprechen, dass man nie wieder dieselben Fehler machen wird. (Man geht überhaupt nur in Southbank aus, um sich zu versöhnen oder um Schluss zu machen; ein paar meiner besten Trennungen – aktiv und passiv – fanden in der Bar des National Theatre statt.)

Ich weiß, wie es sich anfühlt, als hätte man immer einen Leuchtturm – Leucht*türme*, die einen zurück aufs trockene Land lotsen; die Wärme ihres Leuchtens zu spüren, wenn sie auf der Beerdigung von jemandem, den du geliebt hast, deine Hand drücken. Oder ihrem Lichtstrahl durch einen überfüllten Raum auf einer schrecklichen Party zu folgen, auf der unerwartet dein Exfreund mit seiner neuen Frau auftaucht, dem Lichtstrahl, der sagt: *Lass uns Pommes holen und den Nachtbus nach Hause nehmen.*

Ich weiß, dass Liebe laut und jubilierend sein kann. Sie kann im sumpfigen Matsch und strömenden Regen auf einem Festival tanzen und über den Sound der Band hinweg »DU BIST DER WAHNSINN« schreien. Wenn man sie auf einem Firmenevent seinen Kollegen vorstellt und vor Stolz platzen könnte, weil sie die Leute zum Lachen bringt und dich liebenswert erscheinen lässt, nur aufgrund der Tatsache, dass du von ihr geliebt wirst. Es bedeutet zu lachen, bis man keine Luft mehr kriegt. Es bedeutet, in einem Land aufzuwachen, in dem keiner von beiden je zuvor war. Es bedeutet Nacktbaden im Morgengrauen. Es bedeutet, an einem Samstagabend zusammen die Straße entlangzugehen und das Gefühl zu haben, dass die gesamte Stadt nur einem selbst gehört. Es ist eine große, wunderschöne, überschwängliche Naturgewalt.

Und genauso weiß ich, dass die Liebe ziemlich still sein kann. Sie bedeutet, zusammen auf dem Sofa zu liegen und Kaffee zu trinken, darüber zu reden, wo man an diesem Vormittag hingehen könnte, um noch mehr Kaffee zu trinken. Es bedeutet, Eselsohren in Buchseiten mit Passagen zu falten, von denen man glaubt, dass der andere sie interessant findet. Es bedeutet, ihre Wäsche aufzuhängen, nachdem sie das Haus verlassen und, planlos wie immer, vergessen haben, sie aus der Waschmaschine zu nehmen. Es bedeutet, zu sagen »Du bist hier sicherer als in einem Auto, es ist wahrscheinlicher, dass du in einer deiner Fitness-First-Bodypump-Kurse stirbst als in der nächsten Stunde«, wenn sie auf einem Easyjet-Flug nach Dublin hyperventilieren. Es sind Nachrichten wie: »Hoffe, es läuft alles gut heute«, »Wie war dein Tag?«, »Denke heute an dich« oder »Hab Klopapier gekauft«. Ich weiß, dass die Liebe unter der Großzügigkeit des Mondes und der Sterne und von Feuerwerken und Sonnenuntergängen passiert, aber genauso, wenn man auf Luftmatratzen in einem Kinderzimmer liegt, in einer Notaufnahme sitzt, einen Reisepass beantragt oder im Stau steht. Die Liebe ist ein ruhiges, absicherndes, entspannendes, herumschlenderndes, sorgsames, harmonisches Summen, etwas, von dem man leicht vergessen kann, dass es da ist, obwohl immer ihre Hände nach einem ausgestreckt sind für den Fall, dass man stürzt.

Fünf Jahre lang hatte ich mit meinen Freundinnen zusammengewohnt, als diese Zeit schließlich endete. Erst hatte mich Farly für ihren Freund verlassen, dann ging AJ, und schließlich rief mich eines Tages India an und sagte, dass sie bereit sei, dasselbe zu tun – um dann in Tränen auszubrechen.

»Warum weinst du?«, fragte ich. »Wegen der Art, wie ich mit Farly umgegangen bin, als sie Scott kennengelernt hat? Hattest du Angst, dass ich durchdrehe? Glaubt ihr alle, ich bin irre? Das ist vier Jahre her, ich bin inzwischen besser ausgestattet, um mit so was umzugehen.«

»Nein, nein«, schluchzte sie. »Ich werde dich nur so vermissen.«

»Ich weiß«, sagte ich. »Ich werde dich auch vermissen. Aber du wirst dieses Jahr dreißig. Und es ist toll, dass sich deine Beziehung weiterentwickelt. Es ist absolut richtig und normal, dass die Dinge sich ändern.« Ich war selbst überrascht, wie rational ich die Sache anging, und verlieh mir im Stillen einen Orden für meine Dienste im Sinne der Freundschaft.

»Was willst du jetzt machen?«, fragte sie. »Du hast immer davon geredet, wie gern du ausprobieren würdest, alleine zu leben.«

»Ich weiß nicht, ob ich dazu bereit bin«, sagte ich. »Vielleicht sollte ich mit Belle zusammenwohnen, bis sie beschließt, mit ihrem Freund zusammenzuziehen. Das gibt mir mindestens noch mal sechs Monate, um zu überlegen, wie es weitergehen soll.«

»Dolly – du bist nicht die *Tribute von Panem*«, sagte sie. »Es sollte nicht in einen Ausdauerkampf zwischen uns Mädels ausarten, wer dich am längsten übersteht.«

Ich begriff, dass mir soeben eine einmalige Gelegenheit präsentiert worden war. Ich konnte warten, bis jede einzelne meiner Freundinnen einen Mann gefunden hätte und auszöge. Dann könnte ich mit irgendeiner Unbekannten zusammenwohnen, die im Internet ein WG-Zimmer suchte und ihren Rasierschaum im Kühlschrank aufbewahrte, in der Hoffnung, dass ich bald einen Mann finden und ausziehen würde. Oder ich konnte einen Neustart für mich alleine wagen.

Eine bezahlbare Einzimmerwohnung zur Miete zu finden, war nicht einfach; mir wurden etliche Buden gezeigt, in denen das Bett direkt neben dem Herd stand oder Duschköpfe in einer »Nasszelle« direkt über dem Klo baumelten. Da war das »großzügige Einzimmer-Appartement« von zwanzig Quadratmetern, da war die Wohnung mit Polizeiabsperrband vor der Tür. India begleitete mich zu Besichtigungen, verhandelte und unterbrach das Geblubber der Immobilienmakler und fragte mich, ob ich *wirklich* glaubte, ohne einen Schrank leben und meine Klamotten stattdessen in einem Koffer unter dem Bett aufbewahren zu wollen.

Doch schließlich fand ich mitten in Camden eine Wohnung, die ich mir gerade so noch leisten konnte. Sie lag im Erdgeschoss und hatte ein Schlafzimmer, ein Bad und ein Wohnzimmer, genug Platz für einen Kleiderschrank und eine Dusche, die über einer leibhaftigen Badewanne angebracht war. Im hinteren Bereich war eine etwas tiefer liegende, feuchte Küche ohne eine einzige Schublade, die so klein war, dass ich mich kaum darin umdrehen konnte, mit einem Bullauge und Sicht auf den Kanal, sodass ich mir wie auf einem Boot vorkam. Die Wohnung war nicht perfekt, aber sie würde mir gehören.

Bei einer Kneipentour durch das Revier unserer Zwanzigerjahre verabschiedeten wir alle, die wir zusammengewohnt hatten, uns vom WG-Leben. Wir verkleideten uns als ein Element unserer WG aus dieser Zeit, was genauso bescheuert aussah, wie es sich anhört. AJ kam als Gordon, unser erster Vermieter, mit allem Drum und Dran: Midlife-Crisis-Bikerlederjacke, Turnschuhe, eine kurze braune Perücke und permanent schmieriges Grinsen. Als die Bewohnerin mit dem größten Putzwahn erschien Farly als riesiger Staubsauger in einem kugeligen Kostüm mit einem daran befestigen Rohr, das mit steigendem Alkoholpegel immer mehr am Boden entlangschliff. Belle kam als unsere laute Horrornachbarin, mit verschmiertem Lippenstift und einer Cher-Perücke. India hatte sich als riesengroßer Mülleimer verkleidet, da sich das Leeren, Raustragen und Einsetzen frischer Müllbeutel konstant durch unsere gemeinsame Zeit gezogen hatten. Sie hatte sich Mülltüten um die Schuhe gewickelt, trug einen Deckel als Hut, und an ihrem Körper klebten leere Gesichtsreinigungstücher- und Monster-Munch-Packungen. Ich ging als überlebensgroße Zigarettenschachtel, was ich sofort bereute, denn ich wurde andauernd von Leuten nach einer Kippe gefragt, weil sie dachten, ich sei irgendein Promo-Mädchen von Marlboro Lights, das die Straßen von Kentish Town abklapperte.

Wir zogen von Pub zu Pub, bis wir vor unserem ersten Haus mit den gelben Ziegelsteinen landeten. Wir besuchten sogar Ivans kleinen Laden – nur um von seinem Kollegen zu erfahren, dass er auf geheimnisvolle Weise wegen »irgendwelcher unerledigter Geschäfte ins Ausland gegangen« und »spurlos verschwunden« sei.

»Die Künstler sind weg«, lallte Belle wehmütig, als wir die Straße entlangschlenderten und langsam der Morgen heraufzog. »Jetzt kommen die Banker.«

Eine Woche später packte ich meine Topfpflanzen und Taschenbücher in Umzugskartons. Am letzten Abend, an dem wir noch zusammenwohnten, tranken India, Belle und ich billigen Prosecco – unser Lieblingsdrink dieses verdammten Jahrzehnts –

und tanzten in unserem leergeräumten Wohnzimmer beschwipst zu Paul Simon. Als wir am nächsten Morgen auf unsere jeweiligen Möbelwagen warteten, hockten wir auf einer Ecke unseres Teppichs voller Weinflecken, die Knie aneinander, während wir kaum etwas sagten.

Farly, die effektivste und organisierteste Person, die ich je kennen werde, kam in meine neue Wohnung und half beim Auspacken. (»Bist du sicher, dass du das machen willst?«, schrieb ich. »Bitte – das ist für mich wie Kokain«, antwortete sie.) Wir bestellten etwas beim Vietnamesen, setzten uns im Wohnzimmer auf den Fußboden, schlürften Pho und dippten Sommerrollen in Sriracha-Soße und besprachen, wohin das Sofa sollte, die Stühle, Lampen und Regale und wo ich jeden Tag sitzen und schreiben könnte. Wir packten aus, bis wir uns spätabends auf meine Matratze plumpsen ließen, die an der Schlafzimmerwand eingezwängt lag – inmitten von Umzugskartons voller Schuhe, Taschen voller Klamotten und Bücherstapeln.

Als ich aufwachte, war Farly schon zur Arbeit gegangen, und auf ihrem Kopfkissen lag eine Nachricht in ihrer runden, kindlichen Handschrift, die sich nicht verändert hatte, seit sie im Naturwissenschaftsunterricht für den Mittelschulabschluss Tipp-Ex-Botschaften auf mein Ledermäppchen geschrieben hatte. »Ich liebe dein neues Zuhause, und ich liebe dich«, stand dort.

Die Morgensonne sickerte in mein Schlafzimmer und fiel in einer hellen weißen Lache auf meine Matratze. Ich streckte mich auf dem kühlen Laken diagonal auf meinem Bett aus. Ich war völlig allein, hatte mich jedoch nie sicherer gefühlt. Nicht wegen der Steine um mich herum, die ich irgendwie mieten konnte, oder wegen des Daches über meinem Kopf, für das ich wahnsinnig dankbar war. Es war das Zuhause, das ich von nun an auf meinem Rücken trug wie eine Schnecke. Das Gefühl, endlich in verantwortlichen und liebevollen Händen zu sein.

Hier in meinem leeren Bett lag die Liebe. Sie war zwischen den Schallplatten gestapelt, die Lauren mir gekauft hatte, als wir Teenager waren. Sie steckte mit den verschmutzten Rezeptkarten meiner Mum zwischen den Seiten der Kochbücher in meiner Kombüse. Die Liebe befand sich in der mit einer Schleife verzierten Gin-Flasche, die India mir zum Abschied eingepackt hatte, auf den verschmierten Fotostreifen mit verknickten Ecken, die bald an meinem Kühlschrank kleben würden. Sie steckte in der Nachricht auf dem Kissen neben mir, die ich zusammenfalten und in dem Schuhkarton mit all den anderen Nachrichten von Farly aufbewahren würde.

Ich wachte sicher in meinem Einfrau-Boot auf. Ich glitt einem neuen Horizont entgegen, in einem Meer von Liebe treibend.

Da war sie. Wer hätte das gedacht? Sie war schon immer da.

Alles, was ich mit achtundzwanzig über die Liebe weiß

Jeder anständige Mann würde eine Frau, die mit sich im Reinen ist, einer Frau vorziehen, die alle Register zieht, um ihn zu beeindrucken. Man sollte nie dafür arbeiten müssen, die Aufmerksamkeit eines Mannes aufrechtzuerhalten. Wenn du einen Mann dazu bringen musst, an dir interessiert zu bleiben, dann hat er Probleme, deren Lösung nicht deine Aufgabe ist.

Du wirst wahrscheinlich nicht die beste Freundin des Freundes deiner besten Freundin werden. Lass diesen Traum los, sag Tschüss zu dieser Fantasie. Solange er deine Freundin glücklich macht und du seine Gesellschaft für die Dauer eines ausgedehnten Mittagessens aushältst, ist alles gut.

Männer lieben nackte Frauen. Jeder andere Schnickschnack ist teure Zeitverschwendung.

Online-Dating ist was für Mutige. Es ist zunehmend schwierig, Menschen im realen Leben kennenzulernen, und es selbst in die Hand zu nehmen – eine Monatsgebühr dafür zu zahlen, der Liebe ein bisschen näherzukommen, ein peinliches Profil auszufüllen, in dem man behauptet, nach einem besonderen Menschen zu suchen, mit dem man im Supermarkt Händchen halten kann –, ist was für überlebensgroße Helden der Romantik.

Lass dir ein Brazilian Waxing machen, wenn du ein Brazilian Waxing willst. Wenn nicht, dann nicht. Wenn du dich haarlos wohlfühlst und das Geld hast, lass dich das ganze Jahr über waxen. Mach es niemals wegen eines Mannes. Und niemals wegen der »Schwesternschaft« *nicht* – die Schwesternschaft schert sich einen Scheiß darum. Arbeite ehrenamtlich in einem verdammten Frauenheim, wenn du dich nützlich fühlen willst, verschwende nicht Stunden damit, die politische Rolle deines Schamhaars zu diskutieren. Und lass dir niemals ein Waxing machen, weil du glaubst, dass es unhygienisch oder unansehnlich ist, keines zu haben – wenn das stimmen würde, wäre jeder ungewaxte lebende Mann unhygienisch. (Sobald es dein Gehalt zulässt, begib dich nie wieder in die Nähe von Haarentfernungscreme.)

In den ersten Jahren nach einer Trennung bist du nicht in der Lage, die Songs aus vergangenen Beziehungen zu hören, aber bald werden die Alben ihren Weg zu dir zurückfinden. All diese Erinnerungen an Samstage am Meer und Sonntagabend-Spaghetti auf dem Sofa lösen sich langsam wieder aus den Akkorden und erheben sich und fließen aus den Liedern heraus, bis sie verschwinden. Es wird immer ein blasses Wiedererkennen irgendwo tief in deinem Inneren geben, das dir sagt, dass dieser Song, dieser Mann für eine Woche das Zentrum deines Universums war, doch ab irgendeinem Zeitpunkt wird dein Herz davon nicht mehr zerbrechen.

Wenn du dich vor den Augen deines Freundes immer noch betrinkst und mit anderen flirtest, läuft in deiner Beziehung irgendwas falsch. Oder, noch wahrscheinlicher, mit dir. Finde lieber früher als später heraus, warum du dieses Aufmerksamkeitslevel brauchst. Denn kein Mann auf der Welt hat einen genügend großen Speicherplatz für unmittelbare Bewunderung zur Verfügung, um die Leere zu füllen, die du empfindest.

Meistens spiegelt die Liebe, die dir jemand schenkt, die Liebe, die du selber gibst. Wenn du dir selbst gegenüber nicht mit Freundlichkeit, Fürsorge und Geduld begegnen kannst, dann ist es ziemlich wahrscheinlich, dass das auch niemand anders kann.

Wie dünn oder dick du auch bist, das ist kein Indikator für die Liebe, die du verdienst oder bekommst.

Trennungen werden schlimmer mit jedem Jahr, das du älter wirst. Bist du jung, verlierst du einen Liebhaber. Wirst du älter, verlierst du ein gemeinsames Leben.

Kein rationaler Grund ist wichtig genug, um dich in einer falschen Beziehung zu halten. Urlaube können storniert, Hochzeiten abgeblasen, Häuser verkauft werden. Versteck deine Feigheit nicht hinter Sachgründen.

Wenn du einmal den Respekt für jemanden verlierst, wirst du nicht mehr in der Lage sein, dich erneut in denjenigen zu verlieben.

Die Einbindung in das Leben des anderen sollte vollkommen gleichwertig erfolgen; ihr solltet euch beide gleichermaßen darum bemühen, euch auf eure jeweiligen Freunde, Familien, Interessen und Karrieren einzulassen. Wenn dabei ein Ungleichgewicht herrscht, ist die Verbitterung schon auf dem Weg zu dir.

Wenn es sich richtig anfühlt, solltest du beim ersten Date Sex haben. Du solltest nie auf die Meinung irgendeiner unverschämten Selbsthilfe-Denkrichtung hören, die aus dem Mann einen Esel und aus dir die Karotte macht. Du bist kein Objekt, das erobert werden muss, du bist ein Mensch aus Fleisch und Blut und Gedärmen und Bauchgefühl. Sex ist kein Wettkampf von Macht – er ist eine einvernehmliche, respektvolle, freudvolle, kreative gemeinsame Erfahrung.

Es gibt kein Gefühl, das so schrecklich ist, wie sich von jemandem zu trennen. Verlassen zu werden, ist ein heftiger, intensiver Schmerz, der irgendwann in neue Energie umgewandelt werden kann. Die Schuldgefühle und Traurigkeit darüber, mit jemandem Schluss zu machen, richten sich einzig und allein gegen dein Inneres, und wenn du es zulässt, werden sie für alle Ewigkeiten ihre Runden in deinem Kopf drehen. Hier bin ich ganz bei W.H. Auden: »*Kann gleiche Zuneigung nicht sein, / Will ich der Liebendere sein.*«

Es gibt so viele Gründe, warum jemand mit dreißig oder vierzig oder hundertvierzig Single sein könnte, und niemanden macht das minderwertig. Jeder hat eine Geschichte. Nimm dir die Zeit, sie dir anzuhören.

Sex mit einem völlig Unbekannten ist immer seltsam, aber bei ihm in der Wohnung zu bleiben – auf seinem Bettlaken, in seinem Schlafzimmer – oder ihn in deiner Wohnung zu haben, ist noch viel seltsamer.

Es ist niemandes Aufgabe, der einzige Lieferant deines Glücks zu sein. Sorry.

Der perfekte Mann ist nett, witzig und großzügig. Er beugt sich zu Hunden hinunter, um ihnen Hallo zu sagen, und bringt Regale an. Das Aussehen eines großen jüdischen Piraten mit Clive Owens Augen und David Gandys Bizeps sollte nur ein Zusatzbonus, nicht der Ausgangspunkt sein.

Scharf kann man auf jeden sein. Eine viel größere Sache ist es, geliebt zu werden.

Täusche keinen Orgasmus vor. Es tut niemandem gut. Er ist in der Lage, mit der Wahrheit umzugehen.

Wenn du es aus den richtigen Gründen tust und sich beide vollkommen bewusst über die Natur ihrer Zusammenkunft sind, dann kann Gelegenheitssex richtig gut sein. Wenn du ihn aber benutzt wie ein rezeptfreies Medikament, um dein eigenes Ego zu stärken, wird es eine furchtbar unbefriedigende Erfahrung.

Der aufregendste Teil einer Beziehung sind die ersten drei Monate, wenn du noch nicht weißt, ob diese Person dir gehören wird. Ein großartiger Teil kommt direkt danach, wenn du bereits weißt, dass die Person dir gehört. Den Teil, der ein paar Jahre später folgt, habe ich noch nie erlebt. Offenbar ist er nicht immer aufregend, aber ich habe gehört, dass es der beste sein soll.

Außer wenn jemand stirbt, spielst du immer, wenn eine Beziehung schiefgeht, eine Rolle dabei. Wie befreiend und überwältigend zugleich dieses Wissen doch ist. Männer sind nicht schlecht, Frauen sind nicht gut. Menschen sind Menschen, und wir alle machen, erlauben und ermöglichen Fehler.

Intimität ist das Ziel, Bequemlichkeit nicht.

Gesteh deinen Freundinnen zu, dich irgendwann für eine Beziehung zu verlassen. Die guten kommen immer zurück.

Wenn du nicht einschlafen kannst, kannst du deinen Herzschlag beruhigen und in den Schlaf hinüberdämmern, indem du dir all die Abenteuer ausmalst, die noch vor dir liegen, und an die Wege denkst, die du bereits zurückgelegt hast. Leg deine Arme eng um deinen Körper und halte, so wie du dich selbst festhältst, diesen einen Gedanken fest: *Ich habe dich.*

Dreißig

Ich wollte vor meinem dreißigsten Geburtstag wirklich nicht durchdrehen. Deswegen eine Krise zu kriegen, ist einfach klischeehaft. Es ist nicht feministisch, cool, modern oder progressiv. Es ist heteronormativ, hysterisch, spießig, provinziell. Es ist so vorhersehbar. Es ist viel zu sehr Rachel Green. Es ist prinzessinnenhaft, theatralisch und absolut armselig. Nichts von alldem wollte ich sein.

Als ich dreißig wurde, war ich mit den Nerven völlig am Ende. Glücklicherweise hatte ich vorher viel Zeit, um zu üben und mich vorzubereiten, denn so ziemlich alle meine Freundinnen waren bereits vor mir dreißig geworden. Ich genieße den absoluten Luxus, am 31. August geboren worden zu sein – sozusagen mit dem letzten Atemzug für die Einschulung, sodass ich in meinem Freundeskreis immer die Jüngste war. Während der Schulzeit war das eine Tragödie: Immer, wenn meine Meilenstein-Geburtstage bevorstanden, hatten alle anderen sie schon längst hinter sich. Niemand hatte Lust auf die Barbies-und-Biker-Kostümparty zu meinem dreizehnten Geburtstag in einem Bürgerzentrum in East Finchley – alle hatten schon oft genug zu Whigfields *Saturday Night* getanzt. Als ich jedoch dreißig wurde, war ich dankbar dafür, als Letzte an der Reihe zu sein.

An Belles einunddreißigstem Geburtstag, drei Wochen vor meinem dreißigsten, heulte sie sich abends im Badezimmer unseres Ferienhauses bei mir aus – wir machten gerade Mädelsurlaub in Portugal.

»Einunddreißig fühlt sich viel schlimmer an als dreißig«, sagte sie, während wir auf dem Badewannenrand saßen und hörten, wie India und AJ in der Küche betrunken versuchten, mit einer Nivea-Sonnencreme (Lichtschutzfaktor 30) Eis für Caipirinhas zu zerstoßen. »Ich habe das Gefühl, dass da so viel ist, was einem früher total krass vorkam, mit einunddreißig aber einfach völlig normal ist.«

»Wie zum Beispiel ...?«, fragte ich.

Sie überlegte. »Zum Beispiel: ›Caleb, einunddreißig, ist Gründer einer Softwarefirma, die dieses Jahr an die Börse ging.‹ Oder: ›Kelly, einunddreißig, ist Mutter von Zwillingsjungs und einem Mädchen.‹«

»Ach ja«, seufzte ich niedergeschlagen. »Ja, ich weiß, was du meinst.«

»Für uns ist nichts, was wir machen, noch ungewöhnlich. Nichts fühlt sich mehr an wie ein besonderer Erfolg. Es ist alles nur noch das, was von uns erwartet wird.« Sie beugte sich vor und presste die Stirn gegen ihre Handballen; ihr langes, goldenes Haar fiel ihr vors Gesicht. »Einunddreißig«, wiederholte sie, als wäre es ein fremdsprachiges Wort, dessen Betonung sie lernen wollte. »Wie können wir denn einunddreißig sein? Ich schau uns an und versteh es einfach nicht. Ich kann in uns keine Menschen in ihren Dreißigern erkennen.« Eine lange Pause entstand, in der ich ihr über den Rücken streichelte.

»Also, falls dir das hilft«, sagte ich und band ihre Haare zu einem Pferdeschwanz zusammen, »genau genommen bin ich *nicht* in meinen Dreißigern.« Sie sah mich mit glasigen, ausdruckslosen Augen an. »Ich bin immer noch neunundzwanzig ... also ...«

»Wie kannst du mir das antun? Ausgerechnet heute Abend?«

Ich begriff, was sie meinte – ich konnte es genauso wenig glauben.

Farlys einunddreißigsten Geburtstag, der in die Woche nach meinem dreißigsten fiel, feierten wir in meiner Wohnung. Als ich in der Küche die Zutaten für ihre Geburtstagstorte auspackte, fielen zwei große, mit Zahlen bedruckte Kerzen aus dem Einkaufsbeutel. Sie landeten in der falschen Reihenfolge auf der Arbeitsplatte, sodass sie eine Dreizehn bildeten. Mir fiel die Party zu Farlys dreizehntem Geburtstag im Gemeindesaal von Bushey wieder ein. Sie trug ein pinkfarbenes, glitzerndes Kleid von Miss Selfridge, und als ich ankam, grinste sie mich mit ihrer bahngleisartigen Zahnspange an und umarmte mich so fest und erleichtert, wie es nur die nervösen Gastgeber einer Geburtstagsparty tun (was übrigens niemals aufhört, egal, wie alt man ist). Ich dachte an uns als Dreizehnjährige – wie wir in den gleichen T-Shirts des legendären Pineapple-Dance-Studios auf dem cremefarbenen Teppich meiner Eltern lagen und aus einer riesengroßen Tüte Doritos futterten, Romantic Comedys von Nora Ephron guckten und uns darüber unterhielten, was unseren Traummann auszeichnete. Ich vertauschte die Kerzen zu einer Einunddreißig, starrte auf sie und versuchte verzweifelt, im Hier und Jetzt anzukommen. Dann legte ich wieder eine Dreizehn aus ihnen und betrachtete sie etwas länger. Mir kam es so vor, als befänden wir uns noch immer viel näher an diesem Alter als an unserem jetzigen, obwohl es über die Hälfte meiner Lebenszeit zurücklag.

Von verheirateten Paaren höre ich oft, dass sie gar nicht wahrnähmen, wie der andere altert. Als würde am Beginn einer Beziehung von Langzeitpaaren wie in einer Komödie von Shakespeare eine Art Zauber auf sie einwirken, sodass sie immer nur das Gesicht sehen, in das sie sich einst verliebt haben. Ich glaube, genauso ist es bei mir und meinen Freundinnen. Für mich sind wir alle immer genauso alt wie zu der Zeit, als wir uns kennengelernt haben.

Sieben Monate vor meinem dreißigsten Geburtstag war Lauren an der Reihe. Ein paar Mädels und ich fuhren nachmittags zu ihr, arrangierten einen Tapeziertisch in ihrem Wohnzimmer, pusteten Luftballons auf und machten Lasagne.

»Wie fühlt es sich an?«, fragte ich, als wir das Essen zur Hälfte hinter uns hatten und ich an ihrem Küchenfenster eine rauchte.

»Ganz ehrlich?«, erwiderte sie und saugte an ihrer Dampfe. (Heutzutage dampfen die Leute. Sobald sie dreißig werden, kriegen sie Panik, weil einem fingierten Gerücht zufolge die Kassenärzte Rauchen während der Zwanziger angeblich »nicht erfassen«, danach aber alles überprüft wird. Lauren geht so oft zu ihrem Liquid-Stammgeschäft, dass das gesamte Personal sie begrüßt, als wäre sie die Queen. Sie ist jetzt stets von einem nach Zimt-Apfelkuchen duftenden, wallenden Dunst umgeben.) »Es ist grauenhaft, es fühlt sich wirklich grauenhaft an.«

»Was?!«, rief ich entsetzt. »Alle sagen doch immer, es wäre eine Riesenerleichterung – dass neunundzwanzig am schlimmsten ist und dreißig sich total gut anfühlt.«

»Nein«, sagte sie. »Nein, so fühlt es sich ganz und gar nicht an. Eher so, als hätte ich die letzten Jahre über sozusagen als Touristin getestet, wie sich die Dreißiger anfühlen – wie um mich dafür zu wappnen. Ich bin ein- und wieder aufgetaucht. Ich habe die ganze Erfahrung nur ausprobiert.«

»Wie meinst du das?«, fragte ich.

»Es ist so ... Ich weiß nicht. Als ob man für ein Wochenende in die Cotswolds fährt.«

»Ich verstehe«, sagte ich. »Wie einmal im Monat eine Putzhilfe kommen zu lassen.«

»Genau! Oder ein Bügeleisen zu kaufen oder Mitglied in einem Buchclub zu werden. Aber heute Abend habe ich kapiert, dass ich keine Touristin mehr bin. Ich kann jetzt nicht mehr einfach Ferien in meinen Dreißigern machen und dann zurück in meine schäbigen, hoffnungsvollen Zwanziger reisen. Ich bin jetzt wirklich dort.«

»O Gott.« Die Heftigkeit ihrer Worte lastete schwer auf mir. »Du kannst ... nie wieder gehen. Du bist jetzt eine Einwohnerin. Als ob alles Ironische am Erwachsensein verpufft ist.«

»Genau! Als wir damals Kräuter auf der Fensterbank gezogen haben, war das irgendwie niedlich und auf gute Art kitschig. Jetzt ...«

»... würdest du dich einfach nur verhalten wie eine stinknormale Dreißigjährige«, beendete ich ihren Satz, völlig perplex ob dieser Erkenntnis.

»Yep.«

»Also, was machen wir dann als Nächstes? Bridge spielen? Gicht kriegen?«, fragte ich.

»Nein, nein, das wäre keine Reise in die Vierziger, sondern in die Sechziger. Wir machen immer nur im nächsten Jahrzehnt Urlaub.« Wir überlegten beide lange und konzentriert. »Eine Mitgliedschaft bei der Tate«, erklärte sie schließlich. »Das ist Vierziger-Tourismus. Und minimalistische Einrichtung.«

»Um halb zehn ins Bett gehen?«, schlug ich vor.

»Ja. Und dasselbe Paar Schuhe in drei verschiedenen Farben kaufen.«

Exakt dieses Gespräch markierte für mich den Beginn der sukzessiven Existenzkrise, die ich angesichts meines bevorstehenden dreißigsten Geburtstags erlebte. Danach fing ich an, überall nach Anzeichen dafür zu suchen, dass sich etwas veränderte, dass meine Geisteskraft, meine Lebensfreude schwand. Ich stellte etwa fest, dass ich – sehr plötzlich und ohne es zu merken – es vollkommen aufgegeben hatte, witzige Straßenschilder zu fotografieren. Als Teenager und in meinen Zwanzigern bin ich extra eine Haltestelle zu früh aus dem Bus gestiegen, um ein Bild von »The Famous Cock Tavern« zu machen, oder habe eine viel befahrene Straße überquert, obwohl ich sowieso schon zu spät für irgendetwas war, nur um das perfekte Foto von »Bell End Lane« oder »Minge Street« zu schießen. Es gab da diesen Moment der Erkenntnis, als India und ich an »Farly Road« vorbeiliefen und sich keine von uns die Mühe machte, ihr Handy hervorzuholen.

»Findest du das nicht traurig?«, fragte ich. »Jahrelang hätten wir uns gegenseitig vor dem Schild fotografiert und die Bilder an Farly geschickt, und jetzt ist es uns scheißegal.«

Was ist der Sinn? Diese Frage bildet den Kitt zwischen all den Bruchstücken jedweder altersbedingter Krise. Definitiv bei meiner Freundin Hannah, die am Abend ihres dreißigsten Geburtstags fragte: »Das ist alles? Das soll das ganze Leben sein? Die scheiß … Tottenham Court Road und Schwachsinn auf Amazon bestellen?« Als ich diesen Zusammenbruch miterlebte, war ich gerade mal einundzwanzig und war vollkommen verwirrt – sie sagte, ich würde es verstehen, wenn ich dreißig sei. Ich verstand. Ich verstehe.

Ich wollte nie über der Sinnlosigkeit unserer Existenz verzweifeln. Ich wollte nie jemand werden, der samstagabends seine Wäsche wäscht und beim Aufhängen der Socken darüber nachdenkt, wie oft man das in seinem Leben so tut und was das alles überhaupt soll. Lauren und ich machen uns immer über Menschen lustig, denen man ansieht, dass sie so leben, als wären sie nur auf der Durchreise – als wäre das Leben ein langer, langweiliger Business-Trip, bei dem man jede Nacht in einem deprimierenden Premier Inn absteigt, sodass man sich nicht mal aufraffen kann, den Koffer auszupacken. Die Sorte von Leuten, die sich nie die Zeit nehmen würden, ein privates Foto als Desktop-Hintergrund zu installieren, die sich dreißig Jahre lang jeden Morgen vor der Arbeit das gleiche Sandwich im Pret holen, die sich nicht die Mühe machen, ihre Poster zu rahmen, sondern sie einfach mit Stecknadeln an die Wand pinnen.

»*Was ist der Sinn?*«

Ich wollte nie leben, als wäre ich nur auf der Durchreise, befürchtete aber, dass es zum Älterwerden – während man langsam aber sicher dem Ende entgegengeht – untrennbar dazugehörte. Dass man das Leben weniger genießen, sondern immer mehr einfach nur tolerieren würde.

»Was machen TCR & A?«, schrieb mir Hannah, inzwischen achtunddreißig, im Vorfeld meines dreißigsten Geburtstags in regelmäßigen Abständen. Mit diesem Code überprüfte sie den Stand meiner depressiven Stumpfheit. »Dir wird es so viel besser gehen, wenn es erst mal vorbei ist, ich versprech's dir.« (Zum Geburtstag schenkte sie mir natürlich ein Buch von Amazon und einen viktorianischen Krug, auf dessen Boden »Tottenham Court Road« eingraviert war.)

Ich schätzte dieses Feingefühl einer Freundin, die in ihrem Leben Ähnliches durchgemacht hatte, als sie so alt war wie ich. Andere ältere Freunde reagierten weniger verständnisvoll auf meine ganz spezielle Angst davor, dreißig zu werden – und interpretierten sie als Unterstellung, dass sie sich für ihr eigenes Alter schämen sollten. »VERSUCHT ERST MAL, VERDAMMTE ZWEIUNDSIEBZIG ZU SEIN«, blaffte mein Vater einmal, als mein Bruder und ich auf dem Sofa meiner Eltern lagen und über das dräuende Ende unserer Zwanziger lamentierten.

Dabei machte mich gar nicht so sehr der Gedanke ans Älterwerden fertig, sondern eher der an einen Übergang von einer bestimmten Phase meines Lebens zu einer anderen. Ja, meine Zwanziger waren voller Ängste, Unsicherheit und schlechter Entscheidungen gewesen – doch erst an ihrem Ende erkannte ich, dass sie auch von einer beruhigenden Ungezwungenheit geprägt gewesen waren. Es gab keine besonderen Anforderungen an eine Mittzwanzigerin – und genau das hatte mich in dieser Zeit so verstört. Ich wusste nie, was von mir erwartet wurde, wo ich zu sein oder was ich zu tun hatte. Als Siebenundzwanzigjährige einen Ehemann und einen Labradoodle namens Brie zu haben war genauso normal, wie seine Souterrainbude mit irgendwelchen Fremden von einer Onlinewohnungsbörse zu teilen. Die gesellschaftlich normierten Strukturen für Menschen in ihren Dreißigern erschienen mir umso rigider. Ich würde etwa nicht mehr ohne Weiteres ein großes gebatiktes Tuch an die Wand hängen oder eine blinkende Bong mit UV-Licht im Rucksack herumschleppen können, ohne dafür verurteilt zu werden. Nicht, dass ich mich danach sehnte, aber ich wollte diese Dinge als vertretbare Lifestyle-Optionen behalten.

Ich begriff nur allmählich, dass ich mich nicht mehr länger in einer Phase des Lebens befand, in der mir Geduld, Aufmerksamkeit, Enthusiasmus und Sympathie entgegengebracht wurden. Während meiner gesamten Zwanzigerjahre waren die Mitglieder meiner Generation die Nesthäkchen gewesen. Bei jedem Arbeitstreffen, an dem ich in diesen zehn Jahren teilnahm, lag der Fokus auf uns – wir waren die Zielgruppe. »Es ist wie eine Mischung aus *The Vicar of Dibley* und *Challenge Anneka*, nur für Millennials«, hörte ich in Pitch-Meetings für Fernsehserien. »Wir müssen das Onlineshopping-Verhalten der Millennials untersuchen«, sagten Redakteure. Jedes Mal, wenn ich eine Zeitung aufschlug, stieß ich auf Artikel von führenden Journalisten darüber, wie besorgt sie um uns waren: Würden wir je zu Besitz kommen? Jemals sesshaft werden? Waren wir für immer geschädigt, weil uns Pornos über Sex aufgeklärt hatten? Wovon sollten wir unsere Studiendarlehen zurückzahlen? Wir faszinierten, stießen ab, bereiteten Sorge, verzauberten und formten den Zeitgeist. Damals empfand ich das als bevormundende Hysterie, hatte aber nicht begriffen, wie gut es sich anfühlte, das Problemkind der Nation zu sein – bis ich ersetzt wurde.

›Generation Z‹: Ich weiß nicht mehr, wann ich den Begriff zum ersten Mal hörte, erinnere mich aber, dass ich ihn ganz bewusst ignoriert habe. Ich hoffte, dass er von alleine wieder verschwinden würde, wenn ich ihn nicht anerkannte – es war genauso, als würde ich zum ersten Mal hören, wie die neue Freundin meines Exfreunds seinen Namen auf ekelhafte Weise säuselt. Auf einmal waren alle nur noch an der Generation Z interessiert. Die Leute, die zehn Jahre jünger als ich und früher nur die nervigen kleinen Cousins meiner Freundinnen gewesen waren, hatten jetzt einen offiziellen Namen. Und jeder war von ihnen fasziniert: Warum tranken sie weniger als die Millennials? Wie interpretierten sie Geschlecht und Sexualität neu? Welche politische Richtung würden sie wählen? ›Gen Z‹ wurde die griffige Kurzformel für Jugend, Trends, Sex, Modernität, Fortschritt, Relevanz.

Mit sechsundzwanzig arbeitete ich als Script-Assistentin bei *Fresh Meat*, einer Comedyserie des Senders E4 über das Studentenleben. Die Drehbuchautoren gaben mir das Skript jeder Folge, um »den Insider-Check« zu machen: Ich sollte sicherstellen, dass die Sprache jugendgemäß, dass alles authentisch war, dass sich wirklich kein Fitzelchen mittleres Alter in der Druckerschwärze fand. Wenn irgendwo Cava erwähnt wurde, kringelte ich den Satz ein und schrieb daneben: »Sie würden Prosecco trinken.« Ich beriet die Autoren, welche Texte in einem Englischkurs gelesen wurden oder welche Alben die Protagonisten hören würden. Ohne eigenes Zutun war ich überall und mein gesamtes Erwachsenenleben lang die Jugendbeauftragte gewesen. Doch sobald man dreißig ist, wird einem dieses Amt ohne jede Einwilligung oder offizielle Zeremonie genommen. Es ist einfach nur ganz offensichtlich nicht mehr unsere Rolle – wir sind nicht mehr die überlegene Autorität in Sachen Relevanz. Über meine Kindheit wird jetzt gesprochen wie über eine historische Epoche. *Sex and the City* ist unser *Fawlty Towers*. DVDs sind fast genauso antiquiert wie LPs. Vor Kurzem habe ich gehört, wie jemand *Clueless*, den absoluten Teenie-Kult-Film meiner

Jugend in den Neunzigerjahren, als »Historiendrama« bezeichnete.

Wenn ich mein Geburtsdatum in ein Onlineformular eingeben muss, fühlt es sich wie eine lange, zähe und peinliche Ewigkeit an, bis ich mich im Pull-Down-Menü bis zu den Achtzigerjahren zurückgescrollt habe. Jedes Mal muss ich dabei an den Großvater einer Freundin denken, der einst der Facebook-Gruppe »Abschlussjahrgang 1938 der Oxford University« beitrat, und schäme mich dafür, wie wir uns damals als Studenten darüber totgelacht haben. Mir war nie in den Sinn gekommen, dass »Abschlussjahrgang 2009« eines Tages genauso als Pointe für einen Witz dienen könnte.

Die Generation Y ist offiziell abgelöst worden, genauso wie wir wahrscheinlich die Generation X ablösten und diese die Babyboomer. Die Boomer – Rentner in Stadtviertelchören, silberhaarige Frauen in Gummigartenschuhen und Väter, die anzügliche Witze machen – waren irgendwann mal die Jugendbeauftragten in allen Fragen gewesen. Das war mir doch klar, oder nicht? Ich habe Mum und Dad von ihren radikalen und draufgängerischen Zeiten in den Sechzigerjahren erzählen hören. Ich habe mindestens fünfzehnmal *The Rolling Stones Rock and Roll Circus* gesehen. Und doch hatte ich mir nicht vorstellen können, dass die Millennials jemals etwas anderes als die erklärten Naivlinge, Schützlinge, Großmäuler, Revoluzzer, Partytiere, die jungen Talente und wilden Halbwüchsigen – eben der absolut heiße Scheiß der Nation sein könnten.

Macht euch bereit für eines der vielen Klischees über das Älterwerden, denn alle Klischees sind wahr: Ich habe einfach nie in Betracht gezogen, dass es auch mir passieren würde.

Meine Freundin Pandora erkannte als Erste, dass meine nutzlose Superkraft der Hang zu sinnloser Nostalgie ist: Ich besitze die unerschütterliche Fähigkeit, die Vergangenheit in halsbrecherischer Geschwindigkeit umzudeuten, zu ritualisieren und ihr ein Denkmal zu setzen, sodass alles schon ein Jahr später zu einem großen Moment der Geschichte wird.

»Du kannst von einer WG-Party, auf der du vor einem Monat warst, genauso wehmütig und verklärt erzählen, als ginge es um den Sommer neunundsechzig«, meinte sie. Ich widersprach ihr nicht.

Als ich neulich ein paar Briefe einwerfen wollte, kam ich an einem parkenden Auto vorbei, in dem eine Frau saß, Mitte fünfzig, grau meliertes Haar, und ihr Gesicht in den Händen vergrub. Das weinende Mädchen neben ihr muss etwa siebzehn gewesen sein, sie trug Schuluniform und befand sich wahrscheinlich auf diesem ewig langen Endspurt in Richtung A-Levels. Ihr braunes, volles Haar steckte hinter Ohren voller Piercings. Während sie sprach, gestikulierte sie aufgelöst. Ich sah ihre abgekauten, dunkelblau lackierten Fingernägel. Ihr Gesicht verzog sich in Frust, ihr Atem hatte sich in einen verzweifelten Schluckauf verwandelt. Plötzlich fiel mir auf, wie oft sich diese Szene in meinem Leben abgespielt hatte. Wie ich auf dem Beifahrersitz eines parkenden Autos, bei abgedrehtem Radio und aufgedrehter Heizung, weinte. Ich dachte an all die Streitereien, die meine Mum und ich ausgetragen hatten – wie sie mir verbot, ein Handy zu kaufen oder länger als Mitternacht auszugehen oder dass mein Freund bei uns im Gästezimmer übernachtet. Diese Zeiten waren vorbei. Seit über zehn Jahren. Ohne es richtig zu bemerken, hatte ich mich irgendwann nicht mehr in einem parkenden Auto mit meiner Mum gestritten – und würde es vermutlich nie wieder zu tun.

Nostalgie wurde ursprünglich als Krankheit angesehen. Der Begriff entstand im 17. Jahrhundert und beschrieb einen akuten physischen Schmerz, den Schweizer Söldner empfanden, die im italienischen Flachland stationiert waren und sich nach dem Blick auf die Berge ihrer Heimat sehnten. Nostalgie und die zugehörigen Symptome (Ohnmacht, hohes Fieber und Magenverstimmung) waren so gefährlich, dass es unter Todesstrafe stand, ein bestimmtes Schweizer Melklied zu spielen.

Als ich auf die dreißig zuging, wurden die Zwanziger zum ganz persönlichen Land meiner Träume. Die Zwanziger waren mein Zuhause, ein Ort, den ich kannte und an dem ich mich wohlfühlte. Auf rationaler Ebene war mir vollkommen bewusst, dass ich mir etwas vormachte – die Jahre waren voller Herzschmerz, Selbsthass und Eifersucht gewesen, dafür ohne jegliche Orientierung, Sicherheit oder Geld –, aber ich war von der Krankheit Nostalgie befallen. Meine Schweizer Melklieder waren die LPs, die wir gehört hatten, als wir 2012 in unser gelbes Ziegelsteinhaus gezogen waren. Ein paar Wochen vor meinem dreißigsten Geburtstag lief ich vom Supermarkt in der Camden Road nach Hause, und die Playlist, die ich im Shuffle-Modus hörte, spielte den ersten Song des ersten Rod-Stewart-Albums, das wir in Endlosschleife auf unserem Plattenspieler gespielt hatten. Ich musste mich auf die nächstbeste Haustürtreppe setzen und brach in Tränen aus.

»So langsam verstehe ich wirklich den Ausdruck, dass die Zeit ›vergeht‹«, sagte Helen kurz vor ihrem dreißigsten Geburtstag zu mir. »Es ist, als würde ich einen langen Flur entlanggehen, und je weiter ich komme, desto mehr Türen schließen sich, die ich nicht mehr durchschreiten kann.« Nachdem Helen diese Metapher gefunden hatte, sah ich überall sich schließende Türen. Förderprogramme für Nachwuchsautoren, für die ich nicht mehr infrage kam. Klamotten und Clubs, von denen ich das Gefühl hatte, dass sie nicht mehr zu mir passten. Als ich in einem Wartezimmer eine Broschüre über Menstruationstassen las, musste ich feststellen, dass es zwei Größen für Frauen unter, aber nur eine Größe für Frauen über dreißig gab.

Ich war nun besessen davon, das exakte Alter aller Personen

herauszufinden, die mir in Zeitschriften oder im Fernsehen begegneten. Besonders verstörte mich, dass die Darstellerin der Meredith Blake, die raffinierte, bösartige Angebetete von Dennis Quaid in *Ein Zwilling kommt selten allein*, damals sechsundzwanzig war. Es machte mich wahnsinnig wütend, dass Ross Geller ganze drei *Friends*-Staffeln lang neunundzwanzig blieb. Bei einer prestigeträchtigen Ausstellung zeitgenössischer Porträtmalerei in der National Gallery interessierten mich die Geburtsdaten der Künstler, die in kleiner Schrift unter ihren Namen standen, weitaus mehr als ihre Gemälde. Ich googelte das Alter aller Gewinnerinnen des Wettbewerbs zum »Po des Jahres« und fühlte mich sehr dadurch getröstet, dass Carol Vorderman bereits fünfzig war, als sie gewann. Als ich einmal *Singin' in the Rain* schaute, fand ich zu meiner großen Erleichterung durch hektisches Nachrechnen heraus, dass Gene Kelly bei den Dreharbeiten bereits vierzig gewesen war. Ich weiß nicht warum, aber auf einmal wurde es so *unglaublich* wichtig zu wissen, dass sich die Türen zu diesen fernen Orten für mich noch nicht geschlossen hatten. Ich musste einfach die Gewissheit haben, dass ich immer noch Po des Jahres oder der Star eines Musicals über Hollywood in den späten Zwanzigerjahren werden konnte, in dem man eine Reihe von körperlich herausfordernden Stepptanzeinlagen darbieten musste.

David Foster Wallace kannte das geräuschvolle Zuschlagen von Türen im Verlauf der Zeit. Im Alter von dreiunddreißig Jahren schrieb er:

> Tagaus, tagein bin ich gehalten, alle möglichen Entscheidungen zu treffen über das, was wichtig und richtig ist und was mir womöglich sogar etwas (Spaß) bringt. Genauer gesagt, zuerst muss ich entscheiden – und mich dann damit abfinden, dass ich aufgrund meiner Entscheidung andere Optionen nicht ausüben konnte.

Und während also die Zeit für mich immer schneller vergeht, wird mir allmählich klar, dass sich meine Wahlmöglichkeiten immer mehr reduzieren, während sich die ausgeschlagenen Optionen exponentiell vermehren, sodass der Moment absehbar ist, an dem ich auf dem prächtig verästelten Baum des Lebens an einen Zweig gelange, an dem es keine Alternative mehr gibt und ich von der Zeit auf dem einmal eingeschlagenen Weg weitergedrängt werde – in Richtung Stillstand, Atrophie und Verfall. Ich schleppe mich dahin, bis ich, wie die Bibel schon sagt, zum dritten Mal niedergehe und alles Kämpfen nichts mehr nutzt, ersoffen in der Zeit.

Auch Sylvia Plath begriff das Vergehen von Zeit als überwältigend komplexe Verästelung. In ihrem Roman *Die Glasglocke*, der veröffentlicht wurde, als sie neunundzwanzig war, heißt es:

Ich sah, wie sich mein Leben vor mir verzweigte, ähnlich dem grünen Feigenbaum in der Geschichte. Gleich dicken, purpurroten Feigen winkte und lockte von jeder Zweigspitze eine herrliche Zukunft. Eine der Feigen war ein Ehemann, ein glückliches Zuhause und Kinder, eine andere Feige war eine berühmte Dichterin, wieder eine andere war eine brillante Professorin, die nächste war Ee Gee, die tolle Redakteurin, die übernächste war Europa und Afrika und Südamerika, eine andere Feige war Constantin und Sokrates und Attila und ein Rudel weiterer Liebhaber mit seltsamen Namen und ausgefallenen Berufen, eine weitere Feige war eine olympische Mannschaftsmeisterin, und hinter und über all diesen Feigen hingen noch viele andere, die ich nicht genau erkennen konnte. Ich sah mich in der Gabel dieses Feigenbaumes sitzen und verhungern, bloß weil ich mich nicht entscheiden konnte, welche Feige ich nehmen sollte.

Sich schließende Türen, abgeknickte Zweige, fallende Früchte. Der Gedanke, dass FOMO – die Angst, etwas zu verpassen – nicht etwa eine Erfindung der Millennials ist, sondern dass auch einige der von mir verehrten Schriftsteller den Übergang von einem persönlichen Zeitalter in ein neues eher deprimierend als aufregend empfanden, dieser Gedanke beruhigte mich. In meinem Lieblingssong von Pulp, *Stacks*, bringt Jarvis Cocker perfekt auf den Punkt, welch großen Luxus an Zeit einem die Jugend schenkt: »Oh there's stacks to do and there's stacks to see, there's stacks to touch and there's stacks to be, so many ways to spend your time, such a lot that I know that you've got.« Was mich nostalgisch werden, mich inmitten von Einkaufstüten weinend auf der Treppe vor der Haustür irgendeines Fremden auf der Camden Road zusammensinken ließ, war nicht das Leben oder das Wesen meiner Zwanziger. Es war die Erkenntnis, dass ich eine Zeitmillionärin gewesen war – dass ich noch Unmengen an Möglichkeiten gehabt hatte. Ich werde immer dem Gefühl meiner Teenager- und Zwanzigerjahre nachtrauern, unendlich viele leere Minuten zu besitzen, unendlich viele Tage vor mir zu haben. Ich glaube, ich werde zeit meines Lebens – in welchem Alter auch immer – auf der Suche nach mehr davon sein.

Der absolute Tiefpunkt meiner Existenzkrise ereilte mich zwei Tage vor meinem dreißigsten Geburtstag mitten in London in einer Zara-Filiale. Da mir all die Klamotten zu unelegant erschienen, ging ich auf der Suche nach einem passenden Outfit für den Stil meines neuen Ü-30-Ichs in die Abteilung mit der jungen, günstigeren, ausgefalleneren Mode. Aber auch dort fand ich einfach nicht das Richtige. Mir fiel ein, dass Farly, die halb so groß und breit ist wie ich, manchmal Kleider in der Kinderabteilung kauft. Tatsächlich hatte ich sie erst eine Woche zuvor in einem gleichermaßen eleganten wie stylishen dunkelblauen Blazer gesehen, von dem sie mir erzählte, dass sie ihn irgendwo in einer Jungs-Abteilung gefunden hatte. Ich ging also in den Kinderbereich, und natürlich entdeckte ich eine bestickte Jacke, die mir sehr gefiel. Ich nahm die größte Größe (13 bis 14 Jahre) und probierte sie über meinen Klamotten an. Ich kriegte gerade so einen Arm in den Ärmel, aber den zweiten Ärmel bekam ich nicht über den Ellbogen. In einem Anfall klaustrophobischer Panik versuchte ich die Jacke abzuschütteln und hörte, wie das Innenfutter einriss. Das wiederum wirkte wie ein Alarmsignal für die Angestellten, und ein zermürbt aussehender Verkäufer eilte zu mir und fragte, was passiert sei.

»Ich glaube, das Futter ist etwas gerissen«, sagte ich unterwürfig, während ich weiterhin versuchte, mich aus der Jacke zu befreien. »Ich werde das natürlich bezahlen.«

»Sie wissen, dass sich die Damenabteilung in einem anderen Stockwerk befindet?«

»Ja«, sagte ich.

»Warum haben Sie die Jacke dann anprobiert?«

»Weil ich dachte, dass sie passen könnte.«

»Aber das hier ist die *Kinderabteilung*«, sagte er.

»Ich sagte doch, dass ich dafür *zahlen* werde!«, erwiderte ich gereizt und ersparte ihm die Erklärung, dass ich angesichts meiner Sterblichkeit einen Nervenzusammenbruch erlitten hatte und hoffte, dieser sei vielleicht – *vielleicht* – durch den Erwerb und das Tragen einer Kinderjacke unmittelbar zu beheben.

»Also, was ist los?«, fragte mich India an jenem Abend im Pub. »Erklär mir, was genau dir solche Angst macht.«

»Ich will wieder einundzwanzig sein.«

»Nein, Schatz, das willst du nicht«, sagte sie.

»Doch. Ich will einundzwanzig sein.«

»Warum?«

»Ich will nicht das Hirn meines einundzwanzigjährigen Ichs haben. Oder die Impulsivität oder diese verdammte ... innere Unruhe. Ich will alles, was ich jetzt habe – alles, was ich gelernt habe, und die Erfahrungen, die ich machen konnte, ich will den ganzen Kram wissen, den ich weiß. Aber ich will meinen einundzwanzigjährigen Körper zurückhaben, mit dem ganzen Leben noch vor mir.«

»Aha.«

»Eigentlich will ich, dass mein Geist und meine Seele weiter reifen, aber mein Körper nie alt und gebrechlich wird«, sagte ich und goss den restlichen Rosé in unsere Gläser. »Ich finde, uns sollte der Zugang zu ewiger Jugend bei gleichzeitiger Weisheit des Alters gewährt werden.« Ich kippte den Wein hinunter. »Verstehst du, was ich meine? Wünscht sich das sonst niemand?«

»Nein, ich glaube, der Gedanke ist vollkommen neu«, erwiderte India trocken. »Du beschwerst dich darüber, dass Jugendlichkeit den Jüngeren vorbehalten ist. Ich denke, du bist der erste Mensch, der das jemals feststellt, Dolly.«

Zu meinem dreißigsten Geburtstag mietete ich mit ein paar meiner Freundinnen ein Haus an der Küste von Devon. Als wir dort ankamen, die Autos ausluden und unsere Taschen ins Haus trugen, führte gerade eine etwa sechzigjährige Frau mit Jilly-Cooper-Gedächtnisfrisur und Seidenschal ihre drei Cockerspaniel vorbei.

»Feiert ihr Mädels einen Junggesellinnenabschied?«, trällerte sie grinsend und zog an den Leinen ihrer erregten Hunde wie ein Kutscher an seinen Pferden.

»Nein«, sagte Farly und nickte in meine Richtung. »Die da wird dreißig.«

»O Gott! Dreißig! Der schlimmste Geburtstag überhaupt!«, sagte sie lachend. »Ich hatte damals das Gefühl, als wäre mein Leben vorbei – als wäre es sinnlos, weiterzuleben. Meine Güte, war das eine schreckliche Nacht, um nichts in der Welt würde ich sie noch mal erleben wollen. Na ja«, rief sie und ging weiter, »auf dich! Gönn dir ein großes Glas!«

An diesem Abend, dem letzten meiner Zwanzigerjahre, nach einem ausgiebigen Dinner im Pub, saßen wir auf der Terrasse unter einem nicht ganz runden Mond – fett und leuchtend wie eine Süßwasserperle – und tranken Crémant (das ist der Prosecco für über Dreißigjährige, etwas besser, kostet nur vier Pfund mehr).

»Die letzten fünfzehn Minuten meiner Jugend«, seufzte ich.

»Du musst jetzt AUFHÖREN, dich so anzustellen«, sagte Sophie. »Es ist keine Riesensache.«

»Vor dir liegt eine taufrische, unberührte Wiese, ein neues Jahrzehnt! Ist das nicht aufregend?!«, fragte Lauren.

»Wahrscheinlich«, antwortete ich halbherzig.

»Okay, überleg mal« sagte sie und stieß eine dampfende Wolke aus (eine fruchtige Kokosnuss-Geschmacksrichtung namens Luquillo Breeze). »Du wolltest immer erwachsen sein. Das ist alles, was wir als Teenager immer wollten – wir wollten superviele Erfahrungen machen, unsere eigenen Freunde und eine eigene Wohnung haben. Also guck dich an! Du bist angekommen! Du hast es geschafft! Du bist endlich da, wo dein Teenie-Ich immer sein wollte. Das hier ist dein goldener Moment.«

Lauren und ich sprechen oft über die irritierende Tatsache, dass wir uns mit siebzehn einmal Tickets für *The Grumpy Old Woman Roadshow* kauften – eine Art ironisches Live-Spin-off der beliebten BBC-Serie *Talking Heads*, in dem weibliche Comedians ihre Lebensweisheiten zum Besten gaben. Wir waren locker fünfundzwanzig Jahre jünger als das restliche Publikum. Jenny Eclair machte Scherze über Dinge, die wir nicht verstanden: multiple

Orgasmen, Hypotheken, den Beckenboden und die Menopause. Was haben wir gelacht! Ihr hättet uns sehen sollen: zwei pausbäckige Teenies aus der Vorstadt, die vor gespieltem hysterischen Lachen brüllten, damit wir uns als Teil dieser Menschen fühlten. Unerschrockene, witzige, auf alles scheißende, erwachsene, ehrenvolle Frauen.

Das war alles, was ich je wollte. Gute Stimmung und gute Freunde. Weisheit und Bescheidenheit. Zuversicht. Mut. Ein ungezwungenes Selbstwertgefühl. Warum drehte ich dann jetzt so durch, wo ich endlich damit begonnen hatte, ein bisschen von alldem wahr zu machen? Irgendwann in meinem jungen Erwachsenenleben mussten sich heimtückische Spione in die heiligste Hochsicherheitszone meines Systems gehackt und versucht haben, mich neu zu verdrahten. Um mich glauben zu machen, dass mein Leben nur während meiner Zwanzigerjahre einen Sinn hatte – dass ich ausschließlich in diesem Zeitraum leistungsfähig sei.

Aber ich fühle mich stärker als je zuvor. Und ausgeglichener. Ich lebe wahrhaftiger, als ich es jemals tat. Ich bin vielleicht nicht gerade das perfekte Abbild von Frausein, wie ich es als Teenager vor mir sah (intellektuell und schlank, im kleinen Schwarzen und mit Martini in der Hand auf Buchpremieren und Vernissagen, wo ich interessante Männer treffe). Vielleicht habe ich nicht exakt all das, wovon ich dachte, dass ich es mit dreißig haben würde. Oder das, wovon mir gesagt wurde, dass ich es haben sollte. Aber ich bin zufrieden, dankbar für jeden Morgen, an dem ich aufwache und einen neuen Tag auf dieser Erde vor mir habe, voller neuer Möglichkeiten, ein gutes Leben zu führen, mich gut zu fühlen und dafür zu sorgen, dass es auch anderen gut geht.

Das Glockenläuten der Dorfkirche zeigte an, dass Mitternacht war.

»Schsch. Hörst du das?«, fragte Lauren. Ich lauschte den Wellen, die rhythmisch auf den Strand unter uns plätscherten.

»Was denn?«

»Ich glaube, das ist der Sensenmann auf einem Stand-up-Paddle-Board«, sagte sie. »Er kommt, um dich zu holen, und dann bringt er dich über die Flussmündung in die Unterwelt.«

Am nächsten Morgen erwachten wir unter einem wolkenlosen blauen Himmel. Nachdem wir – inmitten von Rod-Stewart-Luftballons – knallpinke Geburtstagstorte zum Frühstück gegessen hatten, liefen wir in unseren Bademänteln zum Strand hinunter und wateten hysterisch kreischend ins kalte Meer.

Begleitet von der perfekten Gang misstönender Meerjungfrauen schwamm ich hinaus ins klare salzige Wasser, und ich spürte, wie sich die letzten zehn Jahre wie ein Knoten in meinem Inneren auflösten. Ich war an der großen, brandneuen Zahl angekommen, und letztendlich war es gar nicht so schlimm. Sie war ein Ort, an dem ich dasselbe Versprechen eines unendlich langen Lebens empfand wie im Alter von siebzehn, und vielleicht würde das immer so bleiben. Ein Ort, an dem ich nach wie vor voller Staunen und Erlebnishunger war und an dem mir noch immer so viel Weisheit fehlte. Ein Ort, an dem ich Fehler machen würde, genauso, wie ich auch gute Entscheidungen treffen würde; ein Ort, an dem ich weiterhin lernen würde. Von dem ich wusste, dass ich mir dort selbst erlauben durfte – und den Mut dazu finden würde –, mich wieder zu verlieben.

Ich verabschiedete mich von den letzten zehn Jahren wie von einer alten Freundin. Eine, aus deren Freundschaft ich letztendlich herausgewachsen war, die ich aber für immer in guter Erinnerung behalten würde. Ungestüm, ruhelos und schwankend. Vagabundierend, lärmend und rebellierend. Meine Wanderjahre; meine Goldenen Zwanziger.

REZEPT

Nervenzusammenbruchgeburtstagstorte
(acht bis zehn Portionen)

Für den Tortenboden
- 225 g feiner Kristallzucker
- 225 g weiche Butter
- 225 g Mehl
- 1 Päckchen Backpulver
- 4 große Eier
- 1 TL Vanilleschotenpaste oder Rosenwasser (oder beides)
- 1 Prise Salz
- etwas Milch, falls nötig

Für die Buttercreme
- 75 g weiche Butter
- 150 g Puderzucker
- ein paar Tropfen Vanilleextrakt oder Rosenwasser (oder beides)
- etwas Milch, falls nötig
- 3–4 EL Himbeermarmelade (einfacher zu verteilen, wenn sie nicht zu fest ist)

Für die Glasur
- 110 g Puderzucker
- 1–2 EL kochendes Wasser
- ein paar Tropfen Vanilleextrakt oder Rosenwasser (oder beides)

ein paar Tropfen pinkfarbene Lebensmittelfarbe (optional)
kristallisierte Rosenblütenblätter oder Streusel (optional)

Den Ofen auf 180° C (Umluft 160° C) / Gas Stufe 4 vorheizen und zwei Springformen mit 20 cm Durchmesser einfetten und mit Backpapier auslegen.

Für den Kuchenteig alle Zutaten bis auf die Milch in eine große Schüssel geben und rühren, bis die Masse cremig und klümpchenfrei ist. Falls die Mischung zu fest ist, einen Spritzer Milch hinzugeben, aber nicht zu lange rühren – der Teig soll leicht und fluffig bleiben. Die Masse zu gleichen Teilen in den beiden vorbereiteten Backformen verteilen, die Oberfläche mit einem Streichmesser glätten und für 20 bis 25 Minuten backen (mit einem Spieß in den Teig piksen und testen, ob nichts mehr daran kleben bleibt). Die Böden 5 bis 10 Minuten in den Formen abkühlen lassen, dann herausholen und auf einem Gitter komplett auskühlen lassen.

Für die Buttercreme die Butter in eine Schüssel geben und rühren, bis sie sehr weich ist. Die Hälfte des Puderzuckers hineinsieben und erneut rühren, um beides gut zu vermischen (wenn man direkt die gesamte Menge nimmt, spritzt alles durch die Gegend). Den verbliebenen Puderzucker ebenfalls hineinsieben und so lange rühren, bis alles weich und cremig ist; eventuell einen oder zwei Spritzer Milch hinzugeben, um die Buttercreme etwas aufzulockern. Schließlich die Vanille und / oder das Rosenwasser hinzufügen, abschmecken und gegebenenfalls ein paar mehr Tropfen dazugeben.

Einen Tortenboden auf einen Anrichteteller legen und die Buttercreme darauf verteilen. Die Marmelade mit einem Löffel darübergeben und mit einem Messer gleichmäßig verteilen. Den zweiten Tortenboden darauflegen.

Für eine schön fließende Glasur ein Sieb über eine Schüssel halten und den Puderzucker hindurchsieben. Mit einem Holzlöffel Rosenwasser und / oder Vanille dazugeben, ein paar Tropfen Lebensmittelfarbe (falls gewünscht) und genug Wasser, um eine dickflüssige Glasur herzustellen – sie sollte die Konsistenz von dicker Sahnecreme haben. Die Glasur auf der Torte verstreichen und etwas davon an den Seiten herunterlaufen lassen. Die Torte mit kristallisierten Rosenblütenblättern oder Streuseln dekorieren.

Als Beilage eignet sich gut etwas theatralisches Getue.

Alles, was ich mit dreißig über die Liebe weiß

Je älter man wird, desto mehr Gepäck trägt man mit sich herum. Beim Dating mit fünfundzwanzig kommen die Typen mit einem winzig kleinen, leichten Köfferchen in die Bar. Darin befinden sich vielleicht ein paar Exfreundinnen, ein harmloser Ödipus-Komplex oder möglicherweise sogar geringfügige Bindungsängste. Beim Dating ab dreißig muss man sich darauf gefasst machen, auf ein Gegenüber mit einem 250-Kilo-Rucksack zu treffen, der randvoll mit Vorgeschichten, Komplikationen und Ansprüchen ist. Scheidungen, Kinder und Häuser, die zur Hälfte der Ex gehören, Versuche von künstlicher Befruchtung und sterbende Eltern und Jobs, die die gesamte Lebenszeit beanspruchen, und ein Expartner, den der andere wegen des Sorgerechtsstreits um den Hund immer noch einmal pro Woche treffen muss.

Je älter die Leute werden, je mehr Gepäck sie mit sich herumtragen, desto mehr gestehen sie es sich selbst zu, ehrlich, offen und verletzlich zu sein.

Während ich das hier schreibe (2018), erkläre ich es offiziell als quasi unmöglich, im echten Leben einen Partner zu finden. Um das zu akzeptieren, ist es notwendig, sich immer wieder bewusst zu machen, dass man trotzdem aufgeschlossen und begehrenswert ist und dass man nichts falsch macht.

Du kannst dir selbst schlechte Verhaltensmuster in Beziehungen zugestehen. Du kannst analysieren, wie sie entstanden sind. Du kannst an dir arbeiten, um dafür zu sorgen, dass du dich nie wieder so verhältst. Aber das ist alles, was du jemals kontrollieren kannst. Du kannst nicht vorhersagen, wie eine andere Person sich in einer Beziehung verhalten wird. Du kannst die Risiken abwägen, wachsam sein, behutsam die Entscheidung treffen, wem du dein Vertrauen schenkst und wen du in dein Leben und Herz einlädst. Aber du kannst nicht die Variable eines anderen lebendigen, atmenden Menschen kontrollieren. Sich auf die Liebe einzulassen, ist ein Risiko. Immer. Deshalb verliebt man sich »Hals über Kopf« oder »blind« – niemand mäandert mit einem Kompass und einer Wanderkarte in die Liebe.

Man lernt Menschen mit Verwundungen kennen, von denen sie noch nicht mal selbst wissen, dass sie sie haben. Es hat einen Grund, dass oft Leute mit den gleichen Dämonen, einer ähnlichen Kindheit oder gemeinsamer Herkunft zusammenfinden. Ich glaube, die tiefsten seelischen Fingerabdrücke zweier Personen berühren einander auf einer unbewussten Ebene. Das kann gut oder schlecht sein. Es kann zu Intimität und Verbundenheit führen oder zu Co-Abhängigkeit und Drama.

Eine der größten Herausforderungen als älter werdender Single ist es, dem Zynismus zu widerstehen. Es ist so verdammt schwierig, sich nicht von der Liebe betrogen und im Stich gelassen zu fühlen und dieses Gefühl in Nihilismus, Skepsis oder Zorn umzuwandeln. Aber zynisch zu sein, auch wenn es witzig ist und als Selbstschutz fungiert, ist allzu einfach. Vertrauen haben, die Hoffnung bewahren – das ist die wahre Kunst.

Eines der schlimmsten Dinge, denen man als älter werdender Mensch in der Liebe begegnet, ist die Erkenntnis, wenn eine Beziehung keinen Sinn mehr hat und zu viel harte Arbeit erfordern würde. Man muss seine Instinkte wirklich dahingehend schärfen, ob man das stille, glückliche, aber oft anspruchsvolle Gefühl einer Langzeitbeziehung empfindet oder ob die Beziehung einfach nur todlangweilig geworden ist.

Wenn du an chronischer Liebesmüdigkeit leidest, dann versuch es mit Abstinenz. Lösch deine Dating-Apps, hör auf, mit deinem Ex zu texten, flirte nicht mehr mit Fremden, hab keinen Sex mehr. Gib dir selbst das Versprechen, etwas Raum in deinem Geist und Zeitplan freizuschaufeln, um zu erfahren, wie sich das Leben ohne all den Kram anfühlt. Versuch es einen Monat lang. Sechs Monate. Ein Jahr.

Sei dir im Klaren darüber, dass Abstinenz dazu führt, dass du auf radikale Weise die Bedeutung von Sex neu interpretierst. Du wirst diesen körperlichen Akt überdenken und ganz neu bewerten, was für eine merkwürdige, magische, ekelhaft intime Sache es ist. Du wirst abends im Bett darüber grübeln und ganz genau versuchen nachzuvollziehen, wie es sich anfühlt, jemandem so nahe zu sein, und du wirst denken: Ich kann nicht *fassen*, dass ich es einmal mit diesem Typen gemacht habe, der auf die Art alter, weißer Männer einen pastellfarbenen Pullover um die Schultern geknotet hatte, in der Versicherungsbranche arbeitet und dessen Nachnamen ich noch nicht mal weiß.

Sei dir im Klaren darüber, dass Abstinenz sich so friedvoll anfühlen kann, dass der Gedanke an eine Rückkehr ins Land der Liebenden dir vielleicht ganz unmöglich erscheint. Es könnte dazu führen, dass du eine Riesenangst davor hast, dieses Gefühl zu ruinieren, wenn du jemanden an dich heranlässt.

Gemeinsame Interessen gehören zu den irrigsten Auswahlkriterien bei der Partnerwahl. Dass irgendjemand ein guter Mensch ist oder dein Seelenverwandter oder dass er genauso tickt wie du, bloß weil ihr beide die Musik von George Harrison liebt, ist lächerlich. Die gleichen Werke von Martin Amis zu besitzen oder im Urlaub gerne nach Wales aufs Land zu fahren, wird euch nicht dabei helfen, die diversen unvorhersehbaren Stürme des Lebens zusammen zu überstehen.

Ein stark unterschätztes und unglaublich simples Auswahlkriterium bei der Partnerwahl ist der Fakt, wie sehr du die Gesellschaft des anderen genießt. Seit meine Freundinnen Babys bekommen und ich beobachten kann, wie sie und ihre Partner als Paar damit umgehen, ist mir noch deutlicher bewusst geworden, dass das Wichtigste in einer Beziehung die gemeinsame Teamfähigkeit ist. Nicht umsonst ist eine Binsenweisheit, dass man als Paar in erster Linie wirklich, wirklich gut miteinander befreundet sein muss.

Wenn man auf die dreißig zugeht, leiden deine verheirateten Freunde bereits an einer Amnesie bezüglich des Gefühls, Single zu sein. Sie werden zu deiner persönlichen Mrs Bennet. Sie denken, dass dein Single-Dasein nur daran liegt, dass du zu wählerisch bist – als wärst du Marie Antoinette, die auf ihrem puderrosafarbenen Thron sitzt und einen Mann nach dem anderen mit einem perlenbesetzten Fächer hinfortwedelt.

Es tut mir leid, das sagen zu müssen, aber: Wie besonnen und weise auch immer du wirst, du bist nach wie vor nur ein Tier. Ich glaube, wir sind nie ganz immun gegen die potenzielle Enttäuschung durch hitzige, pubertäre, sich verzehrende Verliebtheit. Lust ist wie eine Silent Disco, in der nur diejenigen Spaß haben, die einen Kopfhörer abbekommen haben – sie erlaubt es dir, dich zu einem Lied zu bewegen und zu verlieren, das niemand sonst hören kann. Das Gute daran ist, dass du, je älter du wirst, immer besser weißt, wann es an der Zeit ist, den Stecker zu ziehen.

Sei höchst wachsam bei jemandem, der sich die ganze Zeit um dich kümmern möchte.

Sei höchst wachsam bei jemandem, um den du dich die ganze Zeit kümmern sollst.

Falls du dir wirklich eine Beziehung wünschst, empfiehlt es sich, Dinge zu tun, die das ermöglichen. Melde dich bei Dating-Apps an, frag deine Freundinnen nach Blind Dates, öffne dich so weit wie möglich für neue Bekanntschaften. Das bedeutet nicht, dass du weniger feministisch bist oder unfähig, alleine zu sein. Wenn aber die Suche nach einer Beziehung *alle* deine Handlungen steuert, dann wirst du in Panik geraten und unglücklich sein.

Versuch sosehr du kannst, die Partnerwahl von anderen oder die Art, wie sie ihre Beziehung führen, nicht zu verurteilen. Langfristige Liebe ist ein Kraftakt. Jeder sollte sie so handhaben, wie es für ihn am besten funktioniert, auch wenn Außenstehende das nicht nachvollziehen können.

Wenn du älter wirst, erscheint das abstrakte Konzept von Liebe nicht mehr so aufregend. Das ist gut. Die exakten Merkmale eines imaginären Freundes haben meinen Geist in einem konstanten Fantasiemodus gehalten. Das echte Leben hat mich immer wieder enttäuscht, da die Vorstellung von romantischer Liebe, die ich im Kopf hatte, vollkommen unerreichbar war. In der Liebe geht es darum, das eigene Leben mit dem einer anderen Person in Einklang zu bringen, nicht um die Illusion, dass man sich immerzu high, wie der Star einer Show oder bedingungslos angehimmelt fühlt.

Doch ich erwarte Leidenschaft. Und auch du erwartest sie, falls du dich nach Liebe sehnst. Egal wie alt oder jung wir sind, egal wie wenig oder wie viel wir geliebt oder verloren haben, jeder von uns verdient es, ab und zu ein Paar Arme um die Taille zu spüren, während wir die Suppe auf dem Herd umrühren. Das sollte sich niemals unerreichbar für uns anfühlen.

»Tief in uns sind wir alle Siebzehnjährige mit roten Lippen«, soll der große Schauspieler Sir Laurence Olivier einmal gesagt haben. Ich stimme ihm aus tiefstem Herzen zu.

Wenn du dich nach Liebe sehnst und es so aussieht, als ob du sie nie finden wirst, denk daran, dass du wahrscheinlich schon eine ganze Menge Liebe erfährst – nur nicht von der romantischen Sorte. Diese Art von Liebe küsst dich vielleicht nicht im Regen oder macht dir einen Heiratsantrag. Doch sie wird dir zuhören, dich inspirieren und dir viel zurückgeben. Sie wird dich festhalten, wenn du weinst, mit dir feiern, wenn du dich freust, und Songs von All Saints mit dir singen, wenn du betrunken bist. Diese Art von Liebe lehrt dich und schenkt dir so viel. Du kannst sie für immer haben. Halte sie so nahe bei dir, wie du kannst.

Dank

Vielen Dank an meine Agentin Clare Conville, die dieses Buch in eine Form gebracht hat, als es nur aus Post-its und halben Geschichten und angedachten Ideen bestand. Ich bin so dankbar, von einer Freundin vertreten zu werden, deren Zuvorkommenheit genauso groß ist wie ihr Können.

Vielen Dank an Juliet Annan, die das Buch – und mich – von unserem ersten Treffen an vollkommen verstanden hat und deren Instinkt und Scharfblick mich von Anfang bis Ende immer wieder in Erstaunen versetzt haben. Ich hätte mir nicht mehr Erfahrung, Führung und gute Laune wünschen können, ich hätte mir keine bessere Lektorin erträumen können.

Vielen Dank an Anna Steadman für ihre brillante Arbeit an dem Buch und dafür, dass sie mich seit Jahren fortwährend in meinem Schreiben bestärkt hat.

Vielen Dank an Poppy North, Rose Poole und Elke Desanghere bei Penguin für ihre grenzenlose Energie, ihren Enthusiasmus und die enge Zusammenarbeit. Eure Mitgliedschaft in der Schwesternschaft hat puren Goldstatus.

Vielen Dank an Marian Keyes und Elizabeth Day für ihr frühzeitiges Lesen und die großzügige Unterstützung.

Vielen Dank an Sarah Dillistone, Will Macdonald und David Granger, dass sie einer Zweiundzwanzigjährigen mit Billy-Idol-Gedenkfrisur eine Chance und mir den Job gegeben haben, der mein Leben verändert hat (ich glaube, dass ich nie wieder einen finde, der so viel Spaß macht).

Vielen Dank an Richard Hurst, dass er mich als Erster überhaupt zum Schreiben ermuntert hat, für seine beständige Unterstützung und ebensolchen Rat, und dafür, dass er mich als Sechzehnjährige an Punkrock herangeführt hat.

Vielen Dank an Ed Cripps und Jack Ford, die dafür sorgen, dass ich witziger sein will, nur damit ich sie zum Lachen bringen kann.

Vielen Dank an Jackie Annesley und Laura Atkinson, dass sie mir den Auftrag für eine Kolumne in der *Sunday Times Style* gaben, meine Texte geduldig und sorgsam redigierten und mich anleiteten, und dafür, dass sie mir so viel darüber beigebracht haben, wie man eine Geschichte erzählt.

Vielen Dank an die spektakulären Frauen, die in den zurückliegenden zehn Jahren nicht nur all diese Geschichten mit mir durchlebt, sondern mir auch gestattet haben, diese zu teilen. Besonderen Dank an Farly Kleiner, Lauren Bensted, AJ Smith, India Masters, Sarah Spencer Ashworth, Lacey Pond-Jones, Sabrina Bell, Sophie Wilkinson, Helen Nianias, Belle Dudley, Alex King-Lyles, Octavia Bright, Peach Everard, Millie Jones, Emma Percy, Laura Scott, Jess Blunden, Pandora Sykes, Hannah Mackay, Sarah Hicks, Noo Kirby und Jess Wyndham.

Vielen Dank an die Kleiner-Familie, dass sie mir gestattet haben, über Florence zu schreiben und ihr das Buch zu widmen – Floss' Bescheidenheit, Integrität und Leidenschaft wird mich für immer bei jedem Wort, das ich je schreiben werde, ermutigen und inspirieren.

Vielen Dank an meine Familie – Mum, Dad und Ben –, die mir immer gesagt haben, dass alles möglich ist. Die mich ermutigt haben, eine Geschichte ehrlich zu erzählen, und die mir das sichere Wissen vermittelt haben, dass sie mich niemals verurteilen. Wie außerordentlich glücklich ich mich doch schätzen kann, euch zu haben – ich liebe euch so sehr.

Und schließlich vielen Dank an Farly, ohne deren unerschütterliches Anfeuern und unermüdlichen Einsatz ich dieses Buch nie geschrieben hätte. Du bist – und das wirst Du immer sein – meine kostbarste Liebesgeschichte.

Der Abdruck des Zitats von Margaret Atwood erfolgt mit
freundlicher Genehmigung des Piper Verlags.
Margaret Atwood: Alias Grace. Aus dem Englischen von Brigitte Walitzek.
© Berlin Verlag in der Piper Verlag GmbH, Berlin 1996.

Der Abdruck des Zitats von Fernando Pessoa erfolgt mit
freundlicher Genehmigung des S. Fischer Verlags.
Fernando Pessoa: Der verliebte Hirte, I. In: Alberto Caeiro. Poesia – Poesie. Hg. von
Fernando Cabral Martins und Richard Zenith. Aus dem Portugiesischen von Inés
Koebel und Georg Rudolf Lind. © S. Fischer Verlag GmbH, Frankfurt/M. 2008.

Der Abdruck des Zitats von David Foster Wallace erfolgt mit
freundlicher Genehmigung aus unserem Hause.
David Foster Wallace: Schrecklich amüsant – aber in Zukunft ohne mich. Aus dem
Englischen von Marcus Ingendaay. © Verlag Kiepenheuer & Witsch, Köln. 2015.

Der Abdruck des Zitats von Sylvia Plath erfolgt mit
freundlicher Genehmigung des Suhrkamp Verlags.
Sylvia Plath: Die Glasglocke. Aus dem Englischen von Reinhard Kaiser.
© Suhrkamp AG, Berlin 2004.

1. Auflage 2025

Titel der Originalausgabe Everything I Know About Love
© 2018, 2024, Dolly Alderton
All rights reserved
Aus dem Englischen von Friederike Achilles
© 2019, 2025, Verlag Kiepenheuer & Witsch GmbH & Co. KG,
Bahnhofsvorplatz 1, 50667 Köln
Alle Rechte vorbehalten
Die Nutzung unserer Werke für Text- und Data-Mining
im Sinne von § 44b UrhG behalten wir uns explizit vor.
Covergestaltung FAVORITBUERO München, nach dem
Originalumschlag von StudioHelen für Penguin Random House
Foto der Autorin © Joanna Bongard
Gesetzt aus der Adobe Caslon Pro und der Corporate S
Satz Dörlemann Satz, Lemförde
Druck und Bindung CPI books GmbH, Leck
ISBN 978-3-462-00908-8

Kontaktadresse nach EU-Produktsicherheitsverordnung:
produktsicherheit@kiwi-verlag.de